—— 新商科 ——
MBA新形态特色教材

企业管理刑事合规制度概论

童德华 ◎ 主编

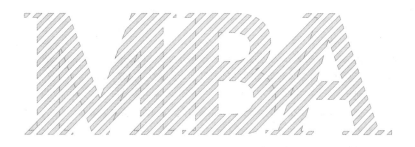

清华大学出版社
北 京

内 容 简 介

企业管理的最大挑战是刑事风险。企业要有效规避刑事风险,必须建立完善的内部监管机制。刑事合规制度正是企业健全内部监管机制的新型治理模式。《中华人民共和国刑法》规定了各种各样的犯罪,包括企业管理可能触及的各种犯罪。根据罪刑法定原则,企业管理中的刑事合规,必须根据企业管理的实际情况,建立有效规避企业犯罪风险的制度。

本书简要阐述了企业从发起、成立到注销各个关键环节的刑事合规,并对人力资源管理、财务管理、生产管理、经营管理、创新管理以及企业道德文化建设中的刑事合规制度做了重点介绍。

本书可作为MBA、企业管理专业、法学专业学习研究刑事合规的教材和参考书,也可以作为企业管理人员、企业法律服务工作者进行企业内部刑事合规计划的参考书。

本书封面贴有清华大学出版社防伪标签,无标签者不得销售。
版权所有,侵权必究。举报: 010-62782989,beiqinquan@tup.tsinghua.edu.cn。

图书在版编目(CIP)数据

企业管理刑事合规制度概论/童德华主编. —北京: 清华大学出版社,2022.3
新商科·MBA新形态特色教材
ISBN 978-7-302-60298-9

Ⅰ.①企⋯ Ⅱ.①童⋯ Ⅲ.①企业管理-刑事犯罪-中国-研究生-教材 Ⅳ.①D924.114

中国版本图书馆CIP数据核字(2022)第039394号

责任编辑: 张 伟
封面设计: 汉风唐韵
责任校对: 宋玉莲
责任印制: 丛怀宇

出版发行: 清华大学出版社
网 址: http://www.tup.com.cn, http://www.wqbook.com
地 址: 北京清华大学学研大厦A座 邮 编: 100084
社 总 机: 010-83470000 邮 购: 010-62786544
投稿与读者服务: 010-62776969, c-service@tup.tsinghua.edu.cn
质量反馈: 010-62772015, zhiliang@tup.tsinghua.edu.cn
课件下载: http://www.tup.com.cn,010-83470332

印 装 者: 三河市金元印装有限公司
经 销: 全国新华书店
开 本: 185mm×260mm 印 张: 17.75 字 数: 406千字
版 次: 2022年3月第1版 印 次: 2022年3月第1次印刷
定 价: 49.80元

产品编号: 093997-01

前言

如何生存、如何发展，是每个企业都必须面临的问题。正是因为如此，国外有管理学者坦言，生存是现代企业最基本的任务。问题是，现代企业在自主经营的过程中，面临诸多风险，每一种风险都将危及企业的生存，进而危及企业的发展。因此如何进行有效的风险管理在现代企业管理中占有越来越重要的地位。客观而言，在所有的风险中对企业伤害最大的，可能就是刑事风险。刑事风险不仅可能导致企业重要的高层管理人员身陷囹圄，而且会使企业资产被冻结，使企业发展所需要的一些重要资源受到限制，很多企业因此而破产。正是基于对刑事风险的控制要求，刑事合规已经成为现代企业管理体系中一个十分重要的内容。

奉法者强，则国强；奉法者众，则国盛。一个国家要重视法治建设，一个企业也应当重视内部法治建设。事实证明，面向刑法建立企业刑事合规制度能为企业带来积极的效果。所以，这也使我国政府和一些工商界人士深刻意识到加强企业合规制度建设的紧迫性。2021年6月，最高人民检察院在全国范围内扩大试点范围，有序推动刑事合规试点工作。为了配合试点工作，最高人民检察院等九大部门联合制定并印发了《关于建立涉案企业合规第三方监督评估机制的指导意见（试行）》。这充分表明企业刑事合规制度的建立，对我国企业发展和法治化营商环境建设具有十分重要的意义。

中南财经政法大学是一所综合性大学，其骨干核心学科是法学、经济学与管理学三大学科。这意味着，我们可以充分利用经管法相融合的优势，对企业的刑事合规等交叉问题进行更深入的研究。但是企业刑事合规究竟应当如何研究，这是一个具有挑战性的课题。一方面，我国学界对企业合规的研究主要还是通过对经济发达国家相关制度的移植，但是我国的经济制度和经济发达国家的经济制度有很大差别，完全照搬照套外国的合规制度的刑事合规在我国必然成为无源之水；另一方面，我国刑事合规制度最终要建立在本国的刑事法律制度之上，所以，如果脱离我国现有的刑事法律制度，刑事合规也会成为无本之木。我们尝试着根据我国刑法规定，总结梳理与企业管理制度有关的刑事风险，介绍企业经营需要规避的犯罪，进而确定企业合规管理中应当建立的制度和确立的行为准则。

刑事合规研究具有创新性，所以本书的写作团队成员必须具备如下方面的素养：一是有敏锐的学术问题意识；二是有扎实的刑法理论功底和文字表达能力；三是在企业刑事风险防控方面有一定研究成果，或者进行过企业职务犯罪研究、从事过企业风险防控，或者在知识产权犯罪方面有一定研究成果。湖北省人民检察院、湖北省高级人民法院、湖北省公安厅、湖北省工商业联合会、武汉市司法局和湖北省律师协会的一些领导和朋友对于刑事合规工作很重视，他们多次督促我在这方面要及时拿出研究成果。在此，我要对他们的信任表示感谢。

我尤其要感谢工商管理学院院长钱学峰教授,他担任工商管理学院院长以来,带领工商管理学院取得了很大成绩,特别是对MBA(工商管理硕士)教育倾注了不少心血,成效斐然。他敏锐意识到企业在发展过程中必须积极应对遇到的刑事风险问题,所以根据问题导向,积极发展和推动学科交叉与融通研究,为此工商管理学院在编写MBA系列教材的过程中,有意识地确立并资助一些法学项目。本书就是该计划的一部分。此外,还要借此机会感谢工商管理学院的其他领导和老师在学术上的无私与慷慨,其中MBA教育中心副主任文豪教授、樊帅老师也对教材的编写时刻关注与跟踪,没有他们对工作的精心布置、亲自督导,本书实在是难以及时完工。最后还要感谢清华大学出版社编辑张伟老师,张老师以敏锐的专业才华意识到企业刑事风险防控与刑事合规制度对于企业管理的现实意义,她对本书在整个教材丛书中独有的意义赋予了很高期望,促使我们坚定了完成使命的信心和决心。博士生王一冰和硕士生黄昱铖、成梦露、王璨对本书进行了认真校对,对他们一并表示感谢。

由于刑事合规制度还在探索之中,加之我们在企业管理方面的知识还存在很大欠缺,刑法知识也有局限,本书必然存在值得改进的地方。我们期待各位专家学者不吝批评指正。

2022 年 1 月 10 日

腊八节

目 录

第一章 刑事合规制度导论 ... 1
- 第一节 企业刑事合规的含义与特征 ... 1
- 第二节 建立企业刑事合规的原因 ... 4
- 第三节 企业刑事合规的机能 ... 9
- 第四节 刑事合规制度的范围与路径 ... 13
- 即测即练 ... 16

第二章 企业设立、变更、解散、清算刑事合规制度 ... 17
- 第一节 企业设立、变更刑事合规 ... 17
- 第二节 企业解散、清算刑事合规 ... 21
- 即测即练 ... 25

第三章 企业人力资源管理刑事合规制度 ... 26
- 第一节 劳动合同、薪酬管理刑事合规 ... 26
- 第二节 防控背信行为的刑事合规 ... 32
- 第三节 防控渎职行为的刑事合规 ... 38
- 即测即练 ... 42

第四章 企业财务管理刑事合规制度 ... 43
- 第一节 资金财务管理刑事合规 ... 43
- 第二节 涉金融业务管理刑事合规 ... 51
- 第三节 资金、票据管理刑事合规 ... 86
- 第四节 涉税业务管理刑事合规 ... 99
- 即测即练 ... 113

第五章 企业生产管理刑事合规制度 ... 114
- 第一节 安全管理中的刑事合规 ... 114
- 第二节 环境保护刑事合规 ... 133
- 第三节 产品质量管理刑事合规 ... 158
- 即测即练 ... 181

第六章　企业经营管理刑事合规制度 …… 182

第一节　信息管理刑事合规 …… 182

第二节　企业经营管理刑事合规 …… 192

第三节　采购营销管理刑事合规 …… 216

即测即练 …… 230

第七章　企业创新管理刑事合规制度 …… 231

第一节　使用他人知识产权的刑事合规 …… 231

第二节　商业秘密的刑事合规 …… 243

即测即练 …… 248

第八章　企业道德文化刑事合规制度 …… 249

第一节　企业道德刑事合规 …… 249

第二节　企业文化建设刑事合规 …… 263

即测即练 …… 271

参考文献 …… 272

第一章

刑事合规制度导论

提示：企业管理的最大风险来自企业生产经营中的刑事风险。当前，政府从上到下积极推动企业开展刑事合规制度的建设。企业刑事合规制度的建设意义重大，它有助于企业形成持续、健康的经营模式，其内容广泛，涉及企业生产经营各个环节中的刑事风险，而且在企业犯罪不可避免的情况下，使企业获得从宽处罚的机会，能有效保护企业资产，最大限度保护企业经营管理人员。

第一节 企业刑事合规的含义与特征

一、什么是企业刑事合规

合规管理与业务管理和财务管理一起，被并称为企业管理的三大支柱。[1]"合规"一词来自英美法，其在英文中的表述是 compliance。它通常包含三层意思。

第一，企业在运营过程中要遵守法律法规。

第二，企业要遵守商业行为守则和企业伦理规范。

第三，企业要遵守自身所制定的规章制度。

合规最早被界定为"法规的遵守"，但是之后其意思得到了扩展，现在认为，合规是指行为与前提条件之间的一致性。如果双方不一致，则为不合规。合规更多被理解为所有确保公司员工行为合法的措施的集合。[2]这些行为合法不仅包括国家有关法律规定，还包括基于行业特点，从本系统、本行业的特点出发，形成的相关管理制度、行业规范，以及诚信守则的商业道德伦理规范和企业自愿设立的风险防范规范。

企业合规刑事化的发展趋势逐渐深入并根植于企业合规制度的规则构建与实践发展，成为全球企业合规制度发展的重要趋势和发展方向。刑事合规是合规刑事化的结果。刑事合规是合规计划的一个子项，在整个合规体系中却是最低限度的、最重要的部分，甚至可谓是合规的核心内容。[3]

从世界范围来看，刑事合规在全球范围内不存在统一概念，还有与刑事合规概念混同使用的概念，如合规计划或者适法计划等。关于刑事合规含义的界定，目前的表述

---

[1] 欧阳本祺,史雯.互联网金融企业刑事合规制度的建立[J].人民检察,2019(21).

[2] 罗什.合规与刑法：问题、内涵与展望——对所谓的"刑事合规"理论的介绍[J].李本灿,译.刑法论丛,2016,4：52.

[3] 孙国祥.刑事合规的理念、机能和中国的构建[J].中国刑事法杂志,2019(2).

差异也很大。

观点一认为：刑事合规制度是企业实施的内部机制，旨在发现和预防企业内部的犯罪行为。这是一般性认识。

观点二认为：刑事合规是指为避免企业或者企业员工相关行为给企业带来的刑事责任，国家通过刑事政策上的正向激励和责任归咎，推动企业以刑事法律的标准来识别、评估和预防公司的刑事风险，制定并实施遵守刑事法律的计划和措施。①

观点三认为：刑事合规是指将刑法规范中预防犯罪的注意义务内化为企业合规计划的组成部分，通过加强企业犯罪的事前预防，构建起可以避免刑事风险的措施和计划。②

观点四认为：刑事合规可描述为企业为避免企业员工犯罪行为所带来的风险与实害，参照刑事法规并根据企业自身情况制定和有效实施的、刑法予以认可并激励的措施。③

观点五认为：刑事合规包括全部必要以及被法律允许的措施，这些措施旨在避免因企业相关行为而给企业员工带来刑事责任。④

可以发现，上述界定在具体内容上基本都认同：刑事合规是企业为发现、预防和制裁内部违法行为主动采取的措施，是所有必要的、允许的、避免企业员工因相关行为承担刑事责任的措施，一般包含了内部行为准则、举报与受理机制和制裁机制三个核心部分。⑤但是，有些并没有明确采取刑事合规计划的主体是企业，其主要规制企业员工实施的与业务有关的行为，有些虽然明确刑事合规的规制对象是企业员工的相关行为，但是与业务相关行为缺乏必要限定，有些将合规计划的意义作为含义的要素，但对合规的表述过于简单，也不可取。简单说，企业刑事合规是指企业为了有效降低企业或企业员工在生产、经营过程中业务行为的刑事风险而建立的识别、评价和预防刑事风险的计划和措施。

二、企业刑事合规有哪些特征

对于刑事合规的含义认识不同，自然导致对其特征的描述不一样，在此，结合其他学者的观点⑥，提出刑事合规制度的如下特征。

第一，刑事合规的目的复杂。刑事合规的目的就是企业通过建立刑事合规计划企图实现的目标。毋庸置疑，企业建立刑事合规的目标有现实目标和长远目标，有直接目标和间接目标。从最现实的角度看，企业实行刑事合规计划就是为了在犯罪的情形下，基于刑事合规的激励机制减少或者免除企业的刑事处罚。但是从长远看，企业建立刑事合规计划并不能仅仅为了迎合合规激励机制，还应该是为了有效预防企业犯罪。

第二，刑事合规的规范基础不一。刑事合规的规范基础即刑事合规计划要参照的法

---

① 孙国祥.刑事合规的理念、机能和中国的构建[J].中国刑事法杂志,2019(2).
② 韩轶.刑事合规视阈下的企业腐败犯罪风险防控[J].江西社会科学,2019(5).
③ 董文蕙,杨凌智.论我国企业犯罪治理模式之应然转变[J].南昌航空大学学报：社会科学版,2019(4).
④ 罗什.合规与刑法：问题、内涵与展望——对所谓的"刑事合规"理论的介绍[J].李本灿,译.刑法论丛,2016,4：353.
⑤ 陈冉.企业公害犯罪治理的刑事合规引入[J].法学杂志,2019(11).
⑥ 董文蕙,杨凌智.论我国企业犯罪治理模式之应然转变[J].南昌航空大学学报：社会科学版,2019(4);孙国祥.刑事合规的理念、机能和中国的构建[J].中国刑事法杂志,2019(2).

律法规和规章制度。刑事合规就是以刑事法律的标准来识别、评价和控制公司的法律风险,其核心内容首先应是避免犯罪的刑事风险。刑事合规不仅要求合规计划首先符合本国的刑事法律,如刑法、刑事司法解释、前置性行政法律法规和部门、行业规章制度;在全球化的背景下,刑事合规还要求考虑企业运营所涉及的相关国家法律制度和国际法律文件。

第三,刑事合规的内容庞杂。刑事合规的内容,即合规计划赋予企业及其经营者的刑事风险管理的积极义务。首先,企业为了建立完善的合规计划,必须建立与之匹配的组织。遵守法律固然很重要,但在大量的法律规范面前,如果缺乏组织上的措施,守法就无法最终实现,所以合规的核心是组织性的应对方法。刑事合规是现代公司治理机制的一个主要组成部分,通过建立能够预防犯罪的各种合规组织,采取有效的合规性措施,旨在促进企业以最有效的方式预防经济犯罪活动,以消除和减轻处罚风险。其次,必须建立能预防、发现和制裁违法犯罪行为的完善的内部制度,以及保障这些制度得以遵守、执行的机制。

第四,刑事合规的范围广泛。企业生产经营范围广泛,哪些可以纳入刑事合规计划中来,目前中外立法和理论还没有定论。如在国外,有学者认为合规计划涉及劳动保护、信息及信息安全保护、环境保护、企业破产、企业税收、不正当竞争、网络安全、对外贸易和海关管制等领域。[①] 对我国而言,实践中是否可将安全生产管理纳入合规计划范围之内态度不明确。我们认为,虽然安全生产一般不构成单位犯罪,但是还是应该将其纳入合规计划中来。也有学者做了积极分析,如在顾某等重大责任事故案中,矿长顾某应当建立安全生产管理机制,配齐生产管理人员,制定煤矿管理的各项规章制度,保证安全投入,其却背离职责,导致事故发生,依法构成重大责任事故罪。[②]

第五,刑事合规具有双重性质。刑事合规不仅是国家刑罚制度,而且包括合规与不合规的刑事政策回应。刑事合规必须以足够的刑罚供给与正向激励机制为基础,"胡萝卜加大棒"必须二者兼备。

三、刑事合规具有什么司法效果

刑事合规起源于国外,其在不同国家刑法制度中的作用显然不同。如德国学者齐白认为"实施适当的合规计划将会成为一个核心的法律标准,而这种标准决定了公司犯罪行为的归责"[③]。在我国,有学者认为刑事合规的直接作用表现为:①合规成为排除公司责任的事由;②合规成为积极证立个人责任的联结点;③合规成为刑罚减免事由;④合规成为不起诉公司或公司领导的事由。[②]但是,我国刑事责任的含义与国外刑事责任概念不同,所以不能简单套用外国的做法。此外,我国大多数学者主张合规计划成为企业刑事责任的积极抗辩事由,即企业在履行了合规义务仍然未能避免犯罪行为发生的场合,刑事政

[①] 罗什.合规与刑法:问题、内涵与展望——对所谓的"刑事合规"理论的介绍[J].李本灿,译.刑法论丛,2016,4:350.
[②] 李本灿.法治化营商环境建设的合规机制——以刑事合规为中心[J].法学研究,2021(1).
[③] 齐白.全球风险社会与信息生活中的刑法:二十一世纪刑法模式的转换[M].周遵友,江溯,等译.北京:中国法制出版社,2012:256.

策也不能完全否定企业的刑事合规努力,可以通过刑罚的减免予以肯定性的激励。[①] 显然《中华人民共和国刑法》(以下简称《刑法》)中缺乏抗辩事由的存在余地,而且即便承认抗辩事由,是以其为合业务行为而作为正当化事由,还是以其具有特殊原因而作为宽恕事由呢? 也有学者认为:"将刑事合规规则和刑事不法与刑事制裁勾连,促使合规计划对经济犯罪的积极预防功能得以发挥。"[①] 结合上述观点,刑事合规具有如下司法效果。

第一,作为证据,证明公司行为并未违反刑法空白罪状的规定,就公司的行为不构成犯罪进行积极辩解,防止公司被贴上犯罪标签。

第二,在公司犯罪的情况下,根据合规制度的有效性展示,积极争取检察机关对公司和公司员工作出免予起诉或者不起诉决定。

第三,在公司犯罪缺乏免予起诉或者不起诉的条件时,根据合规制度的有效性展示,积极争取量刑从宽,争取法院作出免除刑罚或者减轻刑罚的判决,减轻公司的责任负担。

第二节 建立企业刑事合规的原因

一、刑事合规是怎样建立的

一般认为,刑事合规制度起源于美国。但是也有学者提出,早在20世纪70年代末,澳大利亚联邦层面的法院就开始将企业的合规努力作为刑事和民事处罚裁量的重要因素。从20世纪80年代末到90年代,澳大利亚竞争与消费者委员会就慢慢地诱导法庭,使其命令违法的公司矫正错误,并努力预防类似行为再次发生。如1982年澳大利亚新南威尔士州就开始以合规制度作为合理抗辩事由,但是,美国借助其强大的经济实力以及全球影响力促使各国对企业合规重视,美国是最早建立刑事合规制度的国家之一。

为了防止企业的垄断,美国很早就提出企业自律和自我监管的要求。如美国1887年制定的《州际商业法案》,对行业自律和监管作出了详尽规定,奠定了合规导向的内部规则,成为一部对未来企业监管立法有重要影响的法案。1934年,美国《证券交易法》增加了一项内容,即:授权作为私人规制主体的美国全国证券交易商协会管理柜台/场外交易的权力,证券交易商协会获得了一些自我管理的权限。从20世纪30年代起,美国逐步加强了金融行业的监管,由此保障了美国银行业乃至整个金融系统数十年的稳定发展,从而也让美国政府意识到加强企业监管的重要性,因此颁布了大量针对企业商业活动的监管政策和法律,与之相适应,企业在被政府监管的过程中,也逐步意识到内部约束的重要性,从而建立了一系列行业监管和自我监管的企业合规措施。尤其是20世纪60年代之后,系列法案推动了合规管理理念和制度在美国的普及,这个时期的合规主要用以解决四个领域的突出问题:一是垄断。美国在电气领域推动反垄断。反垄断是防止公司一支独大的必要举措。美国1890年的《谢尔曼法案》明确禁止垄断,之后将垄断作为刑事上的重罪。二是普遍存在的腐败。美国在20世纪70年代针对"水门事件"起诉了诸多企业及其

---

① 孙国祥.刑事合规的理念、机能和中国的构建[J].中国刑事法杂志,2019(2).

高管。鉴于腐败行为的普遍性,1977年美国制定了《反海外腐败法》。这部法律对于企业合规制度的建立产生了全球性的影响。三是内幕交易。20世纪80年代,美国发生了多起内幕交易案。为此美国制定了1988年《内幕交易与证券欺诈取缔法》,对证券交易领域的合规问题做了规定。四是国防工业丑闻。20世纪80年代中期,美国国防部采购物品价格虚高问题受到关注。时任美国总统里根也对这个问题很重视。1985年,美国成立了国防行政特别委员会,即帕卡德委员会,该委员会与多家国防产品生产企业联合起草了《国防工业商业伦理与行为倡议书》,提出了多项企业监管原则,受此影响,国防部也作出了积极回应,鼓励国防部供应商将自我揭弊作为企业合规的核心,并为此提出了一些有利于企业的激励建议。1987年,美国司法部接受了国防部的建议。[①] 1987年,美国联邦量刑委员会在《联邦量刑指南》的基础上颁布了《联邦组织量刑指南》,正式引入企业合规。依据《联邦组织量刑指南》的规定,企业合规计划是指"用于预防、发现和制止企业违法犯罪行为的内控机制"[②]。从20世纪80年代开始,美国企业合规呈现出纳入刑事轨道的趋势,如对有合规计划的企业可显著减轻其罚金刑。在21世纪到来之后,全球化趋势加剧,而在这个节点,美国却爆出了安然公司的财务造假案,该案侵害了投资民众的利益并动摇了投资者的投资信心。美国律师协会为此成立专门工作小组对该问题进行调查,发现此类问题绝非偶然和个别,它表明企业治理系统几乎失效。为了平息民众的愤怒并解决此类问题,2002年,美国制定并通过了《萨班斯法案》。受系列公司丑闻的刺激,美国政府意识到,需要通过更加严厉的举措推动企业实施合规计划,《萨班斯法案》就充分体现了这一理念。由于《萨班斯法案》具有广泛的管辖范围,其对于推动刑事合规的全球化发挥了重要的作用。[①]

英国、法国和意大利在反腐败立法中借鉴并引入美国企业合规的法律制度,赋予企业合规影响诉讼与量刑的法律意义,鼓励企业参与腐败犯罪的预防和治理。

2010年,英国通过了《反贿赂法》,设定了普通行贿罪和受贿罪的构成要件,并增设了商业组织预防贿赂失职罪和行贿外国公职人员罪。英国立法的理论基础是,将贿赂行为解释为行为人不正当实施相关行为,侵害了被赋予以诚实、公正、信任方式行事的期待。《反贿赂法》确立了公司、企业因为疏于构建内部预防贿赂制度而导致行贿行为发生所要承担的刑事责任。根据该法,只要一个商业组织的"关联人员",为了获得或保留该组织的业务,或者为了获取或者保留该组织的商业优势,而向他人行贿的,该商业组织即构成商业组织预防贿赂失职罪。[③]

2016年,法国通过的《关于提高透明度、反腐败以及促进经济生活现代化的2016—1691号法案》(又称《萨宾第二法案》)第17条规定,建立合规制度是相关企业及其高管人员应当履行的一项积极法定义务。如果企业没有主动建立合规管理制度,企业将可能面临巨额罚金,企业高管可能面临监禁。

2017年,澳大利亚《刑法立法修正案(企业犯罪)》规定:除非企业能够证明自身构

---

① 李本灿.刑事合规的制度史考察:以美国法为切入点[J].上海政法学院学报,2021,36(6).
② 万方.企业合规刑事化的发展及启示[J].中国刑事法杂志,2019(2).
③ 陈瑞华.英国《反贿赂法》与刑事合规问题[J].中国律师,2019(3).

建和实施了用以预防海外贿赂行为的"适当合规程序",否则就应当承担相应的刑事责任。

2018年意大利通过的《反贿赂法案》中也强化了有效的合规计划与道德行为守则的重要性。新修正的意大利刑法典第25节第5条第2款规定,如果违法企业积极配合取证调查,供述其他罪犯以确保法院扣押被转移的资金/其他利益,并采用及实施有效的合规计划和道德守则,消除企业内滋生犯罪的因素,防止在初审判决之前发生此类犯罪,则针对企业的限制性制裁的最长期限将降至两年。

在此背景下,国际组织也意识到加强合规计划建设的重要性。经济合作与发展组织理事会制定了《内控、道德与合规的操作指引》《合规管理体系-指南 ISO 19600》以及《反贿赂合规国际标准 ISO 37001》等规范文件,从宏观层面对企业合规进行了全面系统的规定,对企业合规在全球的普及推广产生了巨大的推动作用。

2018年,欧盟颁布了号称"史上最严苛的个人数据保护法律"——《欧盟一般数据保护条例》。条例增加了企业的合规责任:对全球范围内的企业而言,企业用户的数据安全、隐私保护、企业的业务流程、运营机制、信息技术系统、战略布局,均需要在数据保护合规的框架下重新规划。[①]

我国自加入世界贸易组织之后,中央就意识到合规在国际贸易中的重要性。为此,2014年,国务院办公厅颁布了《国务院办公厅关于进一步加强贸易政策合规工作的通知》,通知开宗明义,"为贯彻落实党的十八届三中全会精神,加快构建开放型经济新体制,坚持世界贸易体制规则",要进一步加强贸易政策合规工作。并要求,"国务院各部门应在拟定贸易政策的过程中进行合规性评估"。

2018年,由于中兴通讯事件的爆发,我国政府和企业意识到加快建立合规制度的紧迫性。在此背景下,有关部门加快了合规制度建设的步伐。如国务院国有资产管理委员会等机构颁布了《中央企业合规管理指引(试行)》,其中第2条第4款规定:"合规管理,是指以有效防控合规风险为目的,以企业和员工经营管理行为为对象,开展包括制度制定、风险识别、合规审查、风险应对、责任追究、考核评价、合规培训等有组织、有计划的管理活动。"同年,国家发展改革委员会联合外交部等部门颁布了《企业境外经营合规管理指引》,第4条提出:"企业应以倡导合规经营价值观为导向,明确合规管理工作内容,健全合规管理架构,制定合规管理制度,完善合规运行机制,加强合规风险识别、评估与处置,开展合规评审与改进,培育合规文化,形成重视合规经营的企业氛围。"

此后中央高度重视营商环境法治化建设。2021年4月8日,最高人民检察院下发《关于开展企业合规改革试点工作方案》,启动第二期企业合规改革试点工作。根据试点工作方案,第二期改革试点范围较第一期有所扩大,涉及北京、辽宁、上海、江苏、浙江、福建、山东、湖北、湖南、广东等10个省市。同年6月3日,最高人民检察院发布了《关于建立涉案企业合规第三方监督评估机制的指导意见(试行)》,开启了刑事合规司法化、制度化的大门。

---

① 万方.企业合规刑事化的发展及启示[J].中国刑事法杂志,2019(2).

二、建立企业刑事合规的根据何在

刑事合规计划不是一个简单的任务规划,也不是"低廉"的技术指标,它本身属于"复杂"和"昂贵"的企业运营和管理机制,有着相当程度的规格要求和国家、行业标准。对企业而言,不论是为了实现预防犯罪和对抗犯罪成立的目的而事先主动地进行合规建设,还是为了事后减免刑责而被动地进行合规改造,企业自身和刑事合规的内容都需要满足相应的技术规格的要求,而且必须要投入巨额的人财物资源。① 但是,为何还要建立刑事合规制度呢?

(一) 企业经营面临诸多刑事风险

刑事合规与刑事法风险是合规与风险关系在刑事领域的具体体现。② 风险,就是人们的活动会带来某种不利后果的可能性和不确定性。就企业来说,正因为其经营活动存在相关的风险,有可能影响其生存和发展,才需要考虑行为合规问题。可见,合规和风险是紧密联系的两个事物。对于合规与风险的关系,有称为"合规风险"的,也有称"风险合规"的。②

风险与企业经营管理如影相随、难分难离。风险是企业管理的"宿敌",企业在发展过程中要面临各种各样的、大大小小的风险。但是,风险不仅不可避免,而且还是企业得以发展壮大的际遇。一些企业在风险中折戟沉沙,但却总有一些企业在风险后发展壮大。所以,企业必须学会在应对各种风险的过程中化危机为转机,进行正确的战略和经营决策,掌握应对风险的能力和方法。

风险的确会给企业经营管理带来困难,但是,无论企业经营面临多大的困难,只要企业决策把握得当,还是有机会东山再起的。只有一种情形将会令企业面临灭顶之灾,它不是经济环境的恶化,也不是自然灾害的降临,而是企业自作自受的人为结果。企业人为结果的缘由很多,如民事纠纷、行政处罚等,不过这些问题都不至于对企业发展造成致命打击。然而,一旦企业犯罪,企业就很可能倒闭,且产生犯罪污点,今后发展将面临重重困难。正因如此,企业在经营管理中首先要学会生存。企业的生存之道,首要的一条就是企业必须有效规避犯罪的刑事风险。

犯罪是一种已然事件,犯罪的确判有赖于司法机关的事后认定;而刑事风险是一种未然可能性,刑事风险完全可能由企业加以事前识别。为了规避犯罪,就要学会识别犯罪性的刑事风险,同时对刑事风险进行分级管理,特别是对等级较高的风险采取必要防范措施。这无疑就是企业进行合规管理的朴素初衷和根据。

刑事合规是降低刑法风险的一种选择,刑事合规是现代风险刑法的一个结果。③ 就企业及其员工的业务行为看,风险是他们采取某种业务活动的起因条件,合规应当成为他们为规避风险所做的理性选择。企业的刑事合规就是要考量如何最大限度地去避免这种

---

① 陈卫东.从实体到程序:刑事合规与企业"非罪化"治理[J].中国刑事法杂志,2021(2).
② 卢勤忠.民营企业的刑事合规及刑事法风险防范探析[J].法学论坛,2020(4).
③ 罗什.合规与刑法:问题、内涵与展望——对所谓"刑事合规"理论的介绍[J].李本灿,译.刑法论丛,2016(4):365.

刑事法风险,通过各种措施来避免触犯刑法规定行为的发生。

企业刑事合规与刑事法律风险防控的价值追求是一致的。企业刑事合规制度是预防企业刑事法律风险相对最有效的措施,其能够最大限度地防控来源于企业内部或外部的刑事法律风险。① 企业的刑事合规要避免的刑事法风险,既包括防止企业自身的活动触犯刑事法规定,也要避免其内部人员的行为违反刑法规定;从犯罪过程看,企业不能故意授意内部人员实施违法犯罪行为,也要尽量避免对内部人员的违规违法犯罪行为疏于监管构成失职。②

(二) 刑法奉行积极的一般预防观

风险刑法催生了刑法的积极一般预防理论。积极的一般预防是相对消极的一般预防而言的,消极的一般预防是指通过刑罚的裁量和执行,防止犯罪人之外的一般人实施犯罪行为。而积极的一般预防是指刑法通过对行为人行为的有效规范防止其犯罪。根据积极的一般预防理论,刑法目的面向未来实践,科刑不再是目的,刑法要教导人们培养对法律的忠诚和遵守规则的习惯。

据此,刑法预防犯罪的目标不再是针对潜在的犯罪者,而是致力于提升社会普遍的忠于规范、遵循规范的信念。20世纪末21世纪初,在全球发生的经济犯罪反映出巨大的社会危害性,使得基于积极一般预防理念的合规计划的意义凸显。如在欧洲,经过20世纪90年代的一系列大案,诸如巴林银行的倒闭等事件,各国开始日益关注企业的内控机制不足、欺诈现象泛滥等问题,并且思考公司高管人员乃至公司自身的刑事责任问题。③

在过去,企业犯罪的侦查、惩处与预防主要由政府的外部监督主导,并用国家法律的制裁来实现。但国家能运用的财政资源终究也是有限的,而企业运行的复杂性,决定了企业犯罪的惩处与预防需要通过国家和企业双方的合作模式实现:其一,企业经济犯罪的复杂性致使国家的调查要消耗大量资金;其二,内部管理机制的复杂性使得国家缺乏进行企业内部调查的必要技能③;其三,国家固然可以制定一些指导性的预防犯罪措施,但这些措施未必有效。因为不同类型的企业运作模式不同,决定了国家难以制定和实施适合不同企业特点的犯罪预防措施。合规计划旨在促进企业的自我监管,从而缓解国家对犯罪的监管负担。

有观点认为,企业的自利本性会促使企业主更认真督促员工,可以调动公司的内部治理资源,限制员工对公司犯罪活动的参与。还有观点认为企业合规计划是"犯罪预防私有化",也有观点认为它使国家责任变成了国家和企业的共同责任。③ 然而,从现实情况看,这种通过外力达到规制效果的规制思路,并没有达到预期效果,反倒使各级、各地行政监管部门处于高负荷工作状态。在基层执法活动中,这种模式也很容易形成"猫捉老鼠"的状态。这种模式致使执法成本增高,而执法效果也未尽如人意。④

---

① 韩轶.刑事合规视阈下的企业腐败犯罪风险防控[J].江西社会科学,2019(5).
② 卢勤忠.民营企业的刑事合规及刑事法风险防范探析[J].法学论坛,2020(4).
③ 孙国祥.刑事合规的理念、机能和中国的建构[J].中国刑事法杂志,2019(2).
④ 时延安,孟珊.规制、合规与刑事制裁——以食品安全为论域[J].山东社会科学,2020(5).

刑事合规意味着，在已经预见当前治理模式所可能引发的犯罪风险时，通过刑事合规来避免风险的发生，把事后惩罚转化为事前预防。从行政规制与合规的关系看，合规是对行政规制的积极反应，是市场经济主体主动适应法律要求、履行法律义务的一种表现，可以说，合规本身就是市场经济主体履行其义务的集中表现。①

（三）公司刑事责任方式发生了变化

刑事合规作为一种企业治理模式，其目的在于鼓励企业与国家的合作，以此获得量刑上的激励。其合法性根据因此一直被法学界以及律师界、企业界、学界高度重视。有研究者认为，合规在刑法上的价值绝不单纯在于责任的减轻，对企业来说甚至有可能是加重，它更像是一种刑事责任的理性回归。②

无论如何，公司刑事责任承担方式变化影响到企业合规制度建设。在过去，英美法人的刑事责任的基础是代理责任，即企业可能对其雇员和代理人的犯罪行为负责。换言之，如果员工在职期间违法，且出于为企业谋取利益的目的，则企业应对其员工的潜在罪刑负责。企业代理责任的前提是：企业是社会法律拟制的产物，法律应当允许企业具有违法的能力，对其犯罪承担法律责任。③而且，企业面对巨额罚款，应该有较强的动机采取内部措施来制止非法行为。

但代理责任在实践中存在不足，为了纾解对法人犯罪严格规制带来的困局，英美法系国家调整了对法人的刑事政策，司法的目标不再是追求对涉罪法人的有罪判决和惩罚，而是期待企业改革其内部的规章制度，预防再次犯罪，法人的刑事责任的根据，也不再是代理责任，而是法人风险管理的失误。④但无论是代理责任，还是风险管理失误的责任，严格上都是企业在生产经营中因为企业对高级管理人员或者高级管理人员对下级员工的业务监督过失所导致的责任。

第三节　企业刑事合规的机能

一、企业刑事合规具有哪些机能

企业刑事合规的机能是企业实行刑事合规的积极作用。理论上，有研究者从企业员工、执法部门和企业名誉三个层面讨论企业刑事合规的机能⑤，也有研究者从预防犯罪、分担责任、维护企业名誉方面讨论企业刑事合规的机能。必须看到，企业是最有活力的经济组织，它与政府机关、单位个人都存在千丝万缕的关系。从不同的角度看，企业合规又有特定的含义。从公司管理者的角度看，企业合规是一种公司治理方式。从行政执法部门的角度看，企业合规是一种有效的行政监管方式。从司法部门的角度看，企业合规是治

---

① 时延安,孟珊.规制、合规与刑事制裁——以食品安全为论域[J].山东社会科学,2020(5).
② 陈冉.企业公害犯罪治理的刑事合规引入[J].法学杂志,2019(11).
③ 韦勒.有效的合规计划与企业刑事诉讼[J].万方,译.财经法学,2018(3).
④ 孙国祥.刑事合规的理念、机能和中国的构建[J].中国刑事法杂志,2019(2).
⑤ 罗什.合规与刑法：问题、内涵与展望——对所谓的"刑事合规"理论的介绍[J].李本灿,译.刑法论丛,2016,4:356.

理企业犯罪的一种有效方式。所以,企业刑事合规的机能表现在如下层面。

首先,从国家对公司、企业的治理层面看,它实现了政府监管和企业监管的合作,减轻了国家的财政负担,增强了企业自我监控的意识。

其次,由于企业推行合规制度,所以责任主体、职责范围、行为规范等都有台账可查,责任是否落实容易查明,这有助于执法机关的行政管理和司法机关的责任判断,特别是在打击犯罪方面,提高了预防犯罪的效率和打击犯罪的精准度。企业合规不仅有利于预防犯罪,而且有利于调查和惩罚犯罪。[①]

再次,企业推行合规制度,对企业员工加强教育培训,加强行为规范约束,避免其违法犯罪,不仅有利于企业发展,也有利于员工发展。

最后,企业管理制度中的刑事合规,是企业作为主要行动者通过积极的自我管理实现刑事风险预防,企业的行为是为了预防自身可能面临的各种刑事风险。因此,在预防刑事风险方面,企业既是直接行动方,也是直接受益方。[②] 企业推行合规制度建设对企业意义广泛,一是预防企业犯罪。推广实施企业的刑事合规制度,能提升企业经营管理安全性和制度性,是法治社会背景下现代企业模式的内在要求。刑事合规不仅提升企业管理的严密性,更会提升企业的法律风险防控整体能力,有助于堵塞经济犯罪可能利用的种种漏洞。二是强化犯罪预防的责任意识。企业也要履行社会责任。企业建立合规制度,不仅强化企业预防企业犯罪的责任感,而且积极分担社会责任,缓解国家对犯罪的监管负担。因此威慑力从刑法本身向企业内部转移[③]。三是维护企业名誉,有利于企业长足发展。在企业外部公开性上,刑事合规旨在阻止产生刑事犯罪嫌疑而给企业名誉造成损害。良好的合规制度建构有利于提高企业的声誉以及企业自身的价值。[④]

当然,我们还需要站在企业的立场上,澄清关于企业刑事合规中的错误认识。今后要着力避免如下问题,建构和完善合规制度。

第一,合规制度的减刑机制并不能实现威慑目的,且无法有效减少犯罪;相反,它可能变相鼓励企业实施次优的合规计划,导致企业投入成本昂贵的合规计划,却无法实现遏制企业内部诱因的预期目标。[③]

第二,合规对企业百利而无一弊。合规制度在本质上是一种广泛的预防措施,可以预测、监测并遏制任何潜在的犯罪活动,从而增加企业犯罪被发现的机会。

第三,企业合规就是为了减轻犯罪企业及其员工的责任,为了合规而合规。美国学者韦勒认为:"有效的合规计划及其实施的程度被认为是衡量一个企业是否应受惩罚的合理标准。"[③] 所以对企业而言,关键的是营造合规的文化和企业道德,只有这样才能真正培养负责的企业员工,真正预防企业犯罪。

---

① 李玉华.我国企业合规的刑事诉讼激励[J].比较法研究,2020(1).
② 欧阳本祺,史雯.互联网金融企业刑事合规制度的建立[J].人民检察,2019(21).
③ 韦勒.有效的合规计划与企业刑事诉讼[J].万方,译.财经法学,2018(3).
④ 韩轶.刑事合规视阈下的企业腐败犯罪风险防控[J].江西社会科学,2019(5).

二、怎样判断企业刑事合规的有效性

（一）刑事合规的基本要素

大体上讲，合规制度需要具备三个基本要素，即正式的行为守则、由管理人员值守的合规办公室及员工热线电话。此外，企业还应高度执行合规计划，不得聘请具有犯罪前科的管理人员；企业应始终执行合规计划，并定期向员工传达合规计划的基本标准和程序。但是，不同国家和地区所开列的合规要素存在差异。

1. 美国《联邦组织量刑指南》的标准

《联邦组织量刑指南》在企业合规计划的基本定义外，还规定了企业构建"有效的"企业合规计划的 7 项最低标准[①]：

（1）企业应建立合规政策和标准；
（2）企业应指定高层人员监督企业的合规政策与标准；
（3）企业不得聘用在尽职调查期间了解到具有犯罪前科记录的高管；
（4）向所有员工有效普及企业的合规政策和标准，如进行培训；
（5）采取合理措施，以实现企业标准下的合规，例如利用监测、审计系统来监测员工的犯罪行为，建立违规举报制度，让员工举报可能的违规行为；
（6）通过适当的惩戒机制，严格贯彻执行合规标准；
（7）发现犯罪后，采取必要的合理措施来应对犯罪行为，并预防类似行为发生，如修改完善合规计划。

为了保证《联邦组织量刑指南》的有效执行，1999 年美国检察机关发布的《联邦起诉商业组织原则》（又称"霍尔德备忘录"）规定，检察官在对企业提起诉讼时应考虑 8 项因素[①]：

（1）犯罪的性质和严重性；
（2）企业内部不当行为的普遍性；
（3）企业类似不当行为的历史；
（4）企业是否及时自愿披露不当行为，愿意合作配合执法调查，必要时放弃律师-客户特权和产品保护特权；
（5）企业内部是否具有合规计划及其是否有效；
（6）企业的补救措施；
（7）附带损害；
（8）非刑事补救措施是否充分。

《联邦起诉商业组织原则》提示检察官着重从以下三个方面考察企业的合规状况：①公司违法违规行为的普遍性；②公司是否拥有合规计划；③公司采取的补救措施。在霍尔德备忘录发布后的 10 年间，企业刑事诉讼标准经历了多次修改。然而，在每个版本的标准下，被调查企业构建和实施企业合规计划的情况始终是检察官决定是否对企业提

---

① 万方.企业合规刑事化的发展及启示[J].中国刑事法杂志，2019(2).

起诉讼时需要考虑的核心要素。①

2. 法国《萨宾第二法案》的标准

《萨宾第二法案》规定了合规制度的 7 项基本要素。②

（1）制定行为准则，以便定义可能构成贿赂以及其他非法交易的行为。

（2）建立内部预警系统，以便收集员工提供的有关违法行为线索或者信息。

（3）进行风险评估，根据企业所属的行业和运营地区来对企业的贿赂风险加以识别、分析和分级，并定期更新风险评估。

（4）构建制度内部和外部会计控制程序，以确保会计账簿、会计记录和会计账目不被用来掩盖贿赂行为。这类控制可由企业和审计部门完成，也可以由外部会计师完成。

（5）建立培训体系，以帮助那些最接近贿赂风险的高管和员工预防并发现腐败行为。

（6）建立惩处机制，以惩戒那些违反行为准则的员工。

（7）建立内部控制和评价制度，以审查合规制度的有效性。

综合上述内容，审查合规计划一般包括如下要素③：

（1）相关单位的领导层是否对合规计划给予支持和承诺；

（2）合规计划对从业的全体成员是否具有约束力；

（3）对员工是否有充分提示以及监督程序；

（4）是否有专人负责合规计划实施；

（5）财务、会计账目、采购清单等是否完善；

（6）是否有内部举报程序；

（7）是否有严格的内部纪律程序；

（8）是否主动要求外部机构对本单位进行监督；

（9）是否对生产经营活动全程"留痕"；

（10）法律、行政法规、部门规章和地方性规章规定的强制性标准是否得到落实。

（二）企业刑事合规有效性判断的要点

合规计划不等于有效的合规，有效的合规包括几个方面的要求。

（1）合规计划得以执行和实现。合规计划的执行与实现面临三个任务：①风险识别、行为准则制定与合规组织的构建；②标准传达与促进；③内部调查、制裁与合规计划的改进④。在这些任务中，合规计划得到有效执行始终是最重要的，"有效合规计划的存在和执行也将是我国强制性措施和程序分流在企业合规方面发挥激励作用的前提"⑤。

（2）合规计划得到企业高层的重视。企业高层的承诺是合规制度得以有效运行的关键，其原因在于：第一，领导的行为对组织文化的塑造具有决定性作用。通过文化操纵，个体的道德信仰和伦理决策行为会逐步向高层领导靠拢，因为领导倾向于奖赏与自己一

---

① 万方.企业合规刑事化的发展及启示[J].中国刑事法杂志,2019(2).
② 陈瑞华.法国《萨宾第二法案》与刑事合规问题[J].中国律师,2019(5).
③ 时延安,孟珊.规制、合规与刑事制裁——以食品安全为论域[J].山东社会科学,2020(5).
④ 李本灿.法治化营商环境建设的合规机制——以刑事合规为中心[J].法学研究,2021(1).
⑤ 李玉华.我国企业合规的刑事诉讼激励[J].比较法研究,2020(1).

致的人;第二,普通合规人员仅具有信息进入权,缺乏命令指示权,因此,合规体系的构建、职责的分配、对违规行为的处理等都取决于领导层。①

(3) 合规计划的有效性得到检察官认可。合规计划有效性的评价主体通常是检察官,原因在于:一是检察官代表国家,具有客观中立的立场;二是检察官直接负责不起诉和暂缓起诉的工作。② 参照美国评估公司合规计划的做法,检察官在进行实操时要注意一系列合理的问题:①企业董事是否对提议的行动进行独立和知情的审查;②企业是否有内部审计系统来确保对企业交易的独立评估;③企业内部是否有报告系统,为管理层和董事会提供有关企业守法情况的及时准确的信息;④合规计划是否针对企业特定业务中"最有可能"发生的不当行为类型进行检测;⑤员工是否充分了解企业的合规计划,他们是否相信该计划反映了企业及其管理层的价值观;⑥企业是否配备了足够的合规计划人员来审计、记录、分析和利用企业合规工作的结果;⑦合规计划是否有保障,是否有合规监督人员,合规监督人员是否拥有独立完整的权力。②

(4) 合规计划有效性得到法官承认。在涉罪企业被起诉后,法官掌握最终的裁判权。即便合规计划失败,也不意味着其完全无效。法官在量刑时就要对失败的原因进行必要考量。根据《联邦量刑指南》第八章有关"组织体量刑"的规定,在确定罚金的幅度时除应考虑犯行的严重程度外,还应考虑组织体的罪过(culpability)程度。而罪过程度基本上由六个因素来决定,其中包括四个加重刑罚的因素:①参与或容忍犯罪行为;②组织体之前的违法行为历史;③违背命令;④妨碍司法。另外还有两个减轻刑罚的因素:①存在有效的合规与伦理计划;②自我报告、合作或承担责任。③ 这些做法也值得我国借鉴。

第四节 刑事合规制度的范围与路径

一、企业要在哪些领域建立刑事合规

如前所述,中外合规的范围不同。如美国重点监控的是企业的不正当竞争行为和垄断行为,其他国家也以不正当竞争为重点。我国2018年颁布的《中央企业合规管理指引(试行)》,则提出八个领域都是合规要关注的:①市场交易。完善交易管理制度,严格履行决策批准程序,建立健全自律诚信体系,突出反商业贿赂、反垄断、反不正当竞争,规范资产交易、招投标等活动。②安全环保。严格执行国家安全生产、环境保护法律法规,完善企业生产规范和安全环保制度,加强监督检查,及时发现并整改违规问题。③产品质量。完善质量体系,加强过程控制,严把各环节质量关,提供优质产品和服务。④劳动用工。严格遵守劳动法律法规,健全完善劳动合同管理制度,规范劳动合同签订、履行、变更和解除,切实维护劳动者合法权益。⑤财务税收。健全完善财务内部控制体系,严格执行财务事项操作和审批流程,严守财经纪律,强化依法纳税意识,严格遵守税收法律政策。

---

① 李本灿.法治化营商环境建设的合规机制——以刑事合规为中心[J].法学研究,2021(1).
② 李玉华.我国企业合规的刑事诉讼激励[J].比较法研究,2020(1).
③ 童德华,贺晓红.美国《泛海外腐败法》执法对中国治理海外商业贿赂的借鉴[J].学习与实践,2014(4).

⑥知识产权。及时申请注册知识产权成果,规范实施许可和转让,加强对商业秘密和商标的保护,依法规范使用他人知识产权,防止侵权行为。⑦商业伙伴。对重要商业伙伴开展合规调查,通过签订合规协议、要求作出合规承诺等方式促进商业伙伴行为合规。⑧其他需要重点关注的领域。

该文件不仅对中央企业具有指导意义,而且对其他不同类型的企业也具有较大的意义。当然,企业性质不同,其重点还可以进一步明确,如建筑业对于安全生产和建筑质量要重点关注、新技术产业要突出知识产权的合规管理等。对此,2018年的《企业境外经营合规管理指引》分门别类提出重点领域:①对外贸易中的合规要求。企业开展对外货物和服务贸易,应确保经营活动全流程、全方位合规,全面掌握关于贸易管制、质量安全与技术标准、知识产权保护等方面的具体要求,关注业务所涉国家(地区)开展的贸易救济调查,包括反倾销、反补贴、保障措施调查等。②境外投资中的合规要求。企业开展境外投资,应确保经营活动全流程、全方位合规,全面掌握关于市场准入、贸易管制、国家安全审查、行业监管、外汇管理、反垄断、反洗钱、反恐怖融资等方面的具体要求。③对外承包工程中的合规要求。企业开展对外承包工程,应确保经营活动全流程、全方位合规,全面掌握关于投标管理、合同管理、项目履约、劳工权利保护、环境保护、连带风险管理、债务管理、捐赠与赞助、反腐败、反贿赂等方面的具体要求。④境外日常经营中的合规要求。企业开展境外日常经营,应确保经营活动全流程、全方位合规,全面掌握关于劳工权利保护、环境保护、数据和隐私保护、知识产权保护、反腐败、反贿赂、反垄断、反洗钱、反恐怖融资、贸易管制、财务税收等方面的具体要求。

总之,企业刑事合规可能涉及企业管理的各个方面。但是,就当前重点工作而言,2018年颁布的《中央企业合规管理指引(试行)》和《企业境外经营合规管理指引》对于我国企业刑事合规制度的建立具有指导性意义和示范价值。本书以《中华人民共和国公司法》(以下简称《公司法》)的规定为框架,参考前述2018年两部合规管理指引,从如下方面具体阐述公司刑事合规制度的内容:企业设立、变更、解散、清算中的刑事合规制度,企业人力资源管理中的刑事合规制度,企业财务管理中的刑事合规制度,企业生产管理中的刑事合规制度,企业经营管理中的刑事合规制度,企业创新管理中的刑事合规制度和企业道德文化建设中的刑事合规制度。

二、我国如何建构企业合规制度

企业建构合规制度的方案要现实。合规制度在实施中要解决如下问题。

第一,对小企业实施难的问题。如果企业员工犯罪,因为具有合规计划企业将免受刑事起诉,根据刑事合规制度进行量刑,企业固然会节省数额不菲的罚款,然而,制定和实施合规制度的高额成本,对大多数小企业而言仍然是个现实难题。在我国可以考虑由行业制定具有普遍指导意义的合规计划样本供这些企业使用。

第二,合规制度与员工行为之间如果无关联,刑事合规制度的实际激励和抑制作用就要受到检验。在实践中,很多人将合规的目标直接当成其实际效果,从而导致合规制度建设中存在过度执行的问题以及企业的立场选择问题。立场选择就是企业究竟是遵循合规的书面规定还是遵循法治的问题。

第三，企业额外负担问题。对于企业而言，还有一个现实问题是，企业的合规计划越有效，任何违法行为就越有可能暴露在执法人员和潜在的民事诉讼当事人面前。① 企业建立合规制度的初衷是减少和遏制犯罪，结果却增加了违法犯罪行为被发现的概率，间接增加了企业潜在的刑事责任。假如企业不能从合规计划中获得确定的法律收益，必然会导致企业对合规制度的排斥，企业要么不再采取任何合规计划，要么以敷衍的方式实施。

第四，企业虚假应付问题。企业要建立有效的合规计划，必须接受多次测试，而测试的基础是"不完全协商治理理论"。大多数国家的做法是将合规涉及和实施的任务布置给企业自行完成，企业也因此获得了较为宽松的决策空间。这样，企业可能采取"装门面"套路应对合规计划，以减少企业的刑事责任，但却不实施直接有效的合规计划。①

第五，企业合规计划的多样性问题。缺乏司法的指导，难以满足不同行业的特殊需求，是企业合规制度建设普遍面临的问题。有些问题是法律无法解决的，因为法律不可能对企业的合规进行全面和详细的规定。所以，如何确保不同系统、不同行业、不同地区的企业的刑事合规制度客观合理是一个复杂问题。

第六，企业合规的导向问题。企业合规具有四个潜在的导向：合规导向、价值导向、外部利益导向和高层管理保护导向。目前占主导的方向导式是合规导向。① 数据表明，价值导向的合规计划更能有效阻止企业的不道德行为，此外，价值导向和合规导向的目标并不必然相互排斥，完全可以设计一个融合两者的合规。然而，现有的合规制度似乎不鼓励价值导向的目标。合规计划往往由法律人员设计和实施，职业态度更倾向于合规方面。体制偏见阻碍了在企业合规计划中纳入价值导向目标，由于这种偏见，企业往往会选择和执行次优的合规计划，从而将企业行为定位于满足合规计划的规定，而非实施价值导向的合规计划或以最有效的方式制止犯罪活动。总之，目前的制度可能为企业实施次优合规计划提供了强烈诱因，这将导致合规计划无法达到其预期目的，但却仍然消耗企业的资源的问题。①

企业建构合规制度的目标要端正。企业并不是单纯的自然人的集合，而是具有其内在属性的实体。企业为了实现自己既定的目标，会通过一定方法，在依照相关法律政策制定正式规则的同时，还会用增加报酬、晋升职称、增设岗位等巧妙的激励机制，有时甚至会不惜采用违法的手段来诱使其组成人员（自然人）为实现企业自身的目标而努力。企业并不是代其员工受过，而是因为其诱发、激励甚至容忍其员工的违法犯罪行为而受罚。②

如果为了阻止犯罪活动而采取合规计划，那么运用代理责任就足以实现这个目标；如果担心过度威慑，则应采取更有效的方法来处理合规计划，而不是引入存在固有缺陷的合规计划。实践证明："对于以追求营利为目的的企业而言，宣扬未必与利益挂钩的至善行动是不现实的。最终不过是'徒有虚名'。"③"在企业内部培养道德伦理及法律观念是一个值得称道的目标。"① 2004年11月，美国《联邦量刑指南》修正案生效，增强了量刑阶段合规计划的重要性。新的修正案大力提倡合规计划。修正案规定，只有合规计划"发展

---

① 韦勒.有效的合规计划与企业刑事诉讼[J].万方,译.财经法学,2018(3).
② 黎宏.合规计划与企业刑事责任[J].法学杂志,2019(9).
③ 孙国祥.刑事合规的理念、机能和中国的构建[J].中国刑事法杂志,2019(2).

企业文化,促进道德行为,且承诺遵守法律",才会被认为是有效的。这也是将合规纳入《联邦量刑指南》的初始目的,即鼓励企业内部遵守合规文化。①

三、刑法与刑事合规配套的完善

我国刑事合规制度的建构要求完善与之配套的刑法和刑事诉讼法的立法。"刑事合规的目标是培养人们对刑法的忠诚,但人们之所以忠诚于法律,原因之一在于刑法是有效的,值得信赖的。"②所以刑法是刑事合规的重要制度基础。就实体刑法的要求看,目前的观点还是有很大分歧的:有的观点主张,《刑法》立法应适当扩大单位犯罪的范围:单位与自然人采用同一定罪标准,加大犯罪的处罚力度。②还有观点认为,首先,对单位犯罪的主管人员和其他直接责任人员也应单独设置不同于自然人犯罪的法定刑,而且这一法定刑幅度应低于自然人犯罪。其次,有必要在单位犯罪的刑罚适用中设置对单位的缓刑制度。完善企业刑事责任制度,可从两方面入手:一是在刑事立法中引入企业缓刑制度;二是提升企业的罚金数额。③ 再有观点认为,在《刑法》规定的背景之下,还是应当将《刑法》第30条、第31条的规定与责任原则结合起来,将企业合规建设作为企业文化建设的一部分,并将其作为判断企业刑事责任有无和大小的依据之一,而不是全部。④

【即测即练】

---

① 韦勒.有效的合规计划与企业刑事诉讼[J].万方,译.财经法学,2018(3).
② 孙国祥.刑事合规的理念、机能和中国的构建[J].中国刑事法杂志,2019(2).
③ 万方.企业合规刑事化的发展及启示[J].中国刑事法杂志,2019(2).
④ 黎宏.合规计划与企业刑事责任[J].法学杂志,2019(9).

第二章

企业设立、变更、解散、清算刑事合规制度

提示：企业经营风险始于企业成立，终于企业解散。在企业成立之后到企业被撤销之前，企业要面临诸多经营风险，在首尾两端的环节设立合规制度，主要是为了防控企业成立和解散清算环节的刑事风险。

第一节 企业设立、变更刑事合规

一、申报注册资本的刑事合规

（一）刑事合规制度的指向

公司设立是商事领域中十分重要的一节，而注册资本的申报是后续一切商事活动的源头。国家加大了对民营企业的扶持力度，企业家响应号召纷纷成立各类型公司，但这也涌现出各种不同的商事犯罪活动，影响了正常的公司登记制度，也不利于后续的交易安全。经过统计发现，2001—2016 年，全国各级法院在 16 年间共审理 2 332 起有关虚报注册资本罪的案件，平均每年约 146 起。2017—2020 年，全国各级法院在 4 年间共审理 1 117 起有关虚报注册资本罪的案件，平均每年约 279 起。其中，2017 年 337 起，2018 年 304 起，2019 年 279 起，2020 年 197 起。[1] 与 2001—2016 年审理的案件数相比，近 4 年的案发率均呈现出上涨的趋势，也表明国家对整治商事领域犯罪的决心和力度。从地域分布来看，虚报注册资本罪的案例主要集中在江苏省、山东省、河南省，分别占比 15.28%、8.35%、7.68%。其中江苏省的案件量最多，达到 531 件。[1]

《刑法》第一百五十八条【虚报注册资本罪】规定

申请公司登记使用虚假证明文件或者采取其他欺诈手段虚报注册资本，欺骗公司登记主管部门，取得公司登记，虚报注册资本数额巨大、后果严重或者有其他严重情节的，处三年以下有期徒刑或者拘役，并处或者单处虚报注册资本金额百分之一以上百分之五以下罚金。

单位犯前款罪的，对单位判处罚金，并对其直接负责的主管人员和其他直接责任人员，处三年以下有期徒刑或者拘役。

---

[1] 数据来源于威科先行法律信息库网站，访问日期：2021 年 5 月 18 日。

据上,虚报注册资本罪,是指使用虚假证明文件或者采取其他欺诈手段虚报注册资本,欺骗公司登记主管部门,取得公司登记,虚报注册资本数额巨大、后果严重或者有其他严重情节的行为。

(二) 刑事合规的主体对象

虚报注册资本罪的主体是特殊主体,即申请公司登记的人或单位,但是不包括申请认缴制公司登记的单位和个人。在有限责任公司,申请公司登记的人是全体股东制定的代表或共同委托的代理人。在股份有限公司,申请公司登记的人是董事会人员。[①] 所以,在司法实践中,该罪的主体集中在以上两类人。需要注意的是,根据有关法律、行政法规以及国务院的明确规定,目前仍有20余类公司暂不实行注册资本认缴登记制,而是继续实行注册资本实缴登记制,包括:采取募集方式设立的股份有限公司,商业银行,外资银行,金融资产管理公司,信托公司,财务公司,金融租赁公司,汽车金融公司,消费金融公司,货币经纪公司,村镇银行,贷款公司,农村信用合作联社,农村资金互助社,证券公司,期货公司,基金管理公司,保险公司,保险专业代理机构,保险经纪人,外资保险公司,直销企业,对外劳务合作企业,融资性担保公司,劳务派遣企业,典当行,保险资产管理公司,小额贷款公司。企业家在申请公司登记前,有必要先明确自己申请登记的公司是否属于上述20余类公司之一。

(三) 违反刑事合规的主观表现

虚报注册资本罪在主观上需具备故意的主观状态,即行为人明知自己未达到法律规定的注册资本的最低限额,而故意虚报其实有资本已经达到法律规定的最低限额,但不要求行为人在主观上明确知道虚假证明文件的具体来源。

本罪的动机多种多样,主要有以下两种:第一,多数情况下,行为人是为了成立公司而实施虚报注册资本的行为。第二,行为人本身并不想主动虚报注册资本,只是受到公司上级的指示,出于保住工作等原因被动实施制作虚假账目的行为。所以,企业家应当做到以下几点:第一,不可心存侥幸,在没有达到登记注册的资本数额的情况下,虚报注册资本。第二,不可为了蝇头小利,听从上级的指示制作虚假的账目。第三,提升法律意识,积极学习涉及公司成立的相关法律制度。

(四) 违规行为表现及合规行为要求

虚报注册资本罪,是使用虚假证明文件或者采取其他欺诈手段虚报注册资本,欺骗公司登记主管部门,取得公司登记,数额巨大、后果严重或者有其他严重情节。在司法实践中,本罪一般表现为使用虚假证明文件,"虚假证明文件"主要包括以下几种类型:伪造、变造、涂改或采用类似方法制作的身份资格证明、验资报告、验资证明、资产评估报告等;成立特殊行业的公司、企业所必需的政府批文、特别许可等文件;以骗取、贿取方式或其他非法手段取得的形式合法但内容不真实的证明文件。"其他欺诈手段"所包含的行为方式多种多样,如隐瞒真相骗用无支配权的资金进行虚报等,行为人取得了公司登记。本罪

[①] 马克昌.百罪通论:上卷[M].北京:北京大学出版社,2014:218.

中的"公司登记",既可以是公司设立登记,又可以是公司变更登记,其实质内容都是虚报、少报公司注册资本。

注册资本管理的行为合规要求:

第一,企业应当按年度在规定的期限内,通过市场主体信用信息公示系统向市场监督管理机关报送年度报告,并向社会公示,任何单位和个人均可查询。企业年度报告应包括公司股东(发起人)缴纳出资情况、资产状况等,企业对年度报告的真实性、合法性负责,市场监督管理机关可以对企业年度报告公示内容进行抽查。

第二,企业在3年内履行年度报告公示义务的,可以向市场监督管理机关申请恢复正常记载状态;超过3年未履行的,市场监督管理机关将其永久载入经营异常名录,不得恢复正常记载状态,并列入严重违法企业名单("黑名单")。

第三,有限责任公司的注册资本为在公司登记机关登记的全体股东认缴的出资额。法律、行政法规以及国务院决定对有限责任公司注册资本实缴、注册资本最低限额另有规定的,从其规定。

第四,股东应当按期足额缴纳公司章程中规定的各自所认缴的出资额。股东以货币出资的,应当将货币出资足额存入有限责任公司在银行开设的账户;以非货币财产出资的,应当依法办理其财产权的转移手续。股东不按照前款规定缴纳出资的,除应当向公司足额缴纳外,还应当向已按期足额缴纳出资的股东承担违约责任。

(五)刑事风险预警

具有下列情形之一的,被认定为虚报注册资本,达到了定罪处罚的客观要求。

(1)超过法定出资期限,实缴注册资本不足法定注册资本最低限额,有限责任公司虚报数额在30万元以上并占其应缴出资数额60%以上的,股份有限公司虚报数额在300万元以上并占其应缴出资数额30%以上的。

(2)超过法定出资期限,实缴注册资本达到法定注册资本最低限额,但仍虚报注册资本,有限责任公司虚报数额在100万元以上并占其应缴出资数额60%以上的,股份有限公司虚报数额在1000万元以上并占其应缴出资数额30%以上的。

(3)造成投资者或者其他债权人直接经济损失累计数额在10万元以上的。

(4)虽未达到上述数额标准,但具有下列情形之一的:两年内因虚报注册资本受过行政处罚2次以上,又虚报注册资本的;向公司登记主管人员行贿的;为进行违法活动而注册的。

二、出资经营决策中的刑事合规

(一)刑事合规制度的指向

虚假出资、抽逃出资是商事活动中经常出现的违法行为,行为人为享一己私利严重影响到了公司的运营,并且不论是有限责任公司还是股份有限公司,各出资人都是出于信任关系,因此虚假出资和抽逃出资的行为使得公司的运营以及人事关系处于潜在的危险状态中,严重影响到市场经济的发展,也不利于债权人合法权益的维护,对此,有必要予以严厉打击。经过统计发现,2001—2016 年,全国各级法院在 16 年间共审理 1 162 起有关虚假出资、抽逃出资罪的案件,平均每年约 73 起。2017—2020 年,全国各级法院在 4 年间共审理 462 起有关虚假出资、抽逃出资罪的案件,平均每年约 116 起。其中,2017 年 102 起,2018 年 111 起,2019 年 131 起,2020 年 118 起,这表明近几年虚假出资、抽逃出资罪在总体上呈现出多发的趋势。① 从地域分布来看,虚假出资、抽逃出资罪的案例主要集中在浙江省、山东省、河南省,分别占比 26.51%、8.06%、7.04%。其中浙江省的案件量最多,达到 434 件。①

《刑法》第一百五十九条【虚假出资、抽逃出资罪】规定

公司发起人、股东违反公司法的规定未交付货币、实物或者未转移财产权,虚假出资,或者在公司成立后又抽逃其出资,数额巨大、后果严重或者有其他严重情节的,处五年以下有期徒刑或者拘役,并处或者单处虚假出资金额或者抽逃出资金额百分之二以上百分之十以下罚金。

据上,虚假出资、抽逃出资罪,是指违反公司法的规定未交付货币、实物或者未转移财产权,虚假出资,或者在公司成立之后又抽逃其出资,数额巨大、后果严重或者有其他严重情节的行为。

(二) 刑事合规的主体对象

虚假出资、抽逃出资罪的主体既可以是自然人也可以是单位,自然人主体范围较为特殊,仅限于公司发起人或者股东。"公司发起人"指依法创立筹办股份有限公司的人。"股东"指公司的出资人,包括有限责任公司的股东和股份有限公司的股东。② 其中公司发起人通常也是公司的股东,公司的股东却不一定是公司的发起人。

(三) 违反刑事合规的主观表现

虚假出资、抽逃出资罪在主观上需具备故意的主观状态,即行为人明知该行为违法,却仍然实施不交付货币、不交付实物或者不转移财产权导致的虚假出资或抽逃出资等行为。

行为人虚假出资、抽逃出资可能出于各种各样的动机,如:只愿坐取分红不愿冒风险而虚假出资;应人之邀将资金投入一段时间,待公司成立再抽走资金;看到公司经营状况不良为避免损害而抽走资金等。③ 为防止构成本罪,企业家应当加强防控意识,建立健全公司内部管理制度,以防自己或者他人实施虚假出资、抽逃出资的行为。

(四) 违规行为表现及合规行为要求

虚假出资、抽逃出资罪是针对在公司运行阶段,公司发起人或股东出资不实或抽逃其出资的犯罪行为。④ "虚假出资",是指违反公司法的规定,未交付货币、实物或者未转移

---

① 数据来源于威科先行法律信息库网站,访问日期:2021 年 5 月 18 日。
② 黄锡生.虚报注册资本骗取公司登记罪与虚假出资、抽逃出资罪的异同[J].重庆大学学报(社会科学版),2001(4).
③ 孙力.虚假出资、抽逃出资罪研究[J].法学家,2000(5).
④ 李军.认缴制下对"资本三罪"的修订或重新解读——"废用论"外的另一条可行路径[J].政治与法律,2015(9).

财产权出资,欺骗债权人和社会公众的情形,即股东认购出资而未实际出资,取得公司股权的情形。在司法实践中,虚假出资的具体形式表现为以下几种:第一,股东设立公司时,为了应付验资,将款项短期转入公司账户后又立即转出,公司未实际使用该款项进行经营;第二,以无实际现金流通的虚假银行进账单、对账单骗取验资报告;第三,以虚假的实物出资手续骗取验资报告;第四,以实物、知识产权、土地使用权出资,但未办理产权转移手续等。"抽逃出资"是违反公司法的规定,在公司成立后,公司发起人、股东擅自使公司原有注册资本减少的情形。在司法实践中,抽逃出资行为大多表现为以下几种方式:第一,制作虚假财务会计报表虚增利润进行分配;第二,通过虚构债权债务关系将出资转出;第三,利用关联交易将出资转出;第四,公司未弥补亏损、提取法定公积金即先行分配利润等。

出资决策中行为的合规要求:

第一,有限责任公司成立后,发现作为设立公司出资的非货币财产的实际价额显著低于公司章程所定价额的,应当由交付该出资的股东补足其差额;公司设立时的其他股东承担连带责任。

第二,公司成立后,股东不得抽逃出资。

第三,发起人、认股人缴纳股款或者交付抵作股款的出资后,除未按期募足股份、发起人未按期召开创立大会或者创立大会决议不设立公司的情形外,不得抽回其股本。

(五)刑事风险预警

具有下列情形之一的,被认定为虚假出资、抽逃出资,达到了定罪处罚的客观要求。

(1)超过法定出资期限,有限责任公司股东虚假出资数额在30万元以上并占其应缴出资数额60%以上的,股份有限公司发起人、股东虚假出资数额在300万元以上并占其应缴出资数额30%以上的。

(2)有限责任公司股东抽逃出资数额在30万元以上并占其实缴出资数额60%以上的,股份有限公司发起人、股东抽逃出资数额在300万元以上并占其实缴出资数额30%以上的。

(3)造成公司、股东、债权人的直接经济损失累计数额在10万元以上的。

(4)虽未达到上述数额标准,但具有下列情形之一的:致使公司资不抵债或者无法正常经营的;公司发起人、股东合谋虚假出资、抽逃出资的;两年内因虚假出资、抽逃出资受过行政处罚3次以上,又虚假出资、抽逃出资的;利用虚假出资、抽逃出资所得资金进行违法活动的。

第二节 企业解散、清算刑事合规

一、企业清算管理的刑事合规

(一)刑事合规制度的指向

我国惩治妨害公司、企业清算之违法行为的刑事立法,是适应市场经济和现代公司、企业法人制度的发展需要而建立起来的。企业清算是对企业负责,也是对债权人和社会负责,而妨害清算的行为损害了债权人的利益,同时也破坏了市场经济的良好运行。[①] 经过统计发现,2001—2016 年,全国各级法院共计审理有关妨害清算罪的案件 16 起,平均每年审理 1 起。2017—2020 年,全国各级法院在 4 年间共审理 33 起有关妨害清算罪的案件。其中,2017 年 6 起,2018 年 11 起,2019 年 10 起,2020 年 6 起,平均每年审理约 8 起。[②] 可以发现,较之于早些年,近年来与妨害清算罪有关的案件有一定幅度的增长。从地域分布来看,妨害清算罪的案例主要集中在山东省、浙江省、河南省,分别占比 12%、10%、10%。[②] 这表明该罪主要集中在经济较为发达的东部省份,是当地今后打击的重点。

《刑法》第一百六十二条【妨害清算罪】规定

公司、企业进行清算时,隐匿财产,对资产负债表或者财产清单做虚伪记载或者在未清偿债务前分配公司、企业财产,严重损害债权人或者其他人利益的,对其直接负责的主管人员和其他直接责任人员,处五年以下有期徒刑或者拘役,并处或者单处二万元以上二十万元以下罚金。

据上,妨害清算罪,是指公司、企业进行清算时,隐匿财产,对资产负债表或者财产清单做虚假记载,或者在未清偿债务前擅自分配公司、企业财产,严重损害债权人或者其他人利益的行为。

(二)刑事合规的主体对象

妨害清算罪的主体是特殊主体,只能是公司、企业。公司、企业中直接负责的主管人员和其他直接责任人员,应包含清算组的成员、公司与企业的原法定代表人和其他管理人员,不包含无身份、无职责的人员。而私营独资企业等不具有法人资格,不能成为单位犯罪的主体,自然不能构成本罪。

(三)违反刑事合规的主观表现

妨害清算罪在主观上需具备故意的主观状态,即公司、企业进行清算时,明知该行为违法,却仍然实施了隐匿财产,对资产负债表或者财产清单做虚假记载,或者在未清偿债务前擅自分配公司、企业财产,严重损害债权人或者其他人利益的行为。实施本罪的动机主要是隐匿相关财产不被清算,从而将该财产进行独吞或者私分,以供个人挥霍之用。因此,在解散事由发生之时,公司管理人员就应当提高警惕,不得随意处分公司、企业的财产。

(四)违规行为表现及合规行为要求

妨害清算罪,是公司、企业进行清算时,隐匿财产,对资产负债表或者财产清单做虚假记载,或者在未清偿债务前擅自分配公司、企业财产,严重损害债权人或者其他人利益的

---

① 林锋,邵惠.妨害清算罪的立法反思与完善——以我国现行公司、企业清算制度为背景[J].福建警察学院学报,2013(4).

② 数据来源于威科先行法律信息库网站,访问日期:2021 年 5 月 19 日。

行为。在司法实践中,本罪一般表现为以下三种行为方式:第一,隐匿公司、企业财产。"隐匿公司、企业财产"是指将公司、企业部分财产予以转移、隐藏。第二,对资产负债表或者财产清单做虚伪记载,是指公司、企业在清算过程中,在制作资产负债表或财产清单时进行虚报,以达到逃避公司债务的目的。第三,未清偿债务前分配公司财产。

财务清算的行为合规要求:

第一,公司经营管理发生严重困难,继续存续会使股东利益受到重大损失,通过其他途径不能解决的,持有公司全部股东表决权10%以上的股东,可以请求人民法院解散公司。

第二,清算组在清算期间行使下列职权:清理公司财产,分别编制资产负债表和财产清单;通知、公告债权人;处理与清算有关的公司未了结的业务;清缴所欠税款以及清算过程中产生的税款;清理债权、债务;处理公司清偿债务后的剩余财产;代表公司参与民事诉讼活动。

第三,清算组在清理公司财产、编制资产负债表和财产清单后,发现公司财产不足清偿债务的,应当依法向人民法院申请宣告破产。

第四,清算组成员应当忠于职守,依法履行清算义务。清算组成员不得利用职权收受贿赂或者其他非法收入,不得侵占公司财产。

第五,清算组成员因故意或者重大过失给公司或者债权人造成损失的,应当承担赔偿责任。

(五)刑事风险预警

具有下列情形之一的,被认定为妨害清算,达到了定罪处罚的客观要求:

(1)隐匿财产价值在50万元以上的;

(2)对资产负债表或者财产清单做虚伪记载涉及金额在50万元以上的;

(3)在未清偿债务前分配公司、企业财产价值在50万元以上的;

(4)造成债权人或者其他人直接经济损失数额累计在10万元以上的;

(5)虽未达到上述数额标准,但应清偿的职工的工资、社会保险费用和法定补偿金得不到及时清偿,造成恶劣社会影响的。

二、企业破产管理的刑事合规

(一)刑事合规制度的指向

破产程序是公司走向终点的重要环节,关系着企业责任以及其他合法债权人权益的实现。行为人一旦实施虚假破产的行为,可能会虚构金额巨大的债务,严重破坏国家对公司、企业的破产管理秩序,并且有损债权人及其他有关人员的合法利益。经过统计发现,2001—2017年,全国各级法院共审理虚假破产案件17起,2018—2021年,全国各级法院在4年间共审理33起有关虚假破产罪的案件。[①] 从数据中可以发现,近些年虚假破产犯罪案件大量增加,从地域分布看,虚假破产罪的案例主要集中在辽宁、吉林、浙江、四川四

---

① 数据来源于威科先行法律信息库网站,访问日期:2022年2月18日。

省,分别占比为 16.28%、13.95%、11.63%、11.63%。[①]

《刑法》第一百六十二条之二【虚假破产罪】规定

公司、企业通过隐匿财产、承担虚构的债务或者以其他方法转移、处分财产,实施虚假破产,严重损害债权人或者其他人利益的,对其直接负责的主管人员和其他直接责任人员,处五年以下有期徒刑或者拘役,并处或者单处二万元以上二十万元以下罚金。

据上,虚假破产罪,是指公司在进入破产清算以前,通过隐匿财产、承担虚假债务或者以其他方式转移财产、处分财产,制造虚假破产状况,以实现逃避债务或非法占有公司财产的目的之行为。

(二)刑事合规的主体对象

虚假破产罪的犯罪主体仅包括法人,即公司和具有法人资格的企业。但是承担刑事责任的只是犯罪单位的直接负责的主管人员和其他直接责任人员。即便是一般的财务人员,也有可能被认定为其他直接责任人员。

(三)违反刑事合规的主观表现

虚假破产罪在主观上需具备故意的主观状态,即行为人明知道自己的行为会给债权人带来损失,并且认识到自己在破产程序启动前或过程中实施隐匿、转移财产等破产欺诈行为所带来的危害结果却执意实施。行为人实施本罪的动机多种多样,司法实践中一般表现为:第一,逃避债务。第二,私分公司财产。所以,企业应完善公司内部监管体制,增强法律意识,认清虚假破产行为严重的社会危害性,不抱有非法牟利的心理。

(四)违规行为表现及合规行为要求

虚假破产罪是公司在进入破产清算以前,通过隐匿财产、承担虚假债务或者以其他方式转移财产、处分财产,制造虚假破产状况,以实现逃避债务或非法占有公司财产的目的之行为。其主要表现为:第一,隐匿、转移财产。该罪在司法实践中一般表现为,不在财务报表上记载或不真实记载,对财产去向隐情不报,在接受有关财产情况的询问时不如实回答。将资金转移到关联公司的账户,将收入现款存入以私人名义开设的银行账户。近年来,隐匿破产财产实施虚假破产,经常表现为企业分立和投资形式。其中,"以企业分立的方式隐匿财产",是指企业在申请破产前较长一段时间内,有计划地转移财产,设立分公司和子公司,原先的企业以剩下的少量财产承担全部债务,然后申请破产。第二,承担虚构的债务。其在司法实践中一般表现为,谎称曾向他人借款,制造虚假的债务凭证,如合同、收款凭证、欠款证明、还款协议,又或者虚假增加债务等。

企业破产的行为合规要求:

第一,企业董事、监事或者高级管理人员违反忠实义务、勤勉义务,致使所在企业破产的,依法承担民事责任。

---

① 数据来源于威科先行法律信息库网站,访问日期:2022年2月18日。

第二,企业不得以拒不支付劳动报酬为目的而隐匿、转移财产,也不得虚构债务或者承认不真实的债务。

(五) 刑事风险预警

具有下列情形之一的,被认定为虚假破产,达到定罪处罚的客观要求。

(1) 隐匿财产价值在50万元以上的;

(2) 承担虚构的债务涉及金额在50万元以上的;

(3) 以其他方法转移、处分财产价值在50万元以上的;

(4) 造成债权人或者其他人直接经济损失数额累计在10万元以上的;

(5) 虽未达到上述数额标准,但应清偿的职工的工资、社会保险费用和法定补偿金得不到及时清偿,造成恶劣社会影响的。

【案例思考】 刘毅夫虚报注册资本案

【即测即练】

第三章

企业人力资源管理刑事合规制度

提示：人力资源是企业发展的核心动力，企业管理的成败在很大程度上取决于人力资源管理工作，人力资源管理中的刑事合规是为了促进企业严格遵守劳动法律法规，健全完善劳动合同管理制度，规范劳动合同签订、履行、变更和解除，切实维护劳动者合法权益，防控劳动用工中背信行为的刑事风险。

第一节　劳动合同、薪酬管理刑事合规

一、雇用童工的刑事合规

（一）刑事合规制度的指向

在一些特殊行业，雇用童工不可避免。另外，随着市场经济的发展，劳动市场的供需关系处在更加丰富的变化中，同时，随着未成年人教育水平的提升，其可以适应劳动市场要求，也有更多的未成年人寻求外出务工等，对于未成年人劳动就业的保护形势始终严峻，其中对于雇用不满16周岁的童工的行为进行打击更是重中之重。雇用童工从事危重劳动的行为，属于极大威胁未成年人生命健康的行为，具有相对较大的社会危害性，对于此类行为的防控，需要引起注意。

《刑法》第二百四十四条之一【雇用童工从事危重劳动罪】规定

违反劳动管理法规，雇用未满十六周岁的未成年人从事超强度体力劳动的，或者从事高空、井下作业的，或者在爆炸性、易燃性、放射性、毒害性等危险环境下从事劳动，情节严重的，对直接责任人员，处三年以下有期徒刑或者拘役，并处罚金；情节特别严重的，处三年以上七年以下有期徒刑，并处罚金。

有前款行为，造成事故，又构成其他犯罪的，依照数罪并罚的规定处罚。

据此，雇用童工从事危重劳动罪，是指违反劳动管理法规，雇用未满16周岁的未成年人从事超强度体力劳动的，或者从事高空、井下作业的，或者在爆炸性、易燃性、放射性、毒害性等危险环境下从事劳动，情节严重的行为。

（二）刑事合规的主体对象

从犯罪的主体来看，本罪的犯罪主体为一般主体，自然人和单位均可以构成本罪。

（三）违反刑事合规的主观表现

从本罪的主观方面来看，本罪属于故意犯罪，即行为人对于自己雇用童工从事危重劳动的事实和后果是明知的，且希望或者放任这种行为发生。行为人的犯罪动机可能是多样的，但无论出于何种动机进行犯罪，并不影响本罪的定罪。

（四）违规行为表现

从本罪的客观方面来看，其主要体现为行为人违反劳动管理法规，雇用未满16周岁的未成年人从事超强度体力劳动的，或者从事高空、井下作业的，或者在爆炸性、易燃性、放射性、毒害性等危险环境下从事劳动，且情节严重的行为。本罪与强迫劳动罪不同，不需要行为人实施暴力、胁迫或者限制自由等行为，只要构成雇佣事实即可构成犯罪。

从具体表现上，其有以下几个方面。

第一，就是雇用童工从事"超强度体力劳动"。我国曾发布《体力劳动强度分级》国家标准，其中规定了第四级体力劳动强度的作业。四级体力劳动8小时工作日平均耗能值为11 304.4千焦耳/人，劳动时间率为77%，即净劳动时间为370分钟，相当于"很重"强度劳动。尽管该标准不再执行，但实践中有参考意义。

第二，主要体现为雇用童工从事高空或者井下作业，这种作业一般是指《高处作业分级》国家标准中第二级以上的高处作业和矿山井下作业。凡在坠落高度基准面2米以上（含2米）有可能坠落的高处进行的作业，均称为高处作业。而当高处作业高度在5米以上至15米时，称为二级高处作业。

第三，一般体现为雇用童工"在爆炸性、易燃性、放射性、毒害性等危险环境下"从事劳动，具体指：使童工在具有爆炸性能、能够引起爆炸的各种用于爆破、杀伤的物质的环境下从事劳动；使童工在具有各种极易引起燃烧的化学物品、液剂的环境下从事劳动；使童工在具有含有放射性能的化学元素或者其他物质的环境下从事劳动，该物质对人体或牲畜能够造成严重损害；使童工在具有含有能致人死亡的毒性的有机物或者无机物的环境下从事劳动。

行为人只要具有雇用童工从事上述三种形式的危重劳动中的一种即符合本罪的客观要件。

（五）刑事风险预警

本罪属于情节犯，只要达到情节严重，就具有刑事风险。根据《最高人民检察院、公安部关于公安机关管辖的刑事案件立案追诉标准的规定（一）》，行为人行为构成以下具体情形的，便会满足立案标准：①造成未满16周岁的未成年人伤亡或者对其身体健康造成严重危害的；②雇用未满16周岁的未成年人3人以上的；③以强迫、欺骗等手段雇用未满16周岁的未成年人从事危重劳动的；④其他情节严重的情形。

对于本罪犯罪风险的防控，企业家应当做好企业的劳动合规工作，严格遵守《中华人民共和国劳动法》（以下简称《劳动法》）和相关法律法规的规定组织劳动活动、管理劳动者。要建立劳动者信息采集核查系统，对于不满16周岁的未成年劳动力，坚决不与其建立劳动关系。要规范和完善人事管理制度,加强人力资源专员的培养与培训,对于不符合劳动条件的劳动者坚决不聘用。同时要完善劳动者资料、人事档案和工作档案的保管工作,以应对可能的劳动纠纷甚至刑事案件风险。

二、维护劳动自由的刑事合规

(一)刑事合规制度的指向

在劳动关系中,劳动者更多时候处于较为弱势的地位,因此在实践中往往劳动者权益更易受到侵害,而强迫劳动行为则属于对劳动者侵害最为严重的一类行为,可能会对劳动者的人身安全、人身自由、生命健康以及其他权利造成更加严重的侵犯。因此,本罪行为对劳动者的危害较为巨大,打击和防范此类犯罪是更好保障劳动者权利的重要一环。从犯罪客体来看,本罪的客体为劳动者的人身自由和劳动自由的权利。劳动关系是基于平等自愿形成的一种法律关系,劳动者的劳动权益、身心健康和休息休假等权利受到法律的保护。从本罪的客观方面来看,其主要表现为用人者或者用人单位在使劳动者进行劳动的过程中,违反相关法律法规,使用了限制或侵犯人身自由的方式强迫劳动者劳动,且情节严重的行为。从犯罪的主体来看,本罪的犯罪主体为一般主体,自然人和单位均可以构成本罪。从本罪的主观方面来看,本罪属于故意犯罪,要求行为人在主观上必须具有强迫劳动的故意。

本罪的刑罚特征包括自由刑和财产刑,一般情节的,处 3 年以下有期徒刑或者拘役,并处罚金;情节严重的,处 3 年以上 10 年以下有期徒刑,并处罚金。而对于单位犯罪而言,采用了双罚制,即对直接负责的主管人员和其他直接责任人员追究刑事责任,同时对单位处以罚金。

从本罪的案件判决数量来看,每年基本维持在 20~40 件,呈现较为稳定的趋势。从总量来看,过去 10 年强迫劳动罪的案件判决总量在 200 余件,数量相对较低。从审理法院级别来看,基本全部集中于基层法院。总体来看,本罪的犯罪态势处于一种稳定可控的趋势之中。

《刑法》第二百四十四条【强迫劳动罪】规定

以暴力、威胁或者限制人身自由的方法强迫他人劳动的,处三年以下有期徒刑或者拘役,并处罚金;情节严重的,处三年以上十年以下有期徒刑,并处罚金。

明知他人实施前款行为,为其招募、运送人员或者有其他协助强迫他人劳动行为的,依照前款的规定处罚。

单位犯前两款罪的,对单位判处罚金,并对其直接负责的主管人员和其他直接责任人员,依照第一款的规定处罚。

据上,强迫劳动罪,是指自然人或单位以暴力、威胁或者限制人身自由的方法强迫他人劳动的行为。

(二)刑事合规的主体对象

从犯罪的主体来看,本罪的犯罪主体为一般主体,自然人和单位均可以构成本罪。根据《刑法》以及《最高人民法院关于审理单位犯罪案件具体应用法律有关问题的解释》中对于"单位"的定义,其一般指具有法人资格的机关、社会团体、企事业单位等。对于未具有法人资格的非法用工组织,一般应当被认定为自然人犯罪。

(三)违反刑事合规的主观表现

从本罪的主观方面来看,本罪属于故意犯罪,要求行为人在主观上必须具有强迫劳动的故意,即行为人对自己的行为是违反有关劳动法律法规规定的事实以及可能造成劳动者强迫劳动的后果是明知的,但是仍然通过暴力、威胁或者限制人身自由等方法强迫劳动者进行劳动。

对于犯罪动机而言,可能是多样的,在实践中常见的主要是行为人为了追求经济利益最大化而强迫劳动,但是无论动机如何,并不影响本罪的定罪。

(四)违规行为表现

强迫劳动罪的客观方面主要表现为以暴力、威胁或者限制人身自由的方法强迫他人劳动。

"暴力"是指行为人运用强制力,摧残强制他人身体,本罪的暴力程度不应突破导致受害人轻伤的范围,如果使用暴力导致了重伤或者死亡的后果,那么根据从一重罪处罚的原则,可能会构成故意伤害或者故意杀人等罪名。

而"威胁"则是指通过对劳动者施加心理强制力而迫使其劳动的行为,比如以其或者其亲近的人的人身安全、声誉、财产等相威胁,使其违背真实意思而不得不进行劳动的情况。

"限制人身自由"一般是指将劳动者强行限制在相对狭小的范围内,禁止或限制其身体自由移动权利的行为。比如将劳动者非法关闭在特定场所以防止其逃出,或者非法封锁关闭厂区等。

本罪还规定了协助性的强迫劳动行为,主要表现为帮助强迫劳动的用工人员进行人员招募、运送等行为,以及其他的协助行为如提供资金、转移窝藏被迫劳动的劳工等。

(五)刑事风险预警

本罪规定了加重的情节,适用更加严厉的刑罚。对于严重情节,法律规定尚未给出量化标准,但从实践上来看,一般造成严重后果或者手段特别恶劣的将构成严重情节,如:以暴力、威胁或限制人身自由的方法强迫他人劳动累计达10人次以上的,或持续达7天以上的;使用暴力手段致5人以上轻微伤或致3人以上轻伤的;强迫他人劳动,以致发生重大责任事故或重大安全生产事故,情节特别严重的;等等。

对于强迫劳动罪的防范,主要还是要求企业家做好企业的劳动合规工作,严格遵守《劳动法》和相关法律法规的规定组织劳动活动、管理劳动者。要充分保障劳动者的法定权益,如劳动自由、职业选择自由、休息休假以及获得劳动报酬等权利。

三、薪酬管理的刑事合规

(一) 刑事合规制度的指向

拒不支付劳动报酬罪是通过《中华人民共和国刑法修正案(八)》(以下简称《刑法修正案(八)》)于2011年开始施行的新罪名。自罪名实施以来,从2011年的4起案件上升到2015年的1 200余起案件,自此之后,每年拒不支付劳动报酬罪的刑事案件判决波动不大,但2019年的全年案件数量突破了2 000起。

拒不支付劳动报酬罪入刑以来,总体案件数量已经达到了11 000多起,可以说是实践中最为常见、数量相当多的一个罪名。近几年来,拒不支付劳动报酬罪案件仍然处于多发态势,需要特别加强防范。

《刑法》第二百七十六条之一【拒不支付劳动报酬罪】规定

以转移财产、逃匿等方法逃避支付劳动者的劳动报酬或者有能力支付而不支付劳动者的劳动报酬,数额较大,经政府有关部门责令支付仍不支付的,处三年以下有期徒刑或者拘役,并处或者单处罚金;造成严重后果的,处三年以上七年以下有期徒刑,并处罚金。

单位犯前款罪的,对单位判处罚金,并对其直接负责的主管人员和其他直接责任人员,依照前款的规定处罚。

有前两款行为,尚未造成严重后果,在提起公诉前支付劳动者的劳动报酬,并依法承担相应赔偿责任的,可以减轻或者免除处罚。

据上,拒不支付劳动报酬罪,是指以转移财产、逃匿等方法逃避支付劳动者的劳动报酬或者有能力支付而不支付劳动者的劳动报酬,数额较大,经政府有关部门责令支付仍不支付的行为。

(二) 刑事合规的主体对象

从本罪的主体来看,本罪的主体为一般主体,单位和自然人均可构成本罪主体。不具备用工主体资格的单位或者个人,违法用工且拒不支付劳动者的劳动报酬,数额较大,经政府有关部门责令支付仍不支付的,以拒不支付劳动报酬罪追究刑事责任。用人单位的实际控制人实施拒不支付劳动报酬行为,构成犯罪的,以拒不支付劳动报酬罪追究刑事责任。单位拒不支付劳动报酬,构成犯罪的,依照司法解释规定的相应个人犯罪的定罪量刑标准,对直接负责的主管人员和其他直接责任人员定罪处罚,并对单位判处罚金。

(三) 违反刑事合规的主观表现

从本罪的主观方面来看,本罪要求行为人具有故意的主观心态,即对于不支付劳动者劳动报酬的后果是明知的,但仍然希望或者放任这种行为发生。有的行为人明确表示拒不支付的,当然认定为故意,比如无正当理由拖欠劳动报酬,不论是否以非法占有为目的。有的行为人虽表示应支付,但主动实施作为,为不支付找借口的,应认定为故意,如:无正当理由转移财产,造成无支付能力假象的;用人单位主要负责人指使发放劳动者劳动报酬的工作人员逃匿,造成无法支付假象的;或非法克扣工资或罚款的。

(四) 违规行为表现

从本罪的客观方面来看,其主要体现为以转移财产、逃匿等方法逃避支付劳动者的劳动报酬或者有能力支付而不支付劳动者的劳动报酬,数额较大,且经政府有关部门责令支付仍不支付的行为。从具体表现来说,行为人实施了拒不支付劳动报酬的危害行为,且因为该行为造成了危害结果,是危害结果与危害行为的统一,二者具有因果关系。

其主要有以下表现:第一就是有转移财产、逃避隐匿财产的行为,以逃避支付劳动者报酬,属于作为犯,具体表现为:隐匿财产、恶意清偿、虚构债务、虚假破产、虚假倒闭或者以其他方法转移、处分财产的;逃跑、藏匿的;隐匿、销毁或者篡改账目、职工名册、工资支付记录、考勤记录等与劳动报酬相关的材料的;或者以其他方法逃避支付劳动报酬的。第二就是有能力支付而不支付的情形,属于不作为犯。

再者,本罪对于犯罪数额也有要求,需要达到数额较大,数额较小的虽然不构成犯罪,但是可能会引起民事和行政责任。

此外,构成犯罪的前提是经政府有关部门责令支付仍不支付的,比如经人力资源和社会保障部门或者政府其他有关部门依法以限期整改指令书、行政处理决定书等文书责令支付劳动者的劳动报酬后,在指定的期限内仍不支付的,应当认定为经政府有关部门责令支付仍不支付,但有证据证明行为人有正当理由未知悉责令支付或者未及时支付劳动报酬的除外。其主要包括以下情形:劳动行政部门即各级劳动监察大队已向用人单位送达《行政处罚决定书》,责令用人单位限期支付劳动者劳动报酬;各级信访机关已向用人单位送达批转文件,责令用人单位限期支付劳动者劳动报酬。

(五) 刑事风险预警

对于本罪规定的严重后果,司法解释作出了以下规定:①造成劳动者或者其被赡养人、被扶养人、被抚养人的基本生活受到严重影响、重大疾病无法及时医治或者失学的;②对要求支付劳动报酬的劳动者使用暴力或者进行暴力威胁的;③造成其他严重后果的。

但同时,对于尚未造成严重后果,在刑事立案前支付劳动者的劳动报酬,并依法承担相应赔偿责任的,可以认定为情节显著轻微危害不大,不认为是犯罪;在提起公诉前支付劳动者的劳动报酬,并依法承担相应赔偿责任的,可以减轻或者免除刑事处罚;在一审宣判前支付劳动者的劳动报酬,并依法承担相应赔偿责任的,可以从轻处罚。对比可以看出,是否造成了严重后果对于最终的处罚结果有着重大影响。

本罪对于数额情节有要求,需要达到数额较大才可能构成犯罪,对于数额较大,一般通过以下条件认定:①拒不支付1名劳动者3个月以上的劳动报酬且数额在5 000元至2万元以上的;②拒不支付10名以上劳动者的劳动报酬且数额累计在3万元至10万元以上的。

劳动者获取劳动报酬的权利受到法律保护,企业和用人单位应当建立合理的薪酬制度,保障劳动者获得劳动报酬的权利。要加强劳动合同管理,对于薪酬等重要内容的支付条件、时间等约定明确,严格履行合同。要注重企业的财务管理,尤其是现金管理,要把劳动者劳动报酬的支付摆在更高的优先级上,以避免因为财务问题导致刑事风险。最后,要积极妥善解决有关劳动纠纷,不恶意欠薪,不转移隐匿财产和相关资料,不跑路逃避,承担企业家应有的社会责任。

第二节 防控背信行为的刑事合规

一、防止竞业行为的刑事合规

(一)刑事合规制度的指向

非法经营同类营业罪侵犯的犯罪客体是国家的公司、企业管理制度和国有公司、企业的财产权益,属于复杂客体。根据我们在威科先行法律信息库对非法经营同类营业罪的检索结果,2001—2016年,全国各级法院在16年间共审理有关非法经营同类营业罪的案件84起,平均每年审理约5起。2017—2020年,全国各级法院在4年间共审理183起有关非法经营同类营业罪的案件,平均每年审理约46起。其中,2017年36起,2018年46起,2019年66起,2020年35起。由此可见,较之于前些年,近4年平均每年审理非法经营同类营业罪的案件数有较大幅度的增长。

《刑法》第一百六十五条【非法经营同类营业罪】规定

国有公司、企业的董事、经理利用职务便利,自己经营或者为他人经营与其所任职公司、企业同类的营业,获取非法利益,数额巨大的,处三年以下有期徒刑或者拘役,并处或者单处罚金;数额特别巨大的,处三年以上七年以下有期徒刑,并处罚金。

据上,非法经营同类营业罪,是指国有公司、企业的董事、经理利用职务便利,自己经营或者为他人经营与其所任职公司、企业同类的营业,获取非法利益,数额巨大的行为。

(二)刑事合规的主体对象

非法经营同类营业罪的主体是特殊主体,即只有国有公司、企业的董事、经理才可构成。虽然在最高人民法院于2001年发布的《最高人民法院关于在国有资本控股、参股的股份有限公司中从事管理工作的人员利用职务便利非法占有本公司财物如何定罪问题的批复》中指出,在国有资本控股、参股的股份有限公司中从事管理工作的人员,除受国家机关、国有公司、企业、事业单位委派从事公务的以外,不属于国家工作人员,但是根据《中华人民共和国企业国有资产法》(以下简称《企业国有资产法》)第5条、《最高人民法院、最高人民检察院关于办理国家出资企业中职务犯罪案件具体应用法律若干问题的意见》第7条的规定,"国家出资企业",包括国家出资的国有独资公司、国有独资企业以及国有资本控股公司、国有资本参股公司。

本罪主体中的经理,不仅包括国有公司总经理,而且还包括在实践中有利用职务之便实施非法经营同类营业可能的公司副总经理、部门经理及其副经理、项目经理及其副经理以及分公司经理及其副经理等。即便行为人不是本罪中的"经理",如果与经理处于共犯关系也可以构成本罪。以刘某某非法经营同类营业罪为例,法院认为罗二某、邱一某当时分别任某供电公司的经理和副经理,具有非法经营同类营业罪的主体身份,而刘某某虽不直接具有该罪的主体身份,但其与罗、邱二人系共犯,根据共犯理论,对其可按非法经营同类营业罪处罚。[①]

(三)违反刑事合规的主观表现

非法经营同类营业罪主观上为故意,明知自己经营或为他人经营的公司、企业的营业性质、营业范围,与自己所任职的公司、企业的营业性质、营业范围相同,必然或可能会对任职公司、企业的经济利益有重大影响,但仍然予以经营,以追求获取数额巨大的非法利益。至于行为人是否具有营利的目的,以及是否实际获得非法利益,都不影响本罪的成立。

实施非法经营同类经营罪的动机主要是利用自己职务上的便利,为自己牟取不正当的利益。为此,企业家若想避免触犯非法经营同类营业罪,应当做好以下几个方面:第一,努力学习刑法及相关法律知识,明确知晓本罪中的"经理"不限于国有公司、企业中的"总经理"。第二,深化公司、企业内部的监管体制,防止相关人员经营同类营业。第三,提升职业素养,不得从事与所在公司、企业同类的工作。

(四)违规行为表现

本罪的行为样态多种多样,但是多数主要表现为两种形式:其一,为自己经营,即为自己独资或者担任股东的公司、企业经营。一般是自己在外面另行设立一个公司或者名义上不是自己设立的,但实际上是自己控制经营的公司。其二,为他人经营,但自己从中谋取利益的。一般是担任他人开办企业的顾问或者在他人开办的企业中担任其他职务。

(五)刑事风险预警

具有下列情形之一的,被认定为"数额巨大",达到了定罪处罚的客观要求:根据《最高人民检察院、公安部关于公安机关管辖的刑事案件立案追诉标准的规定(二)》第12条的规定,国有公司、企业的董事、经理利用职务便利,自己经营或者为他人经营与其所任职公司、企业同类的营业,获取非法利益,数额在10万元以上的,应予立案追诉。

二、防止为亲友牟利的刑事合规

(一)刑事合规制度的指向

为亲友非法牟利罪侵犯的犯罪客体是国有公司、企业、事业单位的正常管理活动和利益。根据我们在威科先行法律信息库对为亲友非法牟利罪的检索结果,2001—2016年,全国各级法院在16年间共审理有关为亲友非法牟利罪的案件19起,平均每年审理的约1起。2017—2020年,全国各级法院在4年间共审理51起有关为亲友非法牟利罪的案件,平均

---

① 江西省新余市中级人民法院刑事判决书:(2014)余刑二终字第21号。

每年审理约13起。其中,2017年5起,2018年7起,2019年25起,2020年14起。由此可见,较之于前些年,近4年平均每年审理为亲友非法牟利罪的案件数有较大幅度的增长。

《刑法》第一百六十六条【为亲友非法牟利罪】规定

国有公司、企业、事业单位的工作人员,利用职务便利,有下列情形之一,使国家利益遭受重大损失的,处三年以下有期徒刑或者拘役,并处或者单处罚金;致使国家利益遭受特别重大损失的,处三年以上七年以下有期徒刑,并处罚金:

(一)将本单位的盈利业务交由自己的亲友进行经营的;

(二)以明显高于市场的价格向自己的亲友经营管理的单位采购商品或者以明显低于市场的价格向自己的亲友经营管理的单位销售商品的;

(三)向自己的亲友经营管理的单位采购不合格商品的。

据上,为亲友非法牟利罪,是指国有公司、企业、事业单位的工作人员,利用职务上的便利,违背义务,非法为亲友牟利,致使国家利益遭受重大损失的行为。

(二)刑事合规的主体对象

为亲友非法牟利罪的主体是特殊主体,必须是国有公司、企业、事业单位的工作人员。将为亲友非法牟利罪的主体限定为国家工作人员是没有依据的。在刑法上,国家工作人员和国有单位的工作人员是两个不同的概念,前者以"从事公务"为必要要件,后者则未必是从事公务,即使是在单位从事生产、经营活动的一般工作人员或者是国有单位的租赁、承包经营者,他们虽然不是国家工作人员,但均可以成为本罪的主体。但是绝大多数案件中的犯罪主体是公司、企业、事业单位的高级管理人员。

(三)违反刑事合规的主观表现

为亲友非法牟利罪主观上为故意,并且对其行为可能导致其亲友获取非法利益有明知和希望。本罪既可以由直接故意构成,也可以由间接故意构成。本罪中行为人明知的内容包括:明知自己的行为是职务行为;明知交亲友经营的是盈利的业务;明知向亲友经营管理的单位采购的商品价格明显高于市场价格或销售的商品价格明显低于市场价格;明知向亲友经营管理的单位采购的是不合格商品。明知包括"确知",也包括"可能知道"。如行为人的亲友以低于市场价格向其单位销售不合格商品,行为人根据具体案情、经营的知识、经验判断该商品可能是不合格商品,但出于亲友之情,有意放纵,从其亲友处把这种商品大量购进,购进后发现是伪劣产品,从而给国家造成重大损失。这种情形应属间接故意。过失不成立本罪。本罪不是目的犯。从司法实践上看,行为人的行为并不必然使其亲友牟利。如行为人向自己的亲友经营管理的单位采购不合格商品的,其亲友可能是亏本经营。再比如,行为当时盈利的业务交由其亲友经营并给国家造成重大损失,但其亲友经营后不仅没有盈利反而亏本。这并不影响犯罪的构成。

不同行为人怀有不同的动机实施本罪,主要有如下几种:第一,基于亲情或者友情,为他人牟取非法利益,不求回报;第二,对所在单位存在不满,基于报复、泄愤的动机实施本罪;第三,为了从亲友处获得相应的"报酬"而为其非法牟利。为此,企业家要想避免构成为亲友非法牟利罪,应当注意以下几点:第一,提升自身的职业操守,即使是再亲近的亲戚朋友,也不能利用职务上的便利为他们牟取非法利益。第二,建立健全企业内部监管体制,严格限制相关行为人为自己的亲友牟取利益,这里不限于非法利益。第三,加强对相关法律的学习,拒绝金钱的诱惑。

(四)违规行为表现

为亲友非法牟利罪的行为方式主要包括以下三种情形:第一,将本单位的盈利业务交由自己的亲友进行经营。就"亲友"的范围来说,任何用关系远近程度来界定"亲友"范围的尝试,最终都会陷入自我难解的尴尬。既然是将盈利业务交由他人经营,必定与他人有一定的关系或者由此建立一定的联系,从这个意义上讲,现实的司法实践用不着过分拘泥于亲友"密切"程度的判断,立法也用不着特别规定"亲友",只要是将本单位的业务交由他人经营,就可以构成本罪。即使一面之交,也可算作朋友。[①] 第二,以明显高于市场的价格向自己的亲友经营管理的单位采购商品或者以明显低于市场的价格向自己的亲友经营管理的单位销售商品的。"明显高于"或者"明显低于"应根据通常的商业习惯以及社会上一般人的消费观念做具体分析,只要证明行为人在同等条件下,背离一般的商品交换法则,有意舍廉求贵(购买商品)或者舍贵求廉(销售商品),并给本单位造成重大损失的,就可认定"明显高于"或者"明显低于"该商品"市场的价格"。第三,向自己的亲友经营管理的单位采购不合格商品的。

(五)刑事风险预警

具有下列情形之一的,被认定为"使国家利益遭受重大损失",达到了定罪处罚的客观要求:根据《最高人民检察院、公安部关于公安机关管辖的刑事案件立案追诉标准的规定(二)》第13条的规定,国有公司、企业、事业单位的工作人员,利用职务便利,为亲友非法牟利,涉嫌下列情形之一的,应予立案追诉:①造成国家直接经济损失数额在10万元以上的;②使其亲友非法获利数额在20万元以上的;③造成有关单位破产、停业、停产6个月以上,或者被吊销许可证和营业执照、责令关闭、撤销、解散的;④其他致使国家利益遭受重大损失的情形。

三、防止损害企业利益的刑事合规

(一)刑事合规制度的指向

背信损害上市公司利益罪侵犯的犯罪客体是上市公司的正常管理秩序和合法权益。根据我们在威科先行法律信息库对背信损害上市公司利益罪的检索结果,2001—2016年,全国各级法院在16年间共审理有关背信损害上市公司利益罪的案件4起,平均每年审理0.25起。2017—2020年,全国各级法院在4年间共审理了14起有关背信损害上市公司利益罪的案件,平均每年审理4起。其中,2017年3起,2019年3起,2020年8起。由此

---

① 张亚平.为亲友非法牟利罪适用中的争议问题[J].河南警察学院学报,2018(2).

可见,较之于前些年,近4年平均每年审理背信损害上市公司利益罪的案件数有较大幅度的增长。

《刑法》第一百六十九条之一【背信损害上市公司利益罪】规定

上市公司的董事、监事、高级管理人员违背对公司的忠实义务,利用职务便利,操纵上市公司从事下列行为之一,致使上市公司利益遭受重大损失的,处三年以下有期徒刑或者拘役,并处或者单处罚金;致使上市公司利益遭受特别重大损失的,处三年以上七年以下有期徒刑,并处罚金:

(一)无偿向其他单位或者个人提供资金、商品、服务或者其他资产的;

(二)以明显不公平的条件,提供或者接受资金、商品、服务或者其他资产的;

(三)向明显不具有清偿能力的单位或者个人提供资金、商品、服务或者其他资产的;

(四)为明显不具有清偿能力的单位或者个人提供担保,或者无正当理由为其他单位或者个人提供担保的;

(五)无正当理由放弃债权、承担债务的;

(六)采用其他方式损害上市公司利益的。

上市公司的控股股东或者实际控制人,指使上市公司董事、监事、高级管理人员实施前款行为的,依照前款的规定处罚。

犯前款罪的上市公司的控股股东或者实际控制人是单位的,对单位判处罚金,并对其直接负责的主管人员和其他直接责任人员,依照第一款的规定处罚。

据上,背信损害上市公司利益罪,是指上市公司的董事、监事、高级管理人员,违背对公司的忠实义务,利用职务便利,操纵上市公司从事损害上市公司利益的活动,致使上市公司利益遭受重大损失的行为,以及上市公司的控股股东或者实际控制人,指使上市公司董事、监事、高级管理人员从事损害上市公司利益的活动,致使上市公司利益遭受重大损失的行为。

(二)刑事合规的主体对象

背信损害上市公司利益罪的主体是特殊主体,即只能是上市公司的董事、监事、高级管理人员,上市公司的控股股东或者实际控制人。其中,董事是由公司股东会选举产生并代表股东进行公司事务管理的人员,是公司内部治理的主要力量,对内管理公司事务,对外代表公司进行经济活动。监事是公司中常设的监察机关的成员,负责监察公司的财务情况和公司高级管理人员的职务执行情况,以及其他由公司章程规定的监察职责。监事通常由股东代表和职工代表组成,且不得兼任董事或经理。高级管理人员是指公司的经理、副经理、财务负责人、上市公司的董事会秘书和公司章程规定的其他人员。

我国的上市公司皆为股份有限公司,上市公司的控股股东为持有公司股份占公司总额50%以上,或者虽持有股份不足50%但所享有的表决权足以影响股东会、股东大会的决议的股东。上市公司的实际控制人,是指虽不是公司的股东,但通过投资关系、协议或者其他安排,能够实际支配公司行为的人。简而言之,实际控制人就是实际控制上市公司的自然人、法人或者其他组织。

(三)违反刑事合规的主观表现

背信损害上市公司利益罪在主观上为故意。行为人对违反公司忠实义务有认识,对行为可能给上市公司造成损害持希望或者放任的态度。上市公司的董事、监事、高级管理人员因为对市场判断有误,从而导致决策失误的,欠缺本罪的故意,即使给上市公司利益造成损害,也不构成本罪。

不同行为人怀有不同的动机实施背信损害上市公司利益罪,主要分为如下几种情形:第一,意图从获益者手中获取相对应的回报而实施本罪;第二,基于亲情和友情等情感为获益者牟取不正当利益,并没有获得相应报酬的意图;第三,对公司存在不满,基于报复、泄愤等动机背信损害上市公司利益。因此,为避免触犯背信损害上市公司利益罪,企业家应当做好如下几点:第一,聘请律师参与法律风险评估。律师参与的法律风险评估是维护上市公司安全的一种重要手段。律师在背信损害上市公司利益罪中的刑事风险防控价值集中体现在对法律风险的评估中,通过对企业的组织结构、治理结构、公司章程、内部管理制度、业务流程、财务管理制度和流程、对外重大合同签署的决策和流程、固定资产管理等项目进行调查和评估,发现其中可能存在的潜在法律风险和潜在的诉讼,可以使上市公司有足够的时间纠正或者中断正在进行的背信损失上市公司利益的行为。[①] 第二,确立公司的内部控制体系。成熟的公司内部控制体系,可以一定程度上达到事前刑事防控的效果,而且,内部治理的控制模式,相对来说也容易在公司建立与完善。因此,在推进背信损害上市公司利益的刑事合规防控中,应当着重强化公司内部控制体系的确立。

(四)违规行为表现

背信损害上市公司利益罪的行为方式主要有如下六种,具体包括:其一,无偿向其他单位或者个人提供资金、商品、服务或者其他资产的。其二,以明显不公平的条件,提供或者接受资金、商品、服务或者其他资产的。典型的案例有刘某一背信损害上市公司利益案。2006年,刘某二经营的某设备有限公司在曹某的介绍下,以代储代销形式向某股份有限公司销售钻头及配件。2007年12月,某股份有限公司在上海证券交易所上市。2008年3月,某股份有限公司欲采取招标形式采购PDC(聚晶金刚石复合片)钻头及配件,刘某二经营的某公司,此时已更改为某机电有限公司,因不符合要求,不能参加招投标而被停止供货。后刘某二通过丈夫曹某向被告人刘某一打招呼,最终刘某二的某公司以议价形式,用明显高于市场价格的售价向某股份有限公司供应PDC钻头及配件直至2012年。经鉴定,自2009年至2012年,某股份有限公司以上述明显不公平的条件,接受某公司及之后变更的某公司销售的钻头,造成公司直接经济损失1844.64万元。[②] 其三,向明显不具有清偿能力的单位或者个人提供资金、商品、服务或者其他资产的。其四,为明显不具有清偿能力的单位或者个人提供担保,或者无正当理由为其他单位或者个人提

[①] 徐永伟.背信损害上市公司利益罪之刑事风险防控研究[J].河北科技师范学院学报,2018(1).
[②] 安徽省芜湖市三山区人民法院刑事判决书:(2017)皖0208刑初10号.

供担保的。其五,无正当理由放弃债权、承担债务的。其六,采用其他方式损害上市公司利益的。比如在何某背信损害公司利益案中,何某作为上市公司某科技开发股份有限公司的董事长,违背对公司的忠实义务,利用职务便利,操纵上市公司,采用隐瞒事实、购买公司股权等方式,致使上市公司利益遭受特别重大损失,其行为已构成背信损害上市公司利益罪。① 还有在秦某背信损害公司利益案中,被告人秦某为运作融资、重组、收购等事宜,不惜利用职务便利,操纵上市公司从事虚假借贷高额资金或从上市公司借支高额备用金用于其实际控制公司及其关联公司,符合"采用其他方式损害上市公司利益"的规定。② 上述两则案例均属于"采用其他方式损害上市公司利益"的行为。

(五)刑事风险预警

具有下列情形之一的,被认定为"致使上市公司利益遭受重大损失",达到了定罪处罚的客观要求:根据《最高人民检察院、公安部关于公安机关管辖的刑事案件立案追诉标准的规定(二)》第18条的规定,上市公司的董事、监事、高级管理人员违背对公司的忠实义务,利用职务便利,操纵上市公司从事损害上市公司利益的行为,以及上市公司的控股股东或者实际控制人,指使上市公司董事、监事、高级管理人员实施损害上市公司利益的行为,涉嫌下列情形之一的,应予立案追诉:①无偿向其他单位或者个人提供资金、商品、服务或者其他资产,致使上市公司直接经济损失数额在150万元以上的;②以明显不公平的条件,提供或者接受资金、商品、服务或者其他资产,致使上市公司直接经济损失数额在150万元以上的;③向明显不具有清偿能力的单位或者个人提供资金、商品、服务或者其他资产,致使上市公司直接经济损失数额在150万元以上的;④为明显不具有清偿能力的单位或者个人提供担保,或者无正当理由为其他单位或者个人提供担保,致使上市公司直接经济损失数额在150万元以上的;⑤无正当理由放弃债权、承担债务,致使上市公司直接经济损失数额在150万元以上的;⑥致使公司发行的股票、公司债券或者国务院依法认定的其他证券被终止上市交易或多次被暂停上市交易的;⑦其他致使上市公司利益遭受重大损失的情形。

第三节 防控渎职行为的刑事合规

一、防止管理失职的刑事合规

(一)刑事合规制度的指向

国有公司、企业、事业单位人员失职罪侵犯的犯罪客体是复杂客体,即国有公司、企业、事业单位的财产性权益以及社会主义市场经济秩序。根据我们在威科先行法律信息库对国有公司、企业、事业单位人员失职罪的检索结果,2001—2016年,全国各级法院在

---

① 上海市卢湾区人民法院刑事判决书:(2010)卢刑初字第142号。
② 新疆维吾尔自治区克拉玛依市克拉玛依区人民法院刑事判决书:(2020)新0203刑初98号。

16 年间共审理有关国有公司、企业、事业单位人员失职罪的案件 136 起,平均每年审理约 9 起。2017—2020 年,全国各级法院在 4 年间共审理 312 起有关国有公司、企业、事业单位人员失职罪的案件,平均每年审理 78 起。其中,2017 年 67 起,2018 年 71 起,2019 年 106 起,2020 年 68 起。由此可见,较之于前些年,近 4 年平均每年审理国有公司、企业、事业单位人员失职罪的案件数有较大幅度的增长。

《刑法》第一百六十八条【国有公司、企业、事业单位人员失职罪】规定

国有公司、企业的工作人员,由于严重不负责任或者滥用职权,造成国有公司、企业破产或者严重损失,致使国家利益遭受重大损失的,处三年以下有期徒刑或者拘役;致使国家利益遭受特别重大损失的,处三年以上七年以下有期徒刑。

国有事业单位的工作人员有前款行为,致使国家利益遭受重大损失的,依照前款的规定处罚。

国有公司、企业、事业单位的工作人员,徇私舞弊,犯前两款罪的,依照第一款的规定从重处罚。

据上,国有公司、企业、事业单位人员失职罪,是指国有公司、企业、事业单位的工作人员,由于严重不负责任,造成国有公司、企业、事业单位破产或者严重损失,致使国家利益遭受重大损失的行为。

(二) 刑事合规的主体对象

国有公司、企业、事业单位人员失职罪的主体是特殊主体,即国有公司、企业、事业单位人员,多数情况下为国有公司、企业、事业单位的主管人员,但是却不限于主管人员,在国有公司、企业、事业单位工作的所有员工,如国有电信企业的工作人员、国有银行分支机构的工作人员等,都包括在内。

(三) 违反刑事合规的主观表现

国有公司、企业、事业单位人员失职罪在主观上为过失,包括疏忽大意过失和过于自信过失。即行为人作为国有公司、企业、事业单位的工作人员理应恪尽职守、尽心尽力,在履行公职中时刻保持必要的注意,但行为人却持一种疏忽大意或者过于自信的心态,对自己的失职行为可能导致国家利益的损失应当预见而没有预见,或者已经预见而轻信能够避免。

为此,为防止构成国有公司、企业、事业单位人员失职罪,应当注意做好如下几点:第一,在工作中认真履行、正确履行自己的职责,提升自己的工作能力与工作素养;第二,一旦发现被骗,应当及时向有关机关报案并采取有效的补救措施。

(四) 违规行为表现

国有公司、企业、事业单位人员失职罪的行为表现为失职,即严重不负责任,具体包括两种情形:一是不履行职责,即行为人应该履行且能够履行而不履行职责;二是不认真履行职责,即行为人虽然履行了一定职责,但是没有尽到职责义务,做事马虎,行事草率。

国有银行的工作人员未查出假汇票导致银行巨款被骗的情形就是其适例。

（五）刑事风险预警

具有下列情形之一的，被认定为"致使国家利益遭受重大损失"，达到了定罪处罚的客观要求：根据《最高人民检察院、公安部关于公安机关管辖的刑事案件立案追诉标准的规定（二）》第 15 条的规定，国有公司、企业、事业单位的工作人员，严重不负责任，涉嫌下列情形之一的，应予立案追诉：①造成国家直接经济损失数额在 50 万元以上的；②造成有关单位破产，停业、停产 1 年以上，或者被吊销许可证和营业执照、责令关闭、撤销、解散的；③其他致使国家利益遭受重大损失的情形。

二、防止滥用管理权的刑事合规

（一）刑事合规制度的指向

国有公司、企业、事业单位人员滥用职权罪侵犯的犯罪客体是复杂客体，即国有公司、企业、事业单位的财产性权益以及社会主义市场经济秩序。根据我们在威科先行法律信息库对国有公司、企业、事业单位人员滥用职权罪的检索结果，2001—2016 年，全国各级法院在 16 年间共审理有关国有公司、企业、事业单位人员滥用职权罪的案件 99 起，平均每年审理约 6 起。2017—2020 年，全国各级法院在 4 年间共审理 214 起有关国有公司、企业、事业单位人员滥用职权罪的案件，平均每年审理约 54 起。其中，2017 年 44 起，2018 年 41 起，2019 年 75 起，2020 年 54 起。由此可见，较之于前些年，近 4 年平均每年审理国有公司、企业、事业单位人员滥用职权罪的案件数有较大幅度的增长。

《刑法》第一百六十八条【国有公司、企业、事业单位人员滥用职权罪】规定

国有公司、企业的工作人员由于严重不负责任或者滥用职权，造成国有公司、企业破产或者严重损失，致使国家利益遭受重大损失的，处三年以下有期徒刑或者拘役；致使国家利益遭受特别重大损失的，处三年以上七年以下有期徒刑。

国有事业单位的工作人员有前款行为，致使国家利益遭受重大损失的，依照前款的规定处罚。

国有公司、企业、事业单位的工作人员，徇私舞弊，犯前两款罪的，依照第一款的规定从重处罚。

据上，国有公司、企业、事业单位人员滥用职权罪，是指国有公司、企业、事业单位的工作人员，由于严重不负责任，造成国有公司、企业、事业单位破产或者严重损失，致使国家利益遭受重大损失的行为。

（二）刑事合规的主体对象

国有公司、企业、事业单位人员滥用职权罪的主体是特殊主体，即国有公司、企业、事业单位人员。这里的工作人员不限于领导人员，而是包括在国有公司、企业、事业单位工作的所有人员。

(三) 违反刑事合规的主观表现

国有公司、企业、事业单位人员滥用职权罪在主观上为故意,过失不构成本罪。其既可以是直接故意,也可以是间接故意,即明知自己滥用职权的行为会造成国有公司、企业、事业单位破产或者严重损失,致使国家利益遭受重大损失,而希望或者放任该结果的发生。

行为人实施国有公司、企业、事业单位人员滥用职权罪的动机不一而足,主要包括:第一,出于显摆、炫耀的动机实施本罪;第二,为所谓的"义气",擅自为他人提供担保;第三,意图报复他人,对应当报批的事项不报批;第四,为了谋取私利,擅自动用公司、企业资金在国际外汇、期货市场上进行外汇、期货投机。比如,某信托投资公司期货部的经理刘某明知根据国家规定不得擅自用国有资金炒卖外汇期货,竟不听期货部人员的劝说,瞒着公司领导动用巨额国有资金违规炒卖外汇期货,由于价格的暴跌,该笔期货交易损失高达1 200万美元,给本单位造成严重的经济损失。企业家为避免触犯国有公司、企业、事业单位人员滥用职权罪,应当注意如下几个方面:第一,为进一步强化执政执法监督,应进一步推行企业高层审批流程重构,削弱企业内部管理过程中市场可自发调节模块高层干预强度,执行权力下放。充分发挥市场自发调节作用,大幅度削弱高层审批权力,以便从根源上降低高层职权滥用法律风险。第二,对于一个成熟的企业而言,强化内部事务透明化处理,运用互联网监督防范体系,可以达到预先防控高管人员滥用职权罪的效果。因此,为降低高管人员滥用职权罪发生风险,企业,特别是上市企业应以互联网监督为核心,以大部分公开、部分例外不公开为原则,实现刑事风险源的有效防控。同时基于高管人员滥用职权罪风险的特殊性,可将微博、微信、互联网等新型媒体引入企业内部监督体系中,及时发现高层职权运用问题,并采取防范措施。第三,考虑到现阶段上市企业内部监督仅限于一般性监督,人情监督大多凌驾于制度监督以上,外部监督无法触及上市企业内部,导致权力黑色地带泛滥,因此,为达到有效控制高级管理人员滥用职权行为的目的,应积极响应党的十九大号召,在法律监督、舆论监督的基础上,从企业内部入手,为中小股东提供一定参与决策监督空间。构建针对高级管理人员的监督机制及诚信档案,形成威慑效应,抑制高级管理人员刑事犯罪倾向,从制度层面预防高级管理人员滥用职权行为的产生。

(四) 违规行为表现

滥用职权是指超越职权、违反行使职权所应遵守的程序开展工作。在实践中,滥用职权包括以下四种情形:一是擅自为他人提供担保,给本单位造成损失;二是不履行或者不正确履行职责,对损公肥私、侵占、私分、挪用公司、企业财产的严重违法行为不予制止、置若罔闻;三是大肆请客送礼,四处游览,铺张浪费,挥霍公款,致使公司、企业破产或者严重亏损;四是违反规定擅自动用公司、企业资金在国际外汇、期货市场上进行外汇、期货投机,造成公司、企业资金严重短缺、无法收回,给国家造成重大损失等。

（五）刑事风险预警

具有下列情形之一的,被认定为"致使国家利益遭受重大损失",达到了定罪处罚的客观要求：根据《最高人民检察院、公安部关于公安机关管辖的刑事案件立案追诉标准的规定(二)》第 16 条规定,只有符合以下情形才会构成本罪：①造成国家直接经济损失数额在 30 万元以上的；②造成有关单位破产、停业、停产 6 个月以上,或者被吊销许可证和营业执照、责令关闭、撤销、解散的；③其他致使国家利益遭受重大损失的情形。

【案例思考】 中国江苏国际经济技术合作集团有限公司工作人员为亲友非法牟利案

【即测即练】

第四章

企业财务管理刑事合规制度

提示：财务管理是企业管理的基础事务。财务管理中的刑事合规内容广泛，但目的明确：一是健全完善财务内部控制体系，严格执行财务事项操作和审批流程，严守财经纪律；二是强化依法纳税意识，严格遵守税收法律政策。其内容包括：防控企业违规融资和投资中的刑事风险，防控企业不遵守税务管理要求的刑事风险。

第一节 资金财务管理刑事合规

一、会计管理中的刑事合规

（一）刑事合规制度的指向

会计凭证、会计账簿、财物会计报告是企业经营过程中的核心文件，对于企业的评估、审查、缴税等各项工作至为重要，而隐匿、销毁这些文件的行为严重影响到了公司的运营，也为日后行业审计、公司清算等工作埋下了隐患，破坏了国家对公司管理的秩序。经过统计发现，2001—2016 年，全国各级法院共计审理有关隐匿、故意销毁会计凭证、会计账簿、财务会计报告罪的案件 5 起。2017—2020 年，全国各级法院在 4 年间共审理 12 起有关隐匿、故意销毁会计凭证、会计账簿、财务会计报告罪的案件。其中，2017 年 5 起，2018 年 2 起，2019 年 1 起，2020 年 4 起。① 说明与此前不同，近年来与隐匿、故意销毁会计凭证、会计账簿、财务会计报告罪有关的犯罪呈现出逐渐增多的趋势。从地域分布来看，隐匿、故意销毁会计凭证、会计账簿、财务会计报告罪的案例主要集中在河南省、江苏省、四川省，分别占比 11.76％、11.76％、11.76％。①

《刑法》第一百六十二条之一【隐匿、故意销毁会计凭证、会计账簿、财务会计报告罪】规定：

隐匿或者故意销毁依法应当保存的会计凭证、会计账簿、财务会计报告，情节严重的，处五年以下有期徒刑或者拘役，并处或者单处二万元以上二十万元以下罚金。

单位犯前款罪的，对单位判处罚金，并对其直接负责的主管人员和其他直接责任人员，依照前款的规定处罚。

---

① 数据来源于威科先行法律信息库网站，访问日期：2021 年 5 月 19 日。

据上,隐匿、故意销毁会计凭证、会计账簿、财务会计报告罪,是指隐匿或者故意销毁应当保存的会计凭证、会计账簿、财务会计报告,情节严重的行为。

(二) 刑事合规的主体对象

隐匿、故意销毁会计凭证、会计账簿、财务会计报告罪的主体既可以是自然人,也可以是单位,但仅限于有义务保存会计凭证、会计账簿、财务会计报告的任何自然人和单位。其中,"直接负责的主管人员"是指在单位实施犯罪行为过程中起领导、组织、决策作用的负责人,司法实践中多表现为单位负责人、总会计师、主管会计工作的负责人、会计机构负责人(会计主管人员)。"其他直接责任人员"就是指在单位实施犯罪行为过程中直接参与的其他人员,司法实践中多表现为在单位从事会计工作的其他一般会计人员。

(三) 违反刑事合规的主观表现

隐匿、故意销毁会计凭证、会计账簿、财务会计报告罪在主观上需具备故意的主观状态,即明知行为违法,却执意隐匿、故意销毁会计凭证、会计账簿、财务会计报告。实施本罪的动机多种多样,司法实践中主要表现为,掩盖犯罪事实而隐匿或者故意销毁应当保存的会计凭证、会计账簿、财务会计报告。因此,企业管理人员要树立防范意识,不仅应当自身避免因冲动实施此类行为,还要定期对相关文件进行审查,确保无误。

(四) 违规行为表现及合规行为要求

隐匿、故意销毁会计凭证、会计账簿、财务会计报告罪,是指隐匿或者故意销毁应当保存的会计凭证、会计账簿、财务会计报告,情节严重的行为。其中,"隐匿"是指使会计凭证、会计账簿、财务会计报告脱离政府机关、股东和社会公众视线的一切方法。"销毁"是指使会计凭证、会计账簿、财务会计报告从物理上毁损的方法,包括抛弃、烧毁、撕扯等。

行为合规要求:

第一,委托注册会计师进行审计的单位,应当委托注册会计师进行审计,并配合注册会计师的工作,如实提供会计凭证、会计账簿、财务会计报告和其他会计资料以及有关情况,不得拒绝、隐匿、谎报,不得示意注册会计师出具不当的审计报告。

第二,各单位必须依照有关法律、行政法规的规定,接受有关监督检查部门依法实施的监督检查,如实提供会计凭证、会计账簿、财务会计报告和其他会计资料以及有关情况,不得拒绝、隐匿、谎报。

第三,因有提供虚假财务会计报告,做假账,隐匿或者故意销毁会计凭证、会计账簿、财务会计报告,贪污、挪用公款,职务侵占等与会计职务有关的违法行为被依法追究刑事责任的人员,不得再从事会计工作。

第四,企业不得编制和对外提供虚假的或者隐瞒重要事实的财务会计报告。企业负责人对本企业财务会计报告的真实性、完整性负责。

(五) 刑事风险预警

具有下列情形之一的,被认定为隐匿、故意销毁会计凭证、会计账簿、财务会计报告,达到了定罪处罚的客观要求：

（1）隐匿、故意销毁的会计凭证、会计账簿、财务会计报告涉及金额 50 万元以上；

（2）依法应当向司法机关、行政机关、有关主管部门等提供而隐匿、故意销毁或者拒不交出会计凭证、会计账簿、财务会计报告。

二、单位资金财务管理中的刑事合规

（一）刑事合规制度的指向

贪污罪不仅有损国家工作人员职务行为的廉洁性，也侵害公共财物的所有权。职务侵占罪则会不当侵害公司、企业或者其他单位的财产权或者财产占有关系。根据我们在威科先行法律信息库对贪污罪的检索结果，2001—2016 年，全国各级法院审理有关贪污罪的案件 47 646 起，平均每年审理约 2 978 起。2017—2020 年，全国各级法院在 4 年间共审理 49 450 起有关贪污罪的案件，平均每年审理约 12 363 起。其中，2017 年 18 370 起，2018 年 13 371 起，2019 年 10 728 起，2020 年 6 981 起。虽然近几年法院审理贪污罪的数量呈现出逐年下降的趋势，但是相较于前些年，近 4 年我国法院平均每年审理贪污罪的数量仍然大幅增加。

根据我们在威科先行法律信息库对职务侵占罪的检索结果，2001—2016 年，全国各级法院审理有关职务侵占罪的案件 43 379 起，平均每年审理约 2 711 起。2017—2020 年，全国各级法院在 4 年间共审理 40 326 起有关职务侵占罪的案件，平均每年审理约 10 082 起。其中，2017 年 9 464 起，2018 年 9 826 起，2019 年 11 462 起，2020 年 9 574 起。由此可见，近 4 年我国法院平均每年审理职务侵占罪的数量较之于前些年呈现出大幅度增长的样态。

《刑法》第三百八十二条【贪污罪】规定

国家工作人员利用职务上的便利，侵吞、窃取、骗取或者以其他手段非法占有公共财物的，是贪污罪。

受国家机关、国有公司、企业、事业单位、人民团体委托管理、经营国有财产的人员，利用职务上的便利，侵吞、窃取、骗取或者以其他手段非法占有国有财物的，以贪污论。

与前两款所列人员勾结，伙同贪污的，以共犯论处。

《刑法》第三百八十三条【贪污罪的处罚规定】规定

对犯贪污罪的，根据情节轻重，分别依照下列规定处罚：

（一）贪污数额较大或者有其他较重情节的，处三年以下有期徒刑或者拘役，并处罚金。

（二）贪污数额巨大或者有其他严重情节的，处三年以上十年以下有期徒刑，并处罚金或者没收财产。

（三）贪污数额特别巨大或者有其他特别严重情节的，处十年以上有期徒刑或者无期徒刑，并处罚金或者没收财产；数额特别巨大，并使国家和人民利益遭受特别重大损失的，处无期徒刑或者死刑，并处没收财产。

对多次贪污未经处理的,按照累计贪污数额处罚。

犯第一款罪,在提起公诉前如实供述自己罪行、真诚悔罪、积极退赃,避免、减少损害结果的发生,有第一项规定情形的,可以从轻、减轻或者免除处罚;有第二项、第三项规定情形的,可以从轻处罚。

犯第一款罪,有第三项规定情形被判处死刑缓期执行的,人民法院根据犯罪情节等情况可以同时决定在其死刑缓期执行二年期满依法减为无期徒刑后,终身监禁,不得减刑、假释。

《刑法》第二百七十一条第二款【贪污罪】规定

国有公司、企业或者其他国有单位中从事公务的人员和国有公司、企业或者其他国有单位委派到非国有公司、企业以及其他单位从事公务的人员有前款行为的,依照本法第三百八十二条、第三百八十三条的规定定罪处罚。

《刑法》第二百七十一条第一款【职务侵占罪】规定

公司、企业或者其他单位的工作人员,利用职务上的便利,将本单位财物非法占为己有,数额较大的,处三年以下有期徒刑或者拘役,并处罚金;数额巨大的,处三年以上十年以下有期徒刑,并处罚金;数额特别巨大的,处十年以上有期徒刑或者无期徒刑,并处罚金。

据上,贪污罪,是指国家工作人员和受国家机关、国有公司、企业、事业单位、人民团体委托管理、经营国有财产的人员,利用职务上的便利,侵吞、窃取、骗取或者以其他手段非法占有公共财物,数额较大或者有其他较重情节的行为。

职务侵占罪,是指利用职务上的便利,将本单位财物非法占为己有,数额较大的行为。

(二) 刑事合规的主体对象

贪污罪的主体是特殊主体,即国家工作人员和受国家机关、国有公司、企业、事业单位、人民团体委托管理、经营公共财物的人员。就贪污罪而言,国有公司、企业、事业单位中从事公务的人员与国有公司、企业委派到非国有公司、企业、事业单位、社会团体从事公务的人员都属于本罪的适格主体。多数情况下,行为人属于国有公司、企业中从事公务的人员,但也有部分案例属于后一种情况,在李某某、彭某某、秦某某、凌某某、石某贪污罪一案中,被告人彭某某及其辩护人认为,被告人彭某某不符合贪污罪的犯罪主体资格,2005年至2006年某公司不属于国有企业,因为当时国有企业的某公司控股只有70%,另外30%的股份系民营企业重庆某公司控制。被告人彭某某在子公司某公司的任职不应当认定为其母公司某集团(国有公司)的委派,而是子公司某公司的选举产生。法院审理认为,2004年6月,某(集团)有限公司的子公司某某有限公司持70%股份与某建筑工程有限公司(民营企业)持30%股份投资成立某公司,某公司系某(集团)有限公司的子公司,五被告人的任职均系委派制,有某(集团)有限公司对下级子公司人事任命说明、某公司前任和现任总经理对任职程序的证言及各被告人对自己任职程序的供述等证据佐证,虽然某(集团)有限公司没有书面委派文件,但现有证据足以证明五被告人的任职均系委派制的事实,故五被告人符合国有企业工作人员的主体身份。[1]

此外,实践中存在着公司、企业或者其他单位的人员与国家工作人员共同非法占有本单位财物的现象。《最高人民法院关于审理贪污、职务侵占案件如何认定共同犯罪几个问题的解释》中第1条规定,行为人与国家工作人员勾结,利用国家工作人员的职务便利,共同侵吞、窃取、骗取或者以其他手段非法占有公共财物的,以贪污罪共犯论处。第3条规定,公司、企业或者其他单位中,不具有国家工作人员身份的人与国家工作人员勾结,分别利用各自的职务便利,共同将本单位财物非法占为己有的,按照主犯的犯罪性质定罪。

职务侵占罪的主体是特殊主体,即限于公司、企业或者其他单位的人员。

(三)违反刑事合规的主观表现

贪污罪在主观方面是故意,并且属于目的犯,即具有非法占有公共财物的目的。职务侵占罪在主观方面是故意,并且要求具有非法占为己有的目的。贪污罪和职务侵占罪在主观方面都是故意,且均具有非法占有财物的目的。故意的内容为,明知自己的行为侵犯了职务行为的廉洁性,会发生侵害公共财产的结果,并且希望或者放任这种结果的发生。行为人只要利用职务便利以各种手段非法占有公共财物即构成本罪,不要求明知是"公共财物"而占有才构成本罪。只要行为人知道其非法占有的是其管理、经营的单位的"公物",而不是自己或者其他个人的财产,就构成本罪。[2] 以杨某某等贪污案为例,被告人杨某某仍然以"××有限公司不是国有企业,自己不是受国有公司、企业、事业单位委派为由,认为自己不构成贪污罪应以职务侵占定罪处罚"提出上诉,二审法院仍然认为,被告人杨某某等是贪污罪的适格主体。[3] 这说明我国国有公司、企业中的部分人员对于自己所在公司、企业的性质还不是很清楚,但是不影响本罪的成立。

行为人犯贪污罪主要出于以下五个动机。第一,追求私利、私欲,互相"攀比"的心理,他们在工作、交往及生活中看到那些活得比他们更"潇洒"的人时,强烈的攀比心理使得他们逐渐产生了强烈的追求私利、私欲的动机;第二,职务优越感和自卑感相互交织的矛盾心理;第三,强烈而直接的权力崇拜心理;第四,侥幸心理与"法不责众"的心理;第五,所谓的"从众"心理。[4] 在职务侵占罪中,行为人也有着类似的犯罪动机。因此,为了避免犯贪污罪或者职务侵占罪,企业家应当努力做到以下几点:第一,分清企业财产与个人财产。有的民营企业家缺乏现代化产权明晰的观念,加之民营企业投资主体的私人性,模糊了企业家个人财产与企业财产的界限。有的民营企业家甚至视企业财产为个人财产,在民商事纠纷中,极易动用个人资产对企业资产承担连带责任,私款公用,虽不涉及犯罪问题,但会带来个人财产安全隐患。可一旦动用企业财产来支付个人和家庭需要,就很容易触犯职务侵占罪等。第二,健全企业治理机制。目前我国仍有相当数量的民营企业家并

---

[1] 重庆市黔江区人民法院刑事判决书:(2008)黔刑初字第277号。
[2] 黎宏.刑法学各论[M].2版.北京:法律出版社,2016:510.
[3] 河南省平顶山市中级人民法院刑事判决书:(2010)平刑终字第187号。
[4] 郭玲玲,霍钦宏.贪污受贿犯罪动机的心理探析[J].中共四川省委省级机关党校学报,2002(3).

不重视制定企业章程。如果《公司法》等法律法规没有明文要求公司成立时必须提交企业章程,有的民营企业家甚至不会考虑制定企业章程。即使有的企业形式上制定了企业章程,但章程与本企业的规模、性质并不吻合,难以起到实效,甚至有些企业在运行过程中很少按照章程办事。

(四)违规行为表现

贪污罪与职务侵占罪都要求行为人有利用职务上的便利,侵吞、窃取、骗取或者以其他非法手段占有他人财物的行为。"利用职务上的便利",是指利用本人职务范围内的权力和地位所形成的便利条件,即主管、直接经手、管理财物的职权之便。法律明确规定,贪污罪的行为方式主要有以下四种类型,即侵吞、窃取、骗取或者其他非法手段。侵吞,是指行为人利用职务上的便利,将自己主管、经管、经手的公共财物,非法占为己有。例如,将自己合法管理或使用的公共财物加以扣留,应交而隐匿不交,应支付而不支付,从而占为己有的行为。窃取,是指行为人利用职务上的便利,采用秘密方法,将自己合法管理的公共财物窃为己有。例如,保管员将自己管理的公共财物秘密拿回家中予以占有。骗取,是指行为人利用职务上的便利,采用虚构事实或者隐瞒真相的方法,非法占有公共财物。例如,采购人员谎报出差费或者多报出差费骗取公款。其他非法手段,是指行为人利用职务上的便利,采用侵吞、窃取、骗取以外的方法,非法占有公共财物。例如,利用职权,巧立名目,私分大量公款、公物;国家工作人员在国内公务活动中或者对外交往中接受礼物,依照国家规定应当交公而不交公等。就职务侵占罪来说,关于侵占单位财物的手段,法条上未做明确规定,但是通常认为,本罪的行为方式与贪污罪非常类似,即有侵吞、窃取、骗取或者以其他非法手段这四种占有他人财物的行为。

(五)刑事风险预警

具有下列情形之一的,被认定为"数额较大或者有其他较重情节",达到了贪污罪处罚的客观要求:根据《最高人民法院 最高人民检察院关于办理贪污贿赂刑事案件适用法律若干问题的解释》的规定,贪污数额在3万元以上不满20万元的,应当认定为《刑法》第383条第1款规定的"数额较大",依法判处3年以下有期徒刑或者拘役,并处罚金。贪污数额在1万元以上不满3万元,具有下列情形之一的,应当认定为《刑法》第383条第1款规定的"其他较重情节",依法判处3年以下有期徒刑或者拘役,并处罚金:①贪污救灾、抢险、防汛、优抚、扶贫、移民、救济、防疫、社会捐助等特定款物的;②曾因贪污、受贿、挪用公款受过党纪、行政处分的;③曾因故意犯罪受过刑事追究的;④赃款赃物用于非法活动的;⑤拒不交代赃款赃物去向或者拒不配合追缴工作,致使无法追缴的;⑥造成恶劣影响或者其他严重后果的。

具有下列情形之一的,被认定为"数额较大",达到了职务侵占罪处罚的客观要求:《最高人民法院 最高人民检察院关于办理贪污贿赂刑事案件适用法律若干问题的解释》中规定,刑法第271条规定的职务侵占罪中的"数额较大"的数额起点,按照本解释关于贪污罪相对应的数额标准规定的2倍执行。有鉴于此,职务侵占罪的数额必须达到6万元才能构成本罪。

三、国有资产管理中的刑事合规

(一) 刑事合规制度的指向

将国有资产低价折股或者低价出售,会致使国家利益遭受重大的损失。根据我们在威科先行法律信息库对徇私舞弊低价折股、出售国有资产罪的检索结果,2001—2016 年,全国各级法院仅仅审理有关徇私舞弊低价折股、出售国有资产罪的案件 1 起。2017—2020 年,全国各级法院在 4 年间共审理 4 起有关徇私舞弊低价折股、出售国有资产罪的案件。其中,2018 年 1 起,2019 年 1 起,2020 年 2 起。尽管全国法院审理徇私舞弊低价折股、出售国有资产罪的案件较少,但是较之于前些年,近 4 年审理本罪的数量逐渐增多。

《刑法》第一百六十九条【徇私舞弊低价折股、出售国有资产罪】规定

国有公司、企业或者其上级主管部门直接负责的主管人员,徇私舞弊,将国有资产低价折股或者低价出售,致使国家利益遭受重大损失的,处三年以下有期徒刑或者拘役;致使国家利益遭受特别重大损失的,处三年以上七年以下有期徒刑。

据上,徇私舞弊低价折股、出售国有资产罪,是指国有公司、企业或者其上级主管部门直接负责的主管人员徇私舞弊,将国有资产低价折股或者低价出售,致使国家利益遭受重大损失的行为。

(二) 刑事合规的主体对象

徇私舞弊低价折股、出售国有资产罪的主体是特殊主体,是国有公司、企业或者其上级主管部门直接负责的主管人员。本罪的犯罪人员应当有两类人员,一是国有公司、企业直接负责的主管人员;二是国有公司、企业的上级主管部门直接负责的主管人员。这是因为只有这些人员才有权管理国有资产,一般的工作人员没有相应的条件实施这一犯罪。这里的国有公司、企业应当是指广义的国有公司、企业,实际上与国家出资企业具有相同内涵的概念。依据《企业国有资产监督管理暂行条例》,国有资产监督管理委员会专门承担监管国有资产的职责。因此,国有公司、企业的上级主管部门是国务院国有资产监督管理委员会和省市二级地方的国有资产监督管理委员会。[①]

(三) 违反刑事合规的主观表现

徇私舞弊低价折股、出售国有资产罪在主观上为故意,即行为人明知违反国家规定,将国有资产折股或者低价出售,会造成侵害国家利益的结果,却出于徇私的动机故意实施。倘若行为人主观上属于过失,没有主观故意,不存在徇私舞弊的动机,只是能力低、知识欠缺等非故意原因导致国有资产在出售和折股时出现损失,则不可能构成本罪,而可能构成国有公司、企业、事业单位人员失职罪,签订、履行合同失职被骗罪等其他罪;如果是上级主管部门——国有资产监督管理委员会的领导等直接负责的主管人员,则可能构成

[①] 宫路.徇私舞弊低价折股、出售国有资产罪主体特征研究[J].江苏警官学院学报,2005(2).

国家机关工作人员签订、履行合同失职被骗罪或玩忽职守罪。

构成本罪要求行为主体在主观上必须具有"徇私"的动机,即行为主体为了满足个人的私利或私情,不惜以国有资产大量流失为代价。在魏某案中,行为人魏某即是为了获取改制后公司的股份、牟取私利而实施徇私舞弊低价折股、出售国有资产的行为。[1] 而在张某案中,行为人是为了规避公司的税务及债务等问题实施犯罪行为。[2] 因此,为了防止触犯徇私舞弊低价折股、出售国有资产罪,企业家应当在如下几个方面予以重视:第一,树立大局意识,不能为了个人私利低价折股、出售国有资产。在国有企业处于经营不善、存在管理漏洞甚至濒临破产的情况下,应从企业的整个大局出发,设法改善企业的经营管理状况,帮助企业渡过难关,而不是趁机损公肥私,将处于自己管理职权范围内的国有资产低价折股或者出售,达到自己非法获利的目的。第二,杜绝内外勾结、共同犯罪。国有公司、企业的董事、经理以及上级主管部门直接负责的主管人员在实施犯罪活动时,往往与国有公司、企业的内部人员相勾结,如篡改与国有资产相关的原始购买凭证或者其他相关的账证资料等;或者与国有资产处置行为的相对人,如合营企业中的外方投资人员、国有企业清算小组中的成员、国有资产抵押或者拍卖中接受抵押物或者购买国有资产的一方、国有资产转让中的购买方等互相勾结,故意压低国有资产在折股或者出售中的价格,致使国有资产的权利价值不能得到应有的体现,这样双方在共同获得利益的同时,侵害了国有资产的所有权。

(四)违规行为表现

该罪的成立要求必须首先有徇私舞弊的行为。2002 年《全国法院审理经济犯罪案件工作座谈会纪要》认为:"徇单位之私与徇个人之私情、私利滥用职权、玩忽职守毕竟有所区别。因此,徇私舞弊型渎职犯罪的徇私,应理解为徇个人私情、私利,不包括徇单位之私。"以此为根据,如果行为人只是为了本单位的利益,严重不负责任或者滥用职权,构成犯罪的,应以国有公司、企业、事业单位人员失职罪或者国有公司、企业、事业单位人员滥用职权罪追究刑事责任。当然,这里的"徇个人之私",既可以是为自己谋取私利,也可以是为"关系人"谋取私利。

本罪中的徇私舞弊行为有两种表现形式,其一是对国有资产的低价折股,其二是对国有资产的低价出售。"低价折股"是指国有公司、企业在改建股份有限公司时,或者国有资产占有部门投资或创立股份制企业时,不按国有资产的实际价值,而是按照低于其实际价值的价格将国有资产折合成股份出资。"低价出售"是指国有公司、企业按照低于国有资产的实际价值出售国有资产。

(五)刑事风险预警

具有下列情形之一的,被认定为"致使国家利益遭受重大损失",达到了定罪处罚的客观要求:《最高人民检察院、公安部关于公安机关管辖的刑事案件立案追诉标准的规定(二)》

---

[1] 广东省深圳市罗湖区人民法院刑事判决书:(2019)粤 0303 刑初 1487 号。
[2] 云南省曲靖市麒麟区人民法院刑事判决书:(2019)云 0302 刑初 200 号。

第 17 条的规定,是指:①造成国家直接经济损失数额在 30 万元以上的;②造成有关单位破产、停业、停产 6 个月以上,或者被吊销许可证和营业执照、责令关闭、撤销、解散的;③其他致使国家利益遭受重大损失的情形。

第二节　涉金融业务管理刑事合规

一、设立金融机构刑事合规

(一)刑事合规制度的指向

一切金融活动都必然依托金融机构开展,因此金融机构在经济发展中起着十分重要的纽带作用,但金融机构的设立和监管却常常出现问题,影响到整个金融行业和金融秩序的稳健运行。经过统计发现,2001—2016 年,全国各级法院共计审理有关擅自设立金融机构罪的案件 52 起,平均每年审理约 3 起。2017—2020 年,全国各级法院在 4 年间共审理 623 起有关擅自设立金融机构罪的案件,平均每年审理约 156 起。其中,2017 年 19 起,2018 年 498 起,2019 年 92 起,2020 年 14 起。① 说明近年来(尤其是 2018 年)国家重点打击擅自设立金融机构的行为,审理有关擅自设立金融机构罪的案件呈现出大幅度增长的趋势。从地域分布来看,擅自设立金融机构罪的案例主要集中在新疆维吾尔自治区、福建省、陕西省,分别占比 30.77%、30.77%、7.69%。这表明该罪主要集中在西部省份,是当地今后打击的重点。①

《刑法》第一百七十四条规定

未经国家有关主管部门批准,擅自设立商业银行、证券交易所、期货交易所、证券公司、期货经纪公司、保险公司或者其他金融机构的,处三年以下有期徒刑或者拘役,并处或者单处二万元以上二十万元以下罚金;情节严重的,处三年以上十年以下有期徒刑,并处五万元以上五十万元以下罚金。

伪造、变造、转让商业银行、证券交易所、期货交易所、证券公司、期货经纪公司、保险公司或者其他金融机构的经营许可证或者批准文件的,依照前款的规定处罚。

单位犯前两款罪的,对单位判处罚金,并对其直接负责的主管人员和其他直接责任人员,依照第一款的规定处罚。

据上,擅自设立金融机构罪,是指未经国家有关主管部门批准,擅自设立商业银行、证券交易所、期货交易所、证券公司、期货经纪公司、保险公司或者其他金融机构的行为。

(二)刑事合规的主体对象

擅自设立金融机构罪的主体既可以是自然人,也可以是单位。在行为人擅自设立金融机构前,行为主体可能是合法公司的法定代表人,也可能是直接擅自设立金融机构的行为人。

---

① 数据来源于威科先行法律信息库网站,访问日期:2022 年 1 月 10 日。

(三) 违反刑事合规的主观表现

擅自设立金融机构罪在主观上需具备故意的主观状态,即行为人明知擅自设立金融机构的行为违法,但仍然希望通过擅自设立金融机构,开展金融业务而牟取利益。行为人擅自设立金融机构的动机主要是通过运营金融机构获取利益。具体而言,可能是因为牟利心切,在已经申请有关主管部门批准之后,正式获得批准之前,便已经设立金融机构;也可能自始就打算设立非法的金融机构。因此,企业家应当通过正规的程序开设金融机构,不得为了牟取利益而非法设立金融机构。

(四) 违规行为表现及合规行为要求

擅自设立金融机构罪是未经国家有关主管部门的批准,擅自设立商业银行、证券交易所、期货交易所、证券公司、期货经纪公司、保险公司或者其他金融机构的行为。"未经批准设立的金融机构",既可能是没有依法提出设立金融机构的申请便自行设立的金融机构,也可能是虽然依法提出申请但在没有获得正式批准时自行设立的金融机构。擅自设立的金融机构包括金融机构的筹备组织。

为此,行为合规要求:

第一,凡未经依法批准,以任何名义向社会不特定对象进行的集资活动,均为乱集资。未经批准,不得擅自从事以还本付息或者以支付股息、红利等形式向出资人(单位和个人)进行的有偿集资活动。

第二,未经国家证券、保险监管部门批准,不得擅自设立从事或主要从事证券买卖、投资基金管理、商业保险等金融业务活动的机构和超越原机构业务范围从事或变相从事证券买卖、投资基金管理、商业保险等金融业务活动。

(五) 刑事风险预警

具有下列情形之一的,被认定为擅自设立金融机构,达到了定罪处罚的客观要求:

(1) 擅自设立商业银行、证券交易所、期货交易所、证券公司、期货公司、保险公司或者其他金融机构的;

(2) 擅自设立商业银行、证券交易所、期货交易所、证券公司、期货公司、保险公司或者其他金融机构筹备组织的。

二、金融机构经营许可证、批准文件刑事合规

(一) 刑事合规制度的指向

金融行业涉及各大金融机构和金融活动,事关国内经济发展,因而金融机构的资格凭证需要经过层层的批准和筛查。伪造、变造、转让金融机构经营许可证、批准文件罪破坏了国家对金融机构正常的管理制度和监管制度,对于后续金融活动构成了潜在的威胁。经过统计发现,2001—2019 年,我国各级人民法院并没有审理有关伪造、变造、转让金融机构经营许可证、批准文件罪的案件,但 2020 年开始出现,2020 年共审理 3 件,截止到 2021 年

8月20日,已审理2件。[①] 从地域分布来看,该罪的案例相对分散,出现在安徽省、河北省、山东省等地。

《刑法》第一百七十四条规定

未经国家有关主管部门批准,擅自设立商业银行、证券交易所、期货交易所、证券公司、期货经纪公司、保险公司或者其他金融机构的,处三年以下有期徒刑或者拘役,并处或者单处二万元以上二十万元以下罚金;情节严重的,处三年以上十年以下有期徒刑,并处五万元以上五十万元以下罚金。

伪造、变造、转让商业银行、证券交易所、期货交易所、证券公司、期货经纪公司、保险公司或者其他金融机构的经营许可证或者批准文件的,依照前款的规定处罚。

单位犯前两款罪的,对单位判处罚金,并对其直接负责的主管人员和其他直接责任人员,依照第一款的规定处罚。

据上,伪造、变造、转让金融机构经营许可证、批准文件罪,是指自然人或单位伪造、变造、转让商业银行、证券交易所、期货交易所、证券公司、期货经纪公司、保险公司或者其他金融机构的经营许可证或者批准文件的行为。

(二)刑事合规的主体对象

伪造、变造、转让金融机构经营许可证、批准文件罪的主体既可以是自然人,也可以是单位。行为方式不同,其主体情况也有所不同。伪造、变造的主体一般以自然人居多,而转让的主体则以单位居多。

(三)违反刑事合规的主观表现

伪造、变造、转让金融机构经营许可证、批准文件罪在主观上需具备故意的主观状态,即行为人明知其行为为法律所禁止,明知其行为性质是伪造、变造金融机构经营许可证、批准文件的行为仍然予以实施。

行为方式不同,犯罪的动机也有所不同。伪造、变造金融机构经营许可证、批准文件可能是为了进一步实施违法犯罪活动,也可能是出于提前经营金融业务等动机。而转让金融机构经营许可证、批准文件的行为,则主要是出于通过转让获取相应报酬的动机。所以,企业管理人员应当完善企业内部监管体制,防止公司、企业内部员工实施该行为。

(四)违规行为表现及合规行为要求

伪造、变造、转让金融机构经营许可证、批准文件罪的行为方式包括伪造、变造和转让三种。所谓伪造,是指仿照真实的金融机构经营许可证、批准文件的形状、特征、色彩、样式,非法制造出假的金融机构经营许可证、批准文件的行为;所谓变造,是指在真实金融机构经营许可证、批准文件的基础上加以改造,从而改变其原本内容的行为;所谓转让,是指合法、特定的金融机构经营许可证持有者非法让渡该经营许可证的行为。转让是有

---

① 数据来源于威科先行法律信息库网站,访问日期:2021年8月20日。

偿的出卖、出租还是无偿的出借、赠予,都在所不问。

行为合规要求:

第一,不得从事非法放贷活动,实施擅自设立金融机构、套取金融机构资金高利转贷、骗取贷款、非法吸收公众存款等行为,构成犯罪的,应当择一重罪处罚。

第二,银行业金融机构要加强对营销人员的监督管理,防范超授权违规开展理财业务、修改理财产品说明书、承诺回报、掩饰风险、误导客户等行为。

第三,强化非标投资业务风险管控,防范表外风险传导至表内。严防套取银行业金融机构理财资金进行高利转贷的行为。严禁从业人员作为主要成员或实际控制人开展有组织的民间借贷。

(五)刑事风险预警

具有下列情形之一的,被认定为伪造、变造、转让金融机构经营许可证、批准文件,达到了定罪处罚的客观要求:

伪造、变造、转让商业银行、证券交易所、期货交易所、证券公司、期货公司、保险公司或者其他金融机构的经营许可证或者批准文件的。

三、信用卡管理刑事合规(一)

(一)刑事合规制度的指向

"随着信用卡的飞速普及,伪造技术的越发高明,在高额暴利的吸引下,信用卡犯罪也越发猖獗,对金融系统造成的潜在威胁也越来越大。"[①]案发率居高不下,犯罪标的额也越来越大,这种状况已经严重影响到了金融秩序。经过统计发现,2001—2016 年,全国各级法院共计审理有关妨害信用卡管理罪的案件 3 598 起,平均每年审理约 225 起。2017—2020 年,全国各级法院在 4 年间总共审理了 8 731 起有关妨害信用卡管理罪的案件,平均每年审理多达 2 183 起。其中,2017 年 1 785 起,2018 年 1 829 起,2019 年 2 163 起,2020 年 2 954 起。[②] 由此可见,近 4 年平均每年审理妨害信用卡管理的案件数量显著增加。从地域分布来看,妨害信用卡管理罪的案例主要集中在广东省、河南省、福建省,分别占比 14.44%、12.37%、11.03%。[②] 这表明该罪主要集中在经济较为发达的东部省份,是当地今后打击的重点。

《刑法》第一百七十七条之一第一款【妨害信用卡管理罪】规定

有下列情形之一,妨害信用卡管理的,处三年以下有期徒刑或者拘役,并处或者单处一万元以上十万元以下罚金;数量巨大或者有其他严重情节的,处三年以上十年以下有期徒刑,并处二万元以上二十万元以下罚金:

(一)明知是伪造的信用卡而持有、运输的,或者明知是伪造的空白信用卡而持有、运输,数量较大的;

(二)非法持有他人信用卡,数量较大的;

---

① 刘艳红,许强.论《刑法修正案(五)》对信用卡犯罪的立法完善[J].法学评论,2006(1).
② 数据来源于威科先行法律信息库网站,访问日期:2021 年 5 月 24 日。

(三)使用虚假的身份证明骗领信用卡的;

(四)出售、购买、为他人提供伪造的信用卡或者以虚假的身份证明骗领的信用卡的。

据上,妨害信用卡管理罪,是指行为人实施了违反信用卡管理规定,严重妨害信用卡管理的行为。

(二)刑事合规的主体对象

妨害信用卡管理罪的主体是一般主体,只能由自然人构成,单位不能成立本罪。但是,司法实践中,单位实施伪造、运输、出售信用卡等行为屡见不鲜,对于这种情形,理论界认为,刑法虽规定本罪的主体不能由单位构成,但如果单位组织实施了持有、运输等妨害信用卡管理行为,就给银行和其他个人的财产安全带来了潜在的危险,也将对我国信用卡管理活动的秩序造成侵害,则可以追究单位中主管人员和其他直接责任人员的刑事责任,只要是为了单位的利益而实施了妨害信用卡管理的行为,就应对相关责任人予以惩罚。

(三)违反刑事合规的主观表现

妨害信用卡管理罪在主观上需具备故意的主观状态,即明知信用卡的具体性质。对于明知的认定,应采取推定的方法予以确认,不能片面以行为人辩解不知情为依据。同时,本罪不要求以牟取非法利益为目的,否则必将大大缩小本罪的成立范围,放纵犯罪。行为人犯本罪的动机多种多样,可能是为了买入或者卖出信用卡,为自己牟取利益,也可能是为了进一步实施违法犯罪活动,还可能只是单纯为了帮助他人而持有伪造的信用卡,没有牟取利益的目的。所以,行为人不能心存侥幸,一定要通过银行正常办理信用卡。

(四)违规行为表现及合规行为要求

妨害信用卡管理罪,是指行为人实施了违反信用卡管理规定,严重妨害信用卡管理的行为。构成妨害信用卡管理罪一般有如下四种传统的行为方式:第一,明知是伪造的信用卡而持有、运输的,或者明知是伪造的空白信用卡而持有、运输,数量较大的。第二,非法持有他人信用卡,数量较大的。第三,使用虚假的身份证明骗领信用卡的;第四,出售、购买、为他人提供伪造的信用卡或者以虚假的身份证明骗领的信用卡的。

为此,行为合规要求:

第一,有关企业或个人不得为信用卡申请人制作、提供虚假的财产状况、收入、职务等资信证明材料,涉及伪造、变造、买卖国家机关公文、证件、印章,或者涉及伪造公司、企业、事业单位、人民团体印章,应当追究刑事责任的,分别以伪造、变造、买卖国家机关公文、证件、印章罪和伪造公司、企业、事业单位、人民团体印章罪定罪处罚。

第二,承担资产评估、验资、验证、会计、审计、法律服务等职责的中介组织或其人员,不得为信用卡申请人提供虚假的财产状况、收入、职务等资信证明材料,否则应当追究刑事责任的,分别以提供虚假证明文件罪和出具证明文件重大失实罪定罪处罚。

(五)刑事风险预警

具有下列情形之一的,被认定为妨害信用卡管理,达到了定罪处罚的客观要求。

（1）明知是伪造的信用卡而持有、运输 10 张以上的。

（2）明知是伪造的空白信用卡而持有、运输 100 张以上的。

（3）非法持有他人信用卡 50 张以上的。

（4）使用虚假的身份证明骗领信用卡 10 张以上的。

（5）出售、购买、为他人提供伪造的信用卡或者以虚假的身份证明骗领的信用卡 10 张以上的。

四、信用卡管理刑事合规（二）

（一）刑事合规制度的指向

信用卡信息是关系到信用卡安全的重要信息资料，它一旦被泄露，最直接的受害者就是信用卡用户，同时也威胁到金融机构的信用卡使用安全。因此窃取、收买、非法提供信用卡信息罪侵犯了信用卡用户的信用卡信息专属权和金融机构的信用卡信息管理制度。

根据我们在威科先行法律信息库对窃取、收买、非法提供信用卡信息罪的检索结果，2001—2016 年，全国各级法院共计审理有关窃取、收买、非法提供信用卡信息罪的案件 133 起，平均每年审理约 8 起。2017—2020 年，全国各级法院在 4 年间总共审理了 1 590 起有关窃取、收买、非法提供信用卡信息罪的案件，平均每年审理约 398 起。其中，2017 年 125 起，2018 年 176 起，2019 年 472 起，2020 年 817 起。说明近年来与窃取、收买、非法提供信用卡信息罪有关的案件迅猛增长，并呈现出逐年上升的趋势。

《刑法》第一百七十七条之一【窃取、收买、非法提供信用卡信息罪】规定

窃取、收买或者非法提供他人信用卡信息资料的，依照前款规定处罚。

银行或者其他金融机构的工作人员利用职务上的便利，犯第二款罪的，从重处罚。

据上，窃取、收买、非法提供信用卡信息罪，是指故意窃取、收买或者非法提供他人信用卡信息资料的行为。

（二）刑事合规的主体对象

窃取、收买、非法提供信用卡信息罪的主体是一般主体，凡年满 16 周岁，具有刑事责任能力的自然人均可构成本罪。但是，单位不能构成本罪。

构成窃取、收买、非法提供信用卡信息罪的行为人在身份上呈现出多样化的特征。有些是具备一定专业技能、专业知识的相关人员。如在郑某窃取、收买、非法提供信用卡信息罪案中，30 岁的软件工作者郑某通过互联网购买了 2 000 余条银行信用卡客户的个人信息，经过筛选，运用专业软件，假冒 4 名成都客户的身份，要求银行补办信用卡，从中套取 10 万余元现金。有些行为人不具备任何专业技能、专业知识，文化水平较低。如在伍某某、周某、朱某等窃取、收买、非法提供信用卡信息罪一案中，3 名犯罪嫌疑人均只有初中文化水平。[①]

[①] 四川省自贡市沿滩区人民法院刑事判决书：（2020）川 0311 刑初 87 号。

(三) 违反刑事合规的主观表现

窃取、收买、非法提供信用卡信息罪在主观上为故意,即行为人明知自己窃取、收买、非法提供的是他人信用卡信息而仍予以窃取、收买、非法提供。行为人实施本罪的动机多种多样,主要有以下几种。其一,通过非法手段窃取他人信用卡信息,企图非法占有他人信用卡内的钱财;其二,通过非法手段窃取他人信用卡信息后,为了获取相应的报酬,将该信息提供给他人;其三,为了获取钱财,将合法获取的被害者的信用卡信息提供给他人;其四,收买他人的信用卡信息,企图非法占有他人信用卡内的钱财;其五,收买他人的信用卡信息,为了获取金钱,又将该信息转手提供给其他人。为了避免构成窃取、收买、非法提供信用卡信息罪,企业家应当在如下几点上进行自我防控:第一,认清信用卡信息属于重要的个人信息,不能够随意向他人收买和提供。第二,拒绝与境内外犯罪分子互相勾结,将信用卡信息提供给他人。第三,银行或者金融机构工作人员应当积极参加法律培训,认识到如果其利用职务上的便利犯本罪,将会比一般人处罚得更重。

(四) 违规行为表现

窃取、收买、非法提供信用卡信息罪的客观行为方式包括窃取、收买或者非法提供三种,具体的行为方式:一是窃取行为,是指行为人以自以为未被所有人察觉的方法取得他人的信用卡信息资料,其方法多种多样,可以是窥视,也可以是破解;二是收买行为,是指行为人以有偿的方式获得他人出卖的信用卡信息;三是非法提供行为,是指将通过非法或者合法手段获取的他人的信用卡信息资料转让他人。此外,虽然《银行卡业务管理办法》规定银行卡分为信用卡和借记卡,但是,该办法属于条例,其效力低于前文所述的《全国人民代表大会常务委员会关于〈中华人民共和国刑法〉有关信用卡规定的解释》,因此,"信用卡"的解释应以立法解释为准。故银行卡无论什么性质(包括借记卡在内),均属于本罪所指的"信用卡"。

(五) 刑事风险预警

具有下列情形之一的,被认定为达到了定罪处罚的客观要求:根据《最高人民检察院、公安部关于公安机关管辖的刑事案件立案追诉标准的规定(二)》第31条的规定,窃取、收买或者非法提供他人信用卡信息资料,足以伪造可进行交易的信用卡,或者足以使他人以信用卡持卡人名义进行交易,涉及信用卡一张以上的,应予立案追诉。由此可见,只要涉及的信用卡达到1张,即可构成本罪。说明本罪的入罪门槛极低,行为人只要实施了窃取、收买或者非法提供他人信用卡信息资料的行为,便很有可能成立本罪。

五、信用卡管理刑事合规(三)

(一) 刑事合规制度的指向

信用卡诈骗罪在我国呈现长期多发态势。自2010年的10年来,全国共判决信用卡诈骗罪案件57 249起。从发展趋势来看,自2015年起,呈现逐渐下降趋势,由2015年的

10 206起案件下降至2020年的1 135起。从地域来看,上海成为信用卡诈骗案件发案最多的地区。从管辖来看,几乎全部案件都集中在基层法院,且上诉率较低。从案件内容来看,超过六成案件涉及恶意透支,超过八成案件涉及从轻处罚。从案件的整体态势可以看出,信用卡诈骗案件具有个案规模小、整体规模大的特征。个案涉案标的一般较小,但是整体案件数量还是较为庞大。另外,近年来随着移动支付在日常生活消费中的发展,信用卡诈骗的发案率有着快速下降的趋势,社会整体危害性也在逐步降低。

宏观来看,本罪的犯罪客体具有双重性,包括国家信用卡管理制度和公私财产所有权。

《刑法》第一百九十六条【信用卡诈骗罪】规定

有下列情形之一,进行信用卡诈骗活动,数额较大的,处五年以下有期徒刑或者拘役,并处二万元以上二十万元以下罚金;数额巨大或者有其他严重情节的,处五年以上十年以下有期徒刑,并处五万元以上五十万元以下罚金;数额特别巨大或者有其他特别严重情节的,处十年以上有期徒刑或者无期徒刑,并处五万元以上五十万元以下罚金或者没收财产:

(一)使用伪造的信用卡,或者使用以虚假的身份证明骗领的信用卡的;

(二)使用作废的信用卡的;

(三)冒用他人信用卡的;

(四)恶意透支的。

前款所称恶意透支,是指持卡人以非法占有为目的,超过规定限额或者规定期限透支,并且经发卡银行催收后仍不归还的行为。

据上,信用卡诈骗罪,是指以非法占有为目的,利用信用卡进行诈骗活动,骗取数额较大财物的行为。

(二)刑事合规的主体对象

本罪的主体是一般主体,且只由自然人构成。也有观点认为,本罪中的恶意透支型犯罪,其主体应该是真正的身份犯,持卡人为特殊身份。① 在信用卡诈骗过程中,对于诈骗行为提供帮助的,构成共同犯罪。而对于本银行的工作人员为犯罪提供帮助的,应当以贪污罪或职务侵占罪论处。

(三)违反刑事合规的主观表现

本罪属于故意犯罪,过失犯罪不构成本罪。虽然在本罪条文中并未出现"以非法占有为目的",但是结合有关司法解释以及本罪诈骗罪的性质来看,在主观方面仍然要求具有"非法占有目的"。对于伪造使用和冒用信用卡的情形,行为人要求是在"明知"的基础上进行的,因此,该使用行为在此基础上明显地具有非法占有目的。

而对于恶意透支行为非法占有目的的认定,一般从以下几个方面考虑:①明知没有

---

① 张明楷.论信用卡诈骗罪中的持卡人[J].政治与法律,2018(1).

还款能力而大量透支,无法归还的;②使用虚假资信证明申领信用卡后透支,无法归还的;③透支后通过逃匿、改变联系方式等手段,逃避银行催收的;④抽逃、转移资金,隐匿财产,逃避还款的;⑤使用透支的资金进行犯罪活动的;⑥其他非法占有资金,拒不归还的情形。

(四)违规行为表现

在司法解释层面,最高人民法院、最高人民检察院于2018年修正了《最高人民法院、最高人民检察院关于办理妨害信用卡管理刑事案件具体应用法律若干问题的解释》,对于办理信用卡有关的刑事案件的若干问题作出了解释,其中对于信用卡诈骗的客观行为、量刑标准等作出了更加细化的规定。

在部门规章层面,2011年,银监会发布《商业银行信用卡业务监督管理办法》,对于商业银行办理信用卡业务进行了明确规范,进一步维护信用卡管理秩序。2011年,最高人民法院、最高人民检察院和公安部发布了《最高人民法院、最高人民检察院、公安部关于信用卡诈骗犯罪管辖有关问题的通知》,对于本罪案件管辖的有关问题进行了进一步规定。现存的关于信用卡管理秩序的有效部门规章有50个左右,主要针对商业银行对信用卡管理秩序的规范。

本罪的客观方面主要列举了以下四种方式。

第一,使用伪造的信用卡,或者使用以虚假的身份证明骗领的信用卡。这是信用卡诈骗罪中较为突出的一种手段形式。"伪造"体现为仿照真实的信用卡样式制造虚假信用卡,或是在空白信用卡中写入虚假信息,此外,一般认为的变造行为也被认为构成本罪的行为特征。而"使用"是这一行为的最为关键的部分,如果仅仅伪造、变造而没有使用信用卡进行消费结算等行为,一般不以本罪论处。

第二,使用作废的信用卡。信用卡的作废即失效,包括到期自动失效、挂失失效,以及持卡人主动作废而失效。

第三,冒用他人的信用卡。其具体包括以下情形:拾得他人信用卡并使用的;骗取他人信用卡并使用的;窃取、收买、骗取或者以其他非法方式获取他人信用卡信息资料,并通过互联网、通信终端等使用的;等等。信用卡申领后由持卡人本人使用,不具有可转让的特性。行为人未经授权,以持卡人名义使用他人信用卡,将被认为具有非法占有合法持卡人财产的目的,从而构成本罪。此外,骗取他人信用卡及密码并使用,数额较大的,也构成信用卡诈骗罪。[①]

第四,恶意透支。这也是最为常见的一种信用卡诈骗方式,广泛存在于现实案例中。透支是指持卡人在账户资金不足的情况下,超出现有资金额度支取资金或者持卡消费的行为。在一般情况下,透支行为在持卡人与银行的协议范围内是被允许的。持卡人出于非法占有的目的,违反与银行的协议和有关管理规定进行透支,银行进行两次有效催收后3个月仍不归还的,一般会被认定为恶意透支。一般此类行为的数额如果达到了本罪量刑标准,则可构成犯罪。

---

① 浙江省温州市瓯海区人民法院刑事判决书,(2017)浙0304刑初447号。

对于有效催收,需要满足以下条件:①在透支超过规定限额或者规定期限后进行;②催收应当采用能够确认持卡人收悉的方式,但持卡人故意逃避催收的除外;③两次催收至少间隔30日;④符合催收的有关规定或者约定。

(五)刑事风险预警

信用卡诈骗仍然属于诈骗的范畴,其既遂结果要求行为人实际取得了非法财产。在现实中,其一般表现为通过诈骗方式使用信用卡套取资金或者进行消费。

进行信用卡诈骗活动,数额较大的,处5年以下有期徒刑或者拘役,并处2万元以上20万元以下罚金;数额巨大或者有其他严重情节的,处5年以上10年以下有期徒刑,并处5万元以上50万元以下罚金;数额特别巨大或者有其他特别严重情节的,处10年以上有期徒刑或者无期徒刑,并处5万元以上50万元以下罚金或者没收财产。

根据《最高人民法院、最高人民检察院关于办理妨害信用卡管理刑事案件具体应用法律若干问题的解释》第5条,使用伪造的信用卡、以虚假的身份证明骗领的信用卡、作废的信用卡或者冒用他人信用卡,进行信用卡诈骗活动,数额在5 000元以上不满5万元的,应当认定为《刑法》第196条规定的"数额较大";数额在5万元以上不满50万元的,应当认定为刑法第196条规定的"数额巨大";数额在50万元以上的,应当认定为刑法第196条规定的"数额特别巨大"。

恶意透支,数额在5万元以上不满50万元的,应当认定为刑法第196条规定的"数额较大";数额在50万元以上不满500万元的,应当认定为《刑法》第196条规定的"数额巨大";数额在500万元以上的,应当认定为《刑法》第196条规定的"数额特别巨大"。此外,恶意透支的数额,是指公安机关刑事立案时尚未归还的实际透支的本金数额,不包括利息、复利、滞纳金、手续费等发卡银行收取的费用。归还或者支付的数额,应当认定为归还实际透支的本金。

从整体的处罚程度来看,信用卡诈骗的处罚程度因为个案普遍危害性有限,处罚程度往往并没有极端严厉,对于人身限制的刑法判决比例整体较低。但是由于构成本罪对于商业信用的影响,仍然可能会给企业家带来融资等方面的困难。因此,企业家应当规范合理使用信用卡,对于透支额度及时偿还。另外,要妥善管理个人信用卡及网上信息密码等,以防出现涉入信用卡诈骗犯罪的风险。

六、信用证管理刑事合规

(一)刑事合规制度的指向

信用证是国际贸易领域常用的一种付款凭证,信用证诈骗行为对于国际贸易秩序和金融管理秩序都是一种重要威胁。在国际贸易领域,诈骗行为往往会对国际贸易多个环节的众多主体产生影响,有时还具有跨国性,通常使得金融机构和企业遭受巨额损失,且弥补损失、获取救济成本也更高。

宏观来看,本罪客体仍然具有双重性,是复杂客体,即不仅威胁国家的信用证管理制度,同时也损害公私财产之所有权。本罪的客观方面主要有以下表现:使用伪造、变造的信用证或者附随的单据、文件;使用作废的信用证;骗取信用证和其他利用信用证进行诈骗的行为。本罪的主体仍然是一般主体,包括自然人和单位。本罪主观方面要求具有"非法占有目的",属于故意犯罪。过失行为不能构成本罪。

本罪的一般情形处 5 年以下有期徒刑或者拘役,并处 2 万元以上 20 万元以下罚金;数额巨大或者有其他严重情节的,处 5 年以上 10 年以下有期徒刑,并处 5 万元以上 50 万元以下罚金;数额特别巨大或者有其他特别严重情节的,处 10 年以上有期徒刑或者无期徒刑,并处 5 万元以上 50 万元以下罚金或者没收财产。本罪刑罚包括自由刑和财产刑,最高刑期达到无期徒刑。单从刑罚后果来看,本罪处罚较为严重,一旦构成犯罪,对于个人自由与企业经营无疑是沉重打击。

本罪犯罪态势维持在较低水平。近 10 年以来,全国以信用证诈骗罪为案由的刑事判决只有 32 起,每年案发数量维持在个位数水平。从现实的刑罚角度来看,判处有期徒刑的案例只有 7 起,且相当一部分案例涉及自首和退赔情节,因此整体来看,刑罚的严厉程度也在较低水平。从主体来看,近 1/3 的案例涉及共同犯罪和单位犯罪的问题,这也与信用证在国际贸易领域使用的特殊性有关,往往会涉及多个交易方以及公司、企业,从这一点来看,企业家对于防范此类犯罪风险应当引起注意。

《刑法》第一百九十五条【信用证诈骗罪】规定

有下列情形之一,进行信用证诈骗活动的,处五年以下有期徒刑或者拘役,并处二万元以上二十万元以下罚金;数额巨大或者有其他严重情节的,处五年以上十年以下有期徒刑,并处五万元以上五十万元以下罚金;数额特别巨大或者有其他特别严重情节的,处十年以上有期徒刑或者无期徒刑,并处五万元以上五十万元以下罚金或者没收财产:

(一)使用伪造、变造的信用证或者附随的单据、文件的;

(二)使用作废的信用证的;

(三)骗取信用证的;

(四)以其他方法进行信用证诈骗活动的。

据上,信用证诈骗罪,是指以非法占有为目的,进行信用证诈骗的行为。

(二)刑事合规的主体对象

本罪主体为一般主体,包括自然人和单位。在我国,具有向银行申请开立信用证的主体只能是获得了进出口经营资质的公司、企业和事业单位,因此正如上文所展示的,在有关案例中相当一部分比例涉及的是单位犯罪。

另外以下情形一般认定为自然人犯罪:一是个人为进行违法犯罪活动而设立的公司、企业、事业单位实施犯罪的,或者公司、企业、事业单位设立后,以实施犯罪为主要活动的,不以单位犯罪论处。二是盗用单位名义实施犯罪,违法所得由实施犯罪的个人私分的,依照刑法有关自然人犯罪的规定定罪处罚。

（三）违反刑事合规的主观表现

本罪属于故意犯罪，要求具有"非法占有目的"。对于非法占有目的的认定，在司法实践中一般秉持着主客观相统一的原则，对于以下情形，一般认为具有非法占有目的：①明知没有归还能力而大量骗取资金的；②非法获取资金后逃跑的；③肆意挥霍骗取资金的；④使用骗取的资金进行违法犯罪活动的；⑤抽逃、转移资金、隐匿财产，以逃避返还资金的；⑥隐匿、销毁账目，或者搞假破产、假倒闭，以逃避返还资金的；⑦其他非法占有资金、拒不返还的行为。

在实践中，信用证所涉及的合同纠纷十分常见，经常涉及信用证欺诈行为。在客观表现上，有些犯罪行为也许和一般的合同纠纷中涉及的行为十分相似，但是行为人主观上的目的和动机，往往会影响案件的最终性质，使得心存侥幸最终带来刑事犯罪的风险和打击。

（四）违规行为表现及合规行为要求

2016年，中国人民银行、银监会修订了《国内信用证结算办法》。其中指出信用证业务的各方当事人应当遵守中华人民共和国的法律、法规以及本办法的规定，遵守诚实信用原则，认真履行义务，不得利用信用证进行欺诈等违法犯罪活动，不得损害社会公共利益。同时，该办法对于信用证结算业务的规范细则进行了进一步规定。

同年，中国银监会办公厅发布《中国银监会办公厅关于进一步加强银行业诚信建设的通知》，要求银行业金融机构及时收集和整理各类金融失信信息，包括诈骗银行贷款、非法集资、金融票据诈骗、信用证诈骗、信用卡诈骗、逃避银行债务等；针对典型事件编写相应案例，及时报告相关监管机构。各级监管部门要建立和完善同公、检、法等部门的交流合作机制，实现对失信信息的共享互通，有效开展联合惩戒，严防金融欺诈和逃废债等失信行为，共同维护金融资产安全。

具体而言，本罪的行为特征包含以下几类。

第一是使用伪造、变造或者已经作废的信用证的。这里所指的伪造或变造信用证，也包括对于信用证所需的其他附属单据的伪造和变造。众所周知，在信用证支付业务中，满足付款条件需要持有整套单证且满足单证相符和单单相符的原则。在实践中，此类单据里最重要也最常出现伪造和变造情形的便是提单。然而在一般的国际贸易交易中，也会存在为了交易便利或其他商业层面的原因，卖方要求承运人签发倒签提单或预借提单，并未以非法占有货物为目的，因此而产生的纠纷往往属于合同纠纷或者物权纠纷的范畴。

第二是骗取信用证的行为，即行为人通过欺骗行为骗取信用证并使用的行为。在这种情况下，信用证自身是没有瑕疵的，属于真实有效的信用证，而行为人通过欺骗手段获取信用证的方式实现了侵犯他人财产权利的目的，因而属于本罪的打击范围。如果行为人仅仅使用欺骗手段获得了信用证，但并未使用，一般认为并不会构成本罪的既遂形态，因为未经使用则没有实现通过信用证诈骗的方式非法占有他人财产的结果。

第三是具有兜底性质的"其他行为"。一般比较常见的情形是使用可撤销信用证，可撤销信用证是指开证行可以在信用证开出后，在未经受益人同意的情况下，随时且片面地修改以及撤销的信用证。因此在实践中，往往出现行为人在开立信用证时，出于非法占有目的，恶意设定有关条款，而在之后进行修改或撤销，这类行为也可能构成信用证诈骗。

（五）刑事风险预警

一般认为本罪应当属于结果犯，即实际控制了非法诈骗的财产，就构成既遂。像上文提到的，如果使用欺骗手段骗取了信用证，但是并未使用，其骗取信用证的行为不应当被认定为信用证诈骗。本罪的既遂标准应当满足公私财产权利被侵犯的结果，如果实施了诈骗行为，但是并未骗得，未使公私财产遭受损害，不应当被认定为既遂。

本罪的一般情形处5年以下有期徒刑或者拘役，并处2万元以上20万元以下罚金；数额巨大或者有其他严重情节的，处5年以上10年以下有期徒刑，并处5万元以上50万元以下罚金；数额特别巨大或者有其他特别严重情节的，处10年以上有期徒刑或者无期徒刑，并处5万元以上50万元以下罚金或者没收财产。

所谓"情节严重"，是指诈骗数额巨大或者具有其他严重情节。所谓"数额巨大"，根据《最高人民法院关于审理诈骗案件具体应用法律的若干问题的解释》规定：是指个人诈骗数额达5万元以上，单位诈骗数额达30万元以上。"其他严重情节"，一般是指：进行金融凭证诈骗集团的首要分子；多次进行诈骗、恶习不改的；因其诈骗造成受害人巨大经济损失的；诈骗款项用于其他违法犯罪活动的；等等。所谓"情节特别严重"，是指诈骗数额特别巨大或者具有其他特别严重情节。个人诈骗数额达到10万元以上，单位诈骗达到100万元以上的，即可认定为数额特别巨大。

2001年《全国法院审理金融犯罪案件工作座谈会纪要》也指出，在具体认定金额时，应当以行为人实际骗取的数额计算。对于行为人为实施金融诈骗活动而支付的中介费、手续费、回扣等，或者用于行贿、赠与等费用，均应计入金融诈骗的犯罪数额。但应当将案发前已归还的数额扣除。

综上，对于本罪风险的防控，应当注意以下几点：首先，在国际贸易交易中，涉及信用证及其附属单据的内容变更等事项，应当积极地履行通知义务。在信用证交易的各个流程中，不恶意设立和更改撤销有关条款，同时要加强对于信用证及其附属单据的审核，避免可能的欺诈风险。其次，应当善意履行合同。在合同履行期间，如果信用证存在欺诈等问题，仍然要善意履行合同，避免因为信用证欺诈引起合同纠纷进一步升级为刑事犯罪问题。最后，要坚守诚信原则，不使用欺骗手段获取和使用信用证，要加强对于贸易相对方和单证前手的合规审查，管控风险，加强刑事风险防控体系建设。

七、金融凭证管理刑事合规（一）

（一）刑事合规制度的指向

"金融已经广泛深刻地介入我国经济并在其中发挥着越来越重要的作用，成为国民经济运行中的重要组成，是市场资源配置关系的主要形式和国家宏观调控经济的重要手段。"①骗取金融票证的行为属于金融欺诈行为,这种行为已经影响到了市场经济秩序和国家对经济的正常控制,危害极大。经过统计发现,2001—2017年,全国各级法院共计审理骗取贷款、票据承兑、金融票证的刑事案件6 280起。2018—2021年,全国几个法院在4年间共审理5 672起有关骗取贷款、票据承兑、金融票证罪的案件,其中,2018年1 701起,2019年1 788起,2020年1 652起,2021年531起,说明近4年平均每年审理的骗取贷款、票据承兑、金融票证罪的案件较之于前些年呈现出大幅度上涨的趋势。从地域来看,骗取贷款、票据承兑、金融票证的案例主要集中在山东省、黑龙江省、浙江省,分别占比14.13%、11.76%、9.35%。从标的额来看,标的额在50万~100万元的占比5.93%;100万~500万元的占比17.8%;500万~1 000万元的占比6.78%;标的额1 000万~5 000万元的占比28.81%;5 000万元以上的占比23.73%。② 这表明一旦构成本罪,可能产生严重的危害后果。

《刑法》第一百七十五条之一【骗取贷款、票据承兑、金融票证罪】规定

以欺骗手段取得银行或者其他金融机构贷款、票据承兑、信用证、保函等,给银行或者其他金融机构造成重大损失或者有其他严重情节的,处三年以下有期徒刑或者拘役,并处或者单处罚金;给银行或者其他金融机构造成特别重大损失或者有其他特别严重情节的,处三年以上七年以下有期徒刑,并处罚金。

单位犯前款罪的,对单位判处罚金,并对其直接负责的主管人员和其他直接责任人员,依照前款的规定处罚。

据上,骗取贷款、票据承兑、金融票证罪,是指以欺骗手段取得银行或者其他金融机构贷款、票据承兑、信用证、保函等其他信用的行为。

(二)刑事合规的主体对象

骗取贷款、票据承兑、金融票证罪的主体既可以是自然人,也可以是单位。

(三)违反刑事合规的主观表现

骗取贷款、票据承兑、金融票证罪在主观上需具备故意的主观状态,即行为人明知不符合申请贷款、信用证、保函、票据承兑的条件,仍采取欺骗手段取得贷款、信用证、保函、票据承兑等。

构成本罪的动机有很多,司法实践中多表现为以下几种:第一,行为人为成功申请融资而实施本罪。第二,行为人为清偿债务而骗取贷款、票据承兑、金融票证。第三,行为人为实施违法犯罪活动而骗取贷款、票据承兑、金融票证。所以,应加强公司、企业的内部监管,及时发现相关人员骗取贷款、票据承兑、金融票证的事实。

(四)违规行为表现及合规行为要求

骗取贷款、票据承兑、金融票证罪是以欺骗手段取得银行或者其他金融机构贷款、票

---

① 徐竹芃.试论骗取贷款、票据承兑、金融票证罪[J].法律适用,2008(1).
② 数据来源于威科先行法律信息库网站,访问日期:2022年2月18日。

据承兑、信用证、保函等其他信用的行为。本罪的行为方式主要包括以下四种：第一，以欺骗手段取得银行或者其他金融机构的贷款。第二，以欺骗手段取得银行或者其他金融机构的票据承兑。第三，骗取银行或者其他金融机构开立信用证。第四，骗取银行或者其他金融机构出具保函。

为此，行为合规要求：银行或其他金融机构工作人员在明知行为人采取了虚构事实、隐瞒真相手段后，不得予以发放贷款，不得出具票据等金融票证，构成其他犯罪的，按照刑法和相关司法解释的规定处理。

（五）刑事风险预警

具有下列情形之一的，被认定为骗取贷款、票据承兑、金融票证，达到了定罪处罚的客观要求：

（1）以欺骗手段取得贷款、票据承兑、信用证、保函等，数额在100万元以上的；

（2）以欺骗手段取得贷款、票据承兑、信用证、保函等，给银行或者其他金融机构造成直接经济损失数额在20万元以上的；

（3）虽未达到上述数额标准，但多次以欺骗手段取得贷款、票据承兑、信用证、保函等的；

（4）其他给银行或者其他金融机构造成重大损失或者有其他严重情节的情形。

八、金融凭证管理刑事合规（二）

（一）刑事合规制度的指向

"金融票证的真实性直接决定了其信用度，更直接影响到金融活动能否正常有序地进行。"[①]为了维持有序的金融秩序，促进经济的正常运行，对于伪造金融票证的行为需要严厉打击。经过统计发现，2001—2016年，全国各级法院共计审理有关伪造、变造金融票证罪的案件870起，平均每年审理约54起。2017—2020年，全国各级法院在4年间总共审理了1 095起有关伪造、变造金融票证罪的案件，平均每年审理约274起。其中，2017年258起，2018年271起，2019年304起，2020年262起。[②] 由此可见，近4年全国各级法院审理与伪造、变造金融票证罪有关的案件呈现出逐年增加的趋势，而且近4年平均每年审理本罪的数量较之于前些年有着大幅度的增长。从地域分布来看，伪造、变造金融票证罪的案例主要集中在江苏省、浙江省、山东省，分别占比21.3%、9.31%、7.98%。这表明该罪主要集中在经济较为发达的东部省份，是当地今后打击的重点。

《刑法》第一百七十七条【伪造、变造金融票证罪】规定

有下列情形之一，伪造、变造金融票证的，处五年以下有期徒刑或者拘役，并处或者单处二万元以上二十万元以下罚金；情节严重的，处五年以上十年以下有期徒刑，并处五万元以上五十万元以下罚金；情节特别严重的，处十年以上有期徒刑或者无期徒刑，并处五

---

① 刘宪权.伪造、变造金融票证罪疑难问题刑法分析[J].法学，2008(2).
② 数据来源于威科先行法律信息库网站，访问日期：2021年5月24日。

万元以上五十万元以下罚金或者没收财产:

(一)伪造、变造汇票、本票、支票的;

(二)伪造、变造委托收款凭证、汇款凭证、银行存单等其他银行结算凭证的;

(三)伪造、变造信用证或者附随的单据、文件的;

(四)伪造信用卡的。

单位犯前款罪的,对单位判处罚金,并对其直接负责的主管人员和其他直接责任人员,依照前款的规定处罚。

据上,伪造、变造金融票证罪,是指采用各种方法擅自仿照真金融票据或金融凭证制造出假金融票据或金融凭证,或者在真实的金融票据或金融凭证基础上对其记载事项进行非法加工改造,并达到足以使一般人误以为其为真金融票据或金融凭证程度的行为。

(二)刑事合规的主体对象

伪造、变造金融票证罪的主体既可以是自然人,也可以是单位。需要注意的是,有权制造金融票证的单位,不能成为伪造、变造其权限范围内的金融票证的犯罪主体,但可以成为伪造、变造其权限范围外的金融票证的犯罪主体。负有直接制作签发金融票证职责的个人,如果超越其职权范围制作、签发金融票证的,亦可构成本罪主体。

(三)违反刑事合规的主观表现

伪造、变造金融票证罪在主观上需具备故意的主观状态,即行为人具有明知自己的行为违反了有关的法律法规,却积极追求金融票证被伪造或变造结果发生的心理态度。至于推动行为人实施行为的内心起因即犯罪动机的内容,不影响本罪的成立。[①]

不同行为人实施本罪的动机也存在不同,主要包括如下几种情形:第一,通过销售自己伪造的金融票证以获取相应的报酬。第二,为了实施违法犯罪活动伪造、变造金融票证。第三,为了成功通过上级有关部门的验收实施本罪。所以,要建立健全公司、企业内部的监管机制,对伪造、变造金融票证的行为进行严格的监督。

(四)违规行为表现及合规行为要求

伪造、变造金融票证罪,是指采用各种方法擅自仿照真金融票据或金融凭证制造出假金融票据或金融凭证,或者在真实的金融票据或金融凭证基础上对其记载事项进行非法加工改造,并达到足以使一般人误以为其为真金融票据或金融凭证程度的行为。根据犯罪对象的不同,伪造、变造金融票证的情形有如下四种:第一,伪造、变造汇票、本票、支票的行为;第二,伪造、变造委托收款凭证、汇款凭证、银行存单等其他银行结算凭证的行为;第三,伪造、变造信用证或者附随的单据、文件的行为;第四,伪造信用卡的行为。

为此,行为合规要求:

第一,出资人未出资或者未足额出资,但金融机构为企业提供不实、虚假的验资报告

[①] 曾月英.伪造、变造金融票证罪刍议[J].中国刑事法杂志,1999(2).

或者资金证明,相关当事人使用该报告或者证明,与该企业进行经济往来而受到损失的,应当由该企业承担民事责任。

第二,金融机构不得出具与事实不符的信用证、保函、票据、存单、资信证明等金融票证。

第三,金融机构对违反票据法规定的票据,不得承兑、贴现、付款或者保证。

(五) 刑事风险预警

具有下列情形之一的,被认定为伪造、变造金融票证,达到了定罪处罚的客观要求。

(1) 伪造、变造汇票、本票、支票,或者伪造、变造委托收款凭证、汇款凭证、银行存单等其他银行结算凭证,或者伪造、变造信用证或者附随的单据、文件,总面额在1万元以上或者数量在10张以上的。

(2) 伪造信用卡1张以上,或者伪造空白信用卡10张以上的。

九、金融凭证管理刑事合规(三)

(一) 刑事合规制度的指向

金融票据作为现代金融发展的产物,因其具有的无因性、物权性、有价性等特点,便利了金融支付等交易过程,但也由于其自身特性而对于金融票据业务的安全性及其监管提出了更大的挑战。由于金融票据自身的特点,不法分子利用票据制度的漏洞进行犯罪活动成为可能,这种行为直接威胁着金融票据业务的正常开展,破坏国家对金融票据的管理秩序,且由于金融票据犯罪所涉及的案件金额往往较为庞大,案件影响也更为重大。但随着金融业技术手段的不断进步,以及现代金融结算工具的更加多元,近几年来票据诈骗案件发生趋势不断下降,整体的社会危害结果相比过往有所降低。

总体来看,票据诈骗罪所侵害的客体为国家票据金融管理秩序和公私财产所有权。本罪中的票据是指可以流通转让的信用支付工具,通常从狭义上包括汇票、本票和支票。本罪的客观方面主要包括:明知是伪造、变造的汇票、本票、支票而使用;明知是作废的汇票、本票、支票而使用;冒用他人的汇票、本票、支票;签发空头支票或者与其预留印鉴不符的支票,骗取财物;以及汇票、本票的出票人签发无资金保证的汇票、本票或者在出票时做虚假记载,骗取财物。本罪的主观方面要求故意,即行为人主观上有对构成本罪的故意,同时要求以非法占有为目的,从而表明出于过失不能构成本罪。

从犯罪后果来看,本罪刑罚包括自由刑和财产刑:进行金融票据诈骗活动,数额较大的,处5年以下有期徒刑或者拘役,并处2万元以上20万元以下罚金;数额巨大或者有其他严重情节的,处5年以上10年以下有期徒刑,并处5万元以上50万元以下罚金;数额特别巨大或者有其他特别严重情节的,处10年以上有期徒刑或者无期徒刑,并处5万元以上50万元以下罚金或者没收财产。

此外,单位犯罪根据《刑法》第200条的规定,除对直接责任人处上述刑罚之外,还要对单位处以罚金。因此,本罪从可预见的后果来看,可能对个人与单位均造成不利后果,一旦构成犯罪尤其是单位犯罪,对于企业经营和企业信用具有十分不利的影响。

近5年来,全国范围内票据诈骗罪案件每年约百起,且呈现递减趋势,2020年下降至42起。从地域分布来看,票据诈骗罪的高发地区主要集中于长三角地区,其中尤以上海最为突出。从案件手段来看,涉及空头支票的案件占到总案件量的将近三成。从判决结果来看,自2010年以来的1 000余起票据诈骗案件中,判处有期徒刑的超过六成。

《刑法》第一百九十四条第一款【票据诈骗罪】规定

有下列情形之一,进行金融票据诈骗活动,数额较大的,处五年以下有期徒刑或者拘役,并处二万元以上二十万元以下罚金;数额巨大或者有其他严重情节的,处五年以上十年以下有期徒刑,并处五万元以上五十万元以下罚金;数额特别巨大或者有其他特别严重情节的,处十年以上有期徒刑或者无期徒刑,并处五万元以上五十万元以下罚金或者没收财产:

(一)明知是伪造、变造的汇票、本票、支票而使用的;

(二)明知是作废的汇票、本票、支票而使用的;

(三)冒用他人的汇票、本票、支票的;

(四)签发空头支票或者与其预留印鉴不符的支票,骗取财物的;

(五)汇票、本票的出票人签发无资金保证的汇票、本票或者在出票时作虚假记载,骗取财物的。

据上,票据诈骗罪,是指以非法占有为目的,利用金融票据进行诈骗活动,骗取数额较大财物的行为。

(二)刑事合规的主体对象

自然人和单位均可构成本罪的主体。自然人需要满足刑事责任年龄和刑事责任能力的要求。同时,根据《刑法》第200条的规定,单位犯本罪的,对单位判处罚金,并对其直接负责的主管人员和其他直接责任人员追究刑事责任。因此从现实表现来看,除以个人名义进行的票据诈骗外,在单位诈骗的情况下,公司或企业的直接主管人员如法人代表、高管或财务负责人以及直接参与犯罪行为的其他人员均有可能构成本罪。

在票据诈骗行为中,往往也有银行和金融机构工作人员相互配合,但此类人员一般按照贪污罪或职务侵占罪论处,而银行或金融机构之外的人员帮助实施本罪行为的,则可以以共犯论处。

(三)违反刑事合规的主观表现

本罪要求主观上具有非法占有目的,在具体列举的情形中,也要求行为人主观上"明知",因此排除了过失构成本罪的可能。如果行为人在不知情的情况下使用了伪造、变造的金融票据,或者出于过失签发了空头支票或票据事项错误,不会构成本罪。同时需要引起注意的是,如果行为人从主观心理上因为想先签发空头支票而后补足支付却未补足,或怀有其他意图而侥幸实施上述诸行为,均有可能被认定为故意,而造成犯罪风险。

(四)违规行为表现

1991年,中国银行和公安部联合发布了《中国银行、公安部关于严厉打击不法分子伪冒票据的诈骗活动的通知》，主要内容为：第一，中国银行在办理柜台业务时，如果确认客户出示的票据系伪造、涂改、挂失或非合法有效票据，应加盖伪票图章并扣留原票，立即向当地公安机关报案。第二，公安机关在接到中国银行报案后，应迅速对持票人进行审查，追索票据来源，视情立案侦破。第三，中国银行负责向公安机关提供伪冒票据证明及有关业务咨询等情况。第四，各地中国银行与公安机关应经常加强联系、沟通信息、相互配合，以利于打击不法分子工作的顺利进行。同年中国银行在其全国范围内发布了《中国银行关于没收伪冒票据处理办法的通知》。

1995年，我国出台了《中华人民共和国票据法》（以下简称《票据法》），现行《票据法》在2004年经过了修订，用以规范票据行为，保障票据活动中当事人的合法权益，维护社会经济秩序，促进社会主义市场经济的发展。《票据法》对于票据活动的整个过程、相关主体权利义务以及法律责任等方面进行了系统性规定，是目前票据领域最重要的系统性法律规定。

1997年，中国人民银行发布《支付结算办法》，对于单位、个人在社会经济活动中使用票据、信用卡和汇兑、托收承付、委托收款等结算方式进行货币给付及其资金清算的行为进行了规范。

由此可见，票据诈骗犯罪对于银行正常票据管理秩序以及金融机构利益的损害是显著的且日益受到法律的规制，同时，从票据相关的法律法规制度发展来看，票据诈骗犯罪的发展也有其时代特性。

结合刑法和相关法律法规的规范内容，从本罪的行为来分析可以得出其主要包括以下行为模式。

一是明知是伪造、变造的汇票、本票、支票而使用的情形，即行为人在使用相关金融票据时，主观上明知其是伪造、变造的票据。这一情形并不要求伪造、变造行为与行为人有因果关系，只要行为人知道其所使用的票据性质且仍然使用该票据则构成本罪。

二是明知是作废的汇票、本票、支票而使用的情形，即使用已经作废的票据进行诈骗。此处所指的作废的票据，是指依据有关法律法规已经不能使用的票据，例如《票据法》下的过期票据等，并且，同样要求行为人对于这类票据的性质是明知的，而非过失的。

三是冒用他人的汇票、本票、支票的情形，即行为人冒充合法持票人支配他人票据进行诈骗的行为。此处冒用的判断标准，主要在于行为人是否是票据的合法持票人，不是票据的合法持票人，却持票行使了票据权利，无论该票据是通过违法手段取得、超越代理权行使还是代为保管等情形，均会构成本罪。

四是签发空头支票或者与其预留印鉴不符的支票，骗取财物的情形。"空头支票"，即出票人所签发的支票金额超过其付款时在付款人处实有的存款金额的支票。"签发与其预留印鉴不符的支票"是指票据签发人在其签发的支票上加盖的与其预留于银行或者其他金融机构处的印鉴不一致的财务公章或者支票签发人的名章。"与其预留印鉴不符"，可以是与其预留的某一个印鉴不符，也可以是与所有预留印鉴不符。这一类型的情形，在现实案例中占有较高比重，值得特别注意。

五是汇票、本票的出票人签发无资金保证的汇票、本票或者在出票时作虚假记载，骗取财物的情形。该情形主要针对出票人在签发票据时实际无资金保证，即没有实际的资金来源和支付能力,而以非法占有为目的行使诈骗手段。

(五) 刑事风险预警

从结果犯的角度来看,对于票据诈骗罪的既遂形态要求行为人在非法占有的目的之下,实际控制了被诈骗财产。"非法占有目的"是十分重要的前提,如果行为人并不具有非法占有目的,比如开出了超过实际资金金额的空头支票,但是在付款期限内向持票人实际支付了相关款项,那么因不具有非法占有目的,也不构成本罪。

本罪的情节主要表现在诈骗金额,同时还有其他一些量化情节。一般情节处 5 年以下有期徒刑或者拘役,并处 2 万元以上 20 万元以下罚金;数额巨大或者有其他严重情节的,处 5 年以上 10 年以下有期徒刑,并处 5 万元以上 50 万元以下罚金;数额特别巨大或者有其他特别严重情节的,处 10 年以上有期徒刑或者无期徒刑,并处 5 万元以上 50 万元以下罚金或者没收财产。

所谓"情节严重",是指诈骗数额巨大或者具有其他严重情节。所谓"数额巨大",根据《最高人民法院关于审理诈骗案件具体应用法律的若干问题的解释》的规定:是指个人诈骗数额达 5 万元以上,单位诈骗数额达 30 万元以上。"其他严重情节",一般是指:进行票据诈骗集团的首要分子;多次进行票据诈骗、恶习不改的;因其诈骗造成受害人巨大经济损失的;诈骗票据款项用于其他违法犯罪活动的;等等。所谓"情节特别严重",是指诈骗数额特别巨大或者具有其他特别严重情节。个人诈骗数额达到 10 万元以上,单位诈骗达到 100 万元以上的,即可认定为数额特别巨大。

从银行及金融机构角度而言,应当加强内部风险控制管理机制建设,规范公司员工票据业务流程,完善公司内部监督机制。同时,要不断提升技术防范能力,识别问题票据,建立与公安部门的联系机制,从而加强防范能力和犯罪打击能力以减少损失。

从个人和企业角度而言,要规范票据管理流程,妥善保管相关票据、证件和印章等。同时,要基于诚信原则使用金融票据,不怀有侥幸心理基于其他目的使用非法票据或开具空头支票。对于过失造成的有关问题,应当及时与持票人沟通解决,积极弥补和更正,避免增加犯罪风险。

十、金融凭证管理刑事合规(四)

(一) 刑事合规制度的指向

从近 10 年的金融凭证诈骗犯罪案件来看,金融凭证诈骗罪整体发案率并不高。自 2010 年至 2020 年的 11 年间,有关金融凭证诈骗犯罪的判决共 105 个,整体来看每年的案件发生数维持在 10 件左右,整体犯罪态势呈现较低水平。本罪一方面威胁着银行等金融机构的正常收支结算业务,另一方面也会损害银行和交易相对人的财产安全。但是随着金融机构技术水平的发展以及社会防范体系的健全,此类犯罪在近些年来整体上维持在较低水平,整体来看,对于社会的危害性相对其他金融诈骗犯罪而言较小。

宏观来看,本罪的客体具有双重性,一是破坏了国家金融凭证管理制度,二是侵害了公私财产所有权。本罪的金融凭证一般指委托收款凭证、汇款凭证以及银行存单等用于金融结算的凭证。本罪的客观方面主要指使用伪造、变造的金融凭证实施诈骗的行为。其中"伪造"是指仿照真实的,制造虚假的。而"变造"一般是指在真实的基础上,非法改变金融凭证的内容的行为。本罪的主体既包括自然人,也包括单位。本罪的主观方面要求构成故意,即以"非法占有为目的"。过失行为不构成本罪。

本罪依照票据诈骗罪进行处罚。因此,从犯罪后果来看,本罪刑罚包括自由刑和财产刑:进行金融票据诈骗活动,数额较大的,处 5 年以下有期徒刑或者拘役,并处 2 万元以上 20 万元以下罚金;数额巨大或者有其他严重情节的,处 5 年以上 10 年以下有期徒刑,并处 5 万元以上 50 万元以下罚金;数额特别巨大或者有其他特别严重情节的,处 10 年以上有期徒刑或者无期徒刑,并处 5 万元以上 50 万元以下罚金或者没收财产。

《刑法》一百九十四条第二款【金融凭证诈骗罪】规定

使用伪造、变造的委托收款凭证、汇款凭证、银行存单等其他银行结算凭证的,依照前款的规定处罚。

据上,金融凭证诈骗罪,是指使用伪造、变造的委托收款凭证、汇款凭证、银行存单等其他银行结算凭证,骗取财物的行为。

(二) 刑事合规的主体对象

满足刑事责任年龄和刑事责任能力的要求的自然人和单位均可构成本罪的主体。同时,根据《刑法》第 200 条的规定,单位犯本罪的,对单位判处罚金,并对其直接负责的主管人员和其他直接责任人员追究刑事责任。

在金融凭证诈骗行为中,因为必须经过银行的支付结算流程,所以很多情况下存在银行和金融机构工作人员的里应外合,但此类人员一般按照贪污罪或职务侵占罪论处,而银行或金融机构之外的人员帮助实施本罪行为的,则可能以共犯论处。

(三) 违反刑事合规的主观表现

本罪要求主观上具有非法占有目的,同时要求行为人主观上"明知"其所使用的是伪造、变造的金融凭证。如果行为人在不知情的情况下使用了伪造、变造的金融凭证,即属于过失行为,则不会构成本罪。

(四) 违规行为表现

1997 年,中国人民银行发布《支付结算办法》,对于单位、个人在社会经济活动中使用票据、信用卡和汇兑、托收承付、委托收款等结算方式进行货币给付及其资金清算的行为进行了规范。2001 年,公安部、中国人民银行、中国保险监督管理委员会下发了《关于在查处金融违法犯罪案件中加强协作配合的通知》,针对本罪以及其他金融违法犯罪,建立了案件线索移送制度、工作联络制度和信息资料交换制度。

结合相关法律法规的规定,本罪所涉及的金融凭证应当做狭义理解,主要指委托收款凭证、汇款凭证和银行存单。从行为上来看,"伪造"是指一种"无中生有"的行为,即根据真实的金融凭证非法制造虚假的金融凭证,或者在本无内容记载的金融凭证上伪造虚假记载的行为。而"变造"可以理解为一种"以有变有"的行为,即在原有的真实金融凭证的基础上对原有的内容进行虚假更改的行为。无论是以上哪一种行为,其所产生的金融票据一旦在明知的情况下行为人仍然使用之,则会构成本罪。

(五) 刑事风险预警

与票据诈骗罪一样,本罪的既遂结果仍然是行为人实际控制了财产所有权,而被害人受到了损失,属于结果犯。如果实施了诈骗行为,但是并未取得财产,则构成未遂。

本罪的情节依照票据诈骗罪进行认定。一般情节处5年以下有期徒刑或者拘役,并处2万元以上20万元以下罚金;数额巨大或者有其他严重情节的,处5年以上10年以下有期徒刑,并处5万元以上50万元以下罚金;数额特别巨大或者有其他特别严重情节的,处10年以上有期徒刑或者无期徒刑,并处5万元以上50万元以下罚金或者没收财产。

所谓"情节严重",是指诈骗数额巨大或者具有其他严重情节。所谓"数额巨大",根据《最高人民法院关于审理诈骗案件具体应用法律的若干问题的解释》规定:是指个人诈骗数额达5万元以上,单位诈骗数额达30万元以上。"其他严重情节",一般是指:进行金融凭证诈骗集团的首要分子;多次进行诈骗、恶习不改的;因其诈骗造成受害人巨大经济损失的;诈骗款项用于其他违法犯罪活动的;等等。所谓"情节特别严重",是指诈骗数额特别巨大或者具有其他特别严重情节。个人诈骗数额达到10万元以上,单位诈骗达到100万元以上的,即可认定为数额特别巨大。

本罪的关键在于使用伪造、变造的金融凭证实施诈骗,并不是对于伪造或变造行为的处罚。此类诈骗往往是以金融凭证自身所具有的公信力而使得金融机构或第三人陷入错误认识中,所以其关键在于"使用"。

在已有的最高人民法院公报案例中,行为人以非法占有为目的,以高息吸收存款为诱饵,拉回存款后,又以变造的银行存单骗取存款人的信任,诈骗存款人的资金数额特别巨大而最终被定罪。① 因此,企业家首要要坚决杜绝参与伪造或变造金融凭证的活动中去;其次,在任何情况下,无论是为了融资宣传或是其他目的,都要避免使用伪造、变造的金融凭证进行活动,一旦因此取得第三人或金融机构信任,而后其遭受财产损失,都将使得企业家陷入金融凭证诈骗罪的风险中。

十一、证券管理刑事合规

(一) 刑事合规制度的指向

有价证券诈骗罪所涉及的主要指国库券等国家发行的有价证券,有国家财政作为信用支持,因此,此类犯罪对于国家的金融稳定具有重大威胁,对于公共利益有着极大损害。从案件态势的现实角度来看,本罪的整体发案率维持在极低水平,涉案金额特别巨大的案件极少,综合来看,整体社会危害维持在较低水平。

---

① 曹娅莎、刘锦祥.金融凭证诈骗案[J].最高人民法院公报,1999(3).

从近10年来看,本罪的发案率较低,10年间累计刑事案件判决总数为13起,每年全国案件数量多集中在2起以下。从判决结果来看,涉及有期徒刑的有9起,涉及共同犯罪的7起,认定犯罪未遂的2起。

宏观来看,本罪的客体为双重客体,既包括国家有价证券管理制度,又包括公私财产权利。本罪的客观方面表现为使用伪造、变造的国库券或者国家发行的其他有价证券,进行诈骗活动,且数额较大。本罪的主体为一般主体,包括自然人和单位。本罪主观方面要求故意,过失不构成犯罪。

《刑法》第一百九十七条【有价证券诈骗罪】规定

使用伪造、变造的国库券或者国家发行的其他有价证券,进行诈骗活动,数额较大的,处五年以下有期徒刑或者拘役,并处二万元以上二十万元以下罚金;数额巨大或者有其他严重情节的,处五年以上十年以下有期徒刑,并处五万元以上五十万元以下罚金;数额特别巨大或者有其他特别严重情节的,处十年以上有期徒刑或者无期徒刑,并处五万元以上五十万元以下罚金或者没收财产。

据上,有价证券诈骗罪,是指使用伪造、变造的国库券或者国家发行的其他有价证券,进行诈骗活动,数额较大的行为。

(二)刑事合规的主体对象

本罪主体为一般主体,自然人和单位均可构成本罪。对于个人为进行违法犯罪活动而设立的公司、企业、事业单位实施犯罪的,或者公司、企业、事业单位设立后,以实施犯罪为主要活动的,不以单位犯罪论处。盗用单位名义实施犯罪,违法所得由实施犯罪的个人私分的,依照刑法有关自然人犯罪的规定定罪处罚。

(三)违反刑事合规的主观表现

本罪属于故意犯罪,要求行为人具有"非法占有的目的"。从现实特征来讲,要求行为人对于使用伪造或变造的有价证券具有"明知"的主观心理,至于该有价证券是由行为人自己伪造、变造还是由他人伪造、变造的,并不影响对其犯罪结果的认定。

(四)违规行为表现及合规行为要求

除刑法之外,本罪有关的法律制度主要为《中华人民共和国证券法》(以下简称《证券法》),该法对于有价证券的发行和交易行为进行了具体规定。本罪的犯罪行为无疑会给国家的有价证券管理制度带来破坏,违反《证券法》所规范的发行和交易秩序。此外,对于此类金融诈骗案件,还散见于一些司法机关和行政机关联合下发的若干关于案件协同侦办、管辖等问题的规章。

从具体行为来看,本罪在客观方面表现为使用伪造、变造的国库券或者国家发行的其他有价证券且数额较大的行为。"伪造"是指仿照真实的国家有价证券非法制造虚假的有价证券。"变造"是指在真实的有价证券的基础上改变原有证券内容的行为。而"使用"是指将国家发行证券进行赎回、兑换或进行抵押等操作,进而获得财产或财产性利益的行为。使用行为对于构成本罪具有更为关键的作用。同时,该行为所获得的财产数额应当达到较大水平,且对于数额的认定,是以实际获利为准,而不以伪造或变造的面额为准。

从有关案例所呈现出的有价证券种类来看,主要为国库券等。此类有价证券在一般的企业投资和企业家的资产配置中并不属于特别常见的类别。但是对于此类风险的防范也应当引起重视,不参与伪造、变造国家发行的有价证券,也切记无论对于金融机构或是第三人,均不要使用伪造、变造的国家发行的有价证券。

(五) 刑事风险预警

使用伪造、变造的国库券或者国家发行的其他有价证券进行诈骗活动,数额在1万元以上的,达到了立案追诉标准。

十二、融资管理刑事合规(一)

(一) 刑事合规制度的指向

一般来说,融资等行为会通过金融机构开展,而非法吸收公众存款的行为属于自行在社会吸收大量资金,这种行为扰乱国家的金融管理秩序,同时削弱国家通过信贷对国民经济进行宏观调控的能力,给社会经济的健康发展带来巨大风险和压力。[①] 经过统计发现,2001—2016年,全国各级法院共计审理有关非法吸收公众存款罪的案件15 402起,平均每年审理约963起。2017—2020年,全国各级法院在4年间共审理53 136起有关非法吸收公众存款罪的案件,平均每年审理13 284起。其中,2017年11 120起,2018年12 173起,2019年14 464起,2020年15 379起。[②] 可以看出,近年来与非法吸收公众存款罪有关的案件爆炸式增长,且呈现出逐年上升的趋势。从地域分布来看,非法吸收公众存款罪的案例主要集中在河南省、江苏省、浙江省,分别占比10.93%、10.01%、9.82%。这表明该罪主要集中在经济较为发达的东部省份,是当地今后打击的重点。[②]

《刑法》第一百七十六条【非法吸收公众存款罪】规定

非法吸收公众存款或者变相吸收公众存款,扰乱金融秩序的,处三年以下有期徒刑或者拘役,并处或者单处罚金;数额巨大或者有其他严重情节的,处三年以上十年以下有期徒刑,并处罚金;数额特别巨大或者有其他特别严重情节的,处十年以上有期徒刑,并处罚金。

单位犯前款罪的,对单位判处罚金,并对其直接负责的主管人员和其他直接责任人员,依照前款的规定处罚。

有前两款行为,在提起公诉前积极退赃退赔,减少损害结果发生的,可以从轻或者减轻处罚。

据上,非法吸收公众存款罪,是指实施了非法吸收公众存款或者变相吸收公众存款的行为。

---

① "涉众型经济犯罪问题研究"课题组.非法吸收公众存款罪构成要件的解释与认定[J].政治与法律,2012(11).
② 数据来源于威科先行法律信息库网站,访问日期:2021年5月23日。

(二) 刑事合规的主体对象

非法吸收公众存款罪的主体既可以是自然人,也可以是单位。实践中发生较多的是具有法人资格的公司、企业进行非法吸收公众存款的活动,或者是以其名义进行的非法吸收公众存款的活动。所以,本罪的主体主要是单位。应当认为,不论是否具有吸收存款资格的金融机构均可以成为本罪行为的主体。

(三) 违反刑事合规的主观表现

非法吸收公众存款罪在主观上需具备故意的主观状态,行为人明知非法吸收公众存款的行为违反国家规定,可能会造成扰乱金融秩序的后果,而积极追求或者放任危害结果的发生。

不同行为人实施吸收公众存款的动机也存在差异,司法实践中大多表现为如下几种:第一,在公司中提升自己的级别和收入。第二,吸收公众存款用于从事违法犯罪活动。第三,通过吸收公众存款用于正常的生产经营活动。所以,企业应当进一步建立健全企业内部监管机制,改变"重临时救急、轻事先防控"的观念,重视法律风险管理与预防。

(四) 违规行为表现及合规行为要求

非法吸收公众存款罪是实施了非法吸收公众存款或者变相吸收公众存款的行为。非法吸收公众存款罪的犯罪行为方式一般分为两种:一种是非法吸收公众存款的行为,另一种则是变相吸收公众存款的行为。非法吸收公众存款,主要是指未经金融主管部门的批准,不具有吸收公众存款的资格而吸收公众存款的行为。变相吸收公众存款,主要是指不是以存款的名义而是以其他形式吸收资金,如有些单位或个人以投资、集资、资金互助会的名义吸收公众资金,形式上也不是支付利息,而是以"股息""红利"等名目回报,但实质仍然是以支付一定利息为形式的存款。

为此,行为合规要求:

第一,未经国务院银行业监督管理机构批准,不得擅自设立商业银行,也不得非法吸收公众存款、变相吸收公众存款,构成犯罪的,依法追究刑事责任;并由国务院银行业监督管理机构予以取缔。

第二,融资担保公司不得吸收存款或者变相吸收存款,也不得自营贷款或者受托贷款。

(五) 刑事风险预警

具有下列情形之一的,被认定为非法吸收公众存款,达到了定罪处罚的客观要求:

(1) 个人非法吸收或者变相吸收公众存款,数额在 20 万元以上的,单位非法吸收或者变相吸收公众存款,数额在 100 万元以上的;

(2) 个人非法吸收或者变相吸收公众存款对象 30 人以上的,单位非法吸收或者变相吸收公众存款对象 150 人以上的;

(3) 个人非法吸收或者变相吸收公众存款,给存款人造成直接经济损失数额在 10 万

元以上的,单位非法吸收或者变相吸收公众存款,给存款人造成直接经济损失数额在 50 万元以上的;

(4) 造成恶劣社会影响或者其他严重后果的。

十三、融资管理刑事合规(二)

(一) 刑事合规制度的指向

集资诈骗罪是民营企业家高发罪名之一,与其他类型的犯罪相比,集资诈骗罪的犯罪率一直居高不下,这种态势已经严重影响到了国家对金融秩序的监管以及公平的市场秩序。经过统计发现,2001—2016 年,全国各级法院共计审理有关集资诈骗罪的案件 5 913 起,平均每年审理约 370 起。2017—2020 年,全国各级法院在 4 年间共审理 14 364 起有关集资诈骗罪的案件,平均每年审理 3 591 起。其中,2017 年 3 301 起,2018 年 3 410 起,2019 年 3 710 起,2020 年 3 943 起。① 可以看出,近年来与集资诈骗罪有关的案件爆炸式增长,且呈现出逐年上升的趋势。从地域分布来看,集资诈骗罪的案例主要集中在浙江省、河南省、江苏省,分别占比 15.7%、9.18%、6.92%。① 这表明该罪主要集中在经济较为发达的东部省份,是当地今后打击的重点区域。

《刑法》第一百九十二条【集资诈骗罪】规定

以非法占有为目的,使用诈骗方法非法集资,数额较大的,处三年以上七年以下有期徒刑,并处罚金;数额巨大或者有其他严重情节的,处七年以上有期徒刑或者无期徒刑,并处罚金或者没收财产。

单位犯前款罪的,对单位判处罚金,并对其直接负责的主管人员和其他直接责任人员,依照前款的规定处罚。

据上,集资诈骗罪,是指以非法占有为目的进行集资活动,数额较大的行为。

(二) 刑事合规的主体对象

集资诈骗罪的主体既可以是自然人,也可以是单位。从司法实践来看,集资诈骗行为多是以单位名义实施的,即使是自然人作为犯罪主体时,很多也都以公司、企业或其他组织的名义进行。究其原因,主要是以单位名义实施,更具有可信性,资金筹措规模更大,更容易使人受骗上当。正确认定案件的主体,关键在于准确认定犯罪行为所体现出的是个人的意志,还是单位的意志。

(三) 违反刑事合规的主观表现

集资诈骗罪在主观上需具备故意的主观状态,本罪在主观方面是故意,而且具有非法占有的目的。司法实践中,常表现为如下几种:第一,集资后不用于生产经营活动或者用于生产经营活动与筹集资金规模明显不成比例,致使集资款不能返还的;第二,肆意挥霍

---

① 数据来源于威科先行法律信息库网站,访问日期:2021 年 5 月 23 日。

集资款,致使集资款不能返还的;第三,携带集资款逃匿的;第四,将集资款用于违法犯罪活动的;第五,抽逃、转移资金、隐匿财产,逃避返还资金的;第六,隐匿、销毁账目,或者搞假破产、假倒闭,逃避返还资金的;第七,拒不交代资金去向,逃避返还资金的。

实施集资诈骗罪的动机主要有以下两种:第一,将集资而来的资金用来还债或者自我消费;第二,意图通过集资诈骗而来的资金进一步实施其他违法犯罪活动。所以,企业不能心存侥幸,要加强对非法集资典型案例的学习,充分认识到一旦实施本罪会给自己带来的不利影响。

(四)违规行为表现及合规行为要求

集资诈骗罪在客观方面表现为使用诈骗方法非法集资,数额较大的行为。"使用诈骗方法"一般表现为以下几种方式:第一,采取虚构资金用途、以共同投资等名义非法集资;第二,以参加投资的人可以获取数倍于同期存款利率的收益等诈骗手段为诱饵吸收公众投资,将筹集的资金据为己有。在司法实践中,集资诈骗常表现为:第一,不具有房产销售的真实内容或者不以房产销售为主要目的,以返本销售、售后包租、约定回购、销售房产份额等方式非法吸收资金的;第二,以转让林权并代为管护等方式非法吸收资金的;第三,以代种植(养殖)、租种植(养殖)、联合种植(养殖)等方式非法吸收资金的;第四,不具有销售商品、提供服务的真实内容或者不以销售商品、提供服务为主要目的,以商品回购、寄存代售等方式非法吸收资金的;第五,不具有发行股票、债券的真实内容,以虚假转让股权、发售虚构债券等方式非法吸收资金的;第六,不具有募集基金的真实内容,以假借境外基金、发售虚构基金等方式非法吸收资金的;第七,不具有销售保险的真实内容,以假冒保险公司、伪造保险单据等方式非法吸收资金的;第八,以投资入股的方式非法吸收资金的;第九,以委托理财的方式非法吸收资金的;第十,利用民间"会""社"等组织非法吸收资金的。

为此,行为合规要求:

第一,行业协会、商会应当加强行业自律管理、自我约束,督促、引导成员积极防范非法集资,不组织、不协助、不参与非法集资。

第二,融资担保公司开展业务,应当遵守法律法规,审慎经营,诚实守信,不得损害国家利益、社会公共利益和他人合法权益。

(五)刑事风险预警

具有下列情形之一的,被认定为集资诈骗,达到了定罪处罚的客观要求:

(1) 个人进行集资诈骗,数额在10万元以上的,应当认定为"数额较大";

(2) 单位进行集资诈骗,数额在50万元以上的,应当认定为"数额较大"。

十四、融资管理刑事合规(三)

(一)刑事合规制度的指向

随着我国经济社会的快速发展,社会对于金融服务的需求也在日益增长,贷款金融活动业务总量也快速提升,贷款诈骗行为也呈现出多发态势。此类犯罪严重影响和破坏了金融贷款秩序、妨碍金融机构业务与管理、增加金融风险、妨害金融秩序稳定,由于本罪侵犯客体的双重性,相对于其他诈骗性犯罪具有更大的社会危害性,也因此越来越成为国家部门重视和打击的对象。

从宏观上来分析,贷款诈骗罪的构成要件有以下特点:第一,本罪所侵犯的客体具有双重性,既有对公私财产所有权的侵害,也有对国家金融信贷管理制度的侵害。第二,犯罪的客观方面主要表现为采用欺诈方式,即通过虚构事实或隐瞒真相的方法对银行或其他金融机构进行诈骗。第三,从犯罪主体来看,本罪的犯罪主体是不包括单位在内的一般主体,即自然人。第四,本罪在主观方面,要求犯罪主体在主观上以非法占有为目的,具有故意的主观状态。因此,本罪既遂形态的完整犯罪构造通常为,行为人实施了欺诈行为致使银行或其他金融机构的工作人员产生了错误认识,并且基于错误认识发放了贷款,从而行为人或第三者获得贷款使得银行或其他金融机构的财产遭受了损失。①

从犯罪后果来看,《刑法》规定:犯本罪数额较大的,处5年以下有期徒刑或者拘役,并处2万元以上20万元以下罚金;数额巨大或者有其他严重情节的,处5年以上10年以下有期徒刑,并处5万元以上50万元以下罚金;数额特别巨大或者有其他特别严重情节的,处10年以上有期徒刑或者无期徒刑,并处5万元以上50万元以下罚金或者没收财产。由此可见,本罪刑罚同时包括了自由刑和财产刑。自由刑包括拘役、有期徒刑和无期徒刑,而财产刑包括处以罚金或没收财产。对于企业家这一群体而言,无论是从商业经营还是个人声誉的角度看,本罪的犯罪后果对其打击与影响是严厉且深远的,一旦构成犯罪,不仅企业家个人自由会因此受到限制,其财产甚至企业经营也会因此受到影响。

根据最新的案例数据表明,从2010年至2020年间,贷款诈骗罪的整体趋势呈现出增长态势,全国法院关于贷款诈骗罪的裁判案件从2010年的94起,增长到2020年的1 019起,其中2018年贷款诈骗罪的裁判案件达到了历史最高的2 012起。而自2018年以来,案件趋势又呈现出下降态势。从裁判结果来看,在有记录的7 139起贷款诈骗刑事案件中,涉及判处有期徒刑的案例共有3 716起,占据了一半以上。从地域分布来看,案件多发的区域前三名分布在河南省、浙江省和山东省,同时东北三省也分别位列第四、五、六位,综合来看,以上区域成为贷款诈骗罪案件多发地区。② 综上,贷款诈骗罪在近3年以来在案发数量上呈现下降趋势,但是从长期整体来看仍然处于多发频发的状态;从案件结果来看,超过一半案件涉及有期徒刑以上的刑罚,结果较为严重;而在地域分布上,也呈现出了较为集中的特点。

《刑法》第一百九十三条【贷款诈骗罪】规定

有下列情形之一,以非法占有为目的,诈骗银行或者其他金融机构的贷款,数额较大的,处五年以下有期徒刑或者拘役,并处二万元以上二十万元以下罚金;数额巨大或者有其他严重情节的,处五年以上十年以下有期徒刑,并处五万元以上五十万元以下罚金;数额特别巨大或者有其他特别严重情节的,处十年以上有期徒刑或者无期徒刑,并处五万元以上五十万元以下罚金或者没收财产:

---

① 张明楷.刑法学(下)[M].北京:中国法律出版社,2016:798.
② 数据来源"无讼案例数据分析",访问日期:2021年4月2日。

（一）编造引进资金、项目等虚假理由的；
（二）使用虚假的经济合同的；
（三）使用虚假的证明文件的；
（四）使用虚假的产权证明作担保或者超出抵押物价值重复担保的；
（五）以其他方法诈骗贷款的。

据上，贷款诈骗罪，是指以非法占有为目的，实施特定方式，诈骗银行或者其他金融机构的贷款，数额较大的行为。

（二）刑事合规的主体对象

本罪的主体是一般主体，任何达到刑事责任年龄、具有刑事责任能力的自然人均可构成本罪的行为主体。单位并不能构成贷款诈骗罪的行为主体。

值得注意的是，最高人民法院2001年1月21日发布的《全国法院审理金融犯罪案件工作座谈会纪要》曾指出，单位不构成贷款诈骗罪，但同时也规定对于单位实施的贷款诈骗行为不能以贷款诈骗罪追究直接责任人员的刑事责任，单位实施的贷款诈骗行为应当按照合同诈骗罪定罪处罚。而2014年全国人大常委会作出的《全国人民代表大会常务委员会关于〈中华人民共和国刑法〉第三十条的解释》规定：公司、企业、事业单位、机关、团体等单位实施刑法规定的危害社会的行为，刑法分则和其他法律未规定追究单位的刑事责任的，对组织、策划、实施该危害社会行为的人依法追究刑事责任。因此，目前，在单位实施贷款诈骗行为的情形下，对于组织、策划、实施该行为的自然人，仍然可以被追究贷款诈骗罪的刑事责任。

（三）违反刑事合规的主观表现

贷款诈骗罪的主观方面要求行为人具有非法占有的目的。是否具有非法占有目的，不仅是贷款诈骗罪的主观要件，同样也是区分贷款诈骗罪和骗取贷款罪的关键要素。在考察行为人是否具有非法占有目的时，现实中通常会参考以下情形：是否假冒他人的名义骗取贷款；取得贷款后是否携款潜逃；是否未按照约定用途使用贷款，致使贷款无法偿还；是否使用贷款进行违法犯罪活动；是否隐匿贷款去向，拒不偿还贷款等。

以下列举案例以示说明，吴某先后用企业厂房设备做抵押，向两个信用社获取贷款，贷款合同到期后，吴某没有偿还。而后吴某擅自将抵押物转让给第三人，并对第三人隐瞒了该抵押物已经部分抵押给银行的事实。吴某获得300万元转让款但仍未用于偿还贷款。后吴某以企业名义向法院起诉第三人，要求认定其与第三人之间的转让合同无效。后有法院认定吴某与第三人转让合同有效，而吴某与信用社抵押合同因未登记而无效，导致银行至此不能实现抵押权。

一审法院认为，被告人吴某明知其厂房已用于银行贷款的抵押而将该厂房卖掉，其行为已构成贷款诈骗罪，且数额特别巨大，应依法惩处。二审期间，吴某所欠银行贷款的本金及利息已全部还清。二审法院认为，上诉人吴某在贷款当时没有采取欺诈手段，只是在还贷的过程中将抵押物卖掉，如果该抵押是合法有效的，银行可随时采取法律手段将抵押物收回，不会造成贷款不能收回的后果；且吴某在转让抵押物后，确也采取了诉讼的手段欲将抵押物收回,因认定抵押合同无效才致使本案发生,故对吴某不构成贷款诈骗罪的上诉理由予以支持,原审认定被告人吴某犯贷款诈骗罪不能成立。

本案在认定过程中,主要考虑了是否在贷款时采用欺诈手段,在非法占有目的上,法院考虑了是否基于行为人行为导致了贷款无法收回的事实发生,同时也可看出,单纯变卖转移抵押物并不必然导致认定具有非法占有的目的的结果。另外也应该考虑到在二审期间行为人主动偿还贷款的行为进一步消除了对于其主观恶意的认定。

因此可见,贷款诈骗罪对于行为人的主观动机分析是基于行为人是否意图非法占有贷款,集中体现为主观心理上的借而不欲还,客观表现上的携款潜逃、不按用途使用以致无法归还和拒不归还。

(四) 违规行为表现

贷款诈骗罪所侵犯的客体主要为银行或其他金融机构的公司财产权和管理秩序。除刑法之外,《中华人民共和国商业银行法》(以下简称《商业银行法》)第82条中规定,借款人采取欺诈手段骗取贷款,构成犯罪的,依法追究刑事责任。《商业银行法》作为一部规范商业银行行为、提高信贷资产质量、维护金融秩序的法律,将有关行为与刑法相连接,也直接反映了贷款诈骗行为给商业银行和金融管理机构所带来的内部风险。

本罪行为主要包括编造引进资金、项目等虚假理由,使用虚假的经济合同,使用虚假的证明文件,使用虚假的产权证明作担保或者超出抵押物价值重复担保,以及以其他方法诈骗贷款的行为。这类行为具有以下现实特征。

编造引进资金、项目等虚假理由骗取银行或者其他金融机构的贷款。比如伪造巨额私人存款要以优惠条件存入银行,以骗取银行的贷款和手续费,还如编造效益好的投资项目,以骗取银行等金融机构的贷款等。

使用虚假的经济合同诈骗银行或者其他金融机构的贷款。为支持生产,鼓励出口,使有限的资金增值,银行或其他金融机构有时也要根据经济合同发放贷款,行为人伪造或使用虚假的出口合同或者其他短期内产比很好效益的经济合同,诈骗银行或其他金融机构的贷款。

使用虚假的证明文件诈骗银行或其他金融机构的贷款。证明文件是指担保函、存款证明等向银行或其他金融机构申请贷款时所需要的文件。如通过银行内部的工作人员开出虚假的存款证明,并以此向另一银行贷款。

使用虚假的产权证明作担保或超出抵押物价值重复担保,骗取银行或其他金融机构的贷款。这里的产权证明,是指能够证明行为人对房屋等不动产或者汽车、货币、可随时兑付的票据等动产具有所有权的一切文件。如以伪造的某房屋开发公司房产证明为抵押,骗取某银行贷款。

对于其他方法诈骗贷款的行为,主要表现为行为人的行为虽然不属于上述明确列举的行为之一,甚至客观上来看,其完全符合获取贷款的条件和正当的程序规定,但是如果行为人在整个贷款过程中仍以非法占有为目的,通过隐瞒或虚构等方法,掩盖想通过事后转移贷款或担保物或者携款潜逃以拒不归还贷款的意图以骗取贷款的行为,仍然属于其他方法诈骗贷款的行为。

另外值得注意的是,在贷款已经合法取得的情况下,行为人因为事后无法偿还贷款,为了使贷款人无法对抵押物行使权利,从而隐匿或转移抵押物的行为,并不能够认定为贷款诈骗的行为。

因此,从现实行为特征来看,贷款诈骗行为主要是为了骗取贷款且非法占有贷款,从而对于客观事实进行隐瞒、虚构等的行为,以达到让银行或金融机构工作人员产生错误认识的效果。

(五)刑事风险预警

从贷款诈骗罪的构成要件来看,行为人或者第三人取得贷款后,行为既遂。这一结果是基于银行或其他金融机构工作人员由于错误认识而发放了贷款,即因为行为人的欺诈行为,银行或其他金融机构工作人员误认为借款人不具有非法占有目的。同时,既遂结果并不会因是否是由行为人本人取得贷款而受到影响,贷款是由第三人取得的结果仍然属于行为既遂,并不会影响既遂形态的认定。同时,既遂结果的数额认定,取决于行为人实际控制的贷款数额,在现实的具体表现中,表现为贷款发放至借款人或第三人设立的存款账户中的数额,或是银行或其他金融机构根据贷款协议为借款人经济活动垫付的约定资金数额。

最早根据《最高人民法院关于审理诈骗案件具体应用法律的若干问题的解释》第4条的规定,个人进行贷款诈骗数额在1万元以上的,属于"数额较大";个人进行贷款诈骗数额在5万元以上的,属于"数额巨大";个人进行贷款诈骗数额在20万元以上的,属于"数额特别巨大"。

但上述"数额较大"的规定,在1999年已经被最高人民检察院、公安部联合下发的《最高人民检察院、公安部关于公安机关管辖的刑事案件立案追诉标准的规定(二)》第50条所变更。该追诉标准的规定第50条明确规定:以非法占有为目的,诈骗银行或者其他金融机构的贷款,数额在2万元以上的,应予立案追诉。因此,我国司法实践中,贷款诈骗罪"数额较大"的标准应为2万元,"数额巨大""数额特别巨大"的标准已经按照《最高人民法院关于审理诈骗案件具体应用法律的若干问题的解释》的第4条执行。

从贷款诈骗罪的现实案例来看,对于认定诈骗行为、非法占有目的等往往具有极大的复杂性。企业家对于贷款诈骗风险的防范首先应立足于贷款时的诚实信用,不应以欺骗手段获取贷款。其次,应当按约使用和偿还贷款,尤其要避免将贷款用于违法犯罪活动,同时对于抵押物的处置应当合法得当,避免陷入潜在的刑事风险。

十五、融资管理刑事合规(四)

(一)刑事合规制度的指向

股票和公司、企业债券的发行是企业向公众筹集资金的方式。股票和公司、企业债券本身的安全,关系到投资者的利益和社会的稳定,国家建立了相应的管理制度。根据我们在威科先行法律信息库对擅自发行股票、公司、企业债券罪的检索结果,2001—2016年,全国各级法院共计审理有关擅自发行股票、公司、企业债券罪的案件314起,平均每年审理多达约 20 起。2017—2020 年,全国各级法院在 4 年间总共仅审理了 13 起有关擅自发行股票、公司、企业债券罪的案件,平均每年审理约 3 起。其中,2018 年 5 起,2019 年 6 起,2020 年 2 起。说明近年来随着相关制度的完善,与擅自发行股票、公司、企业债券罪有关的案件大幅度下降,但是仍然应该警惕该罪出现抬头的趋势。

《刑法》第一百七十九条【擅自发行股票、公司、企业债券罪】规定

未经国家有关主管部门批准,擅自发行股票或者公司、企业债券,数额巨大、后果严重或者有其他严重情节的,处五年以下有期徒刑或者拘役,并处或者单处非法募集资金金额百分之一以上百分之五以下罚金。

单位犯前款罪的,对单位判处罚金,并对其直接负责的主管人员和其他直接责任人员,处五年以下有期徒刑或者拘役。

据上,擅自发行股票、公司、企业债券罪,是指未经国家有关主管部门批准,擅自发行股票或者公司、企业债券,数额巨大、后果严重或者有其他严重情节的行为。

(二) 刑事合规的主体对象

擅自发行股票、公司、企业债券罪的主体是一般主体,自然人和单位均可以构成该罪。即公司犯本罪的,能既处罚公司员工又处罚公司。在某某有限公司等擅自发行股票、公司、企业债券罪一案中,法院就既处罚单位,也处罚该单位的直接主管人员。[①] 而在张某某擅自发行股票、公司、企业债券罪一案中,法院只处罚自然人,并未处罚单位。[②]

(三) 违反刑事合规的主观表现

擅自发行股票、公司、企业债券罪在主观上为故意,即行为人明知未经过国家证券发行主管部门的批准,不具有公开发行证券的主体资格,却仍然执意向不特定的公众发行证券。

行为人虚假出资、抽逃出资可能出于各种各样的动机,如:只愿坐取分红不愿冒风险而虚假出资;应人之邀将资金投入一段时间,待公司成立再抽走资金;看到公司经营状况不良为避免损害而抽走资金等。这些均不影响犯罪构成,对不同动机,在量刑上可以适当予以考虑。因此,为防止构成本罪,企业家应当注意以下几点:第一,建立健全公司内部管理制度,以防自己或者他人实施虚假出资、抽逃出资的行为;第二,不能心存侥幸,即便虚假出资、抽逃出资的手段再高明、再隐秘,也可能被他人或者司法机关发现。

(四) 违规行为表现

擅自发行股票、公司、企业债券罪在构成要件行为上要求具备以下两点内容:第一,行为人实施了发行股票、公司、企业债券的行为。第二,行为人发行股票、公司、企业债券

---

① 上海市第一中级人民法院刑事判决书:(2019)沪 01 刑初 40 号。
② 吉林省长春市南关区人民法院刑事判决书:(2019)吉 0102 刑初 464 号。

的行为是在未经国家有关主管部门批准的情况下擅自发行的。所谓"擅自发行"包括两种情况：一是行为人本身不具备发行股票、公司债券的条件，在未得到有关主管部门批准的情况下，发行股票、公司、企业债券；二是虽符合法律规定发行股票的条件，但未经有关主管部门的批准发行股票、公司、企业债券。"未经批准"既包括根本未向主管部门提出申请；也包括虽然提出申请，但未得到批准和对已作出批准决定但发现不符合法律规定，又予以撤销后仍然发行股票、公司、企业债券；还包括虽经过批准，但未按照规定的方式、范围发行股票、公司、企业债券的情况。

（五）刑事风险预警

具有下列情形之一的，被认定为"数额巨大、后果严重或者有其他严重情节"，达到了定罪处罚的客观要求：根据《最高人民检察院、公安部关于公安机关管辖的刑事案件立案追诉标准的规定（二）》第34条的规定，未经国家有关主管部门批准，擅自发行股票或者公司、企业债券，涉嫌下列情形之一的，应予立案追诉：①发行数额在50万元以上的；②虽未达到上述数额标准，但擅自发行致使30人以上的投资者购买了股票或者公司、企业债券的；③不能及时清偿或者清退的；④其他后果严重或者有其他严重情节的情形。因此，只要符合以上任何一种情形，即构成本罪。本罪只有一档法定刑。

十六、保险业务刑事合规

（一）刑事合规制度的指向

保险诈骗对于国家保险制度尤其是保险人的利益危害是显著的。保险诈骗会导致保险业的赔付率上升，制造更多赔款支出，对于行业稳定和金融稳定均具有破坏性。此外，保险诈骗的多发趋势也使得此类犯罪的影响波及更广，影响更深，从已有数据分析来看，保险诈骗犯罪在全国各个省份均有发生，发达地区受影响更大。

宏观而言，本罪的客体具有双重性，既破坏国家保险管理制度，又侵犯保险人的财产所有权。近10年来，保险诈骗罪刑事案件总数达到2689起。分段来看，本罪的犯罪态势自2010年来呈现增长态势，自2016年全年455起开始呈现逐步下降态势，但是整体上呈现增长态势，2010年全国仅有23起保险诈骗罪刑事案件判决，到2020年已经达到这一水平的10倍之多。从地域来看，全国范围案件数量差别并不是十分巨大，整体来看，经济发达地区案件数量高于欠发达地区。从案件内容来看，超过一半案件涉及共同犯罪，涉及有期徒刑的案例仅有385起，比例较低。

《刑法》第一百九十八条【保险诈骗罪】规定

有下列情形之一，进行保险诈骗活动，数额较大的，处五年以下有期徒刑或者拘役，并处一万元以上十万元以下罚金；数额巨大或者有其他严重情节的，处五年以上十年以下有期徒刑，并处二万元以上二十万元以下罚金；数额特别巨大或者有其他特别严重情节的，处十年以上有期徒刑，并处二万元以上二十万元以下罚金或者没收财产：

（一）投保人故意虚构保险标的，骗取保险金的；

（二）投保人、被保险人或者受益人对发生的保险事故编造虚假的原因或者夸大损失

的程度,骗取保险金的;

(三)投保人、被保险人或者受益人编造未曾发生的保险事故,骗取保险金的;

(四)投保人、被保险人故意造成财产损失的保险事故,骗取保险金的;

(五)投保人、受益人故意造成被保险人死亡、伤残或者疾病,骗取保险金的。

有前款第四项、第五项所列行为,同时构成其他犯罪的,依照数罪并罚的规定处罚。

单位犯第一款罪的,对单位判处罚金,并对其直接负责的主管人员和其他直接责任人员,处五年以下有期徒刑或者拘役;数额巨大或者有其他严重情节的,处五年以上十年以下有期徒刑;数额特别巨大或者有其他特别严重情节的,处十年以上有期徒刑。

保险事故的鉴定人、证明人、财产评估人故意提供虚假的证明文件,为他人诈骗提供条件的,以保险诈骗的共犯论处。

据上,保险诈骗罪,是指以非法占有为目的,实施特定方式,进行保险诈骗活动,数额较大的行为。

(二)刑事合规的主体对象

本罪的主体属于特殊主体,限于投保人、被保险人和受益人,既可以是自然人,也可以是单位。本罪第3款规定保险事故鉴定人、证明人、财产评估人故意提供虚假的证明文件,为他人诈骗提供条件的,以保险诈骗的共犯论处。因为事故鉴定人、证明人和财产评估人往往也是保险事故赔付中的必要主体,在现实的保险诈骗案件中,保险诈骗犯罪的既遂离不开此类主体的帮助行为。

保险诈骗罪属于真正的身份犯,这一点与之前的其他金融诈骗犯罪均不同。保险诈骗罪的特殊性在于其诈骗活动是要围绕着保险合同这一特殊的法律关系展开的,适格的保险合同当事人才会具有基于保险合同关系的请求权,这是保险利益原则的体现。因此保险诈骗罪主体的特殊性,本质上是由保险关系的特殊性决定的。

(三)违反刑事合规的主观表现

本罪属于故意犯罪,在主观上要求具有"非法占有目的"。从本罪的客观方面可以看出,法定的五种行为模式的最终目的,是以欺诈方式骗取保险金,行为人显然具有非法取得并永久占有他人财产的意图。同时对于"非法占有目的"的理解,不仅仅局限于行为人自己占有取得的财产,也包括行为人为第三人而骗取财产,从而使第三人占有财产的目的。在保险诈骗犯罪中,因为主体的特殊性和丰富性,对于"非法占有目的"的理解也要更加全面。

(四)违规行为表现

《中华人民共和国保险法》第174条规定:投保人、被保险人或者受益人有下列行为之一,进行保险诈骗活动,尚不构成犯罪的,依法给予行政处罚:①投保人故意虚构保险标的,骗取保险金的;②编造未曾发生的保险事故,或者编造虚假的事故原因或者夸大损失程度,骗取保险金的;③故意造成保险事故,骗取保险金的。第179条规定:违反本法规定,构成犯罪的,依法追究刑事责任。部门规章层面,2018年,保监会印发《反保险欺诈指引》,以提升保险业全面风险管理能力,防范和化解保险欺诈风险。由此可见,我国对于保险诈骗犯罪形成了从法律到部门规章、从行政责任到刑事责任相对完整的规定。

具体到行为模式,本罪的客观行为表现为以下特征。

第一,投保人故意虚构保险标的,骗取保险金。保险标的一般指与被保险人有关的物质财富利益或者生命健康利益,前者是财产保险的保险标的,后者为人身保险的保险标的。故意虚构是指行为人在明知的情况下,捏造不存在的保险标的,并就此与保险人订立保险合同,其目的在于骗取保险金。

第二,投保人、被保险人或者受益人对发生的保险事故编造虚假的原因或者夸大损失的程度,骗取保险金。保险合同具有一定的保险范围,该行为主要是指通过编造或者隐瞒事故原因,或者夸大损失程度的方式,使保险人承担原本不属于保险范围内的事故赔偿责任,从而获取利益。

第三,投保人、被保险人或者受益人编造未曾发生的保险事故,骗取保险金。该行为与上一行为的本质区别在于是否有真实事故的发生。

第四,投保人、被保险人故意造成财产损失的保险事故,骗取保险金。保险合同的本质是射幸合同,保险制度是基于事故的偶然性而存在的,人为制造保险事故已然破坏了保险制度的制度根基,是一种严重的破坏行为。

第五,投保人、受益人故意造成被保险人死亡、伤残或者疾病,骗取保险金。这种行为与上一种具有相似性,但是这种行为主要针对的是人身保险的情形。其通常有两类:一类是被保险人自己故意造成自己的死亡、伤残或者疾病;另一类是投保人或者受益人故意造成被保险人的死亡、伤残或者疾病。

(五) 刑事风险预警

本罪是以骗取保险金且数额较大作为既遂标准的,《最高人民法院关于审理诈骗案件具体应用法律的若干问题的解释》规定:已经着手实行诈骗行为,只是由于行为人意志以外的原因而未获得财物的,是诈骗未遂。因此,虽然从本罪的客体的双重性来看,行为人在着手实施诈骗的时刻就已经危害了国家保险管理制度,但是显然,本罪的既遂结果还是以保险人的权利受到损害、行为人骗取较大财物为标准的。

数额较大的,处5年以下有期徒刑或者拘役,并处1万元以上10万元以下罚金;数额巨大或者有其他严重情节的,处5年以上10年以下有期徒刑,并处2万元以上20万元以下罚金;数额特别巨大或者有其他特别严重情节的,处10年以上有期徒刑,并处2万元以上20万元以下罚金或者没收财产。

具体而言,个人进行保险诈骗数额在1万元以上的,属于数额较大;个人进行保险诈骗数额在5万元以上的,属于数额巨大;个人进行保险诈骗数额在20万元以上的,属于数额特别巨大。单位进行保险诈骗数额在5万元以上的,属于数额较大;单位进行保险诈骗数额在25万元以上的,属于数额巨大;单位进行保险诈骗数额在100万元以上的,属于数额特别巨大。

对作为保险人的企业家而言,首先要在保险合同订立过程注重合同条款的审核,合理评估条款风险,做好事前调查和情况核实,最大限度从源头降低未来遭受保险诈骗的风险;其次要加强内部管理和风险体系建设,对于业务人员、评估人员等要有严格的制度要求;最后要善于运用法律武器寻求救济,一旦发现保险诈骗,要及时有效通过公安机关等部门介入,尽快尽早降低损失。

作为保险合同当事人的企业家,应当依据诚实信用原则履行保险合同,在不知情情况下由于过失造成保险欺诈和诈骗的,应当及时通知保险人,并尽力尽快更正行为、弥补损失或采取其他补救措施,以免陷入刑事风险。

第三节 资金、票据管理刑事合规

一、转贷经营的刑事合规

(一) 刑事合规制度的指向

贷款不仅关系到银行等金融机构的运行,而且事关社会信用体系,因此必须经过正规的机构、正当的程序办理贷款业务,而高利转贷的行为不仅破坏了金融机构业务的办理,破坏了信用体系评估,更严重的是影响到市场准入以及公平的市场秩序。[①] 经过统计发现,2001—2016年,全国各级法院共计审理有关高利转贷罪的案件127起,平均每年约8起。2017—2020年,全国各级法院在4年间共审理1 026起有关高利转贷罪的案件。其中,2017年86起,2018年92起,2019年241起,2020年607起,平均每年审理256起。[②] 可见,近年来与高利转贷罪有关的案件迅速增加,且呈现出逐年上升的趋势。从地域分布来看,高利转贷罪的案例主要集中在安徽省、江苏省、浙江省,分别占比15.04%、7.92%、7.82%。[②] 这表明该罪主要集中在经济较为发达的东部省份,是当地今后打击的重点。

《刑法》第一百七十五条【高利转贷罪】规定

以转贷牟利为目的,套取金融机构信贷资金高利转贷他人,违法所得数额较大的,处三年以下有期徒刑或者拘役,并处违法所得一倍以上五倍以下罚金;数额巨大的,处三年以上七年以下有期徒刑,并处违法所得一倍以上五倍以下罚金。

单位犯前款罪的,对单位判处罚金,并对其直接负责的主管人员和其他直接责任人员,处三年以下有期徒刑或者拘役。

据上,高利转贷罪,是指以转贷牟利为目的,套取金融机构信贷资金高利转贷他人,数额较大的行为。

(二) 刑事合规的主体对象

高利转贷罪的主体既可以是自然人,也可以是单位。套取信贷资金的行为是本罪的实行行为,没有套取行为,如将从非金融机构借来的信贷资金再高利转借给他人,也不能

---

① 胡启忠.民间高利贷入罪的合理性论辩[J].西南民族大学学报(人文社会科学版),2014(3).
② 数据来源于威科先行法律信息库网站,访问日期:2021年8月20日。

构成本罪,而套取信贷资金并不需要特定的身份。因此,本罪的犯罪主体不局限于套取金融机构信贷资金的单位和个人。但是,在司法实践中,本罪的主体大多为套取金融机构信贷资金的单位和个人。

(三)违反刑事合规的主观表现

高利转贷罪在主观上需具备故意的主观状态,即行为人明知自己的行为被刑法所不允许,出于转贷牟利的目的仍然套取金融机构信贷资金再高利转贷给他人。但是,如果行为人事前贷款时虽然没有转贷的故意,取得贷款后改变既定的用途,故意将获得的信贷资金用于转贷牟利,其实质仍然是对国家信贷资金管理的侵害,对金融机构而言,其行为仍然带有欺骗性,也是套取,应当以本罪论处。

实施本罪的动机多种多样,司法实践中多表现为如下几种类型:第一,通过高利转贷行为,获得高额的回报。第二,可能是为了使自己的产业顺利运营下去,实施高利转贷行为。所以,企业内部应有专门人员监督金融机构信贷资金的用途和去向。

(四)违规行为表现及合规行为要求

高利转贷罪的客观方面表现为套取金融机构的信贷资金高利转贷给他人的行为。其中,"套取金融机构的信贷资金"是指,行为人在不符合贷款条件的情况下,编造虚假的贷款用途,从金融机构获得信贷资金。本罪欺骗的内容限于对贷款真实用途的隐瞒,对其他内容的欺骗,则可能构成其他犯罪。此外,判断行为人的行为是否为套取,关键看行为人对于贷款的实际用途,事实上借款人不按照正常的贷款用途使用贷款,除行为人有反证外,就能证明其贷款的理由和贷款的条件均是虚假的。而"高利转贷"是指,以比金融机构贷款利率高的利率将套取的信贷资金转给他人使用,以牟取利息差额。不能认为只有当行为人的出贷利率高于中国人民银行规定的贷款利率上限时,才能以本罪论处,如果平于甚至低于贷款利率上限者,则不构成该罪。

为此,行为合规要求:

第一,不得将以非法吸收公众存款、变相吸收公众存款等非法集资方式收集的资金发放民间贷款。

第二,银行业金融机构要加强对营销人员的监督管理,防范超授权违规开展理财业务、修改理财产品说明书、承诺回报、掩饰风险、误导客户等行为。强化非标投资业务风险管控,防范表外风险传导至表内。

第三,严禁从业人员作为主要成员或实际控制人开展有组织的民间借贷。

第四,不得面向在校学生非法发放贷款,发放无指定用途贷款,或以提供服务、销售商品为名,实际收取高额利息(费用)的方式变相发放贷款。

(五)刑事风险预警

具有下列情形之一的,被认定为高利转贷,达到了定罪处罚的客观要求:

(1)高利转贷,违法所得数额在10万元以上的;

(2)虽未达到上述数额标准,但两年内因高利转贷受过行政处罚2次以上,又高利转贷的。

二、资金、资产审查管理中的刑事合规

（一）刑事合规制度的指向

洗钱是前一次犯罪的结果，同时又是下一次犯罪的动力，它为更多的犯罪提供了条件。洗钱破坏国家正常的金融运作秩序，给银行以及各类金融机构带来潜在的经营风险，极易诱发金融机构的融资困难。根据我们在威科先行法律信息库对洗钱罪的检索结果，2001—2016年，全国各级法院共计审理有关洗钱罪的案件121起，平均每年审理约7.6起。2017—2020年，全国各级法院在4年间共审理762起有关洗钱罪的案件，平均每年审理190.5起。其中，2017年90起，2018年149起，2019年204起，2020年319起。说明近年来，与洗钱罪有关的案件显著增加，且呈现出逐年递增的趋势。

《刑法》第一百九十一条【洗钱罪】规定

为掩饰、隐瞒毒品犯罪、黑社会性质的组织犯罪、恐怖活动犯罪、走私犯罪、贪污贿赂犯罪、破坏金融管理秩序犯罪、金融诈骗犯罪的所得及其产生的收益的来源和性质，有下列行为之一的，没收实施以上犯罪的所得及其产生的收益，处五年以下有期徒刑或者拘役，并处或者单处罚金；情节严重的，处五年以上十年以下有期徒刑，并处罚金：

（一）提供资金账户的；

（二）将财产转换为现金、金融票据、有价证券的；

（三）通过转账或者其他支付结算方式转移资金的；

（四）跨境转移资产的；

（五）以其他方法掩饰、隐瞒犯罪所得及其收益的来源和性质的。

单位犯前款罪的，对单位判处罚金，并对其直接负责的主管人员和其他直接责任人员，依照前款的规定处罚。

据上，洗钱罪，是指为掩饰、隐瞒毒品犯罪、黑社会性质的组织犯罪、恐怖活动犯罪、走私犯罪、贪污贿赂犯罪、破坏金融管理秩序犯罪、金融诈骗犯罪的所得及其产生的收益的来源与性质，提供资金账户，将财产转换为现金、金融票据、有价证券，通过转账或者其他支付结算方式转移资金，跨境转移资产，或者以其他方法掩饰、隐瞒犯罪所得及其收益的来源和性质的行为。

（二）刑事合规的主体对象

洗钱罪的主体是一般主体，包括任何已满16周岁、具有刑事责任能力的自然人和单位。需要注意的是，《中华人民共和国刑法修正案（十一）》（以下简称《刑法修正案（十一）》）颁行后，毒品犯罪、黑社会性质的组织犯罪、恐怖活动犯罪、走私犯罪、贪污贿赂犯罪、破坏金融管理秩序犯罪、金融诈骗犯罪等行为人自洗钱行为也可构成洗钱罪。此外，原来《刑法》第191条规定的单位犯罪，对单位判处罚金，并对其直接负责的主管人员和其他直接责任人员判处自由刑，并没有规定罚金刑。实践中，单位犯洗钱罪的情况越来越多，洗钱罪属于破坏金融管理秩序的犯罪，有必要对单位的相关责任人员处以罚金刑。经研究，此次对单

位犯罪的直接负责的主管人员和其他直接责任人员增加了罚金刑,以加大对洗钱犯罪的惩处力度。

(三)违反刑事合规的主观表现

洗钱罪在主观方面是故意。《刑法修正案(十一)》第14条对《刑法》第191条洗钱罪做了修订,删除"明知"要件,之所以如此修正,重要的原因之一是有关部门反映,行为人对特定上游犯罪具备"明知"是认定洗钱罪的一个要件,然而要证明行为人对某一具体上游犯罪具备"明知",在司法实践中有难度。从事洗钱的犯罪行为人常抗辩其没有深究经手资金的来源,以此否认对某一种具体上游犯罪具备"明知"。司法机关在能够认定犯罪嫌疑人具有掩饰、隐瞒犯罪所得及其收益的行为,但是难以认定行为人"明知"某一具体上游犯罪的时候,常以《刑法》第312条"掩饰、隐瞒犯罪所得、犯罪所得收益罪"定罪处罚。如果犯罪所得及其收益确实来源于特定上游犯罪,最终不能以洗钱罪定罪处罚,不能充分体现罚当其罪,与罪责刑相适应原则也不一致。此外,"掩饰、隐瞒"行为本身就带有故意实施相关行为的意思,在具体认定上,与"明知"要件存在一定程度的重复。经研究,采纳了有关意见。将原规定"明知是……犯罪的违法所得及其产生的收益,为掩饰、隐瞒其来源和性质"修改为"为掩饰、隐瞒……犯罪的所得及其产生的收益的来源和性质"①。即便《刑法修正案(十一)》删除了"明知"的表述,但是本罪的主观方面仍然是故意,而不包括过失。因为刑法总则故意犯罪中的"明知"是故意构造自身的要求,是对规范结果与性质的认识,而不是对特定犯罪事实的认识;刑法分则中的"明知"是主观的超过要素,是对特定事实认识的强调。因此,洗钱罪中的"明知",是主观的超过要素。《刑法修正案(十一)》删除洗钱罪的"明知"要件,只是降低对行为对象事实的证明标准,而未改变洗钱罪的主观要件,洗钱罪的主观方面仍为故意。亦言之,不仅意味着洗钱罪处罚范围的扩大,更意味着洗钱罪入罪标准的降低;删除"明知"之后,洗钱罪的认定将变得更加容易。具体而言,首先,删除"明知"意味着上游犯罪本犯也被纳入洗钱罪主体范围,自洗钱行为入罪,洗钱罪处罚范围扩大。其次,删除"明知"后,他洗钱不再需要"明知",整个洗钱罪的入罪标准降低。删除"明知"后,无论是自洗钱还是他洗钱都不需要"明知"要件,洗钱罪只需要有主观故意即可,不再需要明知是毒品等犯罪所得及其收益这一事实,即只要是为了掩饰、隐瞒毒品等犯罪的所得及收益的来源和性质而实施洗钱行为,就可以构成洗钱罪。②

对于洗钱罪来说,其动机或是帮助上游犯罪人或者自己逃避司法追究,或是仅出于贪利为上游犯罪人提供服务等,不胜枚举,但其目的都是一样的,对洗钱罪的动机不应该有所限制。应当强调,在动机方面,不应将其限制在掩饰、隐瞒特定不法财产的来源和性质上。所以,企业家要想避免触犯洗钱罪,应当增强反洗钱意识。银行从业人员、侦查机关人员、保险从业人员、监管机关人员、律师等专业人员可能存在与其特定行业特点相关的洗钱风险,即常常利用特定行业优势从事洗钱活动,或者帮助其他犯罪分子进行洗钱活动。企业家要

---

① 许永安.中华人民共和国刑法修正案(十一)解读[M].北京:中国法制出版社,2021:136-137.
② 刘艳红.洗钱罪删除"明知"要件后的理解与适用[J].当代法学,2021(4).

积极进行反洗钱宣传和培训,提高反洗钱的工作能力,并强化远离洗钱犯罪的警示。

(四)违规行为表现

洗钱罪在客观方面表现为行为人对毒品犯罪、黑社会性质的组织犯罪、恐怖活动犯罪、走私犯罪、贪污贿赂犯罪、破坏金融管理秩序犯罪、金融诈骗犯罪的所得及其产生的收益,实施了掩饰、隐瞒其来源和性质的行为。我国刑法将掩饰、隐瞒的行为方式规定为如下五种:第一,提供资金账户。即行为人将自己拥有的合法账户提供给实行上述七类犯罪的犯罪分子,或者为其在金融机构开立账户,让其将犯罪所得及其产生的收益存入金融机构。第二,将财产转换为现金、金融票据、有价证券。即行为人采取各种方式,将上述七类犯罪所得及其收益通过交易等方式转换为现金或者本票、汇票、支票等金融票据或者股票、国库券、财政债权、国家建设债权等有价证券。第三,通过转账或者其他支付结算方式转移资金。即将上述七类犯罪所得及其收益通过银行等金融机构或者非银行金融机构,从一个账户转移到另一个账户,使其混入合法收入之中。第四,跨境转移资产。这是指将犯罪所得的资产或者作为犯罪所得产生的收益的资产,从境内转移至境外、从境外转移至境内。第五,以其他方式掩饰、隐瞒犯罪的所得及其收益的性质和来源。实践中常见的有通过典当、租赁、买卖、投资经营、地下钱庄等各种合法与非法方式,转移、转换犯罪所得及其收益的,等等。该种情况是考虑到洗钱的行为方式的多样性而在刑法上所做的一个堵漏性规定,以免遗漏其他方式的洗钱行为。

(五)刑事风险预警

具有下列情形之一的,被认定为达到了定罪处罚的客观要求:①提供资金账户的;②将财产转换为现金、金融票据、有价证券的;③通过转账或者其他支付结算方式转移资金的;④跨境转移资产的;⑤以其他方法掩饰、隐瞒犯罪所得及其收益的来源和性质的。构成本罪应当以上游犯罪事实成立为认定前提。亦言之,只要上游犯罪事实成立,即构成洗钱罪。

三、企业外汇管理刑事合规

(一)刑事合规制度的指向

外汇是一个国家的重要经济资源,为了获得国家建设所需的各种外汇资金,国家需要积累一定数量的外汇资金,以保证国家对外的各种支付能力。因此,国家必须建立起相应的外汇管理制度。一切中外机构和个人的外汇收入,都必须卖给中国银行,所需外汇由中国银行按照国家批准的计划或有关规定售给,而逃汇行为就是破坏国家对外汇的管理和监督,从而影响国家对外贸易工作的正常进行。根据我们在威科先行法律信息库对逃汇罪的检索结果,2001—2016 年,全国各级法院共计审理有关逃汇罪的案件 4 起,平均每年审理 0.25 起。2017—2020 年,全国各级法院在 4 年间共审理 27 起有关逃汇罪的案件,平均每年审理 6.75 起。其中,2017 年 7 起,2018 年 8 起,2019 年 9 起,2020 年 3 起。说明近年来,与逃汇罪有关的案件逐渐增多。

《刑法》第一百九十条【逃汇罪】规定

公司、企业或者其他单位,违反国家规定,擅自将外汇存放境外,或者将境内的外汇非法转移到境外,数额较大的,对单位判处逃汇数额百分之五以上百分之三十以下罚金,并对其直接负责的主管人员和其他直接责任人员处五年以下有期徒刑或者拘役;数额巨大或者有其他严重情节的,对单位判处逃汇数额百分之五以上百分之三十以下罚金,并对其直接负责的主管人员和其他直接责任人员处五年以上有期徒刑。

据上,逃汇罪,是指违反国家规定,擅自将外汇存放境外,或者将境内外汇非法转移到境外,数额较大的行为。

(二)刑事合规的主体对象

逃汇罪的主体是特殊主体,即公司、企业或其他单位。其既可以是国有的公司、企业、事业单位、国家机关,也可以是非国有的公司、企业,如集体所有制企业、私营企业、外资企业等。自然人不能构成本罪的主体,但是该单位直接负责的主管人员和其他直接责任人员也会承担刑事责任,被判处刑罚。以王某某诉某甲公司逃汇罪一案为例,其辩护人认为,王某某虽然是涉案公司的法定代表人,但是却不是某甲公司及某乙公司的实际控制人和主管人,也不是最后的受益者,王某某在共同犯罪中起到的是次要作用,其不应承担刑事责任。法院则审理认为,王某某作为某甲公司、某乙公司的法定代表人,对单位实施的犯罪行为,应该承担直接负责的主管人员的刑事责任。亦言之,即便行为人不是最后的受益者,在犯罪中起次要作用,仍然可能构成本罪。①

(三)违反刑事合规的主观表现

逃汇罪在主观上为故意,即行为人明知违反国家规定而故意将外汇存放境外,或者境内的外汇非法转移到境外。至于是否有牟利目的,并不影响本罪的成立。此外,本罪的动机主要是通过实施逃汇行为获得非法的利益。公司、企业或者其他单位应当自我防控,避免涉嫌逃汇罪。为此应当做到:其一,加强内部的金融监管,内部的金融监管的目标是依法维护金融市场公开、公平、有序竞争,有效防范系统性风险,必须从健全监管法规、严格监管制度、改进监管方式、强化监管手段、完善监管体制等方面,全面提高金融监管水平;其二,大力推进内部机制改革,强化内部管理,优化组织机构,健全各项规章制度和业务操作规程。

(四)违规行为表现

根据《中华人民共和国外汇管理条例》第39条的规定,逃汇行为主要包括以下几种方式:第一,违反国家规定,擅自将外汇存放在境外的;第二,不按照国家规定将外汇卖给指定银行的;第三,违反国家规定将外汇汇出或者携带出境的;第四,未经外汇管理机关批准,擅自将外币存款、外币有价证券携带或者邮寄出境的;第五,其他逃汇行为。

---

① 上海市第一中级人民法院刑事判决书:(2015)沪一中刑终字第285号。

（五）刑事风险预警

具有下列情形之一的,被认定为"数额较大",达到了定罪处罚的客观要求：根据《最高人民检察院、公安部关于公安机关管辖的刑事案件立案追诉标准的规定（二）》第 46 条的规定,公司、企业或者其他单位,违反国家规定,擅自将外汇存放境外,或者将境内的外汇非法转移到境外,单笔在 200 万美元以上或者累计数额在 500 万美元以上的,应予立案追诉。

四、贷款发放的刑事合规

（一）刑事合规制度的指向

违法发放贷款罪侵犯的犯罪客体为国家的金融管理制度,具体是国家的贷款管理制度。根据我们在威科先行法律信息库对违法发放贷款罪的检索结果,2001—2016 年,全国各级法院在 16 年间共审理 1 169 起有关违法发放贷款罪的案件,平均每年约 73 起。2017—2020 年,全国各级法院在 4 年间共审理 1 886 起有关违法发放贷款罪的案件,平均每年约 472 起。其中,2017 年 454 起,2018 年 447 起,2019 年 491 起,2020 年 494 起。说明近年来违法发放贷款的案件数量急剧增加。

《刑法》第一百八十六条【违法发放贷款罪】规定

银行或者其他金融机构的工作人员违反国家规定发放贷款,数额巨大或者造成重大损失的,处五年以下有期徒刑或者拘役,并处一万元以上十万元以下罚金；数额特别巨大或者造成特别重大损失的,处五年以上有期徒刑,并处二万元以上二十万元以下罚金。

银行或者其他金融机构的工作人员违反国家规定,向关系人发放贷款的,依照前款的规定从重处罚。

单位犯前两款罪的,对单位判处罚金,并对其直接负责的主管人员和其他直接责任人员,依照前两款的规定处罚。

关系人的范围,依照《中华人民共和国商业银行法》和有关金融法规确定。

据上,违法发放贷款罪,是指银行或者其他金融机构及其工作人员或者单位违反国家规定发放贷款,数额巨大或者造成重大损失的行为。

（二）刑事合规的主体对象

违法发放贷款罪的主体是特殊主体,即银行或者其他金融机构及其工作人员,包括自然人和单位。单位主体是指银行或者其他金融机构,具体包括各商业银行、政策性银行、农村合作银行、农村信用合作社、城市信用合作社、村镇银行、贷款公司等具有贷款业务资格的金融机构。不具备发放贷款资质的金融机构不是本罪的适格主体。自然人主体是指前述单位主体中从事贷款业务活动的工作人员,具体包括行长（董事长、主任、总经理）、分管信贷工作的副行长（副董事长、副主任、副总经理）、主管信贷业务的部门经理、贷款调查评估人员、贷款审查人员等。

(三)违反刑事合规的主观表现

违法发放贷款罪在主观上既可能是故意也可能是过失。具有贷款权限的行为人已经预见到其违法发放贷款的行为可能会给发放贷款的机构的财产权益造成重大损失,却仍放任该损失的发生,属于故意;具有贷款权限的行为人应当预见但因为疏忽大意而违法发放贷款,则可能导致金融机构的财产权益受损,属于过失。

不同行为人构成本罪的动机不尽相同:其一,为了使被发放贷款人早日偿还欠本单位的债务。以董某、任某违法发放贷款罪为例,被告人董某于2014年12月担任某村镇银行有限责任公司行长,被告人任某于2014年12月担任某村镇银行有限公司信贷部主任时,被告人董某、任某未组织召开审贷委员会,决定把给靳某办理的贷款用于偿还李某在某村镇银行有限责任公司的贷款,对贷款人靳某的贷款调查、实际用途审查等流于形式,并让实际贷款人靳某在空白贷款资料上签字,违反《商业银行法》的相关规定,便向靳某的账户内发放170万元贷款,但贷款人靳某并未实际收到贷款,后董某、任某将该笔贷款用于偿还李某在某村镇银行有限责任公司的贷款①;其二,通过向他人违法发放贷款,获得相对应的报酬。其三,过失构成本罪的,无须探讨行为人有没有动机。

为此,应当做到如下几点避免构成本罪:①提高金融机构工作人员的金融法律意识。金融领域犯罪案件的特点是案件高发,案值巨大,因此必须增强金融机构的风险防范意识。金融机构工作人员要认真学习我国金融领域内的法律法规,同时不断地总结系统内的经验教训,严格规范自身发放贷款行为;要树立合规意识和风险意识,充分认识并掌握信贷业务活动中的法律责任。②加强银行业信贷管理制度建设,这是将银行业信贷管理制度作为该罪"出罪"标准的客观要求。银行业金融机构要密切关注法律、法规的制定和修改状况,积极根据贷款业务的发展变化,制定较国家规定更为严格的行业内部规范,加强对发放贷款每一个环节的监控,做到审贷分离、分级审批。对借款人的借款用途、偿还能力、还款方式等情况进行严格审查,切实防范金融风险,维护国家金融秩序,防止在贷款管理制度的变迁过程中发生违法发放贷款犯罪。

(四)违规行为表现

违法发放贷款罪在客观方面表现为违反国家规定发放贷款,数额巨大或者造成重大损失的行为。本罪所指的"国家规定"主要包括《中华人民共和国中国人民银行法》《商业银行法》《贷款通则》《中国人民银行对专业银行贷款管理暂行办法》《非法金融机构和非法金融业务活动取缔办法》《金融违法行为处罚办法》等有关贷款管理的法律和行政法规、部委规章。"违法发放贷款"主要表现为以下三种情形:其一,没有严格按照金融管理法规的规定与贷款人订立书面合同,约定借款的种类、用途、金额、利率、还款期限、违约责任等事项,造成债权债务关系不清。以陈某某违法发放贷款罪为例,在该案中被告人陈某某违反《商业银行法》第35条、第52条之规定,未按照发放贷款的相关规定对贷款申请人的收入情况、贷款用途、还款能力以及个人名下财产的真实性、准确性、完整性等进行调查核

---

① 内蒙古自治区乌审旗人民法院刑事判决书:(2021)内0626刑初6号。

实,直接让贷款申请人在贷款资料上签名摁指印,违法为蔡某、郭某等共 24 名贷款申请人发放贷款共计 800 余万元。① 其二,在审查贷款过程中严重不负责任或者滥用职权,不执行贷款管理规定,未严格审查借款人的资信状况或没有执行贷款的审批程序,越权审批、发放人情贷款或以贷谋私。其三,对贷款的用途未进行严格的监督。

(五)刑事风险预警

具有下列情形之一的,被认定为"数额巨大或者造成重大损失",达到了定罪处罚的客观要求:根据《最高人民检察院、公安部关于公安机关管辖的刑事案件立案追诉标准的规定(二)》第 42 条规定,银行或者其他金融机构及其工作人员违反国家规定发放贷款,涉嫌下列情形之一的,应予立案追诉:①违法发放贷款,数额在 100 万元以上的;②违法发放贷款,造成直接经济损失数额在 20 万元以上的。

五、金融机构客户资金管理刑事合规

(一)刑事合规制度的指向

吸收客户资金不入账罪侵犯的犯罪客体为国家的金融管理制度。根据我们在威科先行法律信息库对吸收客户资金不入账罪的检索结果,2001—2016 年,全国各级法院在 16 年间共审理 63 起有关吸收客户资金不入账罪的案件,平均每年约 4 起。2017—2020 年,全国各级法院在 4 年间共审理 171 起有关吸收客户资金不入账罪的案件,平均每年约 43 起。其中,2017 年 12 起,2018 年 15 起,2019 年 37 起,2020 年 107 起。可见近几年来,涉及吸收客户资金不入账罪的案件逐年递增。

《刑法》第一百八十七条【吸收客户资金不入账罪】规定

银行或者其他金融机构的工作人员吸收客户资金不入账,数额巨大或者造成重大损失的,处五年以下有期徒刑或者拘役,并处二万元以上二十万元以下罚金;数额特别巨大或者造成特别重大损失的,处五年以上有期徒刑,并处五万元以上五十万元以下罚金。

单位犯前款罪的,对单位判处罚金,并对其直接负责的主管人员和其他直接责任人员,依照前款的规定处罚。

据上,吸收客户资金不入账罪,是指银行或者其他金融机构的工作人员以及单位,吸收客户资金不入账,数额巨大或者造成重大损失的行为。

(二)刑事合规的主体对象

吸收客户资金不入账罪的主体是特殊主体,包括自然人和单位,即银行或者其他金融机构及其工作人员,具体包括能够吸收客户资金的银行、证券公司、保险公司、证券投资基金管理公司、信托投资公司、企业集团财务公司、金融租赁公司以及中国人民银行认定的

---

① 浙江省玉环县人民法院刑事判决书:(2020)浙 1021 刑初 477 号。

其他从事金融业务的机构及其工作人员。无权吸收客户资金的金融机构及其从业人员不能成为本罪的犯罪主体。在孙某吸收客户资金不入账案中,被告人孙某担任东亚银行(中国)有限公司南京分行业务拓展部理财经理。在丁某吸收客户资金不入账案中,被告人丁某某只是担任某农村商业银行股份有限公司某支行农村金融信息服务人员职务。由此可见,本罪的主体不一定必须是部门负责人,或者达到一定层级的工作人员,基层的银行或者金融机构的工作人员同样可能成为本罪的主体。

(三)违反刑事合规的主观表现

吸收客户资金不入账罪的主观方面是故意,至于行为人是否具有非法牟利的目的,在所不问。设立本罪的初衷在于防范账外经营的行为破坏金融秩序。行为人吸收客户资金不入账,至少是放任了破坏金融秩序结果的发生,因此本罪在主观方面是故意。

实施吸收客户资金不入账行为的动机主要是利用该资金进行个人投资、对外借贷、个人消费等。当然,也有行为人是因为受上级指示,碍于情面实施吸收客户资金不入账的行为。比如在李某某犯吸收客户资金不入账罪一案中,徐某某系某农村信用合作联社某信用社的主任,其与被告人李某某系领导与被领导的关系,被告人李某某明知徐某某安排其将吸收客户的资金不入账不符合法律规定,由于碍于情面,并且在徐某某承诺不会有事后就帮助徐某某将前来办理存款业务客户的资金未按照法定程序记入法定账目。[①] 为此,如果要避免构成吸收客户资金不入账罪,企业家应当在以下两个方面做好自我防控:第一,应当明确知道,即便将吸收的客户资金吸入法定账目以外设立的账目,只要不计入金融机构的法定账目,以逃避国家的金融监管,亦构成本罪。第二,优化企业内部的监督管理体制,防止相关行为人为了谋取私利吸收客户资金不入账。

(四)违规行为表现及合规行为要求

吸收客户资金不入账,是指违反金融法律、法规,对收受的客户资金不如实记入银行等金融机构的账目,导致账目上反映不出新增加的存款、保证金、委托资金业务,或者与出具给储户的存单、存折、资金凭证上的记载不相符合。至于是否记入法定账目以外设立的账目,不影响该罪成立。其手段主要有销毁原始凭证、自制来账凭证、私自篡改凭证、将款项转入私设账户、向存款客户提供假账号等。

(五)刑事风险预警

具有下列情形之一的,被认定为"数额巨大或者造成重大损失",达到了定罪处罚的客观要求:根据《最高人民检察院、公安部关于公安机关管辖的刑事案件立案追诉标准的规定(二)》第43条的规定,"数额巨大"是指数额在100万元以上,"造成重大损失"是指造成直接经济损失数额在20万元以上的。

---

① 河南省商丘市睢县人民法院刑事判决书:(2016)豫1422刑初3号。

六、出具金融票证的刑事合规

(一) 刑事合规制度的指向

违规出具金融票证罪的犯罪客体为复杂客体,即国家的金融票证管理制度和银行等金融机构的财产安全。根据我们在威科先行法律信息库对违规出具金融票证罪的检索,2001—2016 年,全国各级法院在 16 年间共审理 58 起有关违规出具金融票证罪的案件,平均每年约 4 起。2017—2020 年,全国各级法院在 4 年间共审理 120 起有关违规出具金融票证罪的案件,平均每年 30 起。其中,2017 年 24 起,2018 年 22 起,2019 年 38 起,2020 年 36 起。可见,近年来有关违规出具金融票证罪的案件数量大幅度增加。

《刑法》第一百八十八条【违规出具金融票证罪】规定

银行或者其他金融机构的工作人员违反规定,为他人出具信用证或者其他保函、票据、存单、资信证明,情节严重的,处五年以下有期徒刑或者拘役;情节特别严重的,处五年以上有期徒刑。

单位犯前款罪的,对单位判处罚金,并对其直接负责的主管人员和其他直接责任人员,依照前款的规定处罚。

据上,违规出具金融票证罪,是指银行或者其他金融机构的工作人员以及单位,违反规定,为他人出具信用证或者其他保函、票据、存单、资信证明,情节严重的行为。

(二) 刑事合规的主体对象

违规出具金融票证罪的主体是特殊主体,包括自然人和单位,即银行或者其他金融机构及其工作人员。首先,单位必须拥有合法的金融业务经营资格。《金融机构管理规定》第 6 条规定:"中国人民银行对金融机构实行许可证制度。对具有法人资格的金融机构颁发《金融机构法人许可证》,对不具备法人资格的金融机构颁发《金融机构营业许可证》。未取得许可证者,一律不得经营金融业务。"依据该规定,显然在我国设立金融机构,经营金融业务必须经过中国人民银行的审批。只有通过该审批,并获得相关许可证的单位,才拥有合法的金融经营资格。其次,违规出具金融票证罪中的自然人主体,是指银行或其他金融机构所聘用的从事出具票证业务的工作人员。假如虽然是金融机构的工作人员,但其业务范围并不涉及出具票证的,不能成为本罪的主体。

(三) 违反刑事合规的主观表现

违规出具金融票证罪在主观方面究竟是故意还是过失,一种方式可认为本罪在主观方面是故意,即明知出具金融票证的行为不符合规定,但却故意实施出具票证行为。与此相对,另一种方式可认为,本罪的罪过形式既可以是故意,也可以是过失。因为本罪的罪过评价对象是行为人对于自己非法出具金融票证会造成金融管理秩序的破坏的结果态度,而不是对非法出具金融票证所造成的较大损失结果的态度。造成较大损失只是客观处罚条件。行为人违反规定为他人出具金融票证,只可能出于滥用职权,不可能出于玩忽职守。本文赞同前一种理解。

就行为人过失构成本罪而言,犯罪主体并不存在特定的动机。就行为人故意构成本罪来说,行为人违规出具金融票证主要是为了获取回报、牟取利益。因此,为了防止构成违规出具金融票证罪,企业家应当注意如下几个方面:第一,欲故意犯本罪者应当恪守规矩,拒绝利益诱惑,不违规向他人出具金融票证;第二,银行或者其他金融机构的工作人员应当在工作中提高警惕,避免因为疏忽大意,违反相关规定过失为他人出具金融票证。

(四) 违规行为表现

违规出具金融票证罪在客观行为上要求银行或者其他金融机构及其工作人员实施违反规定,为他人出具票据,情节严重的行为。此处的"规定"并不是限于刑法第 96 条中的"国家规定",而是指有关金融法律、行政法规、规章及银行或其他金融机构内部制定的规章制度与业务规则。而所谓的"为他人开具",是指为单位或者个人非法开出相关金融票证。根据行为人出具的金融票证对象的不同,可以将违规出具金融票证行为分为以下几类:其一,在信用证业务中,银行或者其他金融机构及其工作人员明知买卖双方无真实的贸易合同关系,仍对外开立信用证;其二,在金融票据业务中,银行或者其他金融机构及其工作人员签发没有真实的贸易关系和债权债务关系的票据;其三,在金融存款业务中,银行或者其他金融机构及其工作人员开出与存款人无真实存款关系的存单或为当事人提供虚假的资信证明,虚构当事人的资信能力等情况。

(五) 刑事风险预警

具有下列情形之一的,被认定为"情节严重",达到了定罪处罚的客观要求。根据《最高人民检察院、公安部关于公安机关管辖的刑事案件立案追诉标准的规定(二)》第 44 条的规定,所谓"情节严重",是指:①违反规定为他人出具信用证或者其他保函、票据、存单、资信证明,数额在 100 万元以上的;②违反规定为他人出具信用证或者其他保函、票据、存单、资信证明,造成直接经济损失数额在 20 万元以上的;③多次违规出具信用证或者其他保函、票据、存单、资信证明的;④接受贿赂违规出具信用证或者其他保函、票据、存单、资信证明的;⑤其他情节严重的情形。

七、票据承兑、付款、保证的刑事合规

(一) 刑事合规制度的指向

对违法票据承兑、付款、保证罪侵犯的犯罪客体是国家对金融票据的管理制度、金融机构的信誉以及相关机构和人员的财产权益。根据我们在威科先行法律信息库对对违法票据承兑、付款、保证罪的检索,2001—2016 年,全国各级法院在 16 年间共审理 12 起有关对违法票据承兑、付款、保证罪的案件,平均每年约 1 起。2017—2020 年,全国各级法院在 4 年间共审理 3 起有关对违法票据承兑、付款、保证罪的案件,平均每年约 1 起。其中,2017 年 1 起,2018 年 1 起,2019 年 1 起。说明该罪在司法实践中出现的次数较少,且

近年来并未呈现出增长的趋势。

《刑法》第一百八十九条【对违法票据承兑、付款、保证罪】规定

银行或者其他金融机构的工作人员在票据业务中,对违反票据法规定的票据予以承兑、付款或者保证,造成重大损失的,处五年以下有期徒刑或者拘役;造成特别重大损失的,处五年以上有期徒刑。

单位犯前款罪的,对单位判处罚金,并对其直接负责的主管人员和其他直接责任人员,依照前款的规定处罚。

据上,对违法票据承兑、付款、保证罪,是指银行或者其他金融机构的工作人员以及单位,在票据业务中,对违反票据法规定的票据予以承兑、付款或者保证,造成重大损失的行为。

(二)刑事合规的主体对象

对违法票据承兑、付款、保证罪的主体是特殊主体,限于银行或者其他金融机构及其工作人员。具体而言,在毛某甲犯对违法票据承兑、付款、保证罪一案中,行为人毛某甲担任某公司某支行的客户经理。而在梁某某犯对违法票据承兑、付款、保证罪一案中,行为人梁某某系某农村信用合作联社某分社工作人员。可见,本罪中的"工作人员"不限于部门经理等高级管理人员,基层工作人员也可能成为本罪的主体。

(三)违反刑事合规的主观表现

对违法票据承兑、付款、保证罪在主观上既可能是故意,也可能是过失,还可能是故意加过失的复合罪过。这是因为本罪是复杂客体的犯罪,因此对违反票据法的票据予以承兑、付款和保证与造成"重大损失"都是刑法评价的对象。对这两者的主观心理,既可能都出于故意,又可能都出于过失。在被告人李某某犯对违法票据承兑、付款、保证罪一案中,被告人因为在此之前没有办理过电汇业务,对此业务不熟悉,不慎对违反票据法规定的电汇凭证予以承兑、付款和复核。[①] 在此案中,行为人在主观方面是过失。而在毛某甲对违法票据承兑、付款、保证罪一案中,行为人明知李某借用平台公司集嘉公司申请承兑汇票,该公司既无实际经营业务,也无能力提供汇票承兑保证金,所申请承兑汇票的贸易背景虚假,仍然违规办理该承兑汇票业务。[②] 在该案中,行为人在主观方面为故意。

(四)违规行为表现

对违法票据承兑、付款、保证罪的行为方式有三种:第一,行为人在票据业务中,对违法票据予以承兑的行为;第二,行为人在票据业务中,对违法票据予以付款的行为;第三,行为人在票据业务中,对违法票据予以保证的行为。其中,银行或者其他金融机构的工作人员由于玩忽职守或者滥用职权,对违法票据承兑、付款、保证,往往给本单位造成经

---

① 河南省驻马店市泌阳县人民法院刑事判决书:(2015)泌刑初字第00102号。
② 浙江省杭州市西湖区人民法院刑事判决书:(2016)浙0106刑初00092号。

济损失。金融机构工作人员对违法票据付款的行为,必然会造成金融机构的实际损失。而金融机构工作人员的违法承兑行为虽然还没有进行实际支付,只是承诺在汇票到期日支付汇票金额,但是金融机构一旦作出这种承诺,根据《票据法》第44条的规定,付款人承兑汇票后,应当承担到期付款的责任。同时,金融机构工作人员的违法保证行为,使得金融机构承担了债务人不能付款时必须代为付款的责任。根据《票据法》第50条的规定,被保证的汇票,保证人应当与被保证人对持票人承担连带责任。汇票到期后得不到付款的,持票人有权向保证人请求付款,保证人应当足额付款。因此,一旦金融机构作出了对违法票据进行承兑的承诺,或者对违法票据进行了保证,且金融机构实际付款后,就会造成其经济损失。

(五)刑事风险预警

具有下列情形之一的,会被认定为"造成重大损失",达到了定罪处罚的客观要求:根据《最高人民检察院、公安部关于公安机关管辖的刑事案件立案追诉标准的规定(二)》第45条的规定,银行或者其他金融机构及其工作人员在票据业务中,对违反票据法规定的票据予以承兑、付款或者保证,造成直接经济损失数额在20万元以上的,应予立案追诉。由此可见,本罪所指的"造成重大损失",是指对违反票据法规定的票据予以承兑、付款或者保证,造成直接经济损失数额在20万元以上。

第四节 涉税业务管理刑事合规

一、纳税刑事合规(一)

(一)刑事合规制度的指向

逃税会严重损坏国家的财政利益。逃税最显著、最直接的后果是国家税收收入的减少和应上缴国库收入的流失,这势必妨碍政府各项管理职能的发挥,影响公众的利益。

根据统计,该罪在2019年时判决数量达到了一个高峰值,有325件,而2019年之前本罪每年发生的判决不会超过100起。从地域分布来看,当前逃税罪案例主要集中在浙江省、河南省、四川省,分别占比27.39%、12.98%、7.82%。其中浙江省的案件量最多,达到287起。

《刑法》第二百零一条【逃税罪】规定

纳税人采取欺骗、隐瞒手段进行虚假纳税申报或者不申报,逃避缴纳税款数额较大并且占应纳税额百分之十以上的,处三年以下有期徒刑或者拘役,并处罚金;数额巨大并且占应纳税额百分之三十以上的,处三年以上七年以下有期徒刑,并处罚金。

扣缴义务人采取前款所列手段,不缴或者少缴已扣、已收税款,数额较大的,依照前款的规定处罚。

对多次实施前两款行为,未经处理的,按照累计数额计算。

有第一款行为,经税务机关依法下达追缴通知后,补缴应纳税款,缴纳滞纳金,已受行政处罚的,不予追究刑事责任;但是,五年内因逃避缴纳税款受过刑事处罚或者被税务机关给予二次以上行政处罚的除外。

据上,逃税罪,是指纳税人、扣缴义务人采取欺骗、隐瞒手段进行虚假纳税申报或者不申报,逃避缴纳税款数额较大的犯罪。

(二)刑事合规的主体对象

逃税罪的主体为特殊主体,即纳税人及扣缴义务人。单位也可以成为本罪的主体。根据《中华人民共和国税收征收管理法》的规定,纳税人是指法律、行政法规规定负有纳税义务的单位和个人;扣缴义务人是指法律、行政法规规定负有代扣代缴、代收代缴税款义务的单位和个人。

(三)违反刑事合规的主观表现

逃税罪在主观上需具备故意的主观状态,即行为人主观上具有逃避缴纳税款的目的,而故意采取欺骗、隐瞒手段进行虚假纳税申报或者不申报,逃避缴纳税款。

(四)违规行为表现及合规行为要求

逃税罪的客观行为表现为行为人实施了欺骗、隐瞒手段进行虚假纳税申报或不申报。其中,欺骗、隐瞒手段主要表现为以下几种情况:一是伪造、变造、隐匿、擅自销毁账簿、记账凭证。二是在账簿上多列支出或者不列、少列收入。三是一些其他虚假纳税掩盖手段,如:代开、转让发票;开发票的金额造假;以其他凭证替代发票;虚假利用税收优惠政策;等等。

为此,行为合规要求:

第一,作为纳税人,必须依照法律、行政法规规定或者税务机关依照法律、行政法规的规定确定的申报期限、申报内容如实办理纳税申报,报送纳税申报表、财务会计报表以及税务机关根据实际需要要求纳税人报送的其他纳税资料。

第二,作为扣缴义务人,必须依照法律、行政法规规定或者税务机关依照法律、行政法规的规定确定的申报期限、申报内容如实报送代扣代缴、代收代缴税款报告表以及税务机关根据实际需要要求扣缴义务人报送的其他有关资料。

第三,纳税人、扣缴义务人必须依照法律、行政法规的规定缴纳税款,代扣代缴、代收代缴税款。

第四,纳税人、扣缴义务人采取欺骗、隐瞒手段进行虚假纳税申报或者不申报,逃避缴纳税款,税务机关依法下达追缴通知时,应及时补缴应纳税款,缴纳滞纳金。在受行政处罚后,可以不被追究刑事责任。但是,5年内因逃避缴纳税款受过刑事处罚或者被税务机关给予2次以上行政处罚的除外。

(五)刑事风险预警

(1)具有下列情形,将被认定为"数额较大",达到定罪处罚的客观要求:

① 天津市范围内逃避缴纳税款数额在5万元以上不满25万元,属于"数额较大"。

② 浙江省范围内逃避缴纳税款数额在 5 万元以上不满 25 万元,属于"数额较大"。

(2) 具有下列情形,将被认定为达到加重处罚的客观要求:

纳税人逃避缴纳税款数额巨大并且占应纳税额 30% 以上的;

"数额巨大"的认定,与"数额较大"一样,尚没有全国性的标准。浙江省逃避缴纳税款"数额巨大"的标准为 25 万元以上。河南省逃避缴纳税款"数额巨大"的标准为 50 万元以上。

二、纳税刑事合规(二)

(一) 刑事合规制度的指向

抗税罪不仅侵害国家税收管理制度,还对依法从事征税活动的国家工作人员的人身权利造成侵害,包括健康权、生命权等。

根据统计,本罪在实践中发生的频率并不高,自 2011 年以来,全国共发生抗税案件的总数为 37 起。主要集中在河南省、四川省、湖北省、山东省等地。

《刑法》第二百零二条【抗税罪】规定

以暴力、威胁方法拒不缴纳税款的,处三年以下有期徒刑或者拘役,并处拒缴税款一倍以上五倍以下罚金;情节严重的,处三年以上七年以下有期徒刑,并处拒缴税款一倍以上五倍以下罚金。

据上,抗税罪,是指以暴力、威胁方法拒不缴纳税款的犯罪。

(二) 刑事合规的主体对象

抗税罪的主体一般为纳税人或扣缴义务人,单位是否可以构成本罪在理论上尚有争议。但需要注意的是,即使不是纳税人或扣缴义务人,也有可能因为成立共同犯罪而构成本罪。根据《最高人民法院关于审理偷税抗税刑事案件具体应用法律若干问题的解释》第 6 条第 2 款的规定,与纳税人或者扣缴义务人共同实施抗税行为的,以抗税罪的共犯依法处罚。

(三) 违反刑事合规的主观表现

抗税罪在主观上需具备故意的主观状态,即明知道应该纳税,而故意采用暴力、胁迫手段不缴纳税款。

(四) 违规行为表现及合规行为要求

抗税罪的客观行为表现为行为人以暴力、威胁方法拒不缴纳税款。

为此,行为合规要求:

任何单位和个人不要阻挠税务机关依法执行职务。

(五) 刑事风险预警

(1) 只要行为人实施了以暴力、威胁方法拒不缴纳税款的行为,即可构成抗税罪。

（2）具有下列情形，将被认定为"情节严重"，达到加重处罚的客观要求：
① 聚众抗税的首要分子；
② 抗税数额在 10 万元以上的；
③ 多次抗税的；
④ 故意伤害致人轻伤的；
⑤ 具有其他严重情节。

（3）如果实施抗税行为致人重伤、死亡，构成故意伤害罪、故意杀人罪的，将按照故意伤害罪、故意杀人罪定罪处罚。

三、纳税刑事合规（三）

（一）刑事合规制度的指向

根据统计，逃避追缴欠税罪在司法实践中的发生次数近年来呈上升趋势，从 2014 年之前的每年发生案件数不超过 5 起，到 2020 年当年发生的相关案件数为 68 起，可见增长幅度较大。从地域分布来看，当前案例主要集中在湖南省、广东省、吉林省，分别占比 31.84%、7.96%、6.97%。其中湖南省的案件量最多，达到 64 起。

《刑法》第二百零三条【逃避追缴欠税罪】规定

纳税人欠缴应纳税款，采取转移或者隐匿财产的手段，致使税务机关无法追缴欠缴的税款，数额在一万元以上不满十万元的，处三年以下有期徒刑或者拘役，并处或者单处欠缴税款一倍以上五倍以下罚金；数额在十万元以上的，处三年以上七年以下有期徒刑，并处欠缴税款一倍以上五倍以下罚金。

据上，逃避追缴欠税罪，是指纳税人欠缴应纳税款，采取转移或者隐匿财产的手段，致使税务机关无法追缴欠缴的税款，数额较大的犯罪。

（二）刑事合规的主体对象

逃避追缴欠税罪的主体为特殊主体，即为具备纳税人身份的主体，包括自然人与单位。

（三）违反刑事合规的主观表现

逃避追缴欠税罪在主观上需具备故意的主观状态，即明知自己的行为会导致税务机关无法追缴欠缴的税款，仍然实施转移或隐匿财产的行为。

行为主体实施本罪的动机大多是出于对自己纳税义务的不重视，故意或无意将财产挪作他用，或进行了处理，而忽略了应当履行的缴纳税款的义务。

（四）违规行为表现及合规行为要求

逃避追缴欠税罪的客观行为表现为纳税人欠缴应纳税款，采取转移或者隐匿财产的手段，致使税务机关无法追缴欠缴的税款。在司法实践中，转移或者隐匿财产的手段有多种具体形式，总的来看，该罪的构成要件的行为往往表现为合法的民事行为，但最终都产生了转移或者隐匿财产的效果。

例如,未在税务机关核定的纳税期限内向税务机关指定的银行缴纳税款,而将每日的营业款挪作他用。① 又如,行为人在明知公司所有的不动产已经因为欠缴税款而被税务部门保全的情况下,仍将其作为抵押物,向小额贷款有限责任公司抵押借款,而后将该借款归个人支配;后因无力偿还借款,致使被保全的不动产被人民法院判决归小额贷款有限责任公司所有,导致税务部门无法收回该公司所欠税款。②

为此,行为合规要求:

纳税人应当及时补缴欠税。不得转移、隐匿其应纳税的商品、货物以及其他财产或者应纳税的收入。

(五) 刑事风险预警

(1) 具有下列情形,将被认定为达到定罪处罚的客观要求:

纳税人欠缴应纳税款,采取转移或者隐匿财产的手段,致使税务机关无法追缴欠缴的税款,数额在1万元以上不满10万元的。

(2) 具有下列情形,将被认定为达到加重处罚的客观要求:

纳税人欠缴应纳税款,采取转移或者隐匿财产的手段,致使税务机关无法追缴欠缴的税款,数额在10万元以上的。

四、出口退税业务刑事合规

(一) 刑事合规制度的指向

骗取出口退税行为的危害是很大的,为此国家对其进行严厉打击,其危害具体表现为如下几个方面。③

一是影响国家财政资金安全。与其他涉税违法犯罪活动相比,骗取出口退税的性质更为恶劣,因为它把税务机关辛辛苦苦收到国库里的钱骗出去,变成了犯罪团伙的"收入",损害了国家和全体纳税人的利益。

二是影响出口退税政策效应的发挥。通过实施出口退税政策,退还出口货物的国内已纳部分税款来平衡国内产品的税收负担,使本国产品以不含税成本进入国际市场,是国际通常做法。自我国1985年全面实施出口退税政策以来,出口退税政策对促进外贸出口、拉动国内经济发展发挥了积极作用。但骗取出口退税行为使得守法合规经营的出口企业面临不公平的竞争环境,扭曲了出口退税的政策效应。

三是扰乱国家正常的经济秩序。损害社会主义市场经济的法治基础,损害外贸出口额这一重要经济指标的准确性、权威性,影响国家宏观经济决策的重要依据。

四是扰乱正常的出口退税管理秩序。不法分子实施骗税,必然会在多个环节伪造或

---

① 参见宁夏回族自治区银川市中级人民法院刑事判决书:(2008)银刑终字第90号。
② 参见黑龙江省佳木斯市向阳区人民法院刑事判决书:(2014)向刑初字第170号。
③ 骗取出口退税和虚开增值税专用发票的危害及处罚[J].中国防伪报道,2018(5).

非法获得合法凭证,严重影响各行政执法部门执法的严肃性。

根据统计,骗取出口退税罪在司法实践中发生的案件较多,且案件数量呈现逐年上升趋势。本罪在2016年的审判案件数量为98起,2017年为153起,2018年为210起,2019年为217起,2020年本罪案件数量增长至282起。从地域分布来看,当前案件主要集中在浙江省、广东省、福建省,分别占比26.76%、12.74%、8.69%。其中浙江省的案件量最多,达到311起。

《刑法》第二百零四条【骗取出口退税罪】规定

以假报出口或者其他欺骗手段,骗取国家出口退税款,数额较大的,处五年以下有期徒刑或者拘役,并处骗取税款一倍以上五倍以下罚金;数额巨大或者有其他严重情节的,处五年以上十年以下有期徒刑,并处骗取税款一倍以上五倍以下罚金;数额特别巨大或者有其他特别严重情节的,处十年以上有期徒刑或者无期徒刑,并处骗取税款一倍以上五倍以下罚金或者没收财产。

纳税人缴纳税款后,采取前款规定的欺骗方法,骗取所缴纳的税款的,依照本法第二百零一条的规定定罪处罚;骗取税款超过所缴纳的税款部分,依照前款的规定处罚。

据上,骗取出口退税罪,是指以假报出口或者其他欺骗手段,骗取国家出口退税款,数额较大的犯罪。

(二)刑事合规的主体对象

骗取出口退税罪的主体为一般主体,既可以是自然人,也可以是单位。司法实践中主要表现为具有出口经营权的单位以及不具有出口经营权的单位和个人。

(三)违反刑事合规的主观表现

骗取出口退税罪在主观上需具备故意的主观状态,即行为人明知自己的行为会造成国家税收损失,依然积极追求这一结果的发生。

(四)违规行为表现及合规行为要求

骗取出口退税罪的客观行为表现为行为人实施了假报出口或者其他欺骗手段,骗取国家出口退税款,数额较大的行为。其现实行为特征表现为实施了"欺骗",其中假报出口是指行为人虚构已税货物出口的事实,根据《最高人民法院关于审理骗取出口退税刑事案件具体应用法律若干问题的解释》,包括以下几种情形:

(1)以虚构已税货物出口事实为目的,实施了下列行为之一:

① 伪造或者签订虚假的买卖合同;

② 以伪造、变造或者其他非法手段取得出口货物报关单、出口收汇核销单、出口货物专用缴款书等有关出口退税单据、凭证;

③ 虚开、伪造、非法购买增值税专用发票或者其他可以用于出口退税的发票;

④ 其他虚构已税货物出口事实的行为。

(2)其他欺骗手段则包括:

① 骗取出口货物退税资格的;
② 将未纳税或者免税货物作为已税货物出口的;
③ 虽有货物出口,但虚构该出口货物的品名、数量、单价等要素,骗取未实际纳税部分出口退税款的;
④ 以其他手段骗取出口退税款的。

为此,行为合规要求不得实施上述行为。

(五) 刑事风险预警

具有下列情形,将被认定为"数额较大",达到定罪处罚的客观要求:

(1) 骗取国家出口退税款 5 万元以上的,为"数额较大"。

(2) 具有下列情形,将被认定为"数额巨大或者有其他严重情节",达到加重处罚的客观要求:

骗取国家出口退税款 50 万元以上的,为"数额巨大"。"其他严重情节"是指:

① 造成国家税款损失 30 万元以上并且在第一审判决宣告前无法追回的;
② 因骗取国家出口退税行为受过行政处罚,2 年内又骗取国家出口退税款数额在 30 万元以上的;
③ 情节严重的其他情形。

(3) 具有下列情形,将被认定为"数额特别巨大或者有其他特别严重情节",达到进一步加重处罚的客观要求:

骗取国家出口退税款 250 万元以上的,为"数额特别巨大"。"其他特别严重情节"是指:

① 造成国家税款损失 150 万元以上并且在第一审判决宣告前无法追回的;
② 因骗取国家出口退税行为受过行政处罚,2 年内又骗取国家出口退税款数额在 150 万元以上的;
③ 情节特别严重的其他情形。

五、发票管理刑事合规(一)

(一) 刑事合规制度的指向

虚开增值税专用发票是骗取出口退税的一种重要手段和环节,虚开用于骗取出口退税、抵扣税款发票则是骗取出口退税、抵扣税款的主要手段,这些行为不仅侵吞了大量的国家财产,而且造成我国出口创汇虚盈的假象,危害十分严重。

根据统计,虚开增值税专用发票、用于骗取出口退税抵扣税款发票罪在司法实践中的审判案件较多,且呈现逐年增长的趋势。2011 年,当年本罪的审判案件为 231 起,2013 年本罪案件数达到 1 026 起,2015 年本罪案件数达到 3 031 起,2017 年达到 3 770 起,到了 2019 年案件数增长至 6 816 起。从地域分布来看,当前案例主要集中在江苏省、上海市、浙江省,分别占比 20.47%、15.43%、11.30%。其中江苏省的案件量最多,达到 8 016 起。

《刑法》第二百零五条【虚开增值税专用发票、用于骗取出口退税、抵扣税款发票罪】规定

虚开增值税专用发票或者虚开用于骗取出口退税、抵扣税款的其他发票的，处三年以下有期徒刑或者拘役，并处二万元以上二十万元以下罚金；虚开的税款数额较大或者有其他严重情节的，处三年以上十年以下有期徒刑，并处五万元以上五十万元以下罚金；虚开的税款数额巨大或者有其他特别严重情节的，处十年以上有期徒刑或者无期徒刑，并处五万元以上五十万元以下罚金或者没收财产。

单位犯本条规定之罪的，对单位判处罚金，并对其直接负责的主管人员和其他直接责任人员，处三年以下有期徒刑或者拘役；虚开的税款数额较大或者有其他严重情节的，处三年以上十年以下有期徒刑；虚开的税款数额巨大或者有其他特别严重情节的，处十年以上有期徒刑或者无期徒刑。

虚开增值税专用发票或者虚开用于骗取出口退税、抵扣税款的其他发票，是指有为他人虚开、为自己虚开、让他人为自己虚开、介绍他人虚开行为之一的。

据上，虚开增值税专用发票、用于骗取出口退税、抵扣税款发票罪，是指虚开增值税专用发票或者虚开用于骗取出口退税、抵扣税款的其他发票的犯罪。

（二）刑事合规的主体对象

虚开增值税专用发票、用于骗取出口退税、抵扣税款发票罪的主体为一般主体，既可以是自然人，也可以是单位，对身份没有特殊的限制。但在司法实践中，该罪的犯罪主体主要是具有为他人虚开、为自己虚开、让他人为自己虚开、介绍他人虚开增值税专用发票或者用于骗取出口退税、抵扣税款的其他发票行为之一能力的单位和个人。

（三）违反刑事合规的主观表现

虚开增值税专用发票、用于骗取出口退税、抵扣税款发票罪在主观上需具备故意的主观状态，即明知虚开增值税发票、用于骗取出口退税、抵扣税款的其他发票，会造成国家税收流失，依然故意虚开。

（四）违规行为表现及合规行为要求

虚开增值税专用发票、用于骗取出口退税、抵扣税款发票罪的客观行为表现为行为人实施了虚开增值税专用发票或者虚开用于骗取出口退税、抵扣税款的其他发票的行为。

所谓"虚开"，指的是为他人虚开、为自己虚开、让他人为自己虚开、介绍他人虚开行为之一。其现实的行为形式多种多样，大多数表现为在明知自己单位与其他单位没有发生真实货物交易的情况下，直接支付开票费购买增值税进项发票等。[①]

对于"其他发票"，根据《全国人民代表大会常务委员会关于〈中华人民共和国刑法〉有关出口退税、抵扣税款的其他发票规定的解释》，刑法规定的"出口退税、抵扣税款的其他

---

① 参见江西省吉安市新干县人民法院刑事判决书：(2016)赣0824刑初27号。

发票",是指除增值税专用发票以外的,具有出口退税、抵扣税款功能的收付款凭证或者完税凭证。

为此,行为合规要求:

第一,各企业应严格遵守国家税收制度,根据真实的交易情况开具发票。

第二,各企业应合理规划自身的税务安排,在国家合法的税收优惠政策下获得利益的最大化。

(五) 刑事风险预警

(1) 具有下列情形,将被认定为达到定罪处罚的客观要求:

虚开的税款数额在 5 万元以上的。

(2) 具有下列情形,将被认定为"数额较大",达到加重处罚的客观要求:

虚开的税款数额在 50 万元以上的。

(3) 具有下列情形,将被认定为"数额巨大",达到进一步加重处罚的客观要求:

虚开的税款数额在 250 万元以上的。

六、发票管理刑事合规(二)

(一) 刑事合规制度的指向

在我国,增值税专用发票作为销货方纳税义务和购货方进项税额的依据,是购货方或出口方据以向国家税务机关抵扣税款或申请出口退税的凭证依据。在我国境内从事应税活动的一般纳税人必须按规定如实开具,如果其中任何一个环节虚构销售或出口事实而被其他一般纳税人用于进项抵扣或出口退税,在纳税申报人事实上并未缴纳该笔税款的情况下,国家据之进行了所谓的税款抵扣或出口退税,就会造成国家税款流失。增值税专用发票被非法出售后,就可能被他人利用进行抵扣税款或出口退税,从而造成国家税款损失。

根据统计,非法出售增值税专用发票罪在司法实践中的审判案件在 2019 年之前数量并不多,每年的审判案件在 50 起以下。但 2019 年开始,此类案件的发生率突然上升,2019 年审判的非法出售增值税专用发票罪案件数量达到了 174 起,2020 年该罪的案件数也依然在 100 起以上。从地域分布来看,当前案例主要集中在上海市、浙江省、江苏省,分别占比 17.87%、14.08%、8.12%。其中上海市的案件量最多,达到 99 起。

《刑法》第二百零七条【非法出售增值税专用发票罪】规定

非法出售增值税专用发票的,处三年以下有期徒刑、拘役或者管制,并处二万元以上二十万元以下罚金;数量较大的,处三年以上十年以下有期徒刑,并处五万元以上五十万元以下罚金;数量巨大的,处十年以上有期徒刑或者无期徒刑,并处五万元以上五十万元以下罚金或者没收财产。

据上,非法出售增值税专用发票罪,是指非法出售增值税专用发票的犯罪。

(二)刑事合规的主体对象

非法出售增值税专用发票罪的主体为一般主体,既可以是自然人,也可以是单位。司法实践中一般为领取增值税专用发票的相关人员和单位。

(三)违反刑事合规的主观表现

非法出售增值税专用发票罪在主观上需具备故意的主观状态,即明知是增值税专用发票,仍然非法进行出售。

(四)违规行为表现及合规行为要求

非法出售增值税专用发票罪的客观行为表现为行为人实施了非法出售增值税专用发票的行为,在司法实践中,非法出售增值税专用发票的行为,往往表现为行为人成立专门的公司开展增值税专用发票的非法出售,即注册空壳公司领取发票出售。如李某某等人获悉注册登记一般纳税人公司,从税务机关领取增值税专用发票转让可获利的消息后,分别于2016年12月19日、2017年1月4日委托某会计服务有限责任公司王某注册成立了A商贸有限责任公司和B物资有限责任公司,在公司取得一般纳税人资格后,李某某等人到某区国税局以两个公司的名义领取面额10万元的增值税专用发票共计20份。为了非法获利,在公司无任何经营的情况下,李某某等人经商议通过网络将其所注册成立的A、B公司有关证照、金税盘和20份增值税专用发票等出售给一福建男子,非法获利6万元①。有时也表现为行为人利用合法成立的公司领取增值税专用发票后非法出售牟利。

为此,行为合规要求:

第一,各企业应严格遵守国家税收制度,根据国家税务总局的管理规定领取、使用增值税专用发票。增值税专用发票,是增值税一般纳税人(以下简称"一般纳税人")销售货物或者提供应税劳务开具的发票,是购买方支付增值税额并可按照增值税有关规定据以抵扣增值税进项税额的凭证。只有符合前述情形才可领取、使用增值税专用发票。

第二,企业应加强对相关人员的管理和培训,强化对增值税专用发票的管理。

(五)刑事风险预警

(1)具有下列情形,将被认定为达到定罪处罚的客观要求:

非法出售增值税专用发票25份以上或者票面额累计10万元以上的。

(2)具有下列情形,将被认定为"数量较大"达到加重处罚的客观要求:

非法出售增值税专用发票100份以上或者票面额累计50万元以上的,或者具有下列情形之一:

① 违法所得数额在1万元以上的;

② 非法出售增值税专用发票60份以上或者票面额累计30万元以上的;

---

① 参见陕西省商洛市洛南县人民法院刑事判决书:(2020)陕1021刑初122号。

③ 造成严重后果或者具有其他严重情节的。

(3) 具有下列情形,将被认定为"数量巨大"达到进一步加重处罚的客观要求:

非法出售增值税专用发票 500 份以上或者票面额累计 250 万元以上,或者具有下列情形之一:

① 违法所得数额在 5 万元以上的;
② 非法出售增值税专用发票 300 份以上或者票面额累计 200 万元以上的;
③ 非法出售增值税专用发票接近"数量巨大"并有其他严重情节的;
④ 造成特别严重后果或者具有其他特别严重情节的。

七、发票管理刑事合规(三)

(一) 刑事合规制度的指向

刑法中的涉税犯罪可以分为三种大的类型:第一种是不向国家交钱的涉税犯罪,比如逃税罪、抗税罪、逃避追缴欠税罪等犯罪,这类犯罪以具备纳税义务为前提;第二种是不仅不向国家交钱,还从国家骗钱的涉税犯罪,比如骗取出口退税罪、虚开增值税专用发票、用于骗取出口退税、抵扣税款发票罪,这类犯罪不以行为人具备纳税义务为前提;第三种是为上述犯罪提供帮助的犯罪,非法购买增值税专用发票、购买伪造的增值税专用发票罪便属于这一类型。

根据统计,非法购买增值税专用发票、购买伪造的增值税专用发票罪在司法实践中的审判案件并不多,目前案件数量最多的年份为 2019 年,但也仅有 26 起。从地域分布来看,当前案例主要集中在四川省、江苏省、浙江省,分别占比 19.23%、14.42%、14.42%。其中四川省的案件量最多,达到 20 起。

《刑法》第二百零八条【非法购买增值税专用发票、购买伪造的增值税专用发票罪】规定

非法购买增值税专用发票或者购买伪造的增值税专用发票的,处五年以下有期徒刑或者拘役,并处或者单处二万元以上二十万元以下罚金。

据上,非法购买增值税专用发票、购买伪造的增值税专用发票罪,是指非法购买增值税专用发票或者购买伪造的增值税专用发票的犯罪。

(二) 刑事合规的主体对象

非法购买增值税专用发票、购买伪造的增值税专用发票罪的主体为一般主体,既可以是自然人,也可以是单位。

(三) 违反刑事合规的主观表现

非法购买增值税专用发票、购买伪造的增值税专用发票罪在主观上需具备故意的主观状态,即明知购买增值税专用发票不符合相关规定,或者明知是伪造的增值税专用发票,依然予以购买。

司法实践中,行为人的主观动机具有多样性,行为人非法购买增值税专用发票或伪造

的增值税专用发票,有的是基于非法骗取国家税款的动机,也有的基于其他目的,如为办理机动车过户手续而购买伪造的增值税专用发票。例如,范某购买了一辆黑色奔驰抵押轿车,为办理过户手续,被告人王某受范某委托,帮助范某购买了一套伪造的机动车销售统一发票、车辆合格证等。经检验,其购买的发票与实际发票内容不符,王某和范某的行为已构成购买伪造的增值税专用发票罪。①

(四)违规行为表现及合规行为要求

非法购买增值税专用发票、购买伪造的增值税专用发票罪的客观行为表现为行为人实施了非法购买增值税专用发票或者购买伪造的增值税专用发票的行为,如果非法购买增值税专用发票或者购买伪造的增值税专用发票又虚开或者出售的,则分别按照虚开增值税专用发票罪;伪造、出售伪造的增值税专用发票罪;非法出售增值税专用发票罪处罚。

为此,行为合规要求:

第一,需注意增值税专用发票由国务院税务主管部门指定的企业印制;其他发票,按照国务院税务主管部门的规定,分别由省、自治区、直辖市税务局指定企业印制。未经前款规定的税务机关指定,不得印制发票。私自印刷的增值税专用发票均是伪造的,不应购买。

第二,增值税专用发票,是增值税一般纳税人销售货物或者提供应税劳务开具的发票,是购买方支付增值税额并可按照增值税有关规定据以抵扣增值税进项税额的凭证。除了前述法定渠道,不应非法购买增值税专用发票。

(五)刑事风险预警

具有下列情形,将被认定为达到定罪处罚的客观要求:
非法购买增值税专用发票 25 份以上或者票面额累计在 10 万元以上。

八、发票管理刑事合规(四)

(一)刑事合规制度的指向

根据统计,非法制造、出售非法制造的用于骗取出口退税、抵扣税款发票罪在司法实践中的审判案件较少,自 2011 年以来每年的案件数不超过 10 起。从地域分布来看,当前案例主要集中在浙江省、山东省、福建省,分别占比 18.33%、8.33%、8.33%。其中浙江省的案件量最多,达到 11 起。

《刑法》第二百零九条【非法制造、出售非法制造的用于骗取出口退税、抵扣税款发票罪】规定

伪造、擅自制造或者出售伪造、擅自制造的可以用于骗取出口退税、抵扣税款的其他发票的,处三年以下有期徒刑、拘役或者管制,并处二万元以上二十万元以下罚金;数量

---

① 石家庄市栾城区人民法院刑事判决书:(2019)冀 0111 刑初 124 号。

巨大的,处三年以上七年以下有期徒刑,并处五万元以上五十万元以下罚金;数量特别巨大的,处七年以上有期徒刑,并处五万元以上五十万元以下罚金或者没收财产。

据上,非法制造、出售非法制造的用于骗取出口退税、抵扣税款发票罪,是指伪造、擅自制造或者出售伪造、擅自制造的可以用于骗取出口退税、抵扣税款的其他发票的犯罪。

(二)刑事合规的主体对象

非法制造、出售非法制造的用于骗取出口退税、抵扣税款发票罪的主体为一般主体,既可以是自然人,也可以是单位。

(三)违反刑事合规的主观表现

非法制造、出售非法制造的用于骗取出口退税、抵扣税款发票罪在主观上需具备故意的主观状态,即明知伪造、擅自制造或者出售伪造、擅自制造的用于出口退税、抵扣税款的其他发票违反发票管理法规,会造成危害社会的结果,而希望和追求这种结果的发生。由于《刑法》第209条规定行为人主观上必须具备一定的目的,因此,只要行为人故意实施了伪造、擅自制造或出售可以用于骗取国家税款的非专用发票的行为,则不论是何种动机和目的,也不论其是否营利,均应构成本罪。如果行为人确实是为了显示自己的技巧或为了自我欣赏或收藏而伪造极少量的非专用发票的,可不认为是犯罪。

行为人的动机主要在于牟利,伪造、擅自制造或者出售伪造、擅自制造的可以用于骗取出口退税、抵扣税款的其他发票,都是为了逃避国家的税收监管,从中谋取利益。

(四)违规行为表现及合规行为要求

非法制造、出售非法制造的用于骗取出口退税、抵扣税款发票罪的客观行为表现为行为人实施了伪造、擅自制造或者出售伪造、擅自制造的可以用于骗取出口退税、抵扣税款的其他发票的行为。

伪造,是指无权印制增值税专用发票之外的其他具有出口退税、抵扣税款功能的发票的人仿照真实的该类发票的式样,非法制造假发票,冒充真发票的行为。

擅自制造,是指印制发票企业或生产发票防伪专用品企业未经有关主管税务机关批准,私自印制发票或私自制造防伪专用品,或虽经批准,但未按发票印制通知书或发票防伪专用品生产通知书所规定的印制数量或生产产量,私自超量印制或制造的行为。

出售非法制造的用于骗取出口退税、抵扣税款的发票,是指以一定的价格将非法制造的用于骗取出口退税、抵扣税款的发票卖出的行为。

为此,行为合规要求:

第一,印制发票的企业按照税务机关的统一规定,建立发票印制管理制度和保管措施。

第二,发票监制章和发票防伪专用品的使用和管理实行专人负责制度。

第三,印制发票的企业必须按照税务机关批准的式样和数量印制发票。

第四,各省、自治区、直辖市内的单位和个人使用的发票,除增值税专用发票外,应当在本省、自治区、直辖市内印制;确有必要到外省、自治区、直辖市印制的,应当由省、自治区、直辖市税务机关商印制地省、自治区、直辖市税务机关同意,由印制地省、自治区、直辖市税务机关确定的企业印制。禁止在境外印制发票。

(五)刑事风险预警

(1)具有下列情形,将被认定为达到定罪处罚的客观要求:

伪造、擅自制造或者出售伪造、擅自制造的可以用于骗取出口退税、抵扣税款的其他发票50份以上的。

(2)具有下列情形,将被认定为"数量巨大"达到加重处罚的客观要求:

伪造、擅自制造或者出售伪造、擅自制造的可以用于骗取出口退税、抵扣税款的其他发票200份以上的。

(3)具有下列情形,将被认定为"数量特别巨大"达到进一步加重处罚的客观要求:

伪造、擅自制造或者出售伪造、擅自制造的可以用于骗取出口退税、抵扣税款的其他发票1 000份以上的。

九、发票管理刑事合规(五)

(一)刑事合规制度的指向

发票是财务收支的法定凭证,是会计核算的重要依据。税务机关负责发票管理制度的制定和组织实施,并负责对一切印制、使用发票的单位和个人进行监督和管理。违法购买、持有和使用置于税务机关监管以外的伪造发票,侵犯了国家对发票的管理制度。

根据统计,持有伪造的发票罪在司法实践中的发生频率较高,但近年来随着国家发票管理制度执行的严格化,该罪的发生率在逐年下降。从2015年的508起、2016年的370起、2017年的215起,到2020年的87起,下降趋势明显。从地域分布来看,当前案例主要集中在上海市、广东省、江苏省,分别占比24.19%、17.42%、4.68%。其中上海市的案件量最多,达到672起。

《刑法》第二百一十条之一【持有伪造的发票罪】规定

明知是伪造的发票而持有,数量较大的,处二年以下有期徒刑、拘役或者管制,并处罚金;数量巨大的,处二年以上七年以下有期徒刑,并处罚金。

单位犯前款罪的,对单位判处罚金,并对其直接负责的主管人员和其他直接责任人员,依照前款的规定处罚。

据上,持有伪造的发票罪,是指明知是伪造的发票而持有的犯罪。

(二)刑事合规的主体对象

持有伪造的发票罪的主体为一般主体,既可以是自然人,也可以是单位。

(三)违反刑事合规的主观表现

持有伪造的发票罪在主观上需具备故意的主观状态,即明知是伪造的发票而持有。

(四) 违规行为表现及合规行为要求

持有伪造的发票罪的客观方面表现为行为人明知是伪造的发票而持有,在司法实践中一般表现为行为人购买伪造的发票后持有。

为此,行为合规要求:

第一,严格遵守国家对发票的管理制度,按照真实的交易、消费情况获取真实的发票。

第二,企业应当加强内部财务管理与审计制度,避免因企业内部员工的行为而牵涉进本罪的追诉当中。

(五) 刑事风险预警

(1) 具有下列情形,将被认定为"数额较大"达到定罪处罚的客观要求:

① 持有伪造的增值税专用发票 50 份以上或者票面额累计在 20 万元以上的。

② 持有伪造的可以用于骗取出口退税、抵扣税款的其他发票 100 份以上或者票面额累计在 40 万元以上的。

③ 持有伪造的前述①②以外的其他发票 200 份以上或者票面额累计在 80 万元以上的。

(2) 持有伪造的发票"数量巨大"将被认定为达到加重处罚的客观要求,但目前最高人民法院、最高人民检察院并没有就此发布相关的司法解释。各地一般会根据本地司法实践的情况确定"数量巨大"的数额。在浙江省范围内,具有下列情形之一的,属于"数量巨大":

① 持有伪造的增值税专用发票 250 份以上,或者票面额累计在 100 万元以上的;

② 持有伪造的可以用于骗取出口退税、抵扣税款的其他发票 500 份以上,或者票面额累计在 200 万元以上的;

③ 持有伪造的上述①②项规定以外的其他发票 1 000 份以上,或者票面额累计在 400 万元以上的。

【案例思考】 美国安然公司财务作假案

【即测即练】

第五章

企业生产管理刑事合规制度

提示：安全管理、环境保护、产品质量的刑事合规，就是督促企业严格执行国家安全生产、环境保护、产品质量方面的法律法规，完善企业安全生产规范、环保制度和质量管理，加强监督检查，及时发现并整改违规问题。其中的内容是防控企业在生产经营中发生安全责任事故、产品质量事故、污染环境、破坏环境的事件的刑事风险。

第一节 安全管理中的刑事合规

一、安全生产、作业关联员工的刑事合规

（一）刑事合规制度的指向

重大责任事故罪最直接的危害体现为重大人身、财产损失。以天津港"8·12"特别重大火灾爆炸事故为例，根据国务院发布的事故调查报告，天津港"8·12"特别重大火灾爆炸事故造成165人遇难（参与救援处置的公安现役消防人员24人、天津港消防人员75人、公安民警11人，事故企业、周边企业员工和周边居民55人），8人失踪（天津港消防人员5人，周边企业员工、天津港消防人员家属3人），798人受伤住院治疗（伤情重及较重的伤员58人、轻伤员740人）；304幢建筑物（其中办公楼、厂房及仓库等单位建筑73幢，居民1类住宅91幢、2类住宅129幢、居民公寓11幢）、12 428辆商品汽车、7 533个集装箱受损。① 而2019年3月21日14时48分，位于江苏省盐城市响水县生态化工园区的江苏天嘉宜化工有限公司发生特别重大爆炸事故，造成78人死亡、76人重伤、640人住院治疗，直接经济损失198 635.07万元。经过统计发现，2001—2016年，重大责任事故的年平均案件数为444起左右，而2017—2020年的案件数分别为2 260起、2 435起、2 734起和2 457起，本罪的案件数呈现出持续高位运行的特点，这也直接反映出近年来本罪呈现出持续高发的犯罪态势。重大责任事故案件的持续高发，也从侧面反映出企业管理者在企业管理过程中的企业生产管理风险持续增加。②

---

① 天津港"8·12"瑞海公司危险品仓库特别重大火灾爆炸事故调查报告[EB/OL].[2021-04-02]. http://www.gov.cn/foot/2016-02/05/content_5039788.htm.
② 数据来源于威科先行法律数据库，访问日期：2021年4月3日。

《刑法》第一百三十四条第一款【重大责任事故罪】规定

在生产、作业中违反有关安全管理的规定,因而发生重大伤亡事故或者造成其他严重后果的,处三年以下有期徒刑或者拘役;情节特别恶劣的,处三年以上七年以下有期徒刑。

据上,重大责任事故罪指的是,在生产、作业中违反有关安全管理的规定,因而发生重大伤亡事故或者造成其他严重后果的行为。

(二)刑事合规的主体对象

重大责任事故罪的主体是一般主体,但也通常具有特定性,限于对生产、作业负有组织、指挥或者管理职责的负责人、管理人员、实际控制人、投资人,以及直接从事生产、作业的人员等可以成为本罪的行为主体。如《国务院关于预防煤矿生产安全事故的特别规定》第2条规定"煤矿企业负责人(包括一些煤矿企业的实际控制人,下同)对预防煤矿生产安全事故负主要责任"。如在某县金银煤矿"3·12"重大瓦斯爆炸案件中,某县人民法院一审判决指出,被告人印某一、印某二作为金银煤矿投资人,虽然已将煤矿承包给他人,但二人仍负有管理职责,且安排封某担任煤矿安全管理人员和技术人员,依法应当被认定为重大责任事故罪的犯罪主体。[①] 而这也是当前司法实践中较为通行的做法。而与生产、作业无关的行政人员、党团工会人员、炊事人员、资料人员等不能成为本罪的行为主体。

(三)违反刑事合规的主观表现

重大责任事故罪是过失犯,行为人对重大责任事故危害后果的发生既可能是出于疏忽大意而没有意识到,也可能是已预见到但轻信能够避免。企业管理者对于重大责任事故结果的发生并不是出于积极追求的目的,而是往往持有过失心态。但是其对于自己行为违反生产、作业安全管理章程和规定可以是明知故犯心态。至于犯罪动机,既可以是出于盈利,也可以是出于侥幸心理。所以企业管理者在生产、作业过程中应当牢固树立安全生产和安全管理意识,长鸣安全警钟。避免因安全意识松懈而发生重大安全责任事故。

(四)违规行为表现及合规行为要求

就其内涵而言,一般认为,重大责任事故罪中的"生产、作业"并不一定要求是具有营利性质的生产、作业活动,也不要求是经过批准的合法的"生产、作业"活动,只要是在社会生活中反复实施的,具有威胁他人生命、身体健康性质的活动就足够了。[②] 企业管理者在生产、作业过程中应建立起安全生产常态化机制,确保生产、作业全环节安全进行。

根据《中华人民共和国安全生产法》(以下简称《安全生产法》)第21条的规定,对生产经营单位的主要负责人而言,行为合规要求,生产经营单位的主要负责人对本单位安全生产工作负有下列职责:

---

① 最高人民法院公布三起危害生产安全犯罪典型案例[N].人民法院报,2015-12-16(3).
② 黎宏.重大责任事故罪相关问题探析[J].北方法学,2008(5).

（1）建立健全并落实本单位全员安全生产责任制，加强安全生产标准化建设；

（2）组织制定并实施本单位安全生产规章制度和操作规程；

（3）组织制定并实施本单位安全生产教育和培训计划；

（4）保证本单位安全生产投入的有效实施；

（5）组织建立并落实安全风险分级管控和隐患排查治理双重预防工作机制，督促、检查本单位的安全生产工作，及时消除生产安全事故隐患；

（6）组织制定并实施本单位的生产安全事故应急救援预案；

（7）及时、如实报告生产安全事故。

根据2018年12月国务院制定出台的《生产安全事故应急条例》第10条的规定，易燃易爆物品、危险化学品等危险物品的生产、经营、储存、运输单位，矿山、金属冶炼、城市轨道交通运营、建筑施工单位，以及宾馆、商场、娱乐场所、旅游景区等人员密集场所经营单位，应当建立应急救援队伍；其中，小型企业或者微型企业等规模较小的生产经营单位，可以不建立应急救援队伍，但应当指定兼职的应急救援人员，并且可以与邻近的应急救援队伍签订应急救援协议。工业园区、开发区等产业聚集区域内的生产经营单位，可以联合建立应急救援队伍。根据第13条的规定，县级以上地方人民政府应当根据本行政区域内可能发生的生产安全事故的特点和危害，储备必要的应急救援装备和物资，并及时更新和补充。

根据《国务院关于预防煤矿生产安全事故的特别规定》第8条规定，煤矿的通风、防瓦斯、防水、防火、防煤尘、防冒顶等安全设备、设施和条件应当符合国家标准、行业标准，并有防范生产安全事故发生的措施和完善的应急处理预案。

煤矿有下列重大安全生产隐患和行为的，应当立即停止生产，排除隐患：

（1）超能力、超强度或者超定员组织生产的；

（2）瓦斯超限作业的；

（3）煤与瓦斯突出矿井，未依照规定实施防突出措施的；

（4）高瓦斯矿井未建立瓦斯抽放系统和监控系统，或者瓦斯监控系统不能正常运行的；

（5）通风系统不完善、不可靠的；

（6）有严重水患，未采取有效措施的；

（7）超层越界开采的；

（8）有冲击地压危险，未采取有效措施的；

（9）自然发火严重，未采取有效措施的；

（10）使用明令禁止使用或者淘汰的设备、工艺的；

（11）年产6万吨以上的煤矿没有双回路供电系统的；

（12）新建煤矿边建设边生产，煤矿改扩建期间，在改扩建的区域生产，或者在其他区域的生产超出安全设计规定的范围和规模的；

（13）煤矿实行整体承包生产经营后，未重新取得安全生产许可证，从事生产的，或者承包方再次转包的，以及煤矿将井下采掘工作面和井巷维修作业进行劳务承包的；

（14）煤矿改制期间，未明确安全生产责任人和安全管理机构的，或者在完成改制后，

未重新取得或者变更采矿许可证、安全生产许可证和营业执照的;

(15) 有其他重大安全生产隐患的。

(五) 刑事风险预警

(1) 具有下列情形之一的,便可以认定为达到重大责任事故罪入罪标准:

① 造成死亡 1 人以上,或者重伤 3 人以上的;

② 造成直接经济损失 100 万元以上的;

③ 其他造成严重后果或者重大安全事故的情形。在司法实践中,前述"造成严重后果"或者"发生重大伤亡事故或者造成其他严重后果"也是本罪的入罪条件。

(2) 具有下列情形之一的,便可以认定为达到重大责任事故罪加重处罚标准:

① 造成死亡 3 人以上或者重伤 10 人以上,负事故主要责任的;

② 造成直接经济损失 500 万元以上,负事故主要责任的;

③ 其他造成特别严重后果、情节特别恶劣或者后果特别严重的情形。

二、生产、作业管理者的刑事合规

(一) 刑事合规制度的指向

经过统计发现,2001—2016 年,强令、组织他人违章冒险作业罪案件年平均数为 2 起左右,2017 年为 10 起,2018 年为 6 起,2019 年为 14 起,2020 年为 14 起。① 整体上来看,虽然案件总数不多,但是在发展趋势方面呈现出增长趋势。在王某强令违章冒险作业罪一案中,王某受胡某(已判刑)聘请,担任某工程安全责任人监督施工,并在胡某的安排下组织未经安全培训的工人施工。施工期间,被告人王某不服从监管机构监管,在存在重大安全隐患和接到监理机构下达的"暂时停工指令"的情况下,仍然组织工人施工挖桩。2012 年 10 月 10 日上午 9 时许,工人吴某、周某在某工地挖桩时,因使用空压机钻石时诱发坍塌,导致吴某被泥石掩埋后窒息死亡。②

《刑法》第一百三十四条第二款【强令、组织他人违章冒险作业罪】规定

强令他人违章冒险作业,或者明知存在重大事故隐患而不排除,仍冒险组织作业,因而发生重大伤亡事故或者造成其他严重后果的,处五年以下有期徒刑或者拘役;情节特别恶劣的,处五年以上有期徒刑。

据上,强令、组织他人违章冒险作业罪指的是,行为人强令他人违章冒险作业,或者明知存在重大事故隐患而不排除,仍冒险组织作业,因而发生重大伤亡事故或者造成其他严重后果的行为。

(二) 刑事合规的主体对象

强令、组织他人违章冒险作业罪的主体是一般主体,包括对生产、作业负有组织、指挥

---

① 数据来源于威科先行法律数据库,访问日期:2021 年 4 月 7 日。
② 参见湖北省咸宁市中级人民法院刑事裁定书:(2016)鄂 12 刑终 131 号。

或者管理职责的负责人、管理人员、实际控制人、投资人等人员,以及直接从事生产、作业的人员。单位不能成为本罪的行为主体。

(三)违反刑事合规的主观表现

强令、组织他人违章冒险作业罪在主观方面表现为过失,既可以是疏忽大意的过失,也可以是过于自信的过失。行为人对违章作业及其风险有明确认识,但是对于违章冒险作业可能带来的后果则是疏忽大意没有预见或者已经预见但轻信能够避免。

强令、组织他人违章冒险作业罪中行为人虽然不希望造成重大事故,但是其主观上不但认识到自己的行为是在逼迫、组织他人违章,而且知道自己迫使他人违章作业是会产生危险的[①],行为人对于危害结果的发生有更为明确的认识,其对危害结果发生的主观恶性更重。也就是说,较之一般个体的违反安全管理规定的犯罪,行为人采取强令违章冒险作业的行为方式的犯罪,情节更为恶劣,对公共安全的客观危害性更大,主观罪过更严重。[②]这也是本罪刑罚配置更重的原因所在。从犯罪目的来看,企业管理者一般是在逐利和侥幸双重心理下实施的犯罪行为。

(四)违规行为表现及合规行为要求

重大责任事故罪既可以发生在直接生产、作业活动中,也可以发生在安全生产、作业监督、作业稽查等与直接生产、作业密切相关的活动中。不同的是,强令、组织违章冒险作业罪中的"强令、组织违章冒险作业"仅限于在直接生产、作业活动中。一般认为,强令、组织他人违章冒险作业罪中的"强令"的表现形式多种多样,既可以通过言语或暴力等形式进行有形强制,同时也可以利用被强迫者担心面临失业、扣罚工资奖金等心理进行无形强制。但不管采取何种形式,只要行为人的"强迫、命令"足以使被强迫者产生心理强制进而不得不实施冒险作业行为,就可以认定属于本罪的强令。

除了行为人强令之外,被强令者的作业活动还需要是违章冒险进行。其中冒险是违章的结果,所以如何认定违章便成为违章冒险作业的关键。本书认为,这里违章冒险作业中的"违章"应做广义理解,与重大责任事故罪中的"违反有关安全管理的规定"同义。其既包括职工违反国家颁布的各种与安全生产、作业有关的法律、法规,也包括企业、事业单位及其上级管理机关制定的反映安全生产规律的规章制度。[③]

为此,企业管理者应承担劳动安全保障义务,不得强令、组织劳动者违规冒险作业。具体而言:

(1)用人单位必须建立、健全劳动安全卫生制度,严格执行国家劳动安全卫生规程和标准,对劳动者进行劳动安全卫生教育,防止劳动过程中的事故,减少职业危害。

(2)劳动者对用人单位管理人员违章指挥、强令冒险作业,有权拒绝执行;对危害生命安全和身体健康的行为,有权提出批评、检举和控告。

---

① 马克昌.百罪通论[M].北京:北京大学出版社,2014:161.
② 李赪.强令违章冒险作业罪若干问题研究[J].天中学刊,2009(4).
③ 苏惠渔.刑法学[M].北京:中国政法大学出版社,1994:447.

以劳动安全事故多发的煤矿开采行业来讲,根据《中华人民共和国矿山安全法实施条例》(以下简称《矿山安全法实施条例》)的规定,矿长(含矿务局局长、矿山公司经理,下同)对本企业的安全生产工作负有下列责任:

① 认真贯彻执行《中华人民共和国矿山安全法》(以下简称《矿山安全法》)和本条例以及其他法律、法规中有关矿山安全生产的规定;

② 制定本企业安全生产管理制度;

③ 根据需要配备合格的安全工作人员,对每个作业场所进行跟班检查;

④ 采取有效措施,改善职工劳动条件,保证安全生产所需要的材料、设备、仪器和劳动防护用品的及时供应;

⑤ 依照本条例的规定,对职工进行安全教育、培训;

⑥ 制定矿山灾害的预防和应急计划;

⑦ 及时采取措施,处理矿山存在的事故隐患;

⑧ 及时、如实向劳动行政主管部门和管理矿山企业的主管部门报告矿山事故。

另外,2013年修订的《煤矿安全监察条例》规定,煤矿安全监察人员发现煤矿矿长或者其他主管人员违章指挥工人或者强令工人违章、冒险作业,或者发现工人违章作业的,应当立即纠正或者责令立即停止作业。

(五) 刑事风险预警

(1) 具有下列情形之一的,便可以认定为达到强令、组织他人违章冒险作业罪入罪标准:

① 强令他人违章冒险作业,因而发生安全事故,造成死亡1人以上,或者重伤3人以上的;

② 造成直接经济损失100万元以上的;

③ 具有其他造成严重后果或者重大安全事故情形的。

满足上述三种情形之一的,应当认定为"发生重大伤亡事故或者造成其他严重后果",对相关责任人员,处5年以下有期徒刑或者拘役。

(2) 具有下列情形之一的,便可以认定为达到强令、组织他人违章冒险作业罪加重处罚标准:

① 造成死亡3人以上或者重伤10人以上,负事故主要责任的;

② 造成直接经济损失500万元以上,负事故主要责任的;

③ 其他造成特别严重后果、情节特别恶劣或者后果特别严重的情形。

满足上述三种情形之一便成立本罪加重情节,对相关责任人员,处5年以上有期徒刑。

三、安全设施管理中的刑事合规

(一) 刑事合规制度的指向

据统计,2001—2016年,我国的重大劳动安全案件年平均数量约为100起,2017—

2020年则分别为463起、463起、447起和364起。[①] 如在"余某某等人重大劳动安全事故重大责任事故案"中,锅炉高压主蒸汽管道上的喷嘴发生爆裂,致使大量高温蒸汽喷入事故区域,造成22人死亡、4人受伤,直接经济损失2 313万元。虽近4年来的绝对案件数有所减少,但是相较于2016年之前而言,整体数量仍属于高位运行,整体犯罪态势仍十分严峻,应引起我们的重视。

《刑法》第一百三十五条【重大劳动安全事故罪】规定

安全生产设施或者安全生产条件不符合国家规定,因而发生重大伤亡事故或者造成其他严重后果的,对直接负责的主管人员和其他直接责任人员,处三年以下有期徒刑或者拘役;情节特别恶劣的,处三年以上七年以下有期徒刑。

据上,重大劳动安全事故罪,是指安全生产设施或者安全生产条件不符合国家规定,因而发生重大伤亡事故或者其他严重后果的行为,侵犯的是从事生产、作业的不特定或多数人的生命、健康的安全和重大公私财产安全。

(二)刑事合规的主体对象

重大劳动安全事故罪的主体是特殊主体,即对安全生产直接负责的主管人员和其他直接责任人员。单位不成立本罪,单位的普通员工对安全生产负有直接责任时,也可以成为重大劳动安全事故罪刑事合规的主体对象。刑事合规的主体对象认定以行为人对安全生产负有责任为前提。在司法实践中,行为人是否对于企业的安全生产负有主管责任也成为判断行为人是否成立本罪的重要依据。

(三)违反刑事合规的主观表现

就本罪的主观罪过而言,有观点认为,劳动安全设施不符合国家规定,对事故隐患不采取措施表现为故意,但对其危害后果的发生所持的是过失的心理态度。[②] 对此,本书认为本罪是过失犯,行为人主观既包括疏忽大意过失,也包括过于自信过失。理由在于:作为负责安全生产建设和管理的责任人,对发生重大事故均是不希望的。如果行为人明知生产设施和条件不符合国家规定,出于打击报复等目的,希望或放任造成重大事故的发生,应当认定为以危险方法危害公共安全罪。[③] 犯罪主观的认定强调的是行为人对危害结果的主观心态,所以在重大劳动安全事故罪的犯罪主观要素认定中,行为人对于企业劳动安全设施或劳动条件不符合国家规定这一客观事实,可以是出于明确认识。但是,对于因劳动安全设施或者劳动安全条件不符合国家规定而导致的重大伤亡事故发生,则只能是基于疏忽大意过失没有认识到或者虽有认识但过于自信轻信能够避免这两种过失心态。

对此,安全生产直接负责的主管人员和其他直接责任人员要强化安全生产理念。安全生产设施或者安全生产条件不符合国家规定,因而发生重大伤亡事故或者造成其他严

---

① 数据来源于威科先行法律数据库,访问日期:2021年4月9日。
② 欧阳涛,等.中华人民共和国新刑法注释与适用[M].北京:人民法院出版社,1997:252.
③ 马克昌.百罪通论[M].北京:北京大学出版社,2014:173.

重后果的,往往都不仅仅是缺乏安全风险防范意识,还与投资决策人员和高层管理人员追求利益最大化的趋利动机有着直接的关系。有些重大伤亡事故通过安全生产设施、安全生产条件的齐备本来是可以预防和避免的,而有的投资决策人员和高层管理人员却因投入过大等原因不愿投资。① 这是一种安全生产理念淡薄的行为,对此,我们应树立和强化企业管理者的安全生产理念。

(四) 违规行为表现及合规行为要求

在司法实践中,本罪行为及其后果的客观表现是,安全生产设施或者安全生产条件不符合国家规定,因而发生重大伤亡事故或者造成其他严重后果。如果安全生产设施或条件符合国家规定,由于其他原因造成严重后果的,不成立本罪。尽管安全生产设施或者安全生产条件不符合国家规定,但如果没有发生重大伤亡事故或者造成其他严重后果的,也不成立本罪。

为此,直接负责的主管人员和其他直接责任人员应及时更新安全生产设备,引进安全生产技术。设备老化、技术不科学是实践中很多安全事故发生的重要原因。以煤炭生产为例,设备老化、技术落后的情形下,矿工下井作业时,不能有效预测事故隐患,或者有些矿井根本就不配备检测隐患的设备,使矿井时刻处于爆发事故的危险状态。② 对此,应及时更新安全生产设备,引进安全生产技术。同时还要建立风险辨识、评估、应急救援机制。《生产安全事故应急条例》第 5 条第 2 款规定,生产经营单位应当针对本单位可能发生的生产安全事故的特点和危害,进行风险辨识和评估,制定相应的生产安全事故应急救援预案,并向本单位从业人员公布。

以最为常见的矿山开采行业为例,矿山企业的刑事合规的行为要求如下:

(1) 必须具有保障安全生产的设施,建立、健全安全管理制度,采取有效措施改善职工劳动条件,加强矿山安全管理工作,保证安全生产。

(2) 矿山开采必须具备保障安全生产的条件,执行开采不同矿种的矿山安全规程和行业技术规范。

(3) 矿山使用的有特殊安全要求的设备、器材、防护用品和安全检测仪器,必须符合国家安全标准或者行业安全标准;不符合国家安全标准或者行业安全标准的,不得使用。

(4) 矿山企业对职工的安全教育、培训,应当包括下列内容:①《矿山安全法》及本条例赋予矿山职工的权利与义务;②矿山安全规程及矿山企业有关安全管理的规章制度;③与职工本职工作有关的安全知识;④各种事故征兆的识别、发生紧急危险情况时的应急措施和撤退路线;⑤自救装备的使用和有关急救方面的知识;⑥有关主管部门规定的其他内容。《矿山安全法实施条例》第 39 条规定,矿山企业向职工发放的劳动防护用品应当是经过鉴定和检验合格的产品。《矿山安全法》第 31 条规定,矿山企业应当建立由专职或者兼职人员组成的救护和医疗急救组织,配备必要的装备、器材和药物。

(5) 矿山企业必须按照国家规定的安全条件进行生产,并安排一部分资金,用于下列

---

① 刘涛.完善刑法规定,斩断利益诱因——重大安全生产事故的刑法对策[J].中国检察官,2010(7).
② 刘龙海.矿难:由乱到治的法律进路[J].中国检察官,2010(7).

改善矿山安全生产条件的项目：①预防矿山事故的安全技术措施；②预防职业危害的劳动卫生技术措施；③职工的安全培训；④改善矿山安全生产条件的其他技术措施。前项所需资金，由矿山企业按矿山维简费的 20% 的比例据实列支；没有矿山维简费的矿山企业，按固定资产折旧费的 20% 的比例据实列支。

（五）刑事风险预警

（1）具有下列情形之一的，便可以认定为达到重大劳动安全事故罪入罪标准：

① 安全生产设施或者安全生产条件不符合国家规定造成死亡 1 人以上或者重伤 3 人以上；

② 造成直接经济损失 100 万元以上或者其他严重后果或者重大安全事故的，应当认定为"造成严重后果"或者"发生重大伤亡事故或者其他严重后果"，对直接负责的主管人员或者其他责任人员处 3 年以下有期徒刑或拘役。

（2）具有下列情形之一的，可被认定为达到重大安全事故罪的加重处罚标准：

① 安全生产设施或者安全生产条件不符合国家规定造成死亡 3 人以上或者重伤 10 人以上，负事故主要责任的；

② 造成直接经济损失 500 万元以上，负事故主要责任的；

③ 其他造成特别严重后果、情节特别恶劣或者后果特别严重的情形。

四、大型群众性活动组织管理中的刑事合规

（一）刑事合规制度的指向

在社会实践中，大型群众性活动一般是由策划公司、演艺公司、协会等组织来进行具体策划实施，而在大型群众性活动组织过程中，策划公司、演艺公司等企业管理者未按规定进行审批或未采取相应的安全保卫措施的话，将会带来相应的犯罪后果。一些大型群众性活动组织者在组织、举办活动过程中，忽视对群众安全的保护，未按规定申请批准擅自举办或不制定大型活动的安全保卫工作方案、活动场地的消防应急措施、紧急情况下的人员疏散措施和应急预案，致使在大型群众性活动中现场秩序严重混乱、失控，以致人员挤压、踩踏等恶性伤亡事故发生，对人民群众的生命财产造成了重大损失，影响了社会稳定。其除了在客观方面造成人员伤亡、财产损失等严重后果，更深一层次讲，还会影响社会稳定。据统计，2001—2016 年，我国的大型群众性活动重大安全事故案件年平均数量为 2 起，2017—2020 年的案件总数也为 2 起，具体为 2018 年 2 起。[①] 相较而言，大型群众性活动重大安全事故罪的案件数量不多，但是在现代社会不仅大型群众性活动越来越多，而且一旦发生大型群众性活动重大安全事故，一般都会带来重大的人身、财产损失，造成严重的社会危害后果。所以，尽管目前来看本罪的绝对数量不多，但是对于企业管理者而言仍应加以重视。

《刑法》第一百三十五条之一【大型群众性活动重大安全事故罪】规定

举办大型群众性活动违反安全管理规定，因而发生重大伤亡事故或者造成其他严重

---

① 数据来源于威科先行法律数据库，访问日期：2021 年 4 月 9 日。

后果的,对直接负责的主管人员和其他直接责任人员,处三年以下有期徒刑或者拘役;情节特别恶劣的,处三年以上七年以下有期徒刑。

据上,大型群众性活动重大安全事故罪,是指举办大型群众性活动违反安全管理规定,因而发生重大伤亡事故或者造成其他严重后果的行为。

(二)刑事合规的主体对象

大型群众性活动重大安全事故罪的主体为特殊主体,即因举办大型群众性活动而造成重大责任事故的直接负责的主管人员和其他直接责任人员。"直接负责的主管人员",是指大型群众性活动策划者、组织者、举办者;"其他直接责任人员"是指对大型活动的安全举行、紧急预案负有具体落实、执行职责的人员。需要注意的是,"直接负责的主管人员"和"其他直接责任人员",既可以是非国家机关工作人员,也可以是国家机关工作人员,因为我国许多大型集会、焰火晚会、灯会等群众性活动是由地方政府或者政府部门协调举办。在此情形下,必须分清群众性活动是由地方政府或政府部门举办还是以地方政府或政府部门的名义举办,如果是前者,地方政府或政府部门中作为主管人员、其他直接责任人员的国家机关工作人员也可以成为本罪的主体,如果是后者,具体承办单位的主管人员和其他责任人员才是本罪的主体。

(三)违反刑事合规的主观表现

大型群众性活动重大安全事故罪的主观方面为过失,行为人对于自己组织大型群众性活动中存在违反安全管理规定的事实是明知,但对于由此可能带来的重大伤亡事故或者其他严重后果,则既可能是因为疏忽大意没有预见到,还可能是虽有预见,但轻信能够避免,从而导致重大伤亡事故或严重危害后果的发生。

所以,企业管理者首先要强化安全观念。大型群众性活动的组织和举办往往涉及众多人财物协调、调配和使用,这不仅是对主管人员和直接负责人员组织能力的考验,其同时也是主管人员安全观念的试金石。在《中华人民共和国刑法修正案(六)》增设本罪后,大型群众性活动的主管人员和直接责任人员在举办大型群众性活动过程中,违反安全管理规定造成人员伤亡、财产损失等重大后果的,不仅需要承担民事赔偿、行政处罚等法律后果,其同时也蕴藏着刑事犯罪的风险。为此,企业管理者在举办大型群众性活动过程中应强化安全观念。

另外,企业管理者在组织大型群众性活动的过程中,还要建立完善突发事故应急救援制度。本罪是结果犯,本罪的成立以发生重大伤亡事故或者造成其他严重后果为前提。为此,企业管理者在举办大型群众性活动时,如果建立了包含人员疏散、安全隐患消除、先期处置、分级响应、信息报送、医疗救护、群众安全防护、应急人员安全防护等内容的应急处理制度的话,那么也可以在很大程度上避免重大责任事故结果的发生,自然也就不成立本罪。

(四)违规行为表现及合规行为要求

从客观行为来看,大型群众性活动组织者、举办者等对活动安全直接负责的主管人员和其他责任人员在举办大型群众性活动过程中,违反安全管理规定,而发生重大伤亡事故或者造成其他严重后果的,便可成立本罪。因此,大型群众性活动组织者、举办者等对活动安全直接负责的主管人员和其他责任人员应从以下几方面去满足刑事合规的行为要求:

(1) 申请举办群众性文化体育活动的公民、法人和其他组织,应当对活动的具体内容、安全保卫措施承担全部责任,并制定安全保卫工作方案;

(2) 举办大型集会、焰火晚会、灯会等群众性活动,具有火灾危险的,主办单位应当制定灭火和应急疏散预案,落实消防安全措施,并向公安消防机构申报,经公安消防机构对活动现场进行消防安全检查并合格后,方可举办;

(3) 举办水上大型群众性活动或者体育比赛,海事管理机构可以根据情况采取限时航行、单航、封航等临时性限制、疏导交通的措施。

(五) 刑事风险预警

(1) 具有下列情形之一的,便可以认定为达到大型群众性活动重大安全事故罪入罪标准:

① 行为人举办大型群众性活动违反安全管理规定,造成死亡 1 人以上或者重伤 3 人以上;

② 造成直接经济损失 100 万元以上或者其他严重后果或者重大安全事故的,应当认定为"造成严重后果"或者"发生重大伤亡事故或者其他严重后果",对直接负责的主管人员或者其他责任人员处 3 年以下有期徒刑或拘役。

(2) 具有下列情形之一的,便可以认定为达到大型群众性活动重大安全事故罪加重处罚标准:

① 行为人举办大型群众性活动违反安全管理规定造成死亡 3 人以上或者重伤 10 人以上,负事故主要责任的;

② 造成直接经济损失 500 万元以上,负事故主要责任的;

③ 其他造成特别严重后果、情节特别恶劣或者后果特别严重的情形。

五、危险物品管理中的刑事合规

(一) 刑事合规制度的指向

行为人违反爆炸性、易燃性、放射性、毒害性、腐蚀性物品的管理规定,在生产、储存、运输、使用中一旦发生重大事故,将会造成严重的后果。2021 年 4 月 16 日,湖北省应急管理厅网站公布某公司"8·3"较大爆炸事故调查报告,报告指出:2020 年 8 月 3 日 17 时 39 分 29 秒,某公司发生一起爆炸事故,造成 6 人死亡、4 人受伤,直接经济损失 1 344.18 万元。事故直接原因是:超量的丁酮肟盐酸盐在相对密闭空间急剧分解放热,能量得不到有效释放,导致爆炸。① 从案件数量来看,2001 年至 2016 年间,我国的危险物

---

① 湖北省应急管理厅.省应急管理厅关于仙桃市蓝化有机硅有限公司"8·3"较大爆炸事故调查结案的通知[EB/OL].[2021-04-1]. http://yjt.hubei.gov.cn/yjgl/aqsc/sgdc/202104/t20210416_3474687.shtml.

品肇事案件年平均数量为 33 起,2017 年至 2020 年的案件数分别为 103 起、128 起、110 起、121 起。① 整体来看,近 5 年来危险物品肇事罪呈现出高发态势,案件数量较多,应引起企业管理者重视。

《刑法》第一百三十六条【危险物品肇事罪】规定

违反爆炸性、易燃性、放射性、毒害性、腐蚀性物品的管理规定,在生产、储存、运输、使用中发生重大事故,造成严重后果的,处三年以下有期徒刑或者拘役;后果特别严重的,处三年以上七年以下有期徒刑。

据上,危险物品肇事罪,是指违反爆炸性、易燃性、放射性、毒害性、腐蚀性物品的管理规定,在生产、储存、运输、使用中发生重大事故,造成严重后果的行为。

(二)刑事合规的主体对象

危险物品肇事罪的主体是一般主体,单位不成立本罪,具体指的是从事生产、储存、运输、使用爆炸性、易燃性、放射性、毒害性、腐蚀性物品的一般主体。其既包括生产、储存、运输、使用前述五种危险物品企业中的职工,也包含一般民众。而且对这里的生产、储存、运输、使用应做广义理解,除了直接从事生产、储存、运输、使用工作的一线工作人员外,还包括对危险物品生产、储存、运输、使用进行指挥、管理等负有管理职责和对保障生产、储存、运输、使用活动安全设施负有管理、维护义务的企业管理人员。

(三)违反刑事合规的主观表现

危险物品肇事罪的主观要件是过失,即行为人应当预见违反危险物品管理规定的行为可能发生重大事故,但因为疏忽大意而没有预见,或者已经预见而轻信能够避免,以致发生这种结果。危险物品肇事罪的发生往往是由于企业管理者安全观念方面出现了松懈。行为人对于违反危险物品管理规定的行为所造成的严重危害后果的心理态度是疏忽大意或者过于自信过失。但是行为人对其在生产、储存、运输、使用中违反爆炸性、易燃性、放射性、毒害性、腐蚀性物品的管理规定,则既可以是过失,也可以是故意。

正所谓,思想是行动的向导。企业管理者在企业管理过程中,首先应提升和强化自身安全观念,时刻拧紧企业生产安全阀。因此,对于从事危险物品生产、运输、储存和使用的工作人员来讲,需要着重培养、提升其安全观念。

(四)违规行为表现及合规行为要求

违反刑事合规的行为,表现为违反爆炸性、易燃性、放射性、毒害性、腐蚀性物品的管理规定,在生产、储存、运输、使用中发生重大事故。危险物品肇事事故一旦发生,将会导致极为严重的人身财产损害。

为此,行为合规要求:

第一,提高企业危险物品一线操作人员技能水平和专业知识水平。虽根据《危险化学

---

① 数据来源于威科先行法律数据库,访问日期:2021 年 4 月 13 日。

品安全管理条例》第 4 条的规定,生产、储存、使用、经营、运输危险化学品的单位(以下统称危险化学品单位)的主要负责人对本单位的危险化学品安全管理工作全面负责,但距离危险物品肇事最近的是企业一线操作人员,他们操作技能和专业技术水平的高低在很大程度上决定和影响了危险物品肇事事故发生的可能性。而且从实践中大量危险物品肇事事故发生的原因来看,对危险物品的生产、储存、运输、使用缺乏正确了解,操作技能水平低下是导致此类事故发生的重要原因。因此,作为企业管理者,应通过举办讲座、培训等方式来提高企业危险物品一线操作人员技能水平和专业知识水平。

第二,建立完善的突发事故应急救援机制。从根本上降低危险物品肇事事故发生的现实可能性,而当事故发生时,完善的应急救援机制是事后最大限度降低人员财产损失的必要举措。为此,企业管理者在危险物品生产、储存、运输、使用等经营活动中,要建立完善的危险物品肇事事故应急救援制度。

(五)刑事风险预警

(1) 具有下列情形之一的,便可以认定为达到危险物品肇事罪入罪标准:

① 行为人违反爆炸性、易燃性、放射性、毒害性、腐蚀性物品的管理规定,在生产、储存、运输、使用中,造成死亡 1 人以上或者重伤 3 人以上的;

② 造成直接经济损失 100 万元以上或者其他严重后果或者重大安全事故的。

对此应当认定为"造成严重后果"或者"发生重大伤亡事故或者其他严重后果",对直接负责的主管人员或者其他责任人员处 3 年以下有期徒刑或拘役。

(2) 具有下列情形之一的,便可以达到危险物品肇事罪加重处罚标准:

① 行为人违反爆炸性、易燃性、放射性、毒害性、腐蚀性物品的管理规定,在生产、储存、运输、使用中,造成死亡 3 人以上或者重伤 10 人以上,负事故主要责任的;

② 造成直接经济损失 500 万元以上,负事故主要责任的;

③ 其他造成特别严重后果、情节特别恶劣或者后果特别严重的情形。

六、工程重大安全管理的刑事合规

(一)刑事合规制度的指向

工程重大安全事故带来的最直接的犯罪后果在于造成重大人身财产损失。以某饭店"8·29"重大坍塌事故为例,2020 年 8 月 29 日 9 时 40 分许,某饭店发生坍塌事故,造成 29 人死亡、28 人受伤,直接经济损失 1 164.35 万元。据统计,2001—2016 年,我国的工程重大安全事故案件年平均数量为 5 起,2017—2020 年的案件数分别为 41 起、49 起、60 起、48 起。[①] 整体来看,近 5 年来工程重大安全事故罪呈现出高发态势,案件数量较多,应引起企业管理者重视。

《刑法》第一百三十七条【工程重大安全事故罪】规定

建设单位、设计单位、施工单位、工程监理单位违反国家规定,降低工程质量标准,造

---

① 数据来源于威科先行法律数据库,访问日期:2021 年 4 月 15 日。

成重大安全事故的,对直接责任人员,处五年以下有期徒刑或者拘役,并处罚金;后果特别严重的,处五年以上十年以下有期徒刑,并处罚金。

据上,工程重大安全事故罪,是指建设单位、设计单位、施工单位、工程监理单位违反国家规定,降低工程质量标准,造成重大安全事故的行为。

(二) 刑事合规的主体对象

工程重大安全事故罪是单位犯罪,本罪的主体是建设单位、设计单位、施工单位、工程监理单位。当前学界有观点认为,本罪中的"建设单位、设计单位、施工单位、工程监理单位"不能等同于建筑法规的专业术语,其真实含义与其字面含义完全不同,是指任何从事"建设、设计、施工、工程监理"的单位和个人,而不是仅仅限于字面上的"单位"。① 本书不赞成这一观点,在本书看来工程重大安全事故罪犯罪主体的认定应以刑法规定为依据,既然《刑法》第137条并未将个人规定为本罪的行为主体,那么将本条中"单位"解释为任何从事"建设、设计、施工、工程监理"的单位和个人自然也就与罪刑法定原则相违背。这一结论自然也就缺乏合理性,所以本罪的行为主体只能是单位。

此外,在明确本罪犯罪主体要素时,还有两个问题需要明确,即作为本罪主体的建设、设计、施工、工程监理单位是否限于合法成立,是否限于具有法定资质的单位。对这两个问题,本书均持否定答案。其一,本罪主体中的建设单位、设计单位、施工单位、工程监理单位一般指的是合法成立的单位,但非法成立的建设单位、设计单位、施工单位、工程监理单位违反国家规定,降低质量标准,造成重大安全事故也应当成立本罪。其二,合法成立但没有相应许可资质的建设单位、设计单位、施工单位、工程监理单位也可以成为本罪的主体。

(三) 违反刑事合规的主观表现

工程重大安全事故罪主观方面为过失,这里的过失是指行为人对其行为所造成的危害后果的心理状态。但是就行为人违反国家规定而言,有时候可以是明知故犯。即行为人明知违反了国家规定,应当预见可能发生严重后果,但因疏忽大意而没有预见,或者已经预见到会发生某种严重后果,但轻信能够避免,以致发生了严重后果。

为此,在进行违反刑事合规的主观表现时,我们应:

(1) 提升企业管理者的工程质量观念。参与工程建设的建设单位、设计单位、施工单位、工程监理单位直接责任人员工程质量观念的高低,在一定程度上影响和决定我国各项工程质量的好坏。而当这些影响和决定全社会工程质量的建设者、设计者、施工者、工程监理者都具有较好的工程质量观念,都在自己的工作过程中严把质量关的话,那么工程重大安全事故将会大幅度减少。对工程质量负有责任的直接责任人员的刑事犯罪风险也将降低,所以我们应首先提升企业管理者的工程质量观念。

(2) 强化和提升一线建设者、设计者、施工者和工程监理人员的专业知识水平和质量观念。企业管理人员虽然对工程建设质量的好坏负有直接责任,但与建设工程质量最为密切相关的则是一线建设者、设计者、施工者和工程监理人员。因此,作为企业管理者,在

---

① 曲新久.从"身份"到"行为"工程重大安全事故罪的一个解释问题[J].人民检察,2011(17).

提升自身工程建筑质量观念的同时,把好一线建设者、设计者、施工者和监理人员的质量关也同样重要。

(3) 重视被害人权益保障,化解社会矛盾。就工程重大安全事故罪的刑罚处罚而言,现行刑法不仅规定了基本刑,同时还规定了加重处罚情节,即造成危害后果越严重,对行为人的处罚也就可能越重。因此,对工程质量直接负责的企业管理人员而言,在事故发生后重视被害人权益保障、采取各种补救措施及时止损,既可以积极化解社会矛盾、避免事故继续恶化,还可以减少事故损失,避免自身刑罚后果进一步加重。

(四) 违规行为表现及合规行为要求

违反刑事合规的表现是,建设单位、设计单位、施工单位、工程监理单位违反国家规定,降低工程质量标准,造成重大安全事故。我国正处在快速发展的关键时期,以基础设施建设为代表的工程建设是当前国家建设的重要一环。可以说,工程建设已经成为社会经济发展的重要组成部分。为此,参与工程建设的建设单位、设计单位、施工单位、工程监理单位直接责任人员应:

(1) 不得实施违反国家规定,降低工程质量标准,造成重大安全事故的行为。

(2) 建筑工程监理应当依照法律、行政法规及有关的技术标准、设计文件和建筑工程承包合同,对承包单位在施工质量、建设工期和建设资金使用等方面,代表建设单位实施监督。工程监理人员认为工程施工不符合工程设计要求、施工技术标准和合同约定的,有权要求建筑施工企业改正。工程监理人员发现工程设计不符合建筑工程质量标准或者合同约定的质量要求的,应当报告建设单位要求设计单位改正。

(3) 建筑工程的勘察、设计单位必须对其勘察、设计的质量负责。勘察、设计文件应当符合有关法律、行政法规的规定和建筑工程质量、安全标准、建筑工程勘察、设计技术规范以及合同的约定。设计文件选用的建筑材料、建筑构配件和设备,应当注明其规格、型号、性能等技术指标,其质量要求必须符合国家规定的标准。

(4) 建设单位不得以任何理由,要求建筑设计单位或者建筑施工企业在工程设计或者施工作业中,违反法律、行政法规和建筑工程质量、安全标准,降低工程质量。建筑设计单位和建筑施工企业对建设单位违反前款规定提出的降低工程质量的要求,应当予以拒绝。

(5) 建筑施工企业必须按照工程设计图纸和施工技术标准施工,不得偷工减料。工程设计的修改由原设计单位负责,建筑施工企业不得擅自修改工程设计。

(五) 刑事风险预警

(1) 具有下列情形之一的,便可以认定为达到工程重大安全事故罪入罪标准:

① 建设单位、设计单位、施工单位、工程监理单位违反国家规定,以低于质量标准的要求建设、设计、施工和监理,造成死亡1人以上或者重伤3人以上的;

② 造成直接经济损失100万元以上或者其他严重后果或者重大安全事故的。

以上情形应当认定为"造成严重后果"或者"发生重大伤亡事故或者其他严重后果",对直接责任人员处5年以下有期徒刑或拘役,并处罚金。

(2) 具有下列情形之一的,便可以达到工程重大安全事故罪加重处罚标准:

① 建设单位、设计单位、施工单位、工程监理单位违反国家规定,以低于质量标准的要求建设、设计、施工和监理,造成死亡3人以上或者重伤10人以上,负事故主要责任的;

② 造成直接经济损失500万元以上,负事故主要责任的;

③ 其他造成特别严重后果、情节特别恶劣或者后果特别严重的情形。

以上情形对直接责任人员处5年以上10年以下有期徒刑,并处罚金。

七、消防管理中的刑事合规

(一)刑事合规制度的指向

司法实践中,消防安全义务责任人违反消防管理法规,经消防监督机构通知采取改正措施而拒绝执行,除了可能造成重大消防安全事故外,还会破坏消防法、消防安全责任制实施办法中有关消防安全和消防责任的相关制度。消防责任事故发生后,不仅会影响企业正常的生产经营,在很大程度上破坏甚至中断企业正常的生产经营活动,同时也将极大地破坏正常的企业管理秩序,同时还会制造新的不稳定因素,破坏正常的社会秩序。对受害人及其家人来讲,消防责任事故的发生无疑是飞来横祸。自身或家人在消防事故中伤亡,后续也会带来民事赔偿、维权等新的诉争,而如果这些问题没能妥善处置的话,则可能成为新的不稳定因素,影响正常的社会秩序。据统计,2001—2016年,我国的消防责任事故案件年平均数量为6起,2017—2020年的案件数分别为43起、53起、73起、66起。① 整体来看,近5年来消防责任事故罪呈现出高发态势,案件数量较多,应引起企业管理者重视。

《刑法》第一百三十九条【消防责任事故罪】规定

违反消防管理法规,经消防监督机构通知采取改正措施而拒绝执行,造成严重后果的,对直接责任人员,处三年以下有期徒刑或者拘役;后果特别严重的,处三年以上七年以下有期徒刑。

据上,消防责任事故罪,是指违反消防管理法规,经消防监督机构通知采取改正措施而拒绝执行,造成严重后果的行为。

(二)刑事合规的主体对象

消防责任事故罪的主体是一般主体。消防安全责任制实施办法进行了明确规定,根据主体类型的不同,不同行为主体承担的消防责任也存在差异。一般而言,机关、团体、企业、事业等单位是消防安全的责任主体,法定代表人、主要负责人或实际控制人是本单位、本场所消防安全责任人,对本单位、本场所消防安全全面负责。以武汉首例消防责任事故案为例,武汉市某医院院长曾某某在2003年7月和2004年1月两次收到消防部门的改正通知,要求拆除楼梯间库房,保障安全出口通畅,消除火灾隐患。其收到通知后虽做了相关安排,但直到火灾发生仍未执行整改意见。2004年1月21日,患精神病职工李某纵火,导致库房突发火灾,造成7人遇难、11人受伤的重大事故,后被法院以本罪判处有期

---

① 数据来源于威科先行法律数据库,访问日期:2021年4月16日。

徒刑2年,缓刑3年。由此可见,只有负有消防责任的行为人才能成为本罪的行为主体。

(三)违反刑事合规的主观表现

本罪主观方面为过失,而根据现行刑法的规定,本罪的成立以行为人违反消防安全管理法规,经消防监督机构通知采取改正措施而拒绝执行为前提。在司法实践中,行为人对自己行为违反消防管理法规可以是明知,对于拒不执行消防监督机构的改正措施则只能是明知。而对于自己违反消防管理法规、拒不执行改正措施行为可能带来的严重后果则既可以是出于疏忽大意没有认识到,也可以是虽有认识但轻信能够避免,从而导致危害结果的发生。

为此,一方面企业管理者应强化自身消防责任意识,摒弃侥幸心理。提升人们的消防安全意识,特别是单位消防安全主体责任意识,"预防火灾和减少火灾危害""惩罚犯罪,保护人民"正是消防法、刑法等相关法律法规的立法宗旨。[①] 作为单位消防责任主体的企业管理者,其首先要做的就是强化自身消防责任意识,积极履行消防责任,避免因侥幸心理疏于消防防护而最终导致消防事故的发生,也使自身陷于相应的刑事犯罪风险之中。另一方面,强化和提升企业职工的消防专业知识水平和消防安全观念。落实自身消防安全责任。企业管理者虽是单位的消防责任主体,但是消防责任的具体落实则需要依靠企业职工和下属贯彻实施。所以对企业管理人员而言,除了自身具有较强的消防责任观念之外,还需要在具体的企业管理实践中将消防责任落到实处。具体可以按照《中华人民共和国消防法》《消防安全责任制实施办法》的规定,建立起完善的消防安全管理制度和管理队伍。

(四)违规行为表现及合规行为要求

本罪是不作为犯,以行为人违反消防管理法规,经消防监督机构通知采取改正措施而拒绝执行为前提。行为人要成为本罪的主体,须以承担相应的消防责任为前提。

为此,行为合规要求:

第一,机关、团体、企业、事业等单位应当落实消防安全主体责任,履行消防职责。如明确各级、各岗位消防安全责任人及其职责,制定本单位的消防安全制度、消防安全操作规程、灭火和应急疏散预案。定期组织开展灭火和应急疏散演练,进行消防工作检查考核,保证各项规章制度落实等。

第二,消防安全重点单位应明确承担消防安全管理工作的机构和消防安全管理人并报知当地公安消防部门,组织实施本单位消防安全管理。消防安全管理人应当经过消防培训;应建立消防档案,确定消防安全重点部位,设置防火标志,实行严格管理;安装、使用电器产品、燃气用具和敷设电气线路、管线时必须符合相关标准和用电、用气安全管理规定,并定期维护保养、检测。

第三,容易造成群死群伤火灾的人员密集场所、易燃易爆单位和高层、地下公共建筑等火灾高危单位,应履行定期召开消防安全工作例会,研究本单位消防工作,处理涉及消

---

① 刘茂华.消防责任事故罪主观方面分析[J].武警学院学报,2016(7).

防经费投入、消防设施设备购置、火灾隐患整改等重大问题并按照国家标准配备应急逃生设施设备和疏散引导器材等消防安全职责。

（五）刑事风险预警

（1）具有下列情形之一的，便可以认定为达到消防责任事故罪入罪标准：

① 行为人违反消防管理法规，拒不执行消防监督机构采取改正措施的通知，造成死亡1人以上或者重伤3人以上的；

② 造成直接经济损失100万元以上或者其他严重后果或者重大安全事故的，应当认定为"造成严重后果"或者"发生重大伤亡事故或者其他严重后果"，对直接责任人员处3年以下有期徒刑或拘役。

（2）具有下列情形之一的，便可以达到消防责任事故罪加重处罚标准：

① 行为人违反消防管理法规，拒不执行消防监督机构采取改正措施的通知，造成死亡3人以上或者重伤10人以上，负事故主要责任的；

② 造成直接经济损失500万元以上，负事故主要责任的；

③ 其他造成特别严重后果、情节特别恶劣或者后果特别严重的情形，对直接责任人员处3年以上7年以下有期徒刑。

八、安全事故控制管理的刑事合规

（一）刑事合规制度的指向

行为人在安全事故发生后不报或者谎报事故情况，贻误事故抢救，一般会带来极为严重的人身财产损失。如在常某某失火罪、常某甲不报、谎报安全事故罪一案中。法院审理后查明，常某某在工地铲草过程中，过失引起火灾，危害公共安全，造成过火面积高达7 000余亩、直接经济损失5 683 700元的火灾事故，其行为已构成失火罪。常某甲作为钻井工队实际负责人，在其工地发生火灾安全事故后，未及时向有关部门报告事故情况，贻误火灾救火时机，情节严重，其行为已构成不报安全事故罪。由此可见，相比于过失导致安全事故发生而言，行为人在安全事故发生后故意不报或者谎报事故情况，导致贻误事故抢救并致使事故后果进一步扩大，行为人的主观恶性更大。据统计，2001—2016年，我国的不报、谎报安全事故罪案件年平均数量约为2起，2017—2020年的案件数分别为6起、3起、10起、8起。①

《刑法》第一百三十九条之一【不报、谎报安全事故罪】规定

在安全事故发生后，负有报告职责的人员不报或者谎报事故情况，贻误事故抢救，情节严重的，处三年以下有期徒刑或者拘役；情节特别严重的，处三年以上七年以下有期徒刑。

据上，不报、谎报安全事故罪，是指在安全事故发生后，负有报告职责的人员不报或者

---

① 数据来源于威科先行法律数据库，访问日期：2021年4月17日。

谎报事故情况,贻误事故抢救,情节严重的行为。

(二) 刑事合规的主体对象

本罪主体是特殊主体,具体是指负责安全管理且有如实上报安全事故责任的人。对于主体范围当前理论上存在争议,但一般认为本罪的主体只包括在事故现场且对安全生产作业负有职责的人员,虽不在事故现场但对单位安全生产负有职责的单位负责人和对生产作业负有管理、指挥、监督职责的人员,而不包括虽在现场但对安全生产并不负有管理职责的人员。

对此,根据《安全生产法》第110条的规定,生产经营单位的主要负责人在本单位发生生产安全事故时,不立即组织抢救或者在事故调查处理期间擅离职守或者逃匿的,给予降级、撤职的处分,并由应急管理部门处上一年年收入60%～100%的罚款;对逃匿的处15日以下拘留;构成犯罪的,依照刑法有关规定追究刑事责任。生产经营单位的主要负责人对生产安全事故隐瞒不报、谎报或者迟报的,依照前款规定处罚。第111条规定,有关地方人民政府、负有安全生产监督管理职责的部门,对生产安全事故隐瞒不报、谎报或者迟报的,对直接负责的主管人员和其他直接责任人员依法给予处分;构成犯罪的,依照刑法有关规定追究刑事责任。

此外,本罪是身份犯,不负有安全报告职责的人员虽不能成立本罪的正犯,但可以成立本罪的共犯。司法实践中,在安全事故发生后,与负有报告职责的人员串通,不报或谎报事故情况,贻误事故抢救,情节严重的,依照刑法第139条之一的规定,以共犯论处。

(三) 违反刑事合规的主观表现

本罪主观方面为故意,即行为人明知应该在安全事故发生后及时向有关机关或部门报告事故的真实情况,但是却有意不报或谎报事故情况,而对于由此带来的贻误事故抢救及其严重后果则出于放任或积极追求的态度。

为此,负责安全管理且有如实上报安全事故责任的行为主体应在企业生产、作业过程中,梳理和强化安全生产意识,避免安全事故的发生。虽本罪规制的是安全事故发生后,负有安全报告义务的企业管理者等行为人不报或者谎报事故情况从而贻误事故抢救的行为,但反过来看,本罪的成立以安全事故的发生为前提,如果企业管理者在企业生产、作业过程中具有较强的安全生产意识,将会在很大程度上避免安全事故的发生。而如果没有安全事故的发生,自然也就不存在不报或者谎报安全事故的前提和基础。所以,对企业管理者而言,树立和强化安全生产意识,避免安全事故的发生,也同样对于预防本罪具有积极的现实意义。

(四) 违规行为表现及合规行为要求

不报、谎报安全事故罪在客观方面表现为在安全事故发生后,负有报告职责的人员不报或者谎报事故情况,贻误事故抢救,情节严重的行为。不报、谎报安全事故不仅会贻误事故抢救导致事故后果扩大,同时还会影响企业正常生产经营。

为此,负责安全管理且有如实上报安全事故责任的行为主体应在安全事故发生后,及时按规定进行上报,避免安全事故危害后果二次扩大。客观地讲,安全事故的发生在一定程度上有其必然性。对于企业管理者而言,在面对安全事故时应持积极面对的理性立场,按照《生产安全事故报告和调查处理条例》等法律法规的规定及时上报事故情况,一方面,可以赢得宝贵的事故抢救时机,避免事故损失扩大化;另一方面,也可以避免新的刑事风险。

(五)刑事风险预警

(1) 具有下列情形之一的,便可以认定为达到不报、谎报安全事故罪入罪标准:

① 导致事故后果扩大,增加死亡 1 人以上,或者增加重伤 3 人以上,或者增加直接经济损失 100 万元以上的。

② 实施下列行为之一,致使不能及时有效开展事故抢救的:a. 决定不报、迟报、谎报事故情况或者指使、串通有关人员不报、迟报、谎报事故情况的;b. 在事故抢救期间擅离职守或者逃匿的;c. 伪造、破坏事故现场,或者转移、藏匿、毁灭遇难人员尸体,或者转移、藏匿受伤人员的;d. 毁灭、伪造、隐匿与事故有关的图纸、记录、计算机数据等资料以及其他证据的。

③ 其他情节严重的情形。

(2) 具有下列情形之一的,便可以达到不报、谎报安全事故罪加重处罚标准:

① 导致事故后果扩大,增加死亡 3 人以上,或者增加重伤 10 人以上,或者增加直接经济损失 500 万元以上的;

② 采用暴力、胁迫、命令等方式阻止他人报告事故情况,导致事故后果扩大的;

③ 其他情节特别严重的情形。

第二节 环境保护刑事合规

一、危险废物管理刑事合规

(一)刑事合规制度的指向

环境是人类赖以生存的基础,无论是人们的日常生活,还是企业的生产经营,都离不开良好生态环境的支持。污染环境犯罪不仅严重破坏大自然的和谐,更是对人类生存基础的破坏,包括对水资源、对土地资源等的严重破坏。这些破坏不仅会直接造成生活在此环境中的人们的生命、健康、财产损失,并且在短时间内难以自行恢复,国家和社会都会为此付出巨大的代价。

经过统计发现,污染环境罪的案件发生率近几年出现了很大幅度的增加。2012 年,全国各级人民法院审理的环境污染罪案件仅不到 10 起,但到了 2014 年,这个数量陡然增加到了 1 103 起,而到了 2019 年,更是达到了 4 262 起。这表明国家对于污染环境罪的查处力度的不断加大,企业实施此类犯罪的违法成本也随之攀升。从地域分布来看,自 2009 年以来有关环境污染罪的案例主要集中在浙江省、河北省、广东省,分别占比 20.79%、

16.03%、12.65%。其中浙江省的案件量最多,达到4 066起。行业分布主要集中在制造业,批发和零售业,水利、环境和公共设施管理业,交通运输、仓储和邮政业,金融业。[①]

《刑法》第三百三十八条【污染环境罪】规定

违反国家规定,排放、倾倒或者处置有放射性的废物、含传染病病原体的废物、有毒物质或者其他有害物质,严重污染环境的,处三年以下有期徒刑或者拘役,并处或者单处罚金;情节严重的,处三年以上七年以下有期徒刑,并处罚金;有下列情形之一的,处七年以上有期徒刑,并处罚金:

(一)在饮用水水源保护区、自然保护地核心保护区等依法确定的重点保护区域排放、倾倒、处置有放射性的废物、含传染病病原体的废物、有毒物质,情节特别严重的;

(二)向国家确定的重要江河、湖泊水域排放、倾倒、处置有放射性的废物、含传染病病原体的废物、有毒物质,情节特别严重的;

(三)致使大量永久基本农田基本功能丧失或者遭受永久性破坏的;

(四)致使多人重伤、严重疾病,或者致人严重残疾、死亡的。

有前款行为,同时构成其他犯罪的,依照处罚较重的规定定罪处罚。

据上,污染环境罪,是指违反国家规定,排放、倾倒或者处置有放射性的废物、含传染病病原体的废物、有毒物质或者其他有害物质,严重污染环境的犯罪。

(二)刑事合规的主体对象

污染环境罪的主体既可以是自然人,也可以是单位,所以刑事合规的主体对象是企业和企业员工。

构成环境污染犯罪的行为人在身份上呈现出多样化的特征,有些是具备一定专业技能、专业知识、负有特定职责或从事特定职业的企业或企业员工,如制造业,批发和零售业,水利、环境和公共设施管理业,交通运输、仓储和邮政业,金融业的企业管理人员及相关工作人员;有些则是根本不具备任何专业技能、专业知识的普通员工。前者的污染环境行为往往表现出一定的专业性和隐蔽性;而后者的犯罪行为往往更为随意,造成的危害结果也更容易被发现。

(三)违反刑事合规的主观表现

污染环境罪在主观上需具备故意的主观状态,即明知所倾倒、排放的是废物、有毒物质,也明知道或应当知道这些物质是不能随意排放的,但仍予以倾倒、排放的心理状态。企业和员工对于排放可能造成的严重后果,往往是抱有侥幸心理,即可能是存有一种过失的心理状态。

行为人实施此类犯罪的动机大多数都是获得经济利益,如避免建造符合规定的设施设备处理废弃物、有毒物,从而节约企业成本;又如为了获取直接经济利益,以处理废弃物获得收入,实际上行为人根本不具备处理废弃物的资质和能力;也有的是为了迎接行

---

① 数据来源于Alpha法律数据统计系统,访问日期:2021年4月10日。

政机关的检查而刻意进行厂房冲洗,在此过程中导致了废弃物、有毒物的排放;等等。所以,企业要根据相关目录,对于废物进行明确分类,根据不同类型废物及其处理要求,建立规章制度,对员工进行教育培训和业务培训。

(四)违规行为表现及合规行为要求

污染环境罪处罚的是违反国家规定,排放、倾倒或者处置有放射性的废物、含传染病病原体的废物、有毒物质或者其他有害物质,并且严重污染了环境的行为。在司法实践中,违反国家规定排放、倾倒或处置废物及有害物质的行为样态是多样化的,但大多数主要都表现为两种形式:一是为了获取利益,为他人处理废弃物,逃避国家的监管,私自排放、倾倒和处置废物及有害物质;二是对自己经营中产生的废弃物、有害物质进行私自处理。

为此,行为合规要求:

第一,企业应当优先使用清洁能源,采用资源利用率高、污染物排放量少的工艺、设备以及废弃物综合利用技术和污染物无害化处理技术,减少污染物的产生。

第二,实行排污许可管理的企业事业单位和其他生产经营者应当按照排污许可证的要求排放污染物;未取得排污许可证的,不得排放污染物。

第三,建设项目中防治污染的设施,应当与主体工程同时设计、同时施工、同时投产使用。防治污染的设施应当符合经批准的环境影响评价文件的要求,不得擅自拆除或者闲置。

第四,排放污染物的企业事业单位和其他生产经营者,应当采取措施,防治在生产建设或者其他活动中产生的废气、废水、废渣、医疗废物、粉尘、恶臭气体、放射性物质以及噪声、振动、光辐射、电磁辐射等对环境的污染和危害。

第五,重点排污单位应当按照国家有关规定和监测规范安装使用监测设备,保证监测设备正常运行,保存原始监测记录。不得通过暗管、渗井、渗坑、灌注或者篡改、伪造监测数据,或者不正常运行防治污染设施等逃避监管的方式违法排放污染物。

第六,国家对严重污染环境的工艺、设备和产品实行淘汰制度。任何单位和个人不得生产、销售或者转移、使用严重污染环境的工艺、设备和产品;不得引进不符合我国环境保护规定的技术、设备、材料和产品。

(五)刑事风险预警

具有下列情形之一的,被认定为严重污染环境,达到了定罪处罚的客观要求:

(1) 在饮用水水源一级保护区、自然保护区核心区排放、倾倒、处置有放射性的废物、含传染病病原体的废物、有毒物质的;

(2) 非法排放、倾倒、处置危险废物 3 吨以上的;

(3) 排放、倾倒、处置含铅、汞、镉、铬、砷、铊、锑的污染物,超过国家或者地方污染物排放标准 3 倍以上的;

(4) 排放、倾倒、处置含镍、铜、锌、银、钒、锰、钴的污染物,超过国家或者地方污染物排放标准 10 倍以上的;

(5) 通过暗管、渗井、渗坑、裂隙、溶洞、灌注等逃避监管的方式排放、倾倒、处置有放射性的废物、含传染病病原体的废物、有毒物质的；

（6）2年内曾因违反国家规定，排放、倾倒、处置有放射性的废物、含传染病病原体的废物、有毒物质受过2次以上行政处罚，又实施前列行为的；

（7）重点排污单位篡改、伪造自动监测数据或者干扰自动监测设施，排放化学需氧量、氨氮、二氧化硫、氮氧化物等污染物的；

（8）违法减少防治污染设施运行支出100万元以上的；

（9）违法所得或者致使公私财产损失30万元以上的；

（10）造成生态环境严重损害的；

（11）致使乡镇以上集中式饮用水水源取水中断12小时以上的；

（12）致使基本农田、防护林地、特种用途林地5亩以上，其他农用地10亩以上，其他土地20亩以上基本功能丧失或者遭受永久性破坏的；

（13）致使森林或者其他林木死亡50立方米以上，或者幼树死亡1500株以上的；

（14）致使疏散、转移群众5000人以上的；

（15）致使30人以上中毒的；

（16）致使3人以上轻伤、轻度残疾或者器官组织损伤导致一般功能障碍的；

（17）致使1人以上重伤、中度残疾或者器官组织损伤导致严重功能障碍的；

（18）其他严重污染环境的情形。

二、处置进口的固体废物的刑事合规

（一）刑事合规制度的指向

"固体废物"，是指在生产、生活和其他活动中产生的丧失原有利用价值或者虽未丧失利用价值但被抛弃或者放弃的固态、半固态和置于容器中的气态的物品、物质以及法律、行政法规规定纳入固体废物管理的物品、物质。这些物质已经不具备任何利用价值，如果是经无害化加工处理，并且符合强制性国家产品质量标准，不会危害公众健康和生态安全，或者根据固体废物鉴别标准和鉴别程序认定为不属于固体废物的，就不可能构成本罪。而这些固体废物由于没有任何利用价值，若不能得到妥善处置，无疑会对环境造成极大破坏。例如，固体废物的细粒被风吹起会增加大气中的粉尘含量，从而加重大气污染；固体废物排入江河湖泊则会导致水体的淤积，堵塞河道，固体废物中的有毒有害物质还会对水质造成极大的损害；等等。

根据统计发现，非法处置进口的固体废物犯罪2014年以来发生较少，2014年、2015年每年仅发生3起，2019年发生2起，但到了2020年人民法院审理的非法处置进口的固体废物罪案件数量为103起，案件发生率呈现出极大的增长。从地域分布来看，2014年以来非法处置进口的固体废物罪案例主要集中在四川省、安徽省、广东省，分别占比49.59%、43.90%、4.07%。其中四川省的案件量最多，达到61起。非法处置进口的固体废物罪当前主要集中在建筑业、制造业、房地产业。①

---

① 数据来源于Alpha法律数据统计系统，访问日期：2021年4月10日。

《刑法》第三百三十九条第一款【非法处置进口的固体废物罪】规定

违反国家规定,将境外的固体废物进境倾倒、堆放、处置的,处五年以下有期徒刑或者拘役,并处罚金;造成重大环境污染事故,致使公私财产遭受重大损失或者严重危害人体健康的,处五年以上十年以下有期徒刑,并处罚金;后果特别严重的,处十年以上有期徒刑,并处罚金。

据上,非法处置进口的固体废物罪,是指违反国家规定,将境外的固体废物进境倾倒、堆放、处置的犯罪。

(二)刑事合规的主体对象

非法处置进口的固体废物罪的主体为一般主体,既可以是自然人,也可以是单位。实践中,犯本罪的主体大多为从事固体废物进口、经营、加工利用的企业,但没有按照国家管理规定从事相关经营活动。

(三)违反刑事合规的主观表现

非法处置进口的固体废物罪在主观上需具备故意的主观状态,即明知是进口的固体废物,知道可能会对环境造成破坏,依然违反国家规定进行倾倒、堆放、处理。在司法实践中,犯本罪的行为人往往会辩称不知道自己所倾倒、堆放、处理的物品为固体废物,因此不具备非法处置进口废物的主观故意。但人民法院在审理的过程中,往往根据案件的客观证据即可推定行为人的主观故意。

例如,在刘某一、刘某二非法处置进口的固体废物一案中,刘某一及其辩护人辩称,负责运输的刘某一作为拉货的司机不可能甄别货主的身份、目的和企图,刘某一最多只知道他拉的是旧衣服,没有非法处置进口废弃物的主观故意。刘某二及其辩护人辩称在装卸货物时,货主只告诉他是打包的杂物。打包的货物是有包装的,表面看不清里面的货物。但法院经过审理认为"被告人刘某一、刘某二作为专门从事营运的司机,其承运该批货物时,应当要求货运人提供该批货物的相关合法手续,其不仅没有检查自己运载的货物,没有尽到相应的职责,更无法提供货运人的准确信息,亦应由其自己承担不利后果",对于被告人的辩解,由于证据不足而没有认定。

(四)违规行为表现及合规行为要求

非法处置进口的固体废物罪的行为是指违反国家规定,将境外的固体废物进境倾倒、堆放、处置。所谓的"违反国家规定",包括违反《中华人民共和国固体废物污染环境防治法》《固体废物进口管理办法》等。"倾倒"是指将境外固体废物在我国境内从交通工具上任意卸载、抛弃的行为;"堆放"是指将入境的固体废物随意放置;"处置"是指对入境的固体废物采用物理或化学的方式改变其原有外观、属性的行为。

司法实践中,行为人自己倾倒、堆放、处置自己从境外进口的固体废物构成本罪是没有疑问的,但需要注意的是,有时固体废物进口到境内后,经过几道转手,最后的接手人仍然有可能构成本罪。例如,2012—2017年,刘某一将在加拿大和美国采购的固体废物走私到国内刘某二处,刘某二将进口的固体废物在国内进行销售,其中部分销售到河北、山东。2014年2月至2017年7月,被告人刘某三在无相应资质的情况下,在村西头的工厂中,用进口的固体废物做原料加工塑料颗粒,然后将加工的塑料颗粒进行销售。最终刘某三被认定为构成非法处置进口的固体废物罪。

为此,行为合规要求:

第一,产生、收集、贮存、运输、利用、处置固体废物的单位和个人,应当采取措施,防止或者减少固体废物对环境的污染,对所造成的环境污染依法承担责任。

第二,从事收集、贮存、利用、处置危险废物经营活动的企业和个人应当取得相关许可证。

第三,应当注意审查具有业务往来的经营固体废物进口、经营、加工利用企业或相关企业及人员的资质,以及有关的书面凭证,并注意在核查的过程中留下已经充分审查的证据,以避免牵连到此类案件中。

第四,日常经营中不要擅自倾倒、堆放、丢弃、遗撒固体废物;不得在生态保护红线区域、永久基本农田集中区域和其他需要特别保护的区域内,建设工业固体废物、危险废物集中贮存、利用、处置的设施、场所和生活垃圾填埋场;不得将危险废物提供或者委托给无许可证的单位或者其他生产经营者堆放、利用、处置;不得未经批准擅自转移危险废物;应采取防范措施,防止造成危险废物扬散、流失、渗漏或者其他严重后果。

(五)刑事风险预警

刑事风险预警条件如下。

(1) 在饮用水水源一级保护区、自然保护区核心区排放、倾倒、处置有放射性的废物、含传染病病原体的废物、有毒物质的;

(2) 非法排放、倾倒、处置危险废物3吨以上的;

(3) 非法排放含重金属、持久性有机污染物等严重危害环境、损害人体健康的污染物超过国家污染物排放标准或者省、自治区、直辖市人民政府根据法律授权制定的污染物排放标准3倍以上的;

(4) 私设暗管或者利用渗井、渗坑、裂隙、溶洞等排放、倾倒、处置有放射性的废物、含传染病病原体的废物、有毒物质的;

(5) 两年内曾因违反国家规定,排放、倾倒、处置有放射性的废物、含传染病病原体的废物、有毒物质受过两次以上行政处罚,又实施前列行为的;

(6) 致使乡镇以上集中式饮用水水源取水中断12小时以上的;

(7) 致使基本农田、防护林地、特种用途林地5亩以上,其他农用地10亩以上,其他土地20亩以上基本功能丧失或者遭受永久性破坏的;

(8) 致使森林或者其他林木死亡50立方米以上,或者幼树死亡2 500株以上的;

(9) 致使公私财产损失30万元以上的;

(10) 致使疏散、转移群众5 000人以上的;

(11) 致使30人以上中毒的;

（12）致使 3 人以上轻伤、轻度残疾或者器官组织损伤导致一般功能障碍的；

（13）致使 1 人以上重伤、中度残疾或者器官组织损伤导致严重功能障碍的；

（14）其他严重污染环境的情形。

三、进口固体废物的刑事合规

（一）刑事合规制度的指向

根据统计，无论是在中国裁判文书网，还是其他法律数据系统上，近几年擅自进口固体废物罪的案例都没有相关记录。[①] 这表明此类案件目前发生的概率并不是很高，一方面是因为海关管理的加强，违反国务院有关主管部门许可，擅自进口固体废物用作原料的行为发生率较低；另一方面本罪要求造成重大环境污染事故，致使公私财产遭受重大损失或者严重危害人体健康，目前此类行为由于发现较早，尚未出现严重后果就已经被行政处罚了，但这并不意味着此类刑事风险不值得防范。

一些特定的固体废物可以作为原料重复利用，但从境外进口固体废物作为原料使用，必须经过严格的检验、备案，接受国家有关部门的监督和管理。未取得国务院有关主管部门许可而进口固体废物作为原料使用，一方面可能会导致有毒有害废物直接流入我国，造成严重的环境污染；另一方面也可能使得具有污染性、毒害性的废物成为新产品的组成原料流入市场，从而扩大有毒有害物质的扩散、流转范围，造成环境及相关使用者身体健康的损害。

《刑法》第三百三十九条第二款【擅自进口固体废物罪】规定

未经国务院有关主管部门许可，擅自进口固体废物用作原料，造成重大环境污染事故，致使公私财产遭受重大损失或者严重危害人体健康的，处五年以下有期徒刑或者拘役，并处罚金；后果特别严重的，处五年以上十年以下有期徒刑，并处罚金。

据上，擅自进口固体废物罪，是指未经国务院有关主管部门许可，擅自进口固体废物用作原料，造成重大环境污染事故，致使公私财产遭受重大损失或者严重危害人体健康的犯罪。

（二）刑事合规的主体对象

擅自进口固体废物罪的主体为一般主体，既可以是自然人，也可以是单位。实践中，犯本罪的主体一般是从事进口固体废物再加工的企业及相关人员。

（三）违反刑事合规的主观表现

擅自进口固体废物罪在主观上需具备故意的主观状态，即从事进口固体废物再加工行业的人员了解或应当了解国家的相关检验、备案制度，但却故意逃避国家的监管，擅自进口固体废物。行为人在擅自进口时也可能已经知道这些废物可能造成重大环境污染事

[①] 数据来源于 Alpha 法律数据统计系统，访问日期：2021 年 4 月 11 日。

故,致使公私财产遭受重大损失或者严重危害人体健康。

行为人实施本罪的动机大多是追求经济利益,逃避正规检验、备案需要支付的费用和花费的时间。

(四)违规行为表现及合规行为要求

擅自进口固体废物罪的客观行为表现为未经国务院有关主管部门许可,擅自进口固体废物用作原料。如果行为人以原料利用为名,进口不能用作原料的固体废物、液态废物和气态废物的,将会依照《刑法》第152条第2款、第3款有关走私废物罪的规定定罪处罚。

为此,行为合规要求:

第一,不以任何方式进口固体废物。禁止我国境外的固体废物进境倾倒、堆放、处置。

第二,海关特殊监管区域和保税监管场所[包括保税区、综合保税区等海关特殊监管区域和保税物流中心(A/B型)、保税仓库等保税监管场所]内单位产生的未复运出境的固体废物,按照国内固体废物相关规定进行管理。需出区进行贮存、利用或者处置的,应向所在地海关特殊监管区域和保税监管场所地方政府行政管理部门办理相关手续。需注意,海关不再验核相关批件。

第三,在海关特殊监管区域和保税监管场所外开展保税维修和再制造业务单位生产作业过程中产生的未复运出境的固体废物,在行为合规要求方面与上述第二点一致。

(五)刑事风险预警

具有下列情形之一的,被认定为"造成重大环境污染事故,致使公私财产遭受重大损失或者严重危害人体健康",达到了定罪处罚的客观要求:

(1)致使公私财产损失30万元以上的;

(2)致使基本农田、防护林地、特种用途林地5亩以上,其他农用地10亩以上,其他土地20亩以上基本功能丧失或者遭受永久性破坏的;

(3)致使森林或者其他林木死亡50立方米以上,或者幼树死亡2 500株以上的;

(4)致使1人以上死亡、3人以上重伤、10人以上轻伤,或者1人以上重伤并且5人以上轻伤的;

(5)致使传染病发生、流行或者人员中毒达到《国家突发公共卫生事件应急预案》中突发公共卫生事件分级Ⅲ级以上情形,严重危害人体健康的;

(6)其他致使公私财产遭受重大损失或者严重危害人体健康的情形。

四、涉及珍贵、濒危野生动物保护的刑事合规

(一)刑事合规制度的指向

野生动物,特别是珍贵、濒危野生动物的存在对于维护生态系统的平衡,保护动物物种的多样性有着重要的价值,而非法猎捕、杀害珍贵、濒危野生动物无疑会对生态环境造

成直接且无可逆转的破坏。非法收购、运输、出售珍贵、濒危野生动物,以及珍贵、濒危野生动物制品,虽然没有直接对珍贵、濒危野生动物造成伤害,但这些行为会刺激珍贵、濒危野生动物及其制品的交易,从而诱发直接的猎捕和杀害珍贵、濒危野生动物的行为。为此,非法收购、运输、出售珍贵、濒危野生动物及其制品的行为也被立法所明文禁止。

《刑法修正案(十一)》修改了危害珍贵、濒危野生动物罪。《刑法》第341条第1款的司法罪名也随之发生了变化,由"非法猎捕、杀害珍贵、濒危野生动物罪"和"非法收购、运输、出售珍贵、濒危野生动物、正规、濒危野生动物制品罪"变名为"危害珍贵、濒危野生动物罪"。新修订以来,该罪在全国已审判了49起,从地域分布来看,当前刑事案例主要集中在吉林省、江苏省、四川省,分别占比22.00%、22.00%、8.00%。其中吉林省的案件量最多,达到11起。① 由此可见,该罪名的适用力度较大,这充分体现出国家对环境保护的决心与力度,也表明了相关刑事合规制度的重要性。

《刑法》第三百四十一条第一款【危害珍贵、濒危野生动物罪】规定

非法猎捕、杀害国家重点保护的珍贵、濒危野生动物的,或者非法收购、运输、出售国家重点保护的珍贵、濒危野生动物及其制品的,处五年以下有期徒刑或者拘役,并处罚金;情节严重的,处五年以上十年以下有期徒刑,并处罚金;情节特别严重的,处十年以上有期徒刑,并处罚金或者没收财产。

据上,危害珍贵、濒危野生动物罪,是指非法猎捕、杀害国家重点保护的珍贵、濒危野生动物,或者非法收购、运输、出售国家重点保护的珍贵、濒危野生动物及其制品的犯罪。

(二)刑事合规的主体对象

危害珍贵、濒危野生动物罪的主体为一般主体,实践中,相关行为主体并未表现出特殊性,一般自然人及单位都有可能构成此罪。

(三)违反刑事合规的主观表现

危害珍贵、濒危野生动物罪在主观上需具备故意的主观状态,即明知是珍贵、濒危野生动物而非法猎捕、杀害等。

行为人以不知道该动物为珍贵、濒危野生动物为由进行辩解,并不能避免风险。因为《国家重点保护野生动物名录》于1989年1月14日发布实施,至今已逾几十年,其间国家通过各种渠道、各种方式对重点野生动物保护制度进行了长期、广泛的宣传,一般公众对此都应当有所知晓,故而司法机关会一般性地推定行为人明知该动物是珍贵、濒危野生动物。②

---

① 数据来源于Alpha法律数据统计系统,访问日期:2021年4月11日。
② 参见安康铁路运输法院刑事判决书:(2019)陕7101刑初21号。

(四) 违规行为表现及合规行为要求

危害珍贵、濒危野生动物罪的客观行为表现为非法猎捕、杀害国家重点保护的珍贵、濒危野生动物,或者非法收购、运输、出售国家重点保护的珍贵、濒危野生动物及其制品。其中,"收购",包括以营利、自用等为目的的购买行为;"运输",包括采用携带、邮寄、利用他人、使用交通工具等方法进行运送的行为;"出售",包括出卖和以营利为目的的加工利用行为。

为此,行为合规要求:

第一,因科学研究、种群调控、疫源疫病监测或者其他特殊情况,需要猎捕国家一级保护野生动物的,应当向国务院野生动物保护主管部门申请特许猎捕证;需要猎捕国家二级保护野生动物的,应当向省、自治区、直辖市人民政府野生动物保护主管部门申请特许猎捕证。

第二,猎捕非国家重点保护野生动物的,应当依法取得县级以上地方人民政府野生动物保护主管部门核发的狩猎证,并且服从猎捕量限额管理。

第三,猎捕者应当按照特许猎捕证、狩猎证规定的种类、数量、地点、工具、方法和期限进行猎捕。持枪猎捕的,应当依法取得公安机关核发的持枪证。

第四,禁止使用毒药、爆炸物、电击或者电子诱捕装置以及猎套、猎夹、地枪、排铳等工具进行猎捕,禁止使用夜间照明行猎、歼灭性围猎、捣毁巢穴、火攻、烟熏、网捕等方法进行猎捕,但因科学研究确需网捕、电子诱捕的除外。除此以外的禁止使用的猎捕工具和方法,由县级以上地方人民政府规定并公布。

(五) 刑事风险预警

(1) 非法猎捕、杀害、收购、运输、出售珍贵、濒危野生动物,具有下列情形之一的,被认定为"情节严重",达到了定罪处罚的客观要求:

① 达到《最高人民法院关于审理破坏野生动物资源刑事案件具体应用法律若干问题的解释》附表所列相应数量标准;

② 非法猎捕、杀害、收购、运输、出售不同种类的珍贵、濒危野生动物,其中两种以上分别达到附表所列"情节严重"数量标准一半以上的。

具有下列情形之一的,被认定为"情节特别严重",达到了加重处罚的客观要求:

① 犯罪集团的首要分子;

② 严重影响对野生动物的科研、养殖等工作顺利进行的;

③ 以武装掩护方法实施犯罪的;

④ 使用特种车、军用车等交通工具实施犯罪的;

⑤ 造成其他重大损失的。

(2) 非法收购、运输、出售珍贵、濒危野生动物制品,具有下列情形之一的,被认定为"情节严重",达到了定罪处罚的客观要求:

① 价值在10万元以上的;

② 非法获利5万元以上的;

③ 具有其他严重情节的。

具有下列情形之一的,被认定为"情节特别严重",达到了加重处罚的客观要求:

① 价值在 20 万元以上的;

② 非法获利 10 万元以上的;

③ 具有其他特别严重情节的。

五、农地开发利用的刑事合规

(一) 刑事合规制度的指向

我国虽然幅员辽阔,但农业地数量少,人口众多,资源匮乏问题突出。对农业地的非法占有和改变用途,会导致土地的种植或养殖功能遭到破坏,甚至直接丧失此种功能,这对我国的粮食安全、社会稳定等都会有很大的负面影响。

近几年来,非法占用农用地罪的案件审判数量有了明显的增加。根据统计,2009 年之前,本罪的审判案例仅几十件,但从 2013 年开始,案件数量呈倍数增长。2013 年全国各级人民法院审判非法占用农用地罪的案件数为 220 起,2015 年案例数量达到了 1 225 起,2019 年则达到了 2 284 起。从地域分布来看,当前该罪的刑事案例主要集中在内蒙古自治区、吉林省、黑龙江省,分别占比 30.46%、17.54%、6.15%。其中内蒙古自治区的案件量最多,达到 3 595 起。当前案例的行业分布主要集中在农、林、牧、渔业,采矿业,批发和零售业,住宿和餐饮业,制造业等行业。[①]

《刑法》第三百四十二条【非法占用农用地罪】规定

违反土地管理法规,非法占用耕地、林地等农用地,改变被占用土地用途,数量较大,造成耕地、林地等农用地大量毁坏的,处五年以下有期徒刑或者拘役,并处或者单处罚金。

据上,非法占用农用地罪,是指违反土地管理法规,非法占用耕地、林地等农用地,改变被占用土地用途,数量较大,造成耕地、林地等农用地大量毁坏的犯罪。

(二) 刑事合规的主体对象

非法占用农用地罪的主体为一般主体,既可以是自然人,也可以是单位。根据统计,司法实践中,涉案主体以农民居多,因为农用地主要是耕地、林地、草地等,农民具有非法占用农用地的地缘优势,一些人受到各种利益驱使,加之法律意识淡薄,容易触犯法律。但犯罪主体中也不乏单位与企业及其主要负责人,这些主体触犯本罪主要还是受到了利益的驱使。

(三) 违反刑事合规的主观表现

非法占用农用地罪在主观上需具备故意的主观状态,即明知是农用地,依然违反土地

---

① 数据来源于 Alpha 法律数据统计系统,访问日期:2021 年 4 月 11 日。

管理法规,非法占用耕地、林地等农用地,改变被占用土地用途。司法实践中对于行为人主观状态往往采用推定的方式,既不要求行为人明确知道土地的性质,也不要求行为人明确知道土地管理法规的内容,只要行为人可能知道、应当知道该土地的性质,以及知道要按照土地管理法规办理一定手续,即推定主观上具有故意。为此,行为人应当主动了解清楚土地性质,并掌握相关土地管理法规的内容,以不知情为由辩解,不能逃脱责任。

(四)违规行为表现及合规行为要求

非法占用农用地罪的行为是指行为人违反土地管理法规,非法占用耕地、林地等农用地,改变被占用土地用途。

司法实践中,非法占用农用地的形式多样。有的将农用地转为建设用地,如严某以某有限公司的名义与某村签订征地补偿合同,将位于绿色产业区规划区范围内218亩林地转为该公司建设用地[①];有的在农用地上进行矿产资源开发,如采矿、挖沙等;有的将耕地转为其他农用地,如开垦为林地、挖鱼塘等;有的将农用地转为其他非农用途,如开发小产权房、大棚房等。

为此,行为合规要求:

第一,永久基本农田经依法划定后,任何单位和个人不得擅自占用或者改变其用途。国家能源、交通、水利、军事设施等重点建设项目选址确实难以避让永久基本农田,涉及农用地转用或者土地征收的,必须经国务院批准。禁止通过擅自调整县级土地利用总体规划、乡(镇)土地利用总体规划等方式规避永久基本农田农用地转用或者土地征收的审批。

第二,建设占用土地,涉及农用地转为建设用地的,应当办理农用地转用审批手续。

第三,征收土地应先经过有关部门的批准。

第四,不得买卖或者以其他形式非法转让土地。

(五)刑事风险预警

违反土地管理法规,非法占用林地,改变被占用林地用途,在非法占用的林地上实施建窑、建坟、建房、挖沙、采石、采矿、取土、种植农作物、堆放或排泄废弃物等行为或者进行其他非林业生产、建设,造成林地的原有植被或林业种植条件严重毁坏或者严重污染,并具有下列情形之一的,达到了定罪量刑的客观标准:

(1)非法占用并毁坏防护林地、特种用途林地数量分别或者合计达到5亩以上;

(2)非法占用并毁坏其他林地数量达到10亩以上;

(3)非法占用并毁坏上述(1)(2)规定的林地,数量分别达到相应规定的数量标准的50%以上;

(4)非法占用并毁坏上述(1)(2)规定的林地,其中一项数量达到相应规定的数量标准的50%以上,且两项数量合计达到该项规定的数量标准。

---

① 福建省南平市延平区人民法院刑事判决书:(2020)闽0702刑初320号。

六、自然保护地开发利用的刑事合规

（一）刑事合规制度的指向

国家公园是指由国家批准设立并主导管理，边界清晰，以保护具有国家代表性的大面积自然生态系统为主要目的，实现自然资源科学保护和合理利用的特定陆地或海洋区域。自然保护区是指对有代表性的自然生态系统、珍稀濒危野生动植物物种的天然集中分布区、有特殊意义的自然遗迹等保护对象，依法划出一定面积予以特殊保护和管理的陆地、水体或者海域。自然保护地对于生物多样性的保护至关重要，它是国家实施保护策略的基础，是阻止濒危物种灭绝的唯一出路。国家公园和自然保护区是最主要和最重要的自然保护地类型，依托它们，可以保存能够证明地球历史及演化过程的一些重要特征，其中有的还以人文景观的形式记录了人类活动与自然界相互作用的微妙关系。而在国家公园、国家级自然保护区进行开垦、开发活动或者修建建筑物，会对自然环境造成极大破坏。

《刑法》第三百四十二条之一【破坏自然保护地罪】规定

违反自然保护地管理法规，在国家公园、国家级自然保护区进行开垦、开发活动或者修建建筑物，造成严重后果或者有其他恶劣情节的，处五年以下有期徒刑或者拘役，并处或者单处罚金。

有前款行为，同时构成其他犯罪的，依照处罚较重的规定定罪处罚。

据上，破坏自然保护地罪，是指违反自然保护地管理法规，在国家公园、国家级自然保护区进行开垦、开发活动或者修建建筑物，造成严重后果或者有其他恶劣情节的犯罪。

本罪为《刑法修正案（十一）》新增罪名，目前在司法实践中尚不存在审判案例。但随着城市中开发建设进程的加快，此类刑事合规制度依然十分重要。

（二）刑事合规的主体对象

破坏自然保护地罪的主体为一般主体，既可以是自然人，也可以是单位。实践中，行为主体一般为从事开垦、开发活动或进行建筑施工的相关自然人及企业。

（三）违反刑事合规的主观表现

破坏自然保护地罪在主观上需具备故意的主观状态，即明知是国家公园、国家级自然保护区，依然违反自然保护地管理法规进行开垦、开发活动或者修建建筑物。

司法实践中对于行为人主观状态往往采用推定的方式，既不要求行为人明确知道国家公园、国家级自然保护区的具体性质，也不要求行为人明确知道自然保护地管理法规的内容，只要行为人应当知道、可能知道该区域的性质，以及知道可能存在自然保护地管理法规，即可推定主观上故意。

（四）违规行为表现及合规行为要求

破坏自然保护地罪的构成要件行为表现为违反自然保护地管理法规,在国家公园、国家级自然保护区进行开垦、开发活动或者修建建筑物。

为此,行为合规要求:

第一,不要在自然保护区的缓冲区开展旅游和生产经营活动,如果是基于教学科研的目的开展科学研究等活动,应经过自然保护区管理机构批准。

第二,在自然保护区的核心区和缓冲区内,不得建设任何生产设施。在自然保护区的实验区内,不得建设污染环境、破坏资源或者景观的生产设施;建设其他项目,其污染物排放不得超过国家和地方规定的污染物排放标准。在自然保护区的实验区内已经建成的设施,其污染物排放超过国家和地方规定的排放标准的,应当限期治理;造成损害的,必须采取补救措施。

第三,在自然保护区的外围保护地带建设的项目,不得损害自然保护区内的环境质量;已造成损害的,应当限期治理。限期治理决定由法律、法规规定的机关作出,被限期治理的企业事业单位必须按期完成治理任务。

（五）刑事风险预警

行为人在国家公园、国家级自然保护区进行开垦、开发活动或者修建建筑物,同时因其行为方式或者结果触犯刑法其他相关法条,还可能构成其他犯罪,从而出现法条竞合。

例如,行为人在国家公园、国家级自然保护区进行开垦、开发活动或者修建建筑物的过程中,还因其非法占用林地等农用地,可能同时构成《刑法》第342条规定的"非法占用农用地罪";行为人也可能在国家公园、国家级自然保护区进行开垦、开发活动或者修建建筑物的过程中,还因其未取得采矿许可证擅自采矿,同时构成《刑法》第343条规定的"非法采矿罪";行为人还可能在国家公园、国家级自然保护区进行开垦、开发活动或者修建建筑物的过程中,还因其非法采伐、毁坏珍贵树木或者国家重点保护的其他植物,同时构成《刑法》第344条规定的"非法采伐、毁坏国家重点保护植物罪";行为人也可能在国家公园、国家级自然保护区进行开垦、开发活动或者修建建筑物的过程中,还因其盗伐森林或者其他林木,同时构成《刑法》第345条规定的"盗伐林木罪"。

对于以上情形,均将按照处罚较重的规定定罪处罚。

七、采矿的刑事合规（一）

（一）刑事合规制度的指向

根据统计,近5年来,非法采矿罪的案件发生率迅速增长,尤其是2018—2019年期间,案件数由2018年的733起增长到2019年的1578起,增长了1倍之多。从分布来看,非法采矿罪的案例主要集中在浙江省、福建省、江苏省和广东省,分别占比12.19%、9.06%、7.68%、7.4%,其中浙江省的案件最多,达到848起。

《刑法》第三百四十三条第一款【非法采矿罪】规定

违反矿产资源法的规定,未取得采矿许可证擅自采矿,擅自进入国家规划矿区、对国民经济具有重要价值的矿区和他人矿区范围采矿,或者擅自开采国家规定实行保护性开采的特定矿种,情节严重的,处三年以下有期徒刑、拘役或者管制,并处或者单处罚金;情节特别严重的,处三年以上七年以下有期徒刑,并处罚金。

据上,非法采矿罪,是指违反矿产资源法的规定,未取得采矿许可证擅自采矿,擅自进入国家规划矿区、对国民经济具有重要价值的矿区和他人矿区范围采矿,或者擅自开采国家规定实行保护性开采的特定矿种,情节严重的犯罪。

(二)刑事合规的主体对象

非法采矿罪的主体为一般主体,既可以是自然人,也可以是单位。对受雇佣为非法采矿、破坏性采矿犯罪提供劳务的人员,除参与利润分成或者领取高额固定工资的以外,一般不以犯罪论处,曾因非法采矿、破坏性采矿受过处罚的除外。

(三)违反刑事合规的主观表现

非法采矿罪在主观上需具备故意的主观状态,即行为人明知自己是非法采矿,而希望或者放任矿产资源的保护制度受到破坏。行为人实施此类犯罪的动机大多数都是获取经济利益,如为了节约时间成本,在没有获得采矿许可证的情况下擅自采矿;再如,为了牟利擅自进入国家规划矿区采矿。

(四)违规行为表现及合规行为要求

非法采矿罪行为表现为违反矿产资源法的规定,未取得采矿许可证擅自采矿,擅自进入国家规划矿区、对国民经济具有重要价值的矿区和他人矿区范围采矿,或者擅自开采国家规定实行保护性开采的特定矿种,情节严重。

为此,行为合规要求:

第一,企业勘查、开采矿产资源,必须依法分别申请,经批准取得探矿权、采矿权,并办理登记。

第二,采矿权一般不得转让,不得倒卖探矿权、采矿权牟利。除非探矿权人在完成规定的最低勘查投入后,经依法批准,可以将探矿权转让他人,或者已取得采矿权的矿山企业,因企业合并、分立、与他人合资、合作经营,或者因企业资产出售以及有其他变更企业资产产权的情形而需要变更采矿权主体的,经依法批准可以将采矿权转让他人。

(五)刑事风险预警

(1)违反矿产资源法的规定,未取得采矿许可证擅自采矿,或者擅自进入国家规划矿区、对国民经济具有重要价值的矿区和他人矿区范围采矿,或者擅自开采国家规定实行保护性开采的特定矿种,有下列情形之一的,被认定为"情节严重",达到了定罪处罚的客观要求:

① 开采的矿产品价值或者造成矿产资源破坏的价值在10万元至30万元以上的;

② 在国家规划矿区、对国民经济具有重要价值的矿区采矿，开采国家规定实行保护性开采的特定矿种，或者在禁采区、禁采期内采矿，开采的矿产品价值或者造成矿产资源破坏的价值在 5 万元至 15 万元以上的；

③ 2 年内曾因非法采矿受过 2 次以上行政处罚，又实施非法采矿行为的；

④ 造成生态环境严重损害的；

⑤ 其他情节严重的情形。

（2）实施非法采矿行为，具有下列情形之一的，被认定为"情节特别严重"，达到了加重处罚的客观要求：

① 开采的矿产品价值或者造成矿产资源破坏的价值在 50 万元至 150 万元以上的；

② 在国家规划矿区、对国民经济具有重要价值的矿区采矿，开采国家规定实行保护性开采的特定矿种，或者在禁采区、禁采期内采矿，开采的矿产品价值或者造成矿产资源破坏的价值在 25 万元至 75 万元以上的；

③ 造成生态环境特别严重损害的；

④ 其他情节特别严重的情形。

八、采矿的刑事合规（二）

（一）刑事合规制度的指向

根据统计，无论是在中国裁判文书网，还是在其他法律数据系统上，近 5 年破坏性采矿罪的案例仅有 3 起。[①] 从地域分布来看，这 3 起刑事案例分别发生在江西、山西和甘肃。这表明此类案件目前发生的概率并不是很高，一方面是因为矿产开采规范化监管的加强，采取破坏性开采方法开采矿产资源的行为发生率降低。另一方面是因为构成本罪要求造成矿产资源严重破坏的后果，而且假若行为人作为初犯实施破坏性采矿犯罪，全部退赃退赔，积极修复环境，并确有悔改表现的，也可以认定为犯罪情节轻微，从而不起诉或者免予刑事处罚。但这并不意味着此类刑事风险不值得防范。

《刑法》第三百四十三条第二款【破坏性采矿罪】规定

违反矿产资源法的规定，采取破坏性的开采方法开采矿产资源，造成矿产资源严重破坏的，处五年以下有期徒刑或者拘役，并处罚金。

据上，破坏性采矿罪，是指违反矿产资源法的规定，采取破坏性的开采方法开采矿产资源，造成矿产资源严重破坏的犯罪。

（二）刑事合规的主体对象

破坏性采矿罪的主体是特殊主体，即已取得采矿许可证的自然人或单位。如果未取得采矿许可证的人采取破坏性方法开采矿产，会按非法采矿罪追究刑事责任。

（三）违反刑事合规的主观表现

破坏性采矿罪在主观上需具备故意的主观状态，即明知自己破坏性的矿产资源开采

[①] 数据来源于中国裁判文书网、威科先行法律信息库，访问日期：2021 年 4 月 25 日。

行为会导致矿产资源严重破坏,而希望或放任这种危害结果发生的心理态度。司法实践中,对于造成矿资源严重破坏结果的预见不要求是具体的,也不要求行为人预见到被破坏矿产资源的具体价值,只要抽象的预见到自己破坏性的矿产资源开采行为会造成矿产资源严重破坏就会被认定为具有故意。

(四) 违规行为表现及合规行为要求

破坏性采矿罪的客观行为表现为行为人违反地质矿产主管部门审查批准的矿产资源开发利用方案开采矿产资源,并造成矿产资源严重破坏。

为此,行为合规要求:

第一,企业开采矿产资源,必须采取合理的开采顺序、开采方法和选矿工艺。矿山企业的开采回采率、采矿贫化率和选矿回收率应当达到设计要求。

第二,企业开采矿产资源,必须遵守有关环境保护的法律规定,防止污染环境。开采矿产资源,应当节约用地。耕地、草原、林地因采矿受到破坏的,矿山企业应当因地制宜地采取复垦利用、植树种草或者其他利用措施。开采矿产资源给他人生产、生活造成损失的,应当负责赔偿,并采取必要的补救措施。

第三,集体矿山企业和个体采矿应当提高技术水平,提高矿产资源回收率。禁止乱挖滥采,破坏矿产资源。集体矿山企业必须测绘井上、井下工程对照图。

(五) 刑事风险预警

违反矿产资源法的规定,采取破坏性的开采方法开采矿产资源,具有下列情形,将被认定为"造成矿产资源严重破坏",达到定罪处罚的客观要求:

(1) 造成矿产资源破坏的价值在50万元至100万元以上。

(2) 造成国家规划矿区、对国民经济具有重要价值的矿区和国家规定实行保护性开采的特定矿种资源破坏的价值在25万元至50万元以上。

破坏性的开采方法以及造成矿产资源严重破坏的价值数额,由省级以上地质矿产主管部门出具鉴定结论,经查证属实后予以认定。

九、国家重点保护植物保护的刑事合规

(一) 刑事合规制度的指向

珍贵树木以及国家重点保护的植物不仅具有极高的经济价值,而且对于维护生态平衡、保护物种的多样性具有重要的意义与价值,生物多样性如果遭到破坏,人们生存的环境将会更加恶劣。我国由于盲目开采、盗伐滥伐森林资源,致使一些珍贵树木和其他野生植物急剧减少,有的濒临灭绝。因此,非法收购、加工、出售珍贵树木或者国家重点保护的其他植物及其制品的行为被立法所明文禁止。

《刑法修正案(十一)》修改了非法采伐、毁坏国家重点保护植物罪、非法收购、运输、加工、出售国家重点保护植务、国家重点保护植物。《刑法》第344条的司法罪名随之变为"危害国家重点保护植物罪"。自新法修订以来,以"危害国家重点保护植物罪"定罪

处刑的案件已有若干起,从地域上看,这些案件主要分布在云南、浙江、河南、广西等地,其中云南发生此类案件的数量最多,且行为人通常被判处拘役、有期徒刑以及罚金等刑罚。对这些案件的定罪处罚充分显示出国家保护珍贵树木、植物的决心,由此可见相关的刑事合规制度十分重要。

《刑法》第三百四十四条第一款【危害国家重点保护植物罪】规定

违反国家规定,非法采伐、毁坏珍贵树木或者国家重点保护的其他植物的,或者非法收购、运输、加工、出售珍贵树木或者国家重点保护的其他植物及其制品的,处三年以下有期徒刑、拘役或者管制,并处罚金;情节严重的,处三年以上七年以下有期徒刑,并处罚金。

据上,危害国家重点保护植物罪,是指违反国家规定,非法采伐、毁坏珍贵树木或者国家重点保护的其他植物的,或者非法收购、运输、加工、出售珍贵树木或者国家重点保护的其他植物及其制品的犯罪。

(二)刑事合规的主体对象

危害国家重点保护植物罪的主体为一般主体,既可以是自然人,也可以是单位。可见公司和公司员工都是合规的主体对象。

(三)违反刑事合规的主观表现

危害国家重点保护植物罪在主观上需具备故意的主观状态,即明知是珍贵树木或者国家重点保护的其他植物,仍然采伐、毁坏;或者明知是珍贵树木或者国家重点保护的其他植物及其制品,仍然非法收购、运输、加工、出售,并希望或者放任这种危害结果的发生。

司法实践中,对于珍贵树木或者国家重点保护的其他植物的认识并不要求是具体的,只要可能认识到其采伐、毁坏的是珍贵树木或者国家重点保护的其他植物就可以被认定为具有故意。

(四)违规行为表现及合规行为要求

危害国家重点保护植物罪的行为表现为违反国家规定,非法采伐、毁坏珍贵树木或者国家重点保护的其他植物,或者非法收购、运输、加工、出售珍贵树木或者国家重点保护的其他植物及其制品。

在司法实践中,违反国家规定,非法采伐、毁坏珍贵树木或者国家重点保护的其他植物的行为往往表现为没有取得采伐许可证而进行采伐,或者违反许可证规定的面积、株数、树种进行采伐;以及采用剥皮、采集、砍枝、取脂使用等方式,使树木死亡或者影响其正常生长。

为此,行为合规要求:

第一,企业如果有建设项目可能对国家重点保护野生植物和地方重点保护野生植物的生长环境产生不利影响的,必须在应提交的环境影响报告书中对此作出评价。

第二,企业因科学研究、人工培育、文化交流等特殊需要,采集国家一级保护野生植物的,应当按照管理权限向国务院林业行政主管部门或者其授权的机构申请采集证;或者向采集地的省、自治区、直辖市人民政府农业行政主管部门或者其授权的机构申请采集证。采集国家二级保护野生植物的,必须经采集地的县级人民政府野生植物行政主管部门签署意见后,向省、自治区、直辖市人民政府野生植物行政主管部门或者其授权的机构申请采集证。采集城市园林或者风景名胜区内的国家一级或者二级保护野生植物的,须先征得城市园林或者风景名胜区管理机构同意,分别依照上述两项的规定申请采集证。采集珍贵野生树木或者林区内、草原上的野生植物的,依照森林法、草原法的规定办理。

(五)刑事风险预警

危害国家重点保护植物罪所配置的刑罚为3年以下有期徒刑、拘役或者管制,并处罚金;情节严重的,处3年以上7年以下有期徒刑,并处罚金。可见本罪的处罚是比较重的。为了防范此种刑事法律风险,在生产经营中,应当强化对珍贵树木或者国家重点保护的其他植物的保护意识,对于不认识的树木、植物等不应随意采伐、毁坏。在相关贸易活动中,也应当特别注意不要收购、运输、加工、出售珍贵树木或者国家重点保护的其他植物及其制品,即杜绝一切可能毁损珍贵树木和珍贵植物的行为。

十、传染病菌种、毒种管理的刑事合规

(一)刑事合规制度的指向

对于国家和社会而言,传染病菌种、毒种的扩散会对不特定多数人的生命健康造成严重威胁。因此,对于从事实验、保藏、携带、运输传染病菌种、毒种的人员而言,应当对于所经手的传染病菌种、毒种格外谨慎,严格遵守相关的管理制度。根据统计,无论是在中国裁判文书网,还是在其他法律数据系统上,近几年传染病菌种、毒种扩散罪的案例都没有相关记录。[①] 但这并不代表该罪没有防范的必要,特别是随着生物科技在我国的快速发展,出于科学研究、疫苗研发等目的而涉及传染病菌种、毒种的实验会越来越多,相对应的菌种、毒种扩散的风险也会越来越高。

《刑法》第三百三十一条【传染病菌种、毒种扩散罪】规定

从事实验、保藏、携带、运输传染病菌种、毒种的人员,违反国务院卫生行政部门的有关规定,造成传染病菌种、毒种扩散,后果严重的,处三年以下有期徒刑或者拘役;后果特别严重的,处三年以上七年以下有期徒刑。

据上,传染病菌种、毒种扩散罪,是指从事实验、保藏、携带、运输传染病菌种、毒种的人员,违反国务院卫生行政部门的有关规定,造成传染病菌种、毒种扩散的犯罪。

---

① 数据来源于 Alpha 法律数据统计系统,访问日期:2021年5月15日。

(二) 刑事合规的主体对象

传染病菌种、毒种扩散罪的主体为特殊主体,即从事实验、保藏、携带、运输传染病菌种、毒种的人员。虽然单位在从事实验、保藏、携带、运输传染病菌种、毒种的过程中也有可能违反国务院卫生行政部门的有关规定,造成传染病菌种、毒种扩散,但由于立法上并没有规定单位可以构成该罪,故出现此种情形时,直接由直接责任人员承担刑事责任。

(三) 违反刑事合规的主观表现

传染病菌种、毒种扩散罪在主观上表现为过失的主观状态,即从事实验、保藏、携带、运输传染病菌种、毒种的人员应当预见自己违反国务院卫生行政部门的有关规定的行为可能造成传染病菌种、毒种扩散的严重后果,因为疏忽大意没有预见,或者虽然预见,但轻信能够避免。

(四) 违规行为表现及合规行为要求

传染病菌种、毒种扩散罪的客观行为表现为违反国务院卫生行政部门的有关规定,具体而言就是违反《中华人民共和国传染病防治法》《中华人民共和国传染病防治法实施办法》等有关传染病菌种、毒种的采集、保藏、携带、运输和使用的操作规程的法律规定。其现实行为特征表现为明知或应当知道传染病菌种、毒种的采集、保藏、携带、运输和使用的操作规程,但基于各种原因不严格执行,且认为不会造成后果。

为此,行为合规要求:

第一,国家对传染病菌种、毒种和传染病检测样本的采集、保藏、携带、运输和使用实行分类管理,建立健全严格的管理制度。菌(毒)种的保藏由国务院卫生行政部门指定的单位负责:一、二类菌(毒)种由国务院卫生行政部门指定的保藏管理单位供应。三类菌(毒)种由设有专业实验室的单位或者国务院卫生行政部门指定的保藏管理单位供应。使用一类菌(毒)种的单位,必须经国务院卫生行政部门批准;使用二类菌(毒)种的单位必须经省级政府卫生行政部门批准;使用三类菌(毒)种的单位,应当经县级政府卫生行政部门批准。一、二类菌(毒)种,应派专人向供应单位领取,不得邮寄;三类菌(毒)种的邮寄必须持有邮寄单位的证明,并按照菌(毒)种邮寄与包装的有关规定办理。

第二,企业对可能导致甲类传染病传播的以及国务院卫生行政部门规定的菌种、毒种和传染病检测样本,确需采集、保藏、携带、运输和使用的,须经省级以上人民政府卫生行政部门批准。具体办法由国务院制定。

(五) 刑事风险预警

从事实验、保藏、携带、运输传染病菌种、毒种的人员,违反国务院卫生行政部门的有关规定,造成传染病菌种、毒种扩散,具有下列情形将被认定为达到定罪处罚的客观要求:

(1) 导致甲类和按甲类管理的传染病传播的;
(2) 导致乙类、丙类传染病流行、暴发的;
(3) 造成人员重伤或者死亡的;

(4) 严重影响正常的生产、生活秩序的;
(5) 其他造成严重后果的情形。

十一、卫生检疫的刑事合规

(一) 刑事合规制度的指向

妨害国境卫生检疫罪罪名在 2020 年之前几乎没有在司法实践中出现过,在新冠肺炎疫情期间,最高人民检察院接连发布了 3 个有关于该罪名的典型案例,分别是:宁夏回族自治区丁某某涉嫌妨害国境卫生检疫案,江苏刘某等涉嫌妨害国境卫生检疫案,上海余某、唐某涉嫌妨害国境卫生检疫案。通过这 3 个典型案例,可以发现该罪名在疫情全球化扩散的背景下已经于司法实践中被激活,该罪名的适用也不再罕见,相关的刑事合规制度建设也日益紧迫。

《刑法》第三百三十二条【妨害国境卫生检疫罪】规定

违反国境卫生检疫规定,引起检疫传染病传播或者有传播严重危险的,处三年以下有期徒刑或者拘役,并处或者单处罚金。

单位犯前款罪的,对单位判处罚金,并对其直接负责的主管人员和其他直接责任人员,依照前款的规定处罚。

据上,妨害国境卫生检疫罪,是指违反国境卫生检疫规定,引起检疫传染病传播或者有传播严重危险的犯罪。

(二) 刑事合规的主体对象

妨害国境卫生检疫罪的主体为一般主体,既可以是自然人,也可以是单位。基于法律面前人人平等的原则,无论是中国公民,还是外国公民,或者无国籍人,只要在出入我国国境的过程中实施妨害国境卫生检疫的犯罪行为,都应当适用我国法律,适用统一的司法标准,依法追究刑事责任。

(三) 违反刑事合规的主观表现

妨害国境卫生检疫罪在主观上表现为过失的主观状态,即对于"引起检疫传染病传播或者有传播严重危险"是基于过失的心理,但对于违反国境卫生检疫规定,往往是故意的。例如上海余某、唐某涉嫌妨害国境卫生检疫案中,余某、唐某已经先后 2 次进行新冠肺炎病毒核酸检测,结果均为阳性。为了违规搭乘飞机回国,2 人联系中介,分别以 1.7 万元的价格购买伪造新冠肺炎病毒核酸检测阴性证明,并以伪造证明向使馆隐瞒疫情,申领了绿色健康码。之后,2 人乘坐飞机抵达中国,经新冠肺炎病毒核酸检测呈阳性。2 人明知国境卫生检疫的相关规定,仍然购买伪造的证明,隐瞒疫情,但对于引起传播严重危险,2 人并非故意。如果是故意的,则不构成本罪,而应当以危害公共安全罪处罚。

(四) 违规行为表现及合规行为要求

妨害国境卫生检疫罪的客观行为表现为违反国境卫生检疫规定,引起检疫传染病传播或者有传播严重危险。其中"引起检疫传染病传播"是指妨害国境卫生检疫的行为实际造成了传播的后果,"有传播严重危险"则意味着还没有造成实际的传播后果,但具有造成此类后果的极大可能性。

为此,行为合规要求:

第一,入境的交通工具和人员,必须在最先到达的国境口岸的指定地点接受检疫。除引航员外,未经国境卫生检疫机关许可,任何人不准上下交通工具,不准装卸行李、货物、邮包等物品。出境的交通工具和人员,必须在最后离开的国境口岸接受检疫。

第二,向我国境内出口食品的境外出口商或者代理商、进口食品的进口商应当向国家出入境检验检疫部门备案。向我国境内出口食品的境外食品生产企业应当经国家出入境检验检疫部门注册。已经注册的境外食品生产企业提供虚假材料,或者因其自身的原因致使进口食品发生重大食品安全事故的,国家出入境检验检疫部门应当撤销注册并公告。

(五)刑事风险预警

2020年3月最高人民法院、最高人民检察院、公安部、司法部、海关总署联合发布的《关于进一步加强国境卫生检疫工作依法惩治妨害国境卫生检疫违法犯罪的意见》,明确规定对以下六种行为以妨害国境卫生检疫罪追诉:

(1)检疫传染病染疫人或者染疫嫌疑人拒绝执行海关依照国境卫生检疫法等法律法规提出的健康申报、体温监测、医学巡查、流行病学调查、医学排查、采样等卫生检疫措施,或者隔离、留验、就地诊验、转诊等卫生处理措施的;

(2)检疫传染病染疫人或者染疫嫌疑人采取不如实填报健康申明卡等方式隐瞒疫情,或者伪造、涂改检疫单、证等方式伪造情节的;

(3)知道或者应当知道实施审批管理的微生物、人体组织、生物制品、血液及其制品等特殊物品可能造成检疫传染病传播,未经审批仍逃避检疫,携运、寄递出入境的;

(4)出入境交通工具上发现有检疫传染病染疫人或者染疫嫌疑人,交通工具负责人拒绝接受卫生检疫或者拒不接受卫生处理的;

(5)来自检疫传染病流行国家、地区的出入境交通工具上出现非意外伤害死亡且死因不明的人员,交通工具负责人故意隐瞒情况的;

(6)其他拒绝执行海关依照国境卫生检疫法等法律法规提出的检疫措施的。

十二、动植物防疫、检疫的刑事合规

(一)刑事合规制度的指向

动植物疫情具有极大的传染性,违反有关动植物防疫、检疫的国家规定而引起重大动植物疫情后,必然会给经济发展及社会生活带来巨大的破坏,也会给人体健康带来威胁。根据统计,妨害动植物防疫、检疫罪自2019年以来,判例数量激增。从2018年的10件,猛然增加到2019年的88件,到了2020年,该罪名的相关判例数量达到了122件。[①] 从地

---

① 数据来源于Alpha法律数据统计系统,访问日期:2021年6月6日。

域分布来看,当前案例主要集中在四川省、浙江省、陕西省,分别占比21.56%、12.64%、5.95%。其中四川省的案件量最多,达到58件。

《刑法》第三百三十七条【妨害动植物防疫、检疫罪】规定

违反有关动植物防疫、检疫的国家规定,引起重大动植物疫情的,或者有引起重大动植物疫情危险,情节严重的,处三年以下有期徒刑或者拘役,并处或者单处罚金。

单位犯前款罪的,对单位判处罚金,并对其直接负责的主管人员和其他直接责任人员,依照前款的规定处罚。

据上,妨害动植物防疫、检疫罪,是指违反有关动植物防疫、检疫的国家规定,引起重大动植物疫情的,或者有引起重大动植物疫情危险,情节严重的行为。

(二)刑事合规的主体对象

妨害动植物防疫、检疫罪的行为主体为一般主体,既可以是自然人,也可以是单位,主要是指动植物、动植物产品及其他防疫、检疫物的货主或者其代理人、承运人、押运人。

(三)违反刑事合规的主观表现

妨害动植物防疫、检疫犯罪的主观状态为过失,即行为人并非有意引起重大动植物疫情或者制造引起重大动植物疫情的危险,但对于违反有关动植物防疫、检疫的国家规定是故意的。

行为人实施本罪的动机一般是通过逃避国家监管,牟取高额经济利益。

(四)违规行为表现及合规行为要求

妨害动植物防疫、检疫罪的客观行为表现为违反有关动植物防疫、检疫的国家规定,引起重大动植物疫情,或者有引起重大动植物疫情的危险。在司法实践中,违反有关动植物防疫、检疫的国家规定大多数表现为违反进出境动植物检疫规定,包括:妨害进出境动植物检疫审批、检疫报检的行为;妨害进出境动植物检疫监督管理的行为;妨害过境动植物检疫监督管理的行为。需要注意的是,《中华人民共和国刑法修正案(七)》对《刑法》第337条的修改和完善,本罪的客观方面,不局限于违反进出口的动植物检疫有关法律法规,而是所有有关动植物防疫和检疫的国家规定。

为此,行为合规要求:

第一,从事动物饲养、屠宰、经营、隔离、运输以及动物产品生产、经营、加工、贮藏等活动的单位和个人,依照《中华人民共和国动物防疫法》和国务院农业农村主管部门的规定,做好免疫、消毒、检测、隔离、净化、消灭、无害化处理等动物防疫工作,承担动物防疫相关责任。

第二,饲养动物的单位和个人应当履行动物疫病强制免疫义务,按照强制免疫计划和技术规范,对动物实施免疫接种,并按照国家有关规定建立免疫档案、加施畜禽标识,保证可追溯。实施强制免疫接种的动物未达到免疫质量要求,实施补充免疫接种后仍不符合免疫质量要求的,有关单位和个人应当按照国家有关规定处理。

第三,饲养种用、乳用动物的单位和个人,应当按照国务院农业农村主管部门的要求,定期开展动物疫病检测；检测不合格的，应当按照国家有关规定处理。

第四，屠宰、出售或者运输动物以及出售或者运输动物产品前，货主应当按照国务院农业农村主管部门的规定向所在地动物卫生监督机构申报检疫。

第五，经航空、铁路、道路、水路运输动物和动物产品的，托运人托运时应当提供检疫证明；没有检疫证明的，承运人不得承运。进出口动物和动物产品，承运人凭进口报关单证或者海关签发的检疫单证运递。

第六，从事动物运输的单位、个人以及车辆，应当向所在地县级人民政府农业农村主管部门备案，妥善保存行程路线和托运人提供的动物名称、检疫证明编号、数量等信息。具体办法由国务院农业农村主管部门制定。运载工具在装载前和卸载后应当及时清洗、消毒。

（五）刑事风险预警

妨害动植物防疫、检疫罪要求引起重大动植物疫情，或者有引起重大动植物疫情危险，情节严重。何为"情节严重"，尚未有司法解释予以规定，司法实践中往往根据危险可能影响的范围、动植物的数量、可能造成的经济损失等进行判断。

十三、采集供应血液、制作供应血液制品的刑事合规

（一）刑事合规制度的指向

根据统计，无论是在中国裁判文书网，还是在其他法律数据系统上，近几年非法采集、供应血液、制作、供应血液制品罪的案例都没有相关记录。但该类法律风险依然需要重视并积极予以防范。血液制品作为防控重大疾病、救治危急重症患者的基础药，随着医疗技术的不断发展，其行业市场正在稳健增长。2020年疫情之初，以白蛋白和静丙为代表的血液制品迅速成为救治新冠肺炎重症患者的重要药物，可见血液制品的重要地位。也正因为如此，在相关的发展过程当中，其刑事合规制度的建设尤为需要重视。

《刑法》第三百三十四条第一款【非法采集、供应血液、制作、供应血液制品罪】、第二款【采集、供应血液、制作、供应血液制品事故罪】规定

非法采集、供应血液或者制作、供应血液制品，不符合国家规定的标准，足以危害人体健康的，处五年以下有期徒刑或者拘役，并处罚金；对人体健康造成严重危害的，处五年以上十年以下有期徒刑，并处罚金；造成特别严重后果的，处十年以上有期徒刑或者无期徒刑，并处罚金或者没收财产。

经国家主管部门批准采集、供应血液或者制作、供应血液制品的部门，不依照规定进行检测或者违背其他操作规定，造成危害他人身体健康后果的，对单位判处罚金，并对其直接负责的主管人员和其他直接责任人员，处五年以下有期徒刑或者拘役。

据上，非法采集、供应血液、制作、供应血液制品罪，是指非法采集、供应血液或者制作、供应血液制品，不符合国家规定的标准，造成足以危害人体健康的后果的行为。

（二）刑事合规的主体对象

非法采集、供应血液、制作、供应血液制品罪的主体为一般主体，既可以是自然人，也可以是单位。在司法实践中，本罪的行为，既可能由不具备采集、供应血液或者制作、供应血液制品资格的单位和个人实施，也有可能由依法成立的血站、单采血浆站和血液制品生产单位的工作人员实施。

（三）违反刑事合规的主观表现

非法采集、供应血液、制作、供应血液制品罪在主观上需具备故意的主观状态，即明知采集、供应血液或者制作、供应血液制品的过程不合法，采集的血液或血液制品可能不符合国家规定的标准，足以危害人体健康，依然实施此种行为。

血液制品在临床中的作用和安全十分重要，对血液制品的规范管理一直是政府工作的重点。但我国血液制品供应一直异常紧缺，在利益的驱动下，加之可能存在的监管漏洞，可能使得少数行为人产生犯罪动机。

本罪和采集供应血液、制作、供应血液制品事故罪的主观不同在于后罪是过失犯罪。

（四）违规行为表现及合规行为要求

非法采集、供应血液、制作、供应血液制品罪的客观行为表现为行为人实施了非法采集、制作、供应不符合国家规定标准的血液或血液制品，足以危害人体健康的行为；以及经国家主管部门批准采集、供应血液或者制作、供应血液制品的部门，不依照规定进行检测或者违背其他操作规定，造成危害他人身体健康的后果。其中，"血液"，是指全血、成分血和特殊血液成分。"血液制品"，是指各种人血浆蛋白制品。本罪和采集、供应血液、制作、供应血液制品事故罪的客观区别在于血液是否达标或者方法是否符合有关规定。

为此，行为合规要求：严格遵守《血站管理办法》《医疗机构临床用血管理办法》《脐带血造血干细胞库管理办法（试行）》《采供血机构设置规划指导原则》《血液制品管理条例》《血站质量管理规范》《血站实验室质量管理规范》《单采血浆站质量管理规范》等管理制度。

（五）刑事风险预警

非法采集、供应血液或者制作、供应血液制品，具有下列情形，将被认定达到定罪处罚的客观要求：

（1）采集、供应的血液含有艾滋病病毒、乙型肝炎病毒、丙型肝炎病毒、梅毒螺旋体等病原微生物的；

（2）制作、供应的血液制品含有艾滋病病毒、乙型肝炎病毒、丙型肝炎病毒、梅毒螺旋体等病原微生物，或者将含有上述病原微生物的血液用于制作血液制品的；

（3）使用不符合国家规定的药品、诊断试剂、卫生器材，或者重复使用一次性采血器材采集血液，造成传染病传播危险的；

（4）违反规定对献血者、供血浆者超量、频繁采集血液、血浆，足以危害人体健康的；

（5）其他不符合国家有关采集、供应血液或者制作、供应血液制品的规定，足以危害

人体健康或者对人体健康造成严重危害的情形;

(6)未经国家主管部门批准或者超过批准的业务范围,采集、供应血液或者制作、供应血液制品的。

第三节 产品质量管理刑事合规

一、产品质量管理中的一般刑事合规

(一)刑事合规制度的指向

司法实践中,行为人实施生产、销售伪劣产品罪不仅会侵害正常的社会经济秩序,给市场经济秩序带来劣币驱逐良币的不利后果。同时,行为人生产、销售伪劣产品会损坏甚至瓦解行业产品声誉,从而给整个行业带来产品信任危机,如"三鹿奶粉"案件。此外,生产、销售伪劣产品还会直接给消费者合法权益带来侵害,主要表现为消费者购买使用伪劣产品后,除了遭受最直观的财产损失之外,还可能会在使用的过程中受到人身伤害。据统计,2001—2016年,我国的生产、销售伪劣产品案件年平均数量为650起,2017—2020年的案件数分别为2 704起、2 970起、3 782起、3 892起。[①] 整体来看,司法实践中的生产、销售伪劣产品罪的案件数量不仅总数大,而且还呈现出逐年增加的趋势。

《刑法》第一百四十条【生产、销售伪劣产品罪】规定

生产者、销售者在产品中掺杂、掺假,以假充真,以次充好或者以不合格产品冒充合格产品,销售金额五万元以上不满二十万元的,处二年以下有期徒刑或者拘役,并处或者单处销售金额百分之五十以上二倍以下罚金;销售金额二十万元以上不满五十万元的,处二年以上七年以下有期徒刑,并处销售金额百分之五十以上二倍以下罚金;销售金额五十万元以上不满二百万元的,处七年以上有期徒刑,并处销售金额百分之五十以上二倍以下罚金;销售金额二百万元以上的,处十五年有期徒刑或者无期徒刑,并处销售金额百分之五十以上二倍以下罚金或者没收财产。

据上,生产、销售伪劣产品罪,是指生产者、销售者故意在产品中掺杂、掺假,以假充真、以次充好或者以不合格产品冒充合格产品,销售金额较大的行为。

(二)刑事合规的主体对象

本罪主体是一般主体,包括自然人和单位,即凡已满16周岁具有刑事责任能力的人以及任何单位,都可以成为本罪的主体。其中就自然人行为主体而言,其既包括食品生产、销售企业的管理者,也包括食品企业中参与生产、销售伪劣产品的员工。在单位犯罪的情况下,需特别注意直接负责的主管人员和直接责任人员的范围。一般而言,直接负责的主管人员指的是在单位实施犯罪的过程中起决定、批准、授意、纵容、指挥等作用的人

---

① 数据来源于威科先行法律数据库,访问日期:2021年4月20日。

员,一般为生产、销售企业和企业法定代表人、高管等管理人员。如在孙某某、代某某销售伪劣产品一案中,被告人代某某便是某乳业有限责任公司法定代表人。而在某肉制品有限公司、葛某某、谢某某生产、销售伪劣产品案中,被告有某肉制品有限公司和某有限公司的法定代表人葛某某等。其他责任人员则指的是,在单位犯罪过程中具体实施犯罪并起较大作用的人员,也可以是单位的职工,包括聘任、雇用的人员。

而行为人知道或者应当知道他人实施生产、销售伪劣产品犯罪,而为其提供贷款、资金、账号、发票、证明、许可证件,或者提供生产、经营场所或者运输、仓储、保管、邮寄等便利条件,或者提供制假生产技术的,以生产、销售伪劣产品犯罪的共犯论处。

(三) 违反刑事合规的主观表现

本罪在主观方面是故意,行为人对其生产、销售的是伪劣产品有明确认知,过失不构成本罪。实践中,行为人一般以盈利为目的,但也不排除其他目的,如为了恶性竞争而故意在产品中掺杂、掺假。具体而言,本罪的成立以行为人明知自己在产品中掺杂、掺假,以假充真,以次充好或者以不合格产品冒充合格产品的行为会危害市场经济秩序和损害消费者的合法权益,但仍然希望或者放任这种结果发生。前述"三鹿奶粉"案件中,被告人三鹿集团董事长田某某等,在河北省出入境检验检疫局检验检疫技术中心出具检测报告,确认三鹿集团送检的奶粉样品中含有三聚氰胺的情况下,仍准许库存产品(三聚氰胺含量10毫克/公斤以下的)出厂销售,直到被政府勒令停止生产和销售为止。这也是法院最后认定其成立本罪的一个重要依据。

为此,对企业管理者而言,首先要树立产品质量意识,把好企业生产、销售产品的质量关。加强企业产品质量管理,注重品牌建设。除此之外,还需要在日常生产经营管理过程中,注重对企业员工产品质量观念的培养和强化,避免因管理不当而承担相应的刑事责任。

(四) 违规行为表现及合规行为要求

生产、销售伪劣产品罪客观方面表现为生产者、销售者生产、销售伪劣产品且销售金额在5万元以上的行为。具体来看,生产、销售伪劣产品的行为包括四种形式:在产品中掺杂、掺假;以假充真;以次充好;以不合格产品冒充合格产品。

其一,"在产品中掺杂、掺假",是指在产品中掺入杂质或者异物,致使产品质量不符合国家法律、法规或者产品明示质量标准规定的质量要求,降低、失去应有使用性能的行为。

其二,"以假充真",是指以不具有某种使用性能的产品冒充具有该种使用性能的产品的行为。

其三,"以次充好",是指以低等级、低档次产品冒充高等级、高档次产品,或者以残次、废旧零配件组合、拼装后冒充正品或者新产品的行为。

其四,"不合格产品",是指不符合《中华人民共和国产品质量法》第26条第2款规定的质量要求的产品。对本条规定的上述行为难以确定的,应当委托法律、行政法规规定的产品质量检验机构进行鉴定。

(五) 刑事风险预警

(1) 具有下列情形之一的,便可以认定为达到生产、销售伪劣产品罪入罪标准:

① 伪劣产品销售金额 5 万元以上的;

② 伪劣产品尚未销售,货值金额 15 万元以上的;

③ 伪劣产品销售金额不满 5 万元,但将已销售金额乘以 3 倍后,与尚未销售的伪劣产品货值金额合计 15 万元以上的。

(2) 具有下列情形之一的,便可以达到生产、销售伪劣产品罪加重处罚标准:

① 行为人生产、销售伪劣产品的,销售金额 20 万元以上不满 50 万元的;

② 销售金额 50 万元以上不满 200 万元的;

③ 销售金额 200 万元以上的。

二、生产、销售、提供药品的刑事合规(一)

(一) 刑事合规制度的指向

药品关系到国民的身体健康甚至生命安全。生产、销售、提供药品本是为更好地保障广大人民群众身体健康的良善之举,如果行为人背离职业操守,生产、销售、提供假药的话,不仅危及广大社会民众的身体健康,还会给企业及企业管理者带来刑事犯罪风险。为了保障国民用药安全,维护国民身体健康,国家制定了一系列关于药品监督、管理的法律、法规,对药品的生产、经营进行监督和管理,从而建立起一套严格的药品监督管理制度。所以生产、销售、提供假药的行为,除了侵犯不特定多数人的身体健康权利外,还会破坏国家药品监督、管理制度。司法实践中,生产、销售、提供假药罪的犯罪后果主要表现为对药品监督、管理制度的侵犯和对不特定多数人身体健康、生命安全的侵害。由于国家药品管理秩序是一种秩序法益,相较而言,本罪造成的社会危害更为明显地体现为对不特定多数人身体健康、生命安全的侵害。据统计,2001—2016 年,我国的生产、销售、提供假药案件年平均数量为 817 起,2017—2020 年的案件数分别为 3 804 起、3 981 起、3 822 起、1 221 起。[①] 整体来看,当前司法实践中本罪的案件总数十分大。

《刑法》第一百四十一条【生产、销售、提供假药罪】规定

生产、销售假药的,处三年以下有期徒刑或者拘役,并处罚金;对人体健康造成严重危害或者有其他严重情节的,处三年以上十年以下有期徒刑,并处罚金;致人死亡或者有其他特别严重情节的,处十年以上有期徒刑、无期徒刑或者死刑,并处罚金或者没收财产。

药品使用单位的人员明知是假药而提供给他人使用的,依照前款的规定处罚。

据上,生产、销售、提供假药罪,是指行为人生产、销售假药,以及药品使用单位的人员明知是假药而提供给他人的行为。

---

① 数据来源于威科先行法律数据库,访问日期:2021 年 4 月 21 日。

(二) 刑事合规的主体对象

生产、销售、提供假药罪的行为主体是一般主体,包括自然人和单位。即凡已满16周岁具有刑事责任能力的人以及任何单位,都可以成为本罪的主体。单位犯本罪时实施双罚制,即对单位判处罚金,对单位直接负责的主管人员和其他责任人员按照《刑法》第141条第1款定罪处罚。

行为人明知他人生产、销售假药、劣药,而有下列情形之一的,以共同犯罪论处:①提供资金、贷款、账号、发票、证明、许可证件的;②提供生产、经营场所、设备或者运输、储存、保管、邮寄、网络销售渠道等便利条件的;③提供生产技术或者原料、辅料、包装材料、标签、说明书的;④提供广告宣传等帮助行为的。

对企业管理者而言,实施本罪不仅给企业管理者带来刑事犯罪风险,同时,药品生产、销售企业管理者可能面临终身禁止从事药品生产经营活动的处罚。

(三) 违反刑事合规的主观表现

本罪主观方面为故意,过失不构成本罪。即行为人知道自己生产、销售、提供的是假药,仍然生产、销售、提供。如果行为人不是故意生产、销售、提供假药,而是由于过失使得生产出来的药品不符合质量标准,或不知道是假药而销售、提供的,则不成立本罪。而从犯罪目的来看,生产、销售、提供假药的行为人一般是出于非法盈利的目的,但这一目的并非成立本罪的必要构成要件要素。实践中也可能出于诋毁其他商家的不正当竞争目的而实施本罪行为。

为此,企业管理者作为药品生产、销售、提供企业直接负责的主管人员,应从以下几方面做好自我防控:

其一,诚信经营,不实施任何生产、销售、提供假药的行为。《刑法修正案(八)》删除了"足以严重危害人体健康"的规定,将本罪由具体危险犯改为抽象危险犯,行为人实施此类行为不需要造成严重危害人体健康的现实危险便成立本罪,使得本罪的入罪门槛更低。这样的话,企业管理人员在本企业生产、销售、提供药品过程中,更应当强化药品安全意识,不实施任何生产、销售、提供假药的行为,以避免成立本罪。

其二,严格执行药品管理法关于药品质量的规定。本罪是行政犯,刑事司法实践中假药的界定是以药品管理法的规定为前提。《中华人民共和国药品管理法》第118条规定,生产、销售假药,或者生产、销售劣药且情节严重的,对法定代表人、主要负责人、直接负责的主管人员和其他责任人员,没收违法行为发生期间自本单位所获收入,并处所获收入30%以上3倍以下的罚款,终身禁止从事药品生产经营活动,并可以由公安机关处5日以上15日以下的拘留。第119条规定,药品使用单位使用假药、劣药的,按照销售假药、零售劣药的规定处罚;情节严重的,法定代表人、主要负责人、直接负责的主管人员和其他责任人员有医疗卫生人员执业证书的,还应当吊销执业证书。所以药品生产、销售、使用企业管理人员,应严格执行药品管理法的相关规定,避免成立犯罪。

（四）违规行为表现

生产、销售、提供假药罪是选择性罪名，行为人实施生产、销售、提供假药的行为之一的，均可成立本罪。生产、销售假药的，应予立案追诉。但销售少量根据民间传统配方私自加工的药品，或者销售少量未经批准进口的国外、境外药品，没有造成他人伤害后果或者延误诊治，情节显著轻微危害不大的除外。以生产、销售假药为目的，具有下列情形之一的，属于《刑法》第141条规定的"生产"：①合成、精制、提取、储存、加工炮制药品原料的；②将药品原料、辅料、包装材料制成成品过程中，进行配料、混合、制剂、储存、包装的；③印制包装材料、标签、说明书的。医疗机构、医疗机构工作人员明知是假药而有偿提供给他人使用，或者为出售而购买、储存的行为，属于本条规定的"销售"。

（五）刑事风险预警

（1）具有下列情形之一的，便可以认定为达到生产、销售、提供假药罪入罪标准：
① 造成轻伤或者重伤的；
② 造成轻度残疾或者中度残疾的；
③ 造成器官组织损伤导致一般功能障碍或者严重功能障碍的；
④ 其他对人体健康造成严重危害的情形。

（2）除基本犯情形外，立法者同时还规定了两种加重处罚情形。

第一，具有下列情形之一的，便可以达到生产、销售、提供假药罪加重处罚标准：
① 造成较大突发公共卫生事件的；
② 生产、销售金额20万元以上不满50万元的；
③ 生产、销售金额10万元以上不满20万元，并具有本解释第（1）条规定情形之一的；
④ 根据生产、销售的时间、数量、假药种类等，应当认定为情节严重的。

第二，生产、销售假药，具有下列情形之一的，应当认定为刑法第141条规定的"其他特别严重情节"：
① 致人重度残疾的；
② 造成3人以上重伤、中度残疾或者器官组织损伤导致严重功能障碍的；
③ 造成5人以上轻度残疾或者器官组织损伤导致一般功能障碍的；
④ 造成10人以上轻伤的；
⑤ 造成重大、特别重大突发公共卫生事件的；
⑥ 生产、销售金额50万元以上的；
⑦ 生产、销售金额20万元以上不满50万元，并具有本解释第（1）条规定情形之一的；
⑧ 根据生产、销售的时间、数量、假药种类等，应当认定为情节特别严重的。

三、生产、销售、提供药品的刑事合规（二）

（一）刑事合规制度的指向

劣药事件的发生造成了恶劣的社会影响，严重危害到全社会的食品药品安全。药品安全融合了人身财产安全法益和药品管理秩序法益。① 生产、销售、提供劣药的行为不仅直接侵犯不特定多数人的身体健康,同时还会破坏国家药品监督管理秩序。生产、销售、提供劣药罪是结果犯,本罪的成立以行为人生产、销售、提供劣药给人体健康造成严重危害后果为前提。而从本罪的客体来看,行为人生产、销售、提供劣药的危害后果主要表现为对国家药品管理秩序和不特定多数人身体健康、生命安全的侵害。据统计,2001—2016年,我国的生产、销售、提供劣药案件年平均数量为2起,2017—2020年的案件数分别为0起、2起、5起、3起。② 整体来看,虽案件数量不多,但因为本罪严重危害不特定多数人的身体健康,也应当引起企业管理者足够的重视。

《刑法》第一百四十二条【生产、销售、提供劣药罪】规定

生产、销售劣药,对人体健康造成严重危害的,处三年以上十年以下有期徒刑,并处罚金;后果特别严重的,处十年以上有期徒刑或者无期徒刑,并处罚金或者没收财产。

药品使用单位的人员明知是劣药而提供给他人使用的,依照前款的规定处罚。

据上,生产、销售、提供劣药罪,是指生产、销售、提供劣药,严重危害人体健康的行为。

(二) 刑事合规的主体对象

生产、销售、提供劣药罪主体是一般主体,包括自然人和单位。即凡已满16周岁具有刑事责任能力的人以及任何单位,都可以成为本罪的主体。单位犯本罪的,对单位判处罚金,对单位直接负责的主管人员和其他责任人员按照《刑法》第142条第1款定罪处罚。其中除药品生产、销售、使用单位的管理人员外,没有特定管理职责的普通员工,如医院的医生也可以以自然人身份成立本罪。

为此,药品生产、销售和使用单位及工作人员应诚信经营,不实施任何生产、销售、提供劣药的行为。

(三) 违反刑事合规的主观表现

生产、销售、提供劣药罪在主观方面是故意,行为人对其生产、销售、提供的是劣药有明确认知,仍进行生产、销售、向他人提供,希望或放任危害结果的发生。如果行为人不是故意生产、销售、提供劣药,而是由于过失使得生产出来的药品不符合质量标准,或不知道是劣药而销售、提供的,则不成立本罪。而从犯罪目的来看,生产、销售、提供劣药的行为人一般是出于非法盈利的目的,但这一目的并非成立本罪的必要构成要件要素。实践中也可能出于诋毁其他商家的不正当竞争目的而实施本罪行为。

(四) 违规行为表现及合规行为要求

生产、销售、提供劣药罪,是指生产、销售、提供劣药,严重危害人体健康的行为。

---

① 袁彬.密织药品安全保护的刑事法网[N].检察日报,2021-01-06(3).
② 数据来源于威科先行法律数据库,访问日期:2021年4月23日。

生产、销售、提供劣药罪规制的是行为人围绕劣药而实施的相关犯罪行为,究其实质,劣药属于社会危害性较轻的假药。其中劣药指的是:①药品成分的含量不符合国家药品标准;②被污染的药品;③未标明或者更改有效期的药品;④未注明或者更改产品批号的药品;⑤超过有效期的药品;⑥擅自添加防腐剂、辅料的药品;⑦其他不符合药品标准的药品。司法实践中,对于是否属于《刑法》第142条规定的"劣药"难以确定的,司法机关可以根据地市级以上药品监督管理部门出具的认定意见等相关材料进行认定。必要时,可以委托省级以上药品监督管理部门设置或者确定的药品检验机构进行检验。

为此,药品生产、销售和使用单位的管理人员,应从强化药品质量观念和严格遵守《中华人民共和国药品管理法》等相关法律法规等方面来进行自我防控。

(五)刑事风险预警

(1) 具有下列情形之一的,便可以认定为达到生产、销售、提供劣药罪入罪标准:
① 造成人员轻伤、重伤或死亡的;
② 其他对人体健康造成严重危害的情形。

(2) 具有下列情形之一的,便可以达到生产、销售、提供劣药罪加重处罚标准:
① 生产、销售的劣药以孕产妇、婴幼儿、儿童或者危重病人为主要使用对象的;
② 生产、销售的劣药属于麻醉药品、精神药品、医疗用毒性药品、放射性药品、避孕药品、血液制品、疫苗的;
③ 生产、销售的劣药属于注射剂药品、急救药品的;
④ 医疗机构、医疗机构工作人员生产、销售劣药的;
⑤ 在自然灾害、事故灾难、公共卫生事件、社会安全事件等突发事件期间,生产、销售用于应对突发事件的劣药的;
⑥ 2年内曾因危害药品安全违法犯罪活动受过行政处罚或者刑事处罚的;
⑦ 其他应当酌情从重处罚的情形。

四、遵守药品管理秩序的刑事合规

(一)刑事合规制度的指向

药品本就与民众的身体健康紧密关联,行为人实施妨害药品管理秩序罪主要破坏的是对药品的研发、生产、销售等管理秩序。因而从犯罪造成的危害来看,行为人实施本罪不仅会直接破坏正常的药品管理秩序,而且还会侵害不特定多数人的身体健康、生命安全,如"长春生物疫苗事件"。[①] 本罪破坏的主要是药品管理秩序,既包括普通药品管理秩序,也包括疫苗等特殊药品管理秩序。本罪的犯罪后果主要表现为违反药品安全管理制度和侵犯不特定多数人身体健康、生命安全。对企业和企业管理者而言,本罪带来的犯罪后果主要体现在两个方面:其一,经济损失。对于企业管理者而言,在罚金刑和惩罚性罚金制度之下,实施本罪首先便面临着经济损失后果。其二,药品生产、销售企业管理者面

---

① 根据法不溯及既往的基本原则,在此处列举本案仅是为了更好地理解本罪的基本特征。

临终身禁止从事药品生产经营活动的处罚。

《刑法》第一百四十二条之一【妨害药品管理秩序罪】规定

违反药品管理法规,有下列情形之一,足以严重危害人体健康的,处三年以下有期徒刑或者拘役,并处或者单处罚金;对人体健康造成严重危害或者有其他严重情节的,处三年以上七年以下有期徒刑,并处罚金:

(一)生产、销售国务院药品监督管理部门禁止使用的药品的;
(二)未取得药品相关批准证明文件生产、进口药品或者明知是上述药品而销售的;
(三)药品申请注册中提供虚假的证明、数据、资料、样品或者采取其他欺骗手段的;
(四)编造生产、检验记录的。

有前款行为,同时又构成本法第一百四十一条、第一百四十二条规定之罪或者其他犯罪的,依照处罚较重的规定定罪处罚。

据上,妨害药品管理秩序罪,是指行为人违反药品管理法规,生产、销售国务院药品监督管理部门禁止使用的药品,未取得药品相关批准证明文件生产、进口药品或者明知是上述药品而销售,药品申请注册中提供虚假的证明、数据、资料、样品或者采取其他欺骗手段,以及编造生产、检验记录,足以严重危害人体健康的或者对人体健康造成严重危害或者有其他严重情节的行为。

(二)刑事合规的主体对象

本罪主体是一般主体,包括自然人和单位,即凡已满16周岁具有刑事责任能力的人以及任何单位,都可以成为本罪的主体。因而,药品生产、研发、运输、使用企业中的普通员工,也应特别注重本罪刑事合规风险防范。

(三)违反刑事合规的主观表现

本罪在主观方面是故意,过失不成立本罪。即行为人对其妨害药品管理秩序的行为有明确认知,仍进行生产、销售并放任危害结果的发生。对此,药品生产、销售企业应特别注重从以下两个方面做好自我防控。

其一,药品企业管理者强化规范意识,做好企业药品生产管理合规建设,在药品生产、销售管理活动中严格落实药品管理法、疫苗管理法等法律规定。

其二,药品生产销售企业的从业者在药品生产、销售等环节中,既要严格遵守相关法律法规的规定,同时也要严格按照公司管理规定和行业规定开展各项生产、销售活动,确保自己的行为在法治框架内进行。

(四)违规行为表现及合规行为要求

妨害药品管理秩序罪规制的是行为人违反国家药品管理法规,生产、销售国务院药品监督管理部门禁止使用的药品,或在药品申请注册中提供虚假的证明、数据、资料、样品或者采取其他欺骗手段,以及编造生产、检验记录,足以危害人体健康的行为。为此,在客观行为方面,行为人可以从以下几个方面进行防控:

第一，不生产、销售国务院药品监督管理部门禁止使用的药品；

第二，未取得药品相关批准证明文件不生产、进口药品，不销售上述药品；

第三，在药品申请注册中不提供虚假的证明、数据、资料、样品或者采取其他欺骗手段；

第四，不编造生产、检验记录。

（五）刑事风险预警

（1）具有下列情形的，足以严重危害人体健康的，便可以认定为达到妨害药品管理秩序罪入罪标准：

① 违反药品管理法规，生产、销售国务院药品监督管理部门禁止使用的药品；

② 未取得药品相关批准证明文件生产、进口药品或者明知是上述药品而销售；

③ 药品申请注册中提供虚假的证明、数据、资料、样品或者采取其他欺骗手段的；

④ 编造生产、检验记录。

（2）具有下列情形的，对人体健康造成严重危害或者有其他严重情节的，便可以达到妨害药品管理秩序罪加重处罚标准：

① 违反药品管理法规，生产、销售国务院药品监督管理部门禁止使用的药品；

② 未取得药品相关批准证明文件生产、进口药品或者明知是上述药品而销售；

③ 药品申请注册中提供虚假的证明、数据、资料、样品或者采取其他欺骗手段的；

④ 编造生产、检验记录。

五、生产、销售食品的刑事合规（一）

（一）刑事合规制度的指向

食品安全关乎他人的生命健康权，与人们的日常生活、社会稳定息息相关，其重要性不言而喻。[①] 食品是人类赖以生存和发展的基本物质资源，为了保障国民食品安全、维护国民身体健康，国家制定了一系列关于食品监督、管理的法律、法规，对食品的生产、经营进行监督和管理。所以生产、销售不符合食品安全标准的食品的行为，除了侵犯不特定多数人的身体健康权利外，还会破坏国家食品监督、管理制度，具体则包括食品安全法、食品安全法实施条例、产品质量法、农产品质量安全法、计量法、标准化法以及进出口商品检验法等法律法规。据统计，2001—2016年，我国的生产、销售不符合安全标准的食品案件年平均数量为490起，2017—2020年的案件数分别为2 330起、1 502起、1 638起、1 691起。[②]

《刑法》第一百四十三条【生产、销售不符合安全标准的食品罪】规定

生产、销售不符合食品安全标准的食品，足以造成严重食物中毒事故或者其他严重食源性疾病的，处三年以下有期徒刑或者拘役，并处罚金；对人体健康造成严重危害或者有

---

① 陈国庆，等.《关于办理危害食品安全刑事案件适用法律若干问题的解释》理解与适用[J].人民检察，2013(13).

② 数据来源于威科先行法律数据库，访问日期：2021年4月24日。

其他严重情节的,处三年以上七年以下有期徒刑,并处罚金;后果特别严重的,处七年以上有期徒刑或者无期徒刑,并处罚金或者没收财产。

据上,生产、销售不符合安全标准的食品罪,是指生产、销售不符合安全标准的食品,足以造成严重食物中毒事故或者其他严重食源性疾病,以及其他对人体健康造成严重危害后果的行为。

(二)刑事合规的主体对象

生产、销售不符合安全标准的食品罪的犯罪主体是一般主体,包括自然人和单位。即凡已满16周岁具有刑事责任能力的人以及任何单位,都可以成为本罪的主体。食品生产、销售企业中的员工也可以成为本罪刑事合规的主体对象。另外,本罪属于非身份犯,行为人明知他人生产、销售不符合食品安全标准的食品,为其提供资金、贷款、账号、发票、证明、许可证件,提供生产、经营场所或者运输、贮存、保管、邮寄、网络销售渠道等便利条件,提供生产技术或者食品原料、食品添加剂、食品相关产品以及提供广告宣传等帮助,成立生产、销售不符合安全标准的食品罪的共犯。

所以,不仅食品生产者要做好本罪刑事合规,支付、运输、广告等行业的从业者也同样应当做好本罪的刑事合规。

(三)违反刑事合规的主观表现

生产、销售不符合安全标准的食品罪在主观方面是故意,过失不成立本罪。即行为人对其生产、销售的是不符合安全标准的食品有明确认知,仍进行生产、销售并放任危害结果的发生。也即是说,行为人对于其生产、销售的食品不符合食品安全标准是明知,但是对于不符合食品安全标准的食品可能带来的食源性疾病及不特定多数人身体健康重大损害结果的发生则持一种放任心态。实践中,行为人生产、销售不符合食品安全标准的食品一般是为了牟取不正当利益,而对于由此可能给社会民众身体健康带来的危害等后果的发生则持一种放任心态。生产、销售不符合安全标准的食品罪是经济犯罪,逐利性是行为人实施生产、销售不符合食品安全标准的食品罪的原始动因。追逐不正当经济利益往往是行为人实施生产、销售不符合安全标准的食品罪的经济动因。

为此,食品经营者应当对其用于生产的食品原料或者生产销售的食品尽注意义务。食品生产、销售企业对于其生产、销售的食品的质量安全负有最直接的责任,而企业管理者作为企业食品安全直接责任人员,应当对企业生产、销售的食品的产品质量安全尽到注意义务。

(四)违规行为表现及合规行为要求

生产、销售不符合安全标准的食品罪是选择性罪名,行为人实施生产、销售不符合食品安全标准的食品行为之一,只要足以造成严重食物中毒事故或者其他严重食源性疾病,对人体健康造成严重危害或者有其他严重情节以及后果特别严重的,均可成立本罪。

其中,生产、销售行为应实质认定,且应体系认定。也就是说,生产、销售行为不是完全独立的行为,而应结合食品的生产、销售过程进行体系认定。在食品加工、销售、运输、贮存等过程中,违反食品安全标准,超限量或者超范围滥用食品添加剂,以及在食用农产品种植、养殖、销售、运输、贮存等过程中,违反食品安全标准,超限量或者超范围滥用添加剂、农药、兽药等,都属于本罪的生产、销售行为。只要足以造成严重食物中毒事故或者其他严重食源性疾病的,都应依照生产、销售不符合安全标准的食品罪定罪处罚。

对此,食品经营者应加强对食品安全管理人员的培训和考核。食品安全管理人员应当掌握与其岗位相适应的食品安全法律、法规、标准和专业知识,具备食品安全管理能力。食品安全监督管理部门应当对企业食品安全管理人员进行随机监督抽查考核。

(五)刑事风险预警

(1)具有下列情形之一的,便可以认定为达到生产、销售不符合安全标准的食品罪入罪标准:

生产、销售不符合安全标准的食品罪是具体危险犯,生产、销售不符合安全标准的食品,足以造成严重食物中毒事故或者其他严重食源性疾病的,即成立本罪。具体而言,"足以造成严重食物中毒事故或者其他严重食源性疾病"包括以下五种情形:

① 含有严重超出标准限量的致病性微生物、农药残留、兽药残留、重金属、污染物质以及其他危害人体健康的物质的;

② 属于病死、死因不明或者检验检疫不合格的畜、禽、兽、水产动物及其肉类、肉类制品的;

③ 属于国家为防控疾病等特殊需要明令禁止生产、销售的;

④ 婴幼儿食品中生长发育所需营养成分严重不符合食品安全标准的;

⑤ 其他足以造成严重食物中毒事故或者严重食源性疾病的情形。

(2)除基本犯情形外,立法者同时还规定了两种加重处罚情形。

第一,对人体健康造成严重危害或者有其他严重情节的认定。

其中,"对人体健康造成严重危害"指的是以下几种情形:①造成轻伤以上伤害的;②造成轻度残疾或者中度残疾的;③造成器官组织损伤导致一般功能障碍或者严重功能障碍的;④造成10人以上严重食物中毒或者其他严重食源性疾病的;⑤其他对人体健康造成严重危害的情形。

而"其他严重情节"则指的是以下几种情形:①生产、销售金额20万元以上的;②生产、销售金额10万元以上不满20万元,不符合食品安全标准的食品数量较大或者生产、销售持续时间较长的;③生产、销售金额10万元以上不满20万元,属于婴幼儿食品的;④生产、销售金额10万元以上不满20万元,1年内曾因危害食品安全违法犯罪活动受过行政处罚或者刑事处罚的;⑤其他情节严重的情形。

第二,生产、销售不符合食品安全标准的食品"后果特别严重"情形的认定:

①致人死亡或者重度残疾的;②造成3人以上重伤、中度残疾或者器官组织损伤导致严重功能障碍的;③造成10人以上轻伤、5人以上轻度残疾或者器官组织损伤导致一般功能障碍的;④造成30人以上严重食物中毒或者其他严重食源性疾病的;⑤其他特别严重的后果。

六、生产、销售食品的刑事合规(二)

(一) 刑事合规制度的指向

生产、销售有毒、有害食品罪造成的危害体现在对食品安全管理制度和不特定多数人身体健康、生命安全的侵犯。生产、销售有毒、有害食品犯罪行为的危害主要体现在两个方面:其一,在食品生产、销售过程中掺入有毒、有害原料会严重侵害消费者的身体健康安全。食品是供人食用的,食品或食品原料有毒、有害无疑会直接危害到社会公众的身体健康,甚至生命安全。其二,食品安全事件的发生还可能会破坏正常的社会秩序,带来新的不稳定因素。食品安全事件的爆发都在不同程度上冲击正常的社会秩序,同时也给社会治理带来新的难题。如"苏丹红鸭蛋事件""孔雀绿鱼虾事件""三聚氰胺奶粉事件"等,使得食品安全问题逐渐成为社会公众最为关注的问题之一。据统计,2001—2016年,我国的生产、销售有毒、有害食品案件年平均数量约为750起,2017—2020年的案件数分别为3 223起、2 717起、2 894起、3 122起。① 整体来看,本罪的案件数量虽有所下降,但近4年来案件数量均在3 000起左右,总数十分巨大,说明司法实践中,生产、销售有毒、有害食品案件十分高发。

《刑法》第一百四十四条【生产、销售有毒、有害食品罪】规定

在生产、销售的食品中掺入有毒、有害的非食品原料的,或者销售明知掺有有毒、有害的非食品原料的食品的,处五年以下有期徒刑,并处罚金;对人体健康造成严重危害或者有其他严重情节的,处五年以上十年以下有期徒刑,并处罚金;致人死亡或者有其他特别严重情节的,依照本法第一百四十一条的规定处罚。

据上,生产、销售有毒、有害食品罪,是指生产、销售的食品中掺入有毒、有害的非食品原料,或者销售明知掺有有毒、有害的非食品原料的食品的行为。

(二) 刑事合规的主体对象

本罪主体是一般主体,包括自然人和单位。即凡已满16周岁具有刑事责任能力的人以及任何单位,都可以成为本罪的主体。食品生产、销售企业的一般工作人员作为自然人,同样可以成立本罪。而单位构成本罪的,单位直接负责的主管人员和其他责任人员,按照本罪进行定罪量刑。司法实践中,食品生产经营企业成立本罪的,对企业主管人员和其他责任人员也按照本罪进行定罪量刑。如在某餐饮管理有限公司、王某、荣某某等生产、销售有毒、有害食品案中,法院审理后认为被告单位某餐饮管理有限公司、被告人王某作为某餐饮管理有限公司直接负责的主管人员,被告人荣某某、罗某某、夏某某、朱某某、童某某、杨某某作为某餐饮管理有限公司直接责任人员,在生产、销售的火锅底料中掺入国家禁止使用的废弃油脂,其行为均已构成生产、销售有毒、有害食品罪。②

---

① 数据来源于威科先行法律数据库,访问日期:2021年4月25日。
② 四川省自贡市自流井区人民法院刑事判决书:(2019)川0302刑初271号。

另外本罪属于非身份犯,行为人明知他人生产、销售有毒、有害食品,为其提供资金、贷款、账号、发票、证明、许可证件,提供生产、经营场所或者运输、贮存、保管、邮寄、网络销售渠道等便利条件,提供生产技术或者食品原料、食品添加剂、食品相关产品以及提供广告宣传等帮助的,成立生产、销售有毒、有害食品罪的共犯。

所以,包括食品生产、销售企业及其管理者和工作人员在内的行为主体,都应当严格遵守食品生产销售相关法律法规,加强企业生产经营管理,确保食品产品质量。

(三) 违反刑事合规的主观表现

本罪在主观方面是故意,过失不成立本罪。即行为人明知是有毒、有害的非食品原料而掺入其所生产、销售的食品中,或者明知是掺有有毒、有害的非食品原料的食品而销售,并追求或放任危害后果的发生。直接故意和间接故意均可成立本罪。

为此,食品经营者应当强化产品质量观念,提升生产责任意识。具体而言,食品生产者对其用于生产的食品原料或者销售的食品的安全应尽注意义务。本罪规制的是行为人在生产、销售食品过程中掺入有毒、有害食品原料的行为或销售明知掺有有毒、有害的非食品原料的食品的行为。食品生产企业管理者作为企业主管人员,不仅负责企业食品生产、销售业务的开展,同时也对本企业生产、销售的食品的质量安全承担直接责任。为此,食品企业管理者首先要对生产食品的原料尽到注意义务,同时对其销售的食品的质量安全尽到审查义务。

(四) 违规行为表现及合规行为要求

本罪是选择性罪名,具体有三种行为方式:在食品生产过程中掺入有毒、有害的非食品原料;在食品销售过程中掺入有毒、有害的非食品原料;明知是掺有有毒、有害的非食品原料的食品而销售,行为人实施任何一种行为便成立本罪。生产、销售有毒、有害食品罪客观方面表现为行为人违反国家食品管理法律、法规,在生产、销售的食品中掺入有毒、有害的非食品原料,或者明知是掺有有毒、有害的非食品原料的食品而销售。

为此,食品生产、销售企业从业人员应加强企业生产、销售行为的管理。特别是虽作为企业主管人员,但具体参与到食品生产、销售的企业管理者。为此,企业管理人员不仅自身要掌握与其岗位相适应的食品安全法律、法规、标准和专业知识,具备食品安全管理能力,同时还要加强对参与企业生产、销售食品员工的管理,在具体环节中保障食品安全质量。

(五) 刑事风险预警

(1) 具有下列情形之一的,便可以认定为达到生产、销售有毒、有害食品罪入罪标准:

① 在生产、销售的食品中掺入有毒、有害的非食品原料的,或者销售明知掺有有毒、有害的非食品原料的食品的,应予以立案追诉。

② 在食品加工、销售、运输、贮存等过程中,掺入有毒、有害的非食品原料,或者使用有毒、有害的非食品原料加工食品的,依照刑法第144条的规定以生产、销售有毒、有害食品罪定罪处罚。

③ 在食用农产品种植、养殖、销售、运输、贮存等过程中,使用禁用农药、兽药等禁用物质或者其他有毒、有害物质的,适用前款的规定定罪处罚。

④ 在保健食品或者其他食品中非法添加国家禁用药物等有毒、有害物质的,应予以立案追诉。

(2)除基本犯情形外,立法者同时还规定了两种加重处罚情形。

第一,"对人体健康造成严重危害或者有其他严重情节"需加重处罚情形的认定。

其中,具有下列情形之一的,便可以认定为"对人体健康造成严重危害":

① 造成轻伤以上伤害的;

② 造成轻度残疾或者中度残疾的;

③ 造成器官组织损伤导致一般功能障碍或者严重功能障碍的;

④ 造成10人以上严重食物中毒或者其他严重食源性疾病的;

⑤ 其他对人体健康造成严重危害的情形。

另外,具有下列情形之一的,便可以认定为"其他严重情节"。

① 生产、销售金额20万元以上不满50万元的;

② 生产、销售金额10万元以上不满20万元,有毒、有害食品的数量较大或者生产、销售持续时间较长的;

③ 生产、销售金额10万元以上不满20万元,属于婴幼儿食品的;

④ 生产、销售金额10万元以上不满20万元,1年内曾因危害食品安全违法犯罪活动受过行政处罚或者刑事处罚的;

⑤ 有毒、有害的非食品原料毒害性强或者含量高的;

⑥ 其他情节严重的情形。

第二,"致人死亡或者有其他特别严重情节"需加重处罚情形的认定。

《最高人民法院、最高人民检察院关于办理危害食品安全刑事案件适用法律若干问题的解释》第7条规定,生产、销售有毒、有害食品,生产、销售金额50万元以上,或者具有本解释第4条规定的情形之一的,应当认定为刑法第144条规定的"致人死亡或者有其他特别严重情节"。其中后者具体指的是:

① 致人死亡或重度残疾的;

② 造成3人以上重伤、中度残疾或者器官组织损伤导致严重功能障碍的;

③ 造成10人以上轻伤、5人以上轻度残疾或者器官组织损伤导致一般功能障碍的;

④ 造成30人以上严重食物中毒或者其他严重食源性疾病的;

⑤ 其他特别严重的后果。

七、生产、销售医用器材刑事合规

(一)刑事合规制度的指向

如果说医疗活动是人民群众身体健康的保护罩,那么医用器材便是制造医用保护罩的原材料。医用器材关乎全体国民的身体健康,其无论是对于医疗活动的正常开展还是对于当前的疫情防控都具有十分重要的作用。医用器材质量的好坏,在很大程度上决定了医疗活动的效果。不符合标准的医用器材不仅无法满足医疗活动的正常需求,还会反过来加大患者和社会公众的医疗风险。司法实践中,行为人生产、销售不符合标准的医用器材的行为给社会民众身体健康和正常的社会秩序都造成了严重侵害。

《刑法》第一百四十五条【生产、销售不符合标准的医用器材罪】规定

生产不符合保障人体健康的国家标准、行业标准的医疗器械、医用卫生材料,或者销售明知是不符合保障人体健康的国家标准、行业标准的医疗器械、医用卫生材料,足以严重危害人体健康的,处三年以下有期徒刑或者拘役,并处销售金额百分之五十以上二倍以下罚金;对人体健康造成严重危害的,处三年以上十年以下有期徒刑,并处销售金额百分之五十以上二倍以下罚金;后果特别严重的,处十年以上有期徒刑或者无期徒刑,并处销售金额百分之五十以上二倍以下罚金或者没收财产。

据上,生产、销售不符合标准的医用器材罪,是指违反国家产品质量管理法规,生产不符合保障人体健康的国家标准、行业标准的医疗器械、医用卫生材料,或者销售明知是不符合保障人体健康的国家标准、行业标准的医疗器械、医用卫生材料,足以严重危害人体健康的行为。本罪侵犯的犯罪客体是复杂客体,包括国家正常的医用器材监督、管理制度和不特定多数人的身体健康、生命安全。

为保障医用器材的质量,规范医用器材的生产、使用,当前我国建立了完善的医用器材质量管理法律规范体系。据统计,2001—2016年,我国的生产、销售不符合标准的医用器材案件年平均数量约为1起,2017—2020年的案件数分别为6起、5起、6起、54起。[①] 随着生活水平的不断提高,人们对高质量的医疗健康服务的需求越来越高。在此社会背景之下,生产、销售医用器材刑事合规的制度建设不仅必要,而且十分重要。

(二)刑事合规的主体对象

本罪行为主体是一般主体,单位构成本罪的,单位直接负责的主管人员和其他责任人员,按照本罪进行定罪量刑。医用器材生产、销售企业中的普通工作人员实施生产、销售不符合标准的医用器材的,也可成立本罪。

(三)违反刑事合规的主观表现

生产、销售不符合标准的医用器材罪在主观方面是故意,过失不成立本罪,即行为人对其生产、销售的是不符合标准的医用器材有明确认知,仍进行生产、销售并放任危害结果的发生。对生产者来说,只要其生产不符合国家标准、行业标准的医疗器械、医用卫生材料,原则上就表明生产者具有故意。对于销售者而言,由于专业知识局限、检测手段不全,可能并不知道其销售的医用器材属于伪劣商品。但如果控方有足够的证据证明销售者明知其销售的是不符合标准的伪劣产品而加以销售的,也可认定销售者具有主观故意。

为此,医用器材生产、销售者应树立和强化产品质量观念。为避免企业在生产、销售医用器材过程中因医用器材不符合标准而面临刑事犯罪风险,企业管理者作为企业产品

---

① 数据来源于威科先行法律数据库,访问日期:2021年4月26日。

质量的直接负责人,需要特别注重产品质量观念,树立和强化产品责任意识。

(四)违规行为表现及合规行为要求

生产、销售不符合标准的医用器材罪客观方面表现为行为人生产、销售伪劣医疗器械、医用卫生材料,足以危害人体健康。本罪的犯罪后果主要表现为违反医用器材管理制度和侵犯不特定多数人身体健康、生命安全。本罪是选择性罪名,行为人实施生产、销售不符合标准的医用器材行为之一,只要足以严重危害人体健康的,均可成立本罪。

为此,医用器材生产、销售者应当对其生产、销售的医用器材的质量尽到注意义务。医用器材生产、销售企业对于其生产、销售的医用器材的质量安全负有最直接的责任,而企业管理者作为医用器材质量的直接责任人员,应当对生产、销售的医用器材的产品质量安全尽到注意义务。

(五)刑事风险预警

(1)具有下列情形之一的,便可以认定为达到生产、销售不符合标准的医用器材罪入罪标准:

① 进入人体的医疗器械的材料中含有超过标准的有毒、有害物质的;

② 进入人体的医疗器械的有效性指标不符合标准要求,导致治疗、替代、调节、补偿功能部分或者全部丧失,可能造成贻误诊治或者人体严重损伤的;

③ 用于诊断、监护、治疗的有源医疗器械的安全指标不符合强制性标准要求,可能对人体构成伤害或者潜在危害的;

④ 用于诊断、监护、治疗的有源医疗器械的主要性能指标不合格,可能造成贻误诊治或者人体严重损伤的;

⑤ 未经批准,擅自增加功能或者适用范围,可能造成贻误诊治或者人体严重损伤的;

⑥ 其他足以严重危害人体健康或者对人体健康造成严重危害的情形。

另外,在疫情防控期间,生产不符合保障人体健康的国家标准、行业标准的医用口罩、护目镜、防护服等医用器材,或者销售明知是不符合行业标准的医用器材,足以严重危害人体健康的,依照《刑法》第145条的规定,以生产、销售不符合标准的医用器材罪定罪处罚。

(2)除基本犯情形外,立法者同时还规定了两种加重处罚情形。

第一,对"人体健康造成严重危害或后果特别严重"的认定。其中,生产、销售不符合标准的医疗器械、医用卫生材料,致人轻伤或者其他严重后果的,应认定为"对人体健康造成严重危害"。而生产、销售不符合标准的医疗器械、医用卫生材料,造成感染病毒性肝炎等难以治愈的疾病、1人以上重伤、3人以上轻伤或者其他严重后果的,应认定为"后果特别严重"。

第二,情节特别恶劣的认定。生产、销售不符合标准的医疗器械、医用卫生材料,致人死亡、严重残疾、感染艾滋病、3人以上重伤、10人以上轻伤或者造成其他特别严重后果的,应认定为"情节特别恶劣"。

八、生产、销售强制性安全标准的产品的刑事合规

(一) 刑事合规制度的指向

产品是维系社会经济正常运转的基础元素,企业的生产运营和国民的日常生活也都离不开各式各样的产品。为了保障正常的社会生活,更好地维护国民身体健康,国家制定了一系列关于产品质量监管管理的法律、法规,对社会经济活动中生产、销售的产品质量和安全标准进行监督和管理。所以生产、销售不符合安全标准的产品,除了侵犯不特定多数人的身体健康权利外,还会破坏正常的产品安全标准管理秩序。生产、销售不符合安全标准的产品一方面会造成严重人身伤亡,另一方面会严重侵害社会民众的身体健康。据统计,2001—2016 年,我国生产、销售不符合安全标准的产品罪案件年平均数量约为 4 起,2017—2020 年的案件数分别为 25 起、34 起、45 起、51 起。[①]

《刑法》第一百四十六条【生产、销售不符合安全标准的产品罪】规定

生产不符合保障人身、财产安全的国家标准、行业标准的电器、压力容器、易燃易爆产品或者其他不符合保障人身、财产安全的国家标准、行业标准的产品,或者销售明知是以上不符合保障人身、财产安全的国家标准、行业标准的产品,造成严重后果的,处五年以下有期徒刑,并处销售金额百分之五十以上二倍以下罚金;后果特别严重的,处五年以上有期徒刑,并处销售金额百分之五十以上二倍以下罚金。

据上,生产、销售不符合安全标准的产品罪,是指生产不符合保障人身、财产安全的国家标准、行业标准的电器、压力容器、易燃易爆产品或者其他不符合保障人身、财产安全的国家标准、行业标准的产品,或者销售明知是以上不符合保障人身、财产安全的国家标准、行业标准的产品,造成严重后果的行为。

(二) 刑事合规的主体对象

生产、销售不符合安全标准的产品罪的主体是一般主体,包括自然人和单位,即凡已满 16 周岁具有刑事责任能力的人以及任何单位,都可以成为本罪的主体。

单位构成本罪的,单位直接负责的主管人员和其他责任人员,按照本罪进行定罪量刑。据统计,司法实践中单位犯罪占到案件总量的 6.67%。而在单位犯罪案件中,直接负责的主管人员和其他责任人员主要指的是涉事企业的法定代表人、总经理、经理等直接责任人员和主管人员,如某公司、李某某生产、销售不符合安全标准的产品案中,杨某某、李某某分别为某公司的法定代表人和总经理。[②]

(三) 违反刑事合规的主观表现

生产、销售不符合安全标准的产品罪主观方面为故意,过失不成立本罪。即行为人对

[①] 数据来源于威科先行法律数据库,访问日期:2021 年 4 月 28 日。
[②] 参见湖北省当阳市人民法院刑事判决书:(2017)鄂 0582 刑初 112 号。

其生产、销售的是不符合安全标准的产品有明确认知,仍进行生产、销售并放任危害结果的发生。对生产者来说,要成立本罪要求行为人在主观方面明知其生产、销售的是不符合保障人身、财产安全的国家标准、行业标准的产品,且继续生产、销售。所以本罪的主观要素为故意,既可以是直接故意,也可以是间接故意。

对此,企业与有关个人要树立和强化产品质量观念。为避免企业在生产、销售有安全强制标准的产品过程中,因产品不符合强制性安全标准的要求而面临刑事犯罪风险,企业管理者作为企业产品质量的直接责任人员,其自身应首先树立产品质量观念,并在企业日常管理和生产经营活动中严格执行产品质量标准。

(四) 违规行为表现及合规行为要求

本罪客观方面表现为行为人生产不符合保障人身、财产安全的国家标准、行业标准的电器、压力容器、易燃易爆产品或者其他不符合保障人身、财产安全的国家标准、行业标准的产品,或者销售明知是不符合以上保障人身、财产安全的国家标准、行业标准的产品。行为人实施生产、销售不符合安全标准的产品行为之一,只要足以严重危害人体健康的,均可成立本罪。

为此,生产、销售者应当对其生产、销售的产品的质量尽到注意义务。生产、销售符合安全标准的产品,不仅是产品质量法、消费者权益保护法和刑法等法律法规的要求,其同时也是企业可持续发展、不断发展壮大的必要前提。为此,企业及其主管人员和直接责任人员在产品生产、销售过程中要特别就产品质量问题尽到注意义务。

(五) 刑事风险预警

(1) 具有下列情形之一的,便可以认定为达到生产、销售不符合安全标准的产品罪入罪标准:

① 造成人员重伤或者死亡的;

② 造成直接经济损失10万元以上的;

③ 其他造成严重后果的情形。

(2) 具有下列情形之一的,便可以达到生产、销售不符合安全标准的产品罪加重处罚标准:

① 未依法取得安全许可证件或者安全许可证件过期、被暂扣、吊销、注销后从事生产经营活动的;

② 关闭、破坏必要的安全监控和报警设备的;

③ 已经发现事故隐患,经有关部门或者个人提出后,仍不采取措施的;

④ 1年内曾因危害生产安全违法犯罪活动受过行政处罚或者刑事处罚的;

⑤ 采取弄虚作假、行贿等手段,故意逃避、阻挠负有安全监督管理职责的部门实施监督检查的;

⑥ 安全事故发生后转移财产意图逃避承担责任的;

⑦ 其他从重处罚的情形。

九、生产、销售农资产品的刑事合规

(一) 刑事合规制度的指向

我国是一个农业大国,农业是国民经济的基础。正所谓"农业稳则国家稳",农业生产的顺利开展和农业生产安全对于维系国民经济稳定具有十分重要的作用。农药、兽药、化肥、种子是关乎农业生产的重要生产资料,质量合格、性能良好的农药、兽药、化肥、种子为农业生产者应对虫害起到了至关重要的效用,而质量不达标、效能不合格的伪劣农药、兽药、化肥、种子除了让农业生产者遭受购买成本等直接损失外,还使其面临未能及时防控虫害而带来的其他间接经济损失。行为人生产、销售伪劣农药、兽药、化肥、种子将会导致农业生产经营者一个生产周期歉收甚至绝收,而这在客观上给农业生产带来的损失将是极其重大的,其同时还会危害正常的农业生产秩序和社会秩序。

《刑法》第一百四十七条【生产、销售伪劣农药、兽药、化肥、种子罪】规定

生产假农药、假兽药、假化肥,销售明知是假的或者失去使用效能的农药、兽药、化肥、种子,或者生产者、销售者以不合格的农药、兽药、化肥、种子冒充合格的农药、兽药、化肥、种子,使生产遭受较大损失的,处三年以下有期徒刑或者拘役,并处或者单处销售金额百分之五十以上二倍以下罚金;使生产遭受重大损失的,处三年以上七年以下有期徒刑,并处销售金额百分之五十以上二倍以下罚金;使生产遭受特别重大损失的,处七年以上有期徒刑或者无期徒刑,并处销售金额百分之五十以上二倍以下罚金或者没收财产。

据上,生产、销售伪劣农药、兽药、化肥、种子罪,是指行为人生产假农药、假兽药、假化肥,销售明知是假的或者失去使用效能的农药、兽药、化肥、种子,或者生产者、销售者以不合格的农药、兽药、化肥、种子冒充合格的农药、兽药、化肥、种子,使生产遭受较大损失的行为。据统计,2001—2016 年,我国生产、销售伪劣农药、兽药、化肥、种子案件年平均数量约为 15 起,2017—2020 年的案件数分别为 61 起、91 起、128 起、102 起。[①] 近年来生产、销售伪劣农药、兽药、化肥、种子罪案件的数量整体上处于增长的状态,且增长率在 30% 左右,应引起我们的高度重视和关注。

(二) 刑事合规的主体对象

生产、销售伪劣农药、兽药、化肥、种子罪的主体是一般主体,包括自然人和单位。即凡已满 16 周岁具有刑事责任能力的人以及任何单位,都可以成为本罪的主体。单位中的普通工作人员也可以自然人的身份成立本罪。单位构成本罪的,单位直接负责的主管人员和其他责任人员,按照本罪进行定罪量刑。如在南京某公司、某化工(安徽)有限公司、许某某、朱某、王某某生产、销售伪劣农药罪一案中,被告人许某某为某公司法定代表人、南京某公司实际经营人,王某某为安徽某股份有限公司市场运营部经理。法院审理后认

---

① 数据来源于"威科先行·法律数据库",访问日期:2021 年 5 月 12 日。

为,被告人许某某、王某某均成立生产、销售伪劣农药罪。①

为此,农药、兽药、化肥、种子生产、销售者在围绕本罪进行刑事合规建设时,应将普通工作人员、企业管理人员以及单位自身都作为刑事合规的主体对象。

(三) 违反刑事合规的主观表现

生产、销售伪劣农药、兽药、化肥、种子罪主观方面为故意,过失不成立本罪。即行为人对其生产、销售的是伪劣农药、兽药、化肥、种子有明确认知,仍进行生产、销售并放任危害结果的发生。对行为人而言,其不仅对于其生产、销售的农药、兽药、化肥、种子是不符合质量标准的伪劣农药、兽药、化肥、种子是明知态度,还对其生产、销售伪劣农药、兽药、化肥、种子将会给农业生产造成较大损失持积极追求或放任心态。也即行为人主观方面应为直接故意或间接故意,而仅有过失不成立本罪。

对生产者来说,只要其生产不符合国家标准、行业标准的农药、兽药、化肥、种子,原则上就表明生产者具有故意。对于销售者而言,由于专业知识局限、检测手段不全,可能并不知道其销售的农药、兽药、化肥、种子属于伪劣商品。但如果控方有足够的证据证明销售者明知其销售的是不符合质量要求标准的农药、兽药、化肥、种子而加以销售的,也可认定销售者具有主观故意。

为此,农药、兽药、化肥、种子的生产、销售者首先要树立和强化产品质量观念。好产品才有好市场,产品质量是企业的核心竞争力。这是市场经济规律使然,为避免企业在生产、销售农药、兽药、化肥、种子过程中因质量不符合标准给农业生产造成损失而面临刑事犯罪风险,企业管理者作为企业产品质量的直接负责人,需要特别注重产品质量观念,树立和强化产品责任意识。另外,对于农药、兽药、化肥、种子的质量标准,当前既有完善的法律法规体系规定的国家标准,同时各生产行业也都有自己的行业标准,农药、兽药、化肥、种子生产经营者应在树立产品质量观念的基础上,进一步强化产品质量观念。

(四) 违规行为表现及合规行为要求

生产、销售伪劣农药、兽药、化肥、种子罪客观方面表现为行为人生产、销售伪劣农药、兽药、化肥、种子,并使生产遭受较大损失。本罪是选择性罪名,行为人实施生产、销售伪劣农药、兽药化肥、种子行为之一,只要给农业生产造成重大损害的,均可成立本罪。其中假农药、假兽药和假种子的认定可分别根据农药管理条例、兽药管理条例和种子法的相关规定进行具体认定。

为此,农药、兽药、化肥、种子生产、销售者应当对其生产、销售的农药、兽药、化肥、种子的质量尽到注意义务。农药、兽药、化肥、种子生产、销售企业作为农药、兽药、化肥种子质量的直接责任人,应当对其生产、销售的农药、兽药、化肥、种子的产品质量安全尽到注意义务。

---

① 参见江苏省泰州市姜堰区人民法院刑事判决书:(2016)苏 1204 刑初 388 号。

(五) 刑事风险预警

(1) 具有下列情形之一的，便可以认定为达到生产、销售伪劣农药、兽药、化肥、种子罪入罪标准：

生产假农药、假兽药、假化肥，销售明知是假的或者失去使用效能的农药、兽药、化肥、种子，或者生产者、销售者以不合格的农药、兽药、化肥、种子冒充合格的农药、兽药、化肥、种子，有下列情形之一的，应予立案追诉：

① 使生产遭受损失 2 万元以上的；

② 其他使生产遭受较大损失的情形。

此外，生产、销售伪劣农药、兽药、化肥、种子罪中"使生产遭受较大损失"，司法实践中一般以 2 万元为起点。

(2) 除基本犯情形外，立法者同时还规定了两种加重处罚情形。

第一，"给农业生产造成重大损失"需加重处罚情形的认定。司法实践中，生产、销售伪劣农药、兽药、化肥、种子罪中的"重大损失"，一般以 10 万元为起点。

第二，"给农业生产造成特别重大损失"需加重处罚情形的认定。司法实践中，生产、销售伪劣农药、兽药、化肥、种子罪中的"特别重大损失"，一般以 50 万元为起点。

十、生产、销售化妆品的刑事合规

(一) 刑事合规制度的指向

生产销售不符合卫生标准化妆品行为，不仅损害消费者的身体健康，同时还会破坏消费品生产经营秩序，甚至危及正常的社会秩序。对此，我国已经出台相关法律法规，就化妆品的质量和化妆品生产、经营活动进行监督、监管。除产品质量法、消费者权益法等一般法律之外，也有诸如化妆品监督管理条例等专门法规进行更为系统的规定。据统计，2001—2016 年，我国生产、销售不符合卫生标准的化妆品罪案件年案件总数为 1 起，2017—2020 年的案件数分别为 0 起、1 起、0 起、4 起。① 行为人实施生产、销售不符合卫生标准的化妆品罪造成的危害主要有以下几点：首先，消费者遭受严重身体损伤；其次，生产、销售不符合卫生标准化妆品企业面临罚金损失；最后，企业管理者面临职业禁止的风险。

《刑法》第一百四十八条【生产、销售不符合卫生标准的化妆品罪】规定

生产不符合卫生标准的化妆品，或者销售明知是不符合卫生标准的化妆品，造成严重后果的，处三年以下有期徒刑或者拘役，并处或者单处销售金额百分之五十以上二倍以下罚金。

据上，生产、销售不符合卫生标准的化妆品罪，是指生产不符合卫生标准的化妆品，或者销售明知是不符合卫生标准的化妆品，造成严重后果的行为。

---

① 数据来源于威科先行法律数据库，访问日期：2021 年 5 月 14 日。

（二）刑事合规的主体对象

生产、销售不符合卫生标准的化妆品罪主体是一般主体,包括自然人和单位。即凡已满16周岁具有刑事责任能力的人以及任何单位,都可以成为本罪的主体。化妆品注册人、备案人、受托生产和销售企业中的普通员工均可以责任人身份成立本罪。单位构成本罪的,单位直接负责的主管人员和其他责任人员,按照本罪进行定罪量刑。

（三）违反刑事合规的主观表现

生产、销售不符合卫生标准的化妆品罪在主观方面是故意,过失不成立本罪。即行为人对其生产、销售的是不符合卫生标准的化妆品有明确认知,仍进行生产、销售并放任危害结果的发生。

对行为人而言,其不仅对于其生产、销售的化妆品不符合卫生标准明知,其还对其生产、销售不符合卫生标准的化妆品将会给消费者身体健康造成严重侵害结果的发生积极追求或放任。也即行为人主观方面应为直接故意或间接故意,而仅有过失不成立本罪。对生产者来说,只要其生产不符合卫生标准的化妆品,原则上就表明生产者具有故意。对于销售者而言,由于专业知识局限、检测手段不全,可能并不知道其销售的化妆品不符合卫生标准。但如果控方有足够的证据证明销售者明知其销售的是不符合卫生标准的化妆品而加以销售的,也可认定销售者具有主观故意。

为此,化妆品注册人、备案人、受托生产企业及其从业人员首先应树立产品责任意识,进一步强化产品质量观念。

（四）违规行为表现及合规行为要求

生产、销售不符合卫生标准的化妆品罪是选择性罪名,行为人实施生产、销售不符合卫生标准的化妆品行为之一,只要造成严重后果的,均可成立本罪。其在客观方面表现为行为人生产、销售不符合卫生标准的化妆品,并造成严重后果的行为。其中,所谓"不符合卫生标准"指的是不符合国家制定的各种化妆品的强制性卫生标准及报国家技术监督管理部门批准备案的企业标准中的卫生标准。这里的企业标准应高于国家标准。

为此,化妆品注册人、备案人、受托生产企业及其从业人员应从以下两个方面进行行为刑事合规。

（1）建立并执行从业人员健康管理制度。

（2）定期对化妆品生产质量管理规范的执行情况进行自查;生产条件发生变化,不再符合化妆品生产质量管理规范要求的,应当立即采取整改措施;可能影响化妆品质量安全的,应当立即停止生产并向所在地省、自治区、直辖市人民政府药品监督管理部门报告。

（五）刑事风险预警

具有下列情形之一的,便可以认定为达到生产、销售不符合卫生标准的化妆品罪入罪标准:

（1）造成他人容貌毁损或者皮肤严重损伤的;

(2) 造成他人器官组织损伤导致严重功能障碍的;
(3) 致使他人精神失常或者自杀、自残造成重伤、死亡的;
(4) 其他造成严重后果的情形。

十一、提供武器装备、军事设施刑事合规

(一) 刑事合规制度的指向

《刑法》第三百七十条第一款【故意提供不合格武器装备、军事设施罪】、第二款【过失提供不合格武器装备、军事设施罪】规定

明知是不合格的武器装备、军事设施而提供给武装部队的,处五年以下有期徒刑或者拘役;情节严重的,处五年以上十年以下有期徒刑;情节特别严重的,处十年以上有期徒刑、无期徒刑或者死刑。

过失犯前款罪,造成严重后果的,处三年以下有期徒刑或者拘役;造成特别严重后果的,处三年以上七年以下有期徒刑。

据上,故意提供不合格武器装备、军事设施罪,是指明知是不合格的武器装备、军事设施而提供给武装部队的行为。过失提供不合格武器装备、军事设施罪,是指负责提供武器装备、军事设施的人员因过失而提供不合格武器装备、军事设施,造成严重后果的行为。

故意(过失)提供不合格的武器装备、军事设施造成的危害包括两个方面,除了损害正常军事活动和国家安全外,在军事训练中还可能会导致非战时人员伤亡,而在战争中则会扩大人员伤亡,影响战局形势,甚至改变战争结局,从而危及国家安全。

(二) 刑事合规的主体对象

故意提供不合格武器装备、军事设施罪为身份犯,仅限于负责生产、建造、维修、采购武器装备或军事设施的军队或地方的单位和自然人;而过失提供不合格武器装备、军事设施罪的主体是自然人,包括军人和非军人。

(三) 违反刑事合规的主观表现

当行为人明知武器装备、军事设施不合格,仍提供给武装部队时,行为人主观方面为故意,成立故意提供不合格武器装备、军事设施罪。当行为人在向武装部队提供武器装备、军事设施时,对于其所提供的武器装备、军事设施可能导致的危害后果,因疏忽大意没有预见,或者虽已预见但轻信能够避免,行为人主观方面为过失,成立过失提供不合格武器装备、军事设施罪。

为此,武器装备、军事设施提供者应增强法治观念,树立产品责任意识。如前所述,不同于一般的产品,武器装备、军事设施在性能和作用两方面都有其特殊性。相较于普通产品而言,使用者对武器装备、军事设施的质量要求更高。所以作为武器装备、军事设施提供者,更应当强化法治观念,树立产品责任意识,为武器装备、军事设施使用者提供符合质量标准、满足性能要求的产品。

(四) 违规行为表现及合规行为要求

故意(过失)提供不合格的武器装备、军事设施罪客观方面表现为提供不合格武器装备、军事设施的行为,以及所提供的不合格武器装备、军事设施已被接收并因此导致了严重后果。

对此,武器装备、军事设施提供者应加强行为自律,严把产品质量关。细节决定成败,武器装备、军事设施的产品质量问题同样也取决于提供者的质量把关。再加之,武器装备、军事设施具有特殊的用途,为此,武器装备、军事设施提供者更应当加强行为自律,严把产品质量观关。防范因故意(过失)提供不合格武器装备、军事设施而带来的刑事犯罪风险。

(五) 刑事风险预警

(1) 具有下列情形之一的,便可以认定为达到故意提供不合格武器装备、军事设施罪入罪标准:

① 造成人员轻伤以上的;
② 造成直接经济损失 10 万元以上的;
③ 提供不合格的枪支 3 支以上、子弹 100 发以上、雷管 500 枚以上、炸药 5 000 克以上或者其他重要武器装备、军事设施的;
④ 影响作战、演习、抢险救灾等重大任务完成的;
⑤ 发生在战时的;
⑥ 其他故意提供不合格武器装备、军事设施应予追究刑事责任的情形。

(2) 具有下列情形之一的,便可以认定为达到过失提供不合格武器装备、军事设施罪入罪标准:

① 造成死亡 1 人或者重伤 3 人的;
② 造成直接经济损失 30 万元以上的;
③ 严重影响作战、演习、抢险救灾等重大任务完成的;
④ 其他严重后果的情形。

【案例思考】 江西丰城电厂改造项目垮塌案

【即测即练】

第六章

企业经营管理刑事合规制度

提示:企业经营管理的刑事合规,就是督促企业在经营过程中,严格按照国家要求进行交易,不损害客户的利益。其中的内容是防控企业在经营中因信息管理不严格而出现的泄露客户个人信息、强迫交易、欺诈交易的刑事风险。

第一节 信息管理刑事合规

一、保障公民个人信息的刑事合规

(一)刑事合规制度的指向

随着大数据和云计算技术的发展,信息资源成为重要的生产要素和社会财富。侵犯公民个人信息罪的危害不仅仅在于罪名本身给受害人带来的个人信息安全的损害、信息财产损失、人格权侵害,更会引发其他损失。在司法实践中,侵犯公民个人信息罪往往作为上游犯罪,为下游犯罪提供准备、帮助,引发其他严重犯罪,例如绑架、诈骗、故意杀人等恶性犯罪,严重损害被害人的人身财产安全。侵犯个人信息的犯罪可谓是滋生其他犯罪的沃土。

从犯罪态势来看,侵害公民个人信息罪近年来案件多发,近5年间,全国案件数高达14 492起。值得注意的是,近4年案件数量也在不断攀升,从2017年的1 655起,到2018年的3 031起,再到2019年的4 104起、2020年的4 316起。从地域上看,江苏和浙江的案件数最多,分别为2 883与1 800起,占比为31.96%,说明该罪在经济发达的地区发生概率较大。

《刑法》第二百五十三条之一【侵犯公民个人信息罪】规定

违反国家有关规定,向他人出售或者提供公民个人信息,情节严重的,处三年以下有期徒刑或者拘役,并处或者单处罚金;情节特别严重的,处三年以上七年以下有期徒刑,并处罚金。

据上,侵犯公民个人信息罪,是指违反国家有关规定,向他人出售或者提供公民个人信息,情节严重的行为。

(二)刑事合规的主体对象

侵犯公民个人信息罪的主体是一般主体,包括一切具有刑事责任能力的自然人,单位也可以成为侵犯公民个人信息罪的犯罪主体。目前造成危害最大的主要是像银行、教育、工商、电信、快递、证券、电商各个行业的人员,内部人员把数据泄露出来,成为侵犯公民个人信息的主体。[①]

(三)违反刑事合规的主观表现

侵犯公民个人信息罪在主观方面为故意,而且是直接故意。因疏忽大意等原因,过失导致公民个人信息泄露,因而产生严重后果的,不构成侵犯公民个人信息罪。

(四)违规行为表现

本罪的客观行为特征表现为实施了出售、提供、窃取或者以其他方法非法获取公民个人信息的行为,具体表现有以下几个方面:一是实施了将自己掌握的公民个人信息以一定价格卖与他人,自己从中谋取利益的行为;二是实施了将自己掌握的公民个人信息,以出售以外的方式提供给他人以及通过信息网络或者其他途径发布公民个人信息的行为;三是实施了"人肉搜索"行为,行为人未经他人同意,将其姓名、身份信息、住址等个人信息公布于众,影响其正常的工作、生活秩序的,即属于向社会不特定多数人提供公民信息的行为,如果达到"情节严重"的标准,可以按照侵犯公民个人信息罪定罪处罚。

《中华人民共和国网络安全法》(以下简称《网络安全法》)第40条规定:网络运营者应当对其收集的用户信息严格保密,并建立健全用户信息保护制度;第44条规定:任何个人和组织不得窃取或者以其他非法方式获取个人信息,不得非法出售或者非法向他人提供个人信息;第45条规定:依法负有网络安全监督管理职责的部门及其工作人员,必须对在履行职责中知悉的个人信息、隐私和商业秘密严格保密,不得泄露、出售或者非法向他人提供。

司法解释与行业规章主要有:《全国人民代表大会常务委员会关于加强网络信息保护的决定》(2012年12月28日);《最高人民法院、最高人民检察院、公安部关于依法惩处侵害公民个人信息犯罪活动的通知》(公通字〔2013〕12号);《电信和互联网用户个人信息保护规定》(中华人民共和国工业和信息化部令第24号令,2013年7月16日公布);《最高人民法院、最高人民检察院关于办理侵犯公民个人信息刑事案件适用法律若干问题的解释》(法释〔2017〕10号)。

(五)刑事风险预警

"情节严重"是构成侵犯公民个人信息罪的必备条件,是侵犯公民个人信息罪区分罪与非罪的标准,"情节特别严重"则是作为加重情节以升格量刑标准。情节是否严重,可以

[①] 公安部:行业内部人员成侵犯公民个人信息犯罪重要主体[EB/OL].[2021-07-06]. http://www.chinanews.com/gn/2017/05-09/8219044.shtml.

从出售、提供、获取的公民个人信息的数量、次数、获利金额、手段、持续时间、动机目的、危害后果等多个方面进行综合判定。根据《最高人民法院、最高人民检察院关于办理侵犯公民个人信息刑事案件适用法律若干问题的解释》规定：具有下列情形之一的，应当认定为刑法第253条之一规定的"情节严重"：

(1) 出售或者提供行踪轨迹信息，被他人用于犯罪的；

(2) 知道或者应当知道他人利用公民个人信息实施犯罪，向其出售或者提供的；

(3) 非法获取、出售或者提供行踪轨迹信息、通信内容、征信信息、财产信息50条以上的；

(4) 非法获取、出售或者提供住宿信息、通信记录、健康生理信息、交易信息等其他可能影响人身、财产安全的公民个人信息500条以上的；

(5) 非法获取、出售或者提供第(3)项、第(4)项规定以外的公民个人信息5 000条以上的；

(6) 数量未达到第(3)项至第(5)项规定标准，但是按相应比例合计达到有关数量标准的；

(7) 违法所得5 000元以上的；

(8) 将在履行职责或者提供服务过程中获得的公民个人信息出售或者提供给他人，数量或者数额达到第(3)项至第(7)项规定标准一半以上的；

(9) 曾因侵犯公民个人信息受过刑事处罚或者2年内受过行政处罚，又非法获取、出售或者提供公民个人信息的；

(10) 其他情节严重的情形。

实施前款规定的行为，具有下列情形之一的，应当认定为刑法第253条之一第1款规定的"情节特别严重"：

(1) 造成被害人死亡、重伤、精神失常或者被绑架等严重后果的；

(2) 造成重大经济损失或者恶劣社会影响的；

(3) 数量或者数额达到前款第(3)项至第(8)项规定标准10倍以上的；

(4) 其他情节特别严重的情形。

司法实践中侵犯公民信息罪可能涉及罪数问题，比如信息获取方利用非法获取的公民个人信息进行诈骗犯罪，数罪并罚。以"徐某某案"为例：陈某从他人手中购买5万余条某省2016年高考考生信息，并雇用郑某、黄某等人冒充教育局工作人员以发放助学金名义对高考录取学生实施电话诈骗。2016年8月19日16时许，郑某拨打徐某某电话，骗取其银行存款9 900元。徐某某伤心欲绝，在报案回家途中身体忽然出现不适，经医院抢救无效死亡。最终法院认定，陈某犯诈骗罪、侵犯公民个人信息罪，数罪并罚，决定执行无期徒刑，剥夺政治权利终身，并处没收个人全部财产。①

犯罪防控方面，一方面需要网络信息技术管理部门从技术层面对信息进行加密处理，

---

① 刘海涛.以案释法：侵犯公民个人信息罪的罪数形态认定[EB/OL].[2021-07-04]. https://law.wkinfo.com.cn/professionalarticles/detail/NjAwMDAwNjA4MTQ%3D?searchId=0cf70d4667484315b1fc531de55dd4e6&index=1&q=%E4%BE%B5%E7%8A%AF%E5%85%AC%E6%B0%91%E4%B8%AA%E4%BA%BA%E4%BF%A1%E6%81%AF%E7%BD%AA&module=.

提高个人信息保护的应用技术水平；另一方面政府在加强监管的同时，也应当采取多元化主体网络治理模式，比如进一步强化"代理监管"模式，充分赋予网络平台监管权力，引导网络平台制定行业性合规制度，加强平台内部管理。

二、计算机信息系统管理刑事合规

（一）刑事合规制度的指向

相对于传统犯罪而言，针对计算机信息系统的犯罪表现出更加严重的社会危害性。这不仅是因为犯罪造成的经济损失是其他类型犯罪所无法比拟的，更是由于破坏计算机信息系统罪不受时间和地点限制。在犯罪过程中，行为人可以在不同地区和时间通过远程控制对同一犯罪目标进行攻击，这样就对正常的社会管理秩序和国家安全造成了严重的危害。

从犯罪态势来看，破坏计算机信息系统罪的发案频率常年维持在较高水平，近5年案件数达1 683起。2001—2016年，案件数量是500起，而2017年、2018年的年案件数分别达到305起、403起，此后几年均保持在400起上下。从案发地域来看，主要集中于沿海地区，其中排名前3的分别是江苏、浙江以及广东，三者案发数量占总案数的44.91%。

从犯罪客体来看，本罪所侵害的客体是计算机信息系统的安全。从犯罪的客观方面来看，主要表现为违反国家规定，破坏计算机信息系统功能和信息系统中存储、处理、传输的数据和应用程序，后果严重的行为。从主体方面来看，本罪的主体为一般主体，即年满16周岁具有刑事责任能力的自然人均可构成本罪。从主观方面来看，本罪的主观方面必须出于故意，过失不能构成本罪。如果因操作疏忽大意或者技术不熟练或者失误而致使计算机信息系统功能或计算机信息系统中存储、处理或者传输的数据、应用程序遭受破坏，则不构成本罪。

《刑法》第二百八十六条【破坏计算机信息系统罪】规定

违反国家规定，对计算机信息系统功能进行删除、修改、增加、干扰，造成计算机信息系统不能正常运行，后果严重的，处五年以下有期徒刑或者拘役；后果特别严重的，处五年以上有期徒刑。

违反国家规定，对计算机信息系统中存储、处理或者传输的数据和应用程序进行删除、修改、增加的操作，后果严重的，依照前款的规定处罚。

故意制作、传播计算机病毒等破坏性程序，影响计算机系统正常运行，后果严重的，依照第一款的规定处罚。

据上，破坏计算机信息系统罪，是指违反国家规定，对计算机信息系统功能进行删除、修改、增加、干扰，造成计算机信息系统不能正常运行，后果严重的，或者违反国家规定，对计算机信息系统中存储、处理或者传输的数据和应用程序进行删除、修改、增加的操作，后果严重的，以及故意制作、传播计算机病毒等破坏性程序，影响计算机系统正常运行，后果严重的行为。

(二) 刑事合规的主体对象

本罪的主体是一般主体,即年满16周岁、具有刑事责任能力的自然人均可以成为本罪的主体。但从实践中来看,本罪的犯罪主体具有一定的特殊性,犯罪分子呈低龄化趋势,且绝大多数本身就是精通计算机的行家里手,具有很强的实践操作能力。即使在个别情况下,犯罪分子可能不甚精通计算机,也一般会利用或伙同精通计算机的人一起实施犯罪。

(三) 违反刑事合规的主观表现

破坏计算机信息系统罪的主观方面包括直接故意和间接故意,过失不能构成本罪。如果因操作疏忽大意或者技术不熟练或者失误而致使计算机信息系统功能或计算机信息系统中存储、处理或者传输的数据、应用程序遭受破坏,则不构成本罪。

(四) 违规行为表现

从犯罪的客观方面来看,其主要有三种情况:一是破坏计算机信息系统功能。对计算机信息系统功能进行删除、修改、增加、干扰,造成计算机信息系统不能正常运行。二是破坏计算机信息系统中存储、处理或者传输的数据和应用程序。所谓数据,在这里是指计算机用以表示一定意思内容或者由其进行实际处理的一切文字、符号、数字、图形等有意义的组合。所谓计算机中存储、处理、传输的数据,则是指固定存储于计算机内部随时可供提取、查阅、使用的数据,或已经进入计算机正在进行加工、处理以及通过线路而由其他计算机信息系统传递过来的数据。计算机程序,是指为了得到某种结果而可以由计算机等具有信息处理能力的装置执行的代码化指令序列。三是故意制作、传播计算机病毒等破坏性程序,影响计算机系统正常运行。破坏性程序,是指隐藏于计算机信息系统中的数据文件、执行程序里的能够在计算机内部运行,对其功能进行干扰、影响的一种程序。计算机病毒,作为一种破坏性程序的典型,是指编制或者在计算机程序中插入的破坏计算机功能或者毁坏数据,影响计算机使用,并能自我复制的一组计算机指令或者程序代码。所谓制作,是指创制、发明、设计、编造破坏性程序或者获悉技术制作破坏性程序的行为。所谓传播,则是指通过计算机信息系统含网络输入、输出计算机病毒等破坏性程序,以及将已输入的破坏性程序软件加以派送、散发等的行为。

破坏计算机信息系统主要违反《中华人民共和国计算机信息系统安全保护条例》《网络安全法》《计算机信息网络国际联网安全保护管理办法》《全国人民代表大会常务委员会关于加强网络信息保护的决定》《最高人民法院、最高人民检察院、公安部关于依法惩处侵害公民个人信息犯罪活动的通知》《电信和互联网用户个人信息保护规定》《最高人民法院、最高人民检察院关于办理侵犯公民个人信息刑事案件适用法律若干问题的解释》等法律法规。

(五) 刑事风险预警

为正确划定"后果严重"的分界线,2011年《最高人民法院、最高人民检察院关于办理危害计算机信息系统安全刑事案件应用法律若干问题的解释》对破坏计算机信息系统罪的"后果严重"和"后果特别严重"两种情节分别明确了认定标准。

(1) 破坏计算机信息系统功能、数据或者应用程序,具有下列情形之一的,应当认定为《刑法》第 286 条第 1 款和第 2 款规定的"后果严重":

① 造成 10 台以上计算机信息系统的主要软件或者硬件不能正常运行的;

② 对 20 台以上计算机信息系统中存储、处理或者传输的数据进行删除、修改、增加操作的;

③ 违法所得 5 000 元以上或者造成经济损失 10 000 元以上的;

④ 造成为 100 台以上计算机信息系统提供域名解析、身份认证、计费等基础服务或者为 1 万以上用户提供服务的计算机信息系统不能正常运行累计 1 小时以上的;

⑤ 造成其他严重后果的。

(2) 实施前款规定行为,具有下列情形之一的,应当认定为破坏计算机信息系统"后果特别严重":

① 数量或者数额达到前款第①项至第③项规定标准 5 倍以上的;

② 造成为 500 台以上计算机信息系统提供域名解析、身份认证、计费等基础服务或者为 5 万以上用户提供服务的计算机信息系统不能正常运行累计 1 小时以上的;

③ 破坏国家机关或者金融、电信、交通、教育、医疗、能源等领域提供公共服务的计算机信息系统的功能、数据或者应用程序,致使生产、生活受到严重影响或者造成恶劣社会影响的;

④ 造成其他特别严重后果的。

鉴于立法技术的局限,破坏计算机信息系统罪与非法控制计算机信息系统罪都是笼而统之的罪名,两者在司法实践中极易混淆。从刑法条文的立法目的和法益保护的角度出发,"破坏计算机信息系统"的本质特征应是对计算机信息系统功能造成了实质性损坏,使计算机信息系统不能正常运行。"非法控制计算机信息系统"的本质特征是对计算机信息系统占用人、控制人的使用、控制权进行了剥夺,使其不能按照自己的意志使用、控制计算机信息系统。因此,区分两罪的关键在于这些客观行为的实施是导致计算机信息系统本身不能正常运行还是剥夺了计算机信息系统控制、使用人的控制、使用权。

对于本罪的防范主要在于三个方面:一是加强技术研究,完善技术管理,堵塞漏洞。先进的科技是预防打击计算机犯罪的最有力的武器。二是完善安全管理机制,严格执行安全管理规章。科学合理的网络管理体系不仅可以提高工作效率,也可以大大增强网络的安全性。三是加强个人道德修养,形成良好的网络道德环境。在社会层面,用优秀的文化道德思想引导网络社会,形成既符合时代进步的要求又合理合法的网络道德;在企业内部层面,加强企业文化建设,培育职业素养高的员工。

三、信息网络安全管理刑事合规

(一) 刑事合规制度的指向

从犯罪整体态势来看,近 3 年来拒不履行信息网络安全管理义务罪案件数量只有 8 起,整体上看案件发生数量维持在较低水平,但这并不意味着该犯罪的社会危害性不大。网络服务提供者是网络空间中连接国家和用户的关键节点,是承担法律责任的核心主体,包括网络的所有者、管理者和网络服务的提供者。因此,网络平台的犯罪可以为网络犯罪带来极大的便利。

《刑法》第二百八十六条之一【拒不履行信息网络安全管理义务罪】规定

网络服务提供者不履行法律、行政法规规定的信息网络安全管理义务,经监管部门责令采取改正措施而拒不改正,有下列情形之一的,处三年以下有期徒刑、拘役或者管制,并处或者单处罚金:

(一)致使违法信息大量传播的;
(二)致使用户信息泄露,造成严重后果的;
(三)致使刑事案件证据灭失,情节严重的;
(四)有其他严重情节的。

据上,拒不履行信息网络安全管理义务罪,是指网络服务提供者不履行法律、行政法规规定的信息网络安全管理义务,经监管部门责令采取改正措施而拒不改正,情节严重的行为。

(二)刑事合规的主体对象

本罪的主体是特殊主体,其需具备网络服务提供者的身份,可以是自然人也可以是单位,实践中多表现为互联网公司的员工。

(三)违反刑事合规的主观表现

本罪的主观要件是故意,包括直接故意和间接故意。即明知不履行信息网络安全管理义务和不执行监管部门的指令会发生危害社会的结果,希望或者放任这种结果发生。

(四)违规行为表现

本罪规定的犯罪行为需同时满足以下条件:①不履行法律、行政法规规定的信息网络安全管理义务。②经监管部门责令采取改正措施而拒不改正。即,必须先由监管部门责令采取改正措施,而后拒不改正的,才可构成本罪。《最高人民法院 最高人民检察院关于办理非法利用信息网络、帮助信息网络犯罪活动等刑事案件适用法律若干问题的解释》第2条规定:刑法第286条之一第1款规定的"监管部门责令采取改正措施",是指网信、电信、公安等依照法律、行政法规的规定承担信息网络安全监管职责的部门,以责令整改通知书或者其他文书形式,责令网络服务提供者采取改正措施。认定"经监管部门责令采取改正措施而拒不改正",应当综合考虑监管部门责令改正是否具有法律、行政法规依据,改正措施及期限要求是否明确、合理,网络服务提供者是否具有按照要求采取改正措施的能力等因素进行判断。

该犯罪行为所违反的"法律、行政法规规定的信息网络安全管理义务",主要由以下法律、行政法规规定:《中华人民共和国国家安全法》《网络安全法》《全国人民代表大会常务委员会关于加强网络信息保护的决定》《互联网信息服务管理办法》《计算机信息网络国际联网安全保护管理办法》《中华人民共和国电信条例》《网络信息内容生态治理规定》等。

(五) 刑事风险预警

本罪要求行为达到情节严重的程度,其具体是指下列几种情形。

(1) 致使违法信息大量传播的。

《最高人民法院 最高人民检察院关于办理非法利用信息网络、帮助信息网络犯罪活动等刑事案件适用法律若干问题的解释》第3条规定：

拒不履行信息网络安全管理义务,具有下列情形之一的,应当认定为刑法第286条之一第1款第1项规定的"致使违法信息大量传播"：

① 致使传播违法视频文件200个以上的；

② 致使传播违法视频文件以外的其他违法信息2 000个以上的；

③ 致使传播违法信息,数量虽未达到第①项、第②项规定标准,但是按相应比例折算合计达到有关数量标准的；

④ 致使向2 000个以上用户账号传播违法信息的；

⑤ 致使利用群组成员账号数累计3 000以上的通讯群组或者关注人员账号数累计3万以上的社交网络传播违法信息的；

⑥ 致使违法信息实际被点击数达到5万以上的；

⑦ 其他致使违法信息大量传播的情形。

(2) 致使用户信息泄露,造成严重后果的。

《最高人民法院 最高人民检察院关于办理非法利用信息网络、帮助信息网络犯罪活动等刑事案件适用法律若干问题的解释》第4条规定：

拒不履行信息网络安全管理义务,致使用户信息泄露,具有下列情形之一的,应当认定为刑法第286条之一第1款第2项规定的"造成严重后果"：

① 致使泄露行踪轨迹信息、通信内容、征信信息、财产信息500条以上的；

② 致使泄露住宿信息、通信记录、健康生理信息、交易信息等其他可能影响人身、财产安全的用户信息5 000条以上的；

③ 致使泄露第①项、第②项规定以外的用户信息5万条以上的；

④ 数量虽未达到第①项至第③项规定标准,但是按相应比例折算合计达到有关数量标准的；

⑤ 造成他人死亡、重伤、精神失常或者被绑架等严重后果的；

⑥ 造成重大经济损失的；

⑦ 严重扰乱社会秩序的；

⑧ 造成其他严重后果的。

(3) 致使刑事案件证据灭失,情节严重的。

《最高人民法院 最高人民检察院关于办理非法利用信息网络、帮助信息网络犯罪活动等刑事案件适用法律若干问题的解释》第5条规定：

拒不履行信息网络安全管理义务,致使影响定罪量刑的刑事案件证据灭失,具有下列

情形之一的,应当认定为刑法第 286 条之一第 1 款第 3 项规定的"情节严重":

① 造成危害国家安全犯罪、恐怖活动犯罪、黑社会性质组织犯罪、贪污贿赂犯罪案件的证据灭失的;

② 造成可能判处 5 年有期徒刑以上刑罚犯罪案件的证据灭失的;

③ 多次造成刑事案件证据灭失的;

④ 致使刑事诉讼程序受到严重影响的;

⑤ 其他情节严重的情形。

(4) 有其他严重情节的。

《最高人民法院 最高人民检察院关于办理非法利用信息网络、帮助信息网络犯罪活动等刑事案件适用法律若干问题的解释》第 6 条规定:

拒不履行信息网络安全管理义务,具有下列情形之一的,应当认定为刑法第 286 条之一第 1 款第 4 项规定的"有其他严重情节":

① 对绝大多数用户日志未留存或者未落实真实身份信息认证义务的;

② 2 年内经多次责令改正拒不改正的;

③ 致使信息网络服务被主要用于违法犯罪的;

④ 致使信息网络服务、网络设施被用于实施网络攻击,严重影响生产、生活的;

⑤ 致使信息网络服务被用于实施危害国家安全犯罪、恐怖活动犯罪、黑社会性质组织犯罪、贪污贿赂犯罪或者其他重大犯罪的;

⑥ 致使国家机关或者通信、能源、交通、水利、金融、教育、医疗等领域提供公共服务的信息网络受到破坏,严重影响生产、生活的;

⑦ 其他严重违反信息网络安全管理义务的情形。

除上述四点外应注意,根据《最高人民法院 最高人民检察院关于办理非法利用信息网络、帮助信息网络犯罪活动等刑事案件适用法律若干问题的解释》第 16 条规定:多次拒不履行信息网络安全管理义务、非法利用信息网络、帮助信息网络犯罪活动构成犯罪,依法应当追诉的,或者 2 年内多次实施前述行为未经处理的,数量或者数额累计计算。

对于本罪的刑事风险控制主要通过以下几个方面:一是明确企业网络安全义务,建立配套的制度体系。理清企业自身负有何种网络安全管理义务,并根据《网络安全法》和有关国家标准的要求,建立相应的配套制度。涉及个人信息的,还应该满足有关个人信息保护的法律法规和国家标准。二是切实落实网络整改措施。企业因网络安全管理义务履行不到位,收到有关主管部门的责令整改通知书的,应该切实落实,严肃认真地按照整改通知书的要求采取相应措施,弥补网络安全管理漏洞。三是及时发现和报告安全隐患与安全事件。广大网络服务企业应该提高网络安全风险防控意识,加强网络安全风险监控,及时发现和报告网络安全隐患和网络安全事件。

四、信息网络运行管理刑事合规

(一) 刑事合规制度的指向

网络空间中,为其他犯罪提供互联网接入、服务器委托、网络存储、通信传递等技术支持,或提供支付结算等行为高频发生,把诸多传统犯罪转化成为网络犯罪。但是网络犯罪相比传统型犯罪,具有隐蔽性强、参与人员多、犯罪链条多、提供技术支持等帮助行为对犯罪作用相对较大的特点。这对网络安全造成了极大的威胁,并且追责难度大,致使许多国家与民众利益无法挽回。

最新的案例数据表明,2019—2021年,帮助信息网络犯罪活动罪案件数量呈现出爆发式增长态势,仅2021年案件数量就达到7 365起,而在2018年该罪案件数仅有104起。从地域上来看,河南案件量达到3 459起,占据总案件量的29.98%。

《刑法》第二百八十七条之二【帮助信息网络犯罪活动罪】规定

明知他人利用信息网络实施犯罪,为其犯罪提供互联网接入、服务器托管、网络存储、通讯传输等技术支持,或者提供广告推广、支付结算等帮助,情节严重的,处三年以下有期徒刑或者拘役,并处或者单处罚金。

据上,帮助信息网络犯罪活动罪,是指明知他人利用信息网络实施犯罪,为其犯罪提供互联网接入、服务器托管、网络存储、通信传输等技术支持,或者提供广告推广、支付结算等帮助,情节严重的行为。

(二)刑事合规的主体对象

本罪的主体为一般主体,凡年满16周岁,具有刑事责任能力的自然人均可构成本罪,单位也可成为本罪的主体。

(三)违反刑事合规的主观表现

本罪的主观方面为故意,即明知自己为他人实施的信息网络犯罪提供帮助的行为,会给国家的信息网络管理秩序造成损害,仍然希望或放任这种危害结果发生。此外,本罪还要求行为人必须明知他人在利用信息网络实施犯罪,既包括行为人明确知道,也应包括行为人应当知道。

(四)违规行为表现及合规行为要求

本罪的客观方面主要表现为明知他人利用信息网络实施犯罪,为其犯罪提供互联网接入、服务器托管、网络存储、通信传输等技术支持,或者提供广告推广、支付结算等帮助,情节严重的行为。

司法实践中,以浙江省发生的案例为例,赵某经营的网络科技有限公司的主营业务为第三方支付公司网络支付接口代理。赵某在明知申请支付接口需要提供商户营业执照、法人身份证等五证信息和网络商城备案域名,且明知非法代理的网络支付接口可能被用于犯罪资金走账和洗钱的情况下,仍通过事先购买的企业五证信息和假域名备案在第三方公司申请支付账号,以每个账号2 000元至3 500元不等的接口费将账号卖给他人,并收取该账号入账金额千分之三左右的分润。[①] 此案中,被告人赵某明知他人利用信息网

---

① 浙江省义乌市人民法院刑事判决书:(2017)浙0782刑初1563号。

络实施犯罪,为其犯罪提供支付结算的帮助,其行为已构成帮助信息网络犯罪活动罪。

该犯罪行为所破坏的法律、行政法规的规定主要有:《中华人民共和国国家安全法》《网络安全法》《全国人民代表大会常务委员会关于加强网络信息保护的决定》《互联网信息服务管理办法》《计算机信息网络国际联网安全保护管理办法》《中华人民共和国电信条例》《网络信息内容生态治理规定》等规定。

(五)刑事风险预警

帮助信息网络犯罪活动罪是结果犯,但必须达到情节严重才能构成犯罪。根据《最高人民法院 最高人民检察院关于办理非法利用信息网络、帮助信息网络犯罪活动等刑事案件适用法律若干问题的解释》第12条:明知他人利用信息网络实施犯罪,为其犯罪提供帮助,具有下列情形之一的,应当认定为刑法第287条之二第1款规定的"情节严重":

(1)为3个以上对象提供帮助的;

(2)支付结算金额20万元以上的;

(3)以投放广告等方式提供资金5万元以上的;

(4)违法所得1万元以上的;

(5)2年内曾因非法利用信息网络、帮助信息网络犯罪活动、危害计算机信息系统安全受过行政处罚,又帮助信息网络犯罪活动的;

(6)被帮助对象实施的犯罪造成严重后果的;

(7)其他情节严重的情形。

实施前款规定的行为,确因客观条件限制无法查证被帮助对象是否达到犯罪的程度,但相关数额总计达到前款第(2)项至第(4)项规定标准5倍以上,或者造成特别严重后果的,应当以帮助信息网络犯罪活动罪追究行为人的刑事责任。

本罪的刑罚是处3年以下有期徒刑或者拘役,并处或者单处罚金。从刑罚的严厉程度来看,并不属于严重的犯罪,但是本罪的行为可能会与其他罪名构成竞合,因此可能存在以更重的罪名加以评价的可能。

在犯罪防控方面,一是对网络企业和企业工作人员进行法律知识宣传,使企业时刻认识到帮助网络犯罪行为带来的惩罚性后果和社会危害性,提高网络企业的法律意识。二是完善安全管理机制,严格执行安全管理规章。科学合理的网络管理体系不仅可以提高工作效率,也可以大大增强网络的安全性。

第二节 企业经营管理刑事合规

一、发行证券的刑事合规

(一)刑事合规制度的指向

金融对于国家的资源配置、经济运行、风险防范等方面的重要性不证自明,但是近年来,金融领域的犯罪屡禁不止,证券行业的犯罪也呈现出新的特点,这严重破坏了国家证券的发行管理制度。① 统计发现,2001—2016 年,全国各级法院没有审理有关欺诈发行股票、债券罪的案件。2017—2019 年,全国各级法院在 3 年间共审理 11 起有关欺诈发行股票、债券罪的案件。其中,2017 年 1 起,2018 年 4 起,2019 年 6 起。说明近年来,与欺诈发行股票、债券罪相关的案件开始出现,并呈现出逐年增多的趋势。从地域分布来看,欺诈发行证券罪的案例主要集中在江苏省、上海市、山东省,分别占比 30.77%、30.77%、7.69%。这表明该罪主要集中在经济较为发达的东部省份,是当地今后打击的重点。②

《刑法》第一百六十条【欺诈发行证券罪】规定

在招股说明书、认股书、公司、企业债券募集办法等发行文件中隐瞒重要事实或者编造重大虚假内容,发行股票或者公司、企业债券、存托凭证或者国务院依法认定的其他证券,数额巨大、后果严重或者有其他严重情节的,处五年以下有期徒刑或者拘役,并处或者单处罚金;数额特别巨大、后果特别严重或者有其他特别严重情节的,处五年以上有期徒刑,并处罚金。

控股股东、实际控制人组织、指使实施前款行为的,处五年以下有期徒刑或者拘役,并处或者单处非法募集资金金额百分之二十以上一倍以下罚金;数额特别巨大、后果特别严重或者有其他特别严重情节的,处五年以上有期徒刑,并处非法募集资金金额百分之二十以上一倍以下罚金。

单位犯前两款罪的,对单位判处非法募集资金金额百分之二十以上一倍以下罚金,并对其直接负责的主管人员和其他直接责任人员,依照第一款的规定处罚。

据上,欺诈发行证券罪是指在招股说明书、认股书、公司、企业债券募集办法等发行文件中隐瞒重要事实或者编造重大虚假内容,发行股票或者公司、企业债券、存托凭证或者国务院依法认定的其他证券,数额巨大、后果严重或者有其他严重情节的行为。

(二)刑事合规的主体对象

欺诈发行证券罪的主体既可以是自然人,也可以是单位。对于自然人来说,只有以募集设立方式设立股份有限公司的发起人才能成立本罪,其他人不可以向社会公开募集股份。对于单位来说,必须是股份有限公司才可以发行新股;只有已经设立的股份有限公司、国有独资公司、两个以上的国有企业或者其他两个以上的国有投资主体投资设立的有限责任公司,才能发行公司债券,其他单位不能成为本罪的主体。

(三)违反刑事合规的主观表现

欺诈发行证券罪在主观上需具备故意的主观状态,即行为人明知是虚假的招股说明书、认股书和债券募集办法而故意制作。此外,行为人主观上应具有非法募集生产经营资金的目的,即为了在生产经营中使用所募集的资金。行为人犯本罪的动机有很多,大多是

---

① 刘宪权.金融犯罪最新刑事立法评论[J].法学,2021(1).
② 数据来源于威科先行法律信息库网站,访问日期:2021 年 5 月 18 日。

出于融资的目的。

（四）违规行为表现及合规行为要求

本罪的行为方式主要有两种，即"隐瞒重要事实"和"编造重大虚假内容"。其中，"隐瞒重要事实"是指，发行股票、债券的公司未向政府监管部门和社会公众披露与股票、债券发行有关的事项，在司法实践中一般指的是证券发行的目的、资金使用用途、发行公司的资格、公司的净资产状况等；"编造重大虚假内容"是指，就证券发行、债券募集等相关事项提供虚伪说明，欺骗公众投资者的一切行为。此外，在《刑法修正案（十一）》出台前，依据《刑法》第160条，本罪的欺诈范围限于"招股说明书、认股书、公司、企业债券募集办法"三类文件，按照罪刑法定原则，在上述三类文件之外的其他报送文件比如年报、中期报告中即使有隐瞒重要事实或编造重大虚假内容的情形，也不属于本罪的实行行为。《刑法修正案（十一）》对发行文件的类型予以扩充，与证券发行注册制度改革相适应，故在"招股说明书、认股书、公司、企业债券募集办法"后增加"等发行文件"。

为此，发行证券的行为合规要求：

第一，证券的发行、交易活动，必须遵循公开、公平、公正的原则。

第二，证券发行、交易活动的当事人具有平等的法律地位，应当遵守自愿、有偿、诚实信用的原则。

第三，证券的发行、交易活动，必须遵守法律、行政法规；禁止欺诈、内幕交易和操纵证券市场的行为。

第四，公开发行证券，必须符合法律、行政法规规定的条件，并依法报经国务院证券监督管理机构或者国务院授权的部门注册。未经依法注册，任何单位和个人不得公开发行证券。

（五）刑事风险预警

具有下列情形之一的，被认定为欺诈发行证券，达到了定罪处罚的客观要求：

（1）发行数额在500万元以上的；

（2）伪造、变造国家机关公文、有效证明文件或者相关凭证、单据的；

（3）利用募集的资金进行违法活动的；

（4）转移或者隐瞒所募集资金的。

二、信息披露的刑事合规

（一）刑事合规制度的指向

作为公司的重要资源，信息在企业的经营和发展过程中具有十分重要的作用。真实、准确、公平地披露信息，不仅保障了投资者和社会大众的知情权，而且有利于资源的优化配置，维护公司的良好形象。[①] 因此，违规披露、不披露重要信息的行为严重损害了投资者和社会的知情权，影响了投资环境。国家注意到这一行为的危害性，逐渐加大了整治力

---

① 田宏杰.行刑共治下的违规披露、不披露重要信息罪：立法变迁与司法适用[J].中国刑事法杂志，2021(2).

度。经过统计发现,2001—2016 年,全国各级法院共计审理有关欺诈发行股票、债券罪的案件 2 起。2017—2020 年,全国各级法院在 4 年间共审理 14 起有关欺诈发行股票、债券罪的案件。其中,2017 年 4 起,2019 年 7 起,2020 年 3 起。① 说明近年来与违规披露、不披露重要信息罪有关的案件较之前些年逐渐增多。从地域分布来看,违规披露、不披露重要信息罪的案例主要集中在四川省、山西省、广东省,分别占比 27.78%、16.67%、11.11%。①

《刑法》第一百六十一条【违规披露、不披露重要信息罪】规定

依法负有信息披露义务的公司、企业向股东和社会公众提供虚假的或者隐瞒重要事实的财务会计报告,或者对依法应当披露的其他重要信息不按照规定披露,严重损害股东或者其他人利益,或者有其他严重情节的,对其直接负责的主管人员和其他直接责任人员,处五年以下有期徒刑或者拘役,并处或者单处罚金;情节特别严重的,处五年以上十年以下有期徒刑,并处罚金。

前款规定的公司、企业的控股股东、实际控制人实施或者组织、指使实施前款行为的,或者隐瞒相关事项导致前款规定的情形发生的,依照前款的规定处罚。

犯前款罪的控股股东、实际控制人是单位的,对单位判处罚金,并对其直接负责的主管人员和其他直接责任人员,依照第一款的规定处罚。

据上,违规披露、不披露重要信息罪,是指提供虚假的或者隐瞒重要事实的财务会计报告,或者对依法应当披露的其他重要信息不按照规定披露,严重损害股东或者其他人利益,或者有其他严重情节的行为。

(二) 刑事合规的主体对象

违规披露、不披露重要信息罪的主体既可以是自然人,也可以是单位。

在司法实践中,自然人一般指的是依法负有信息披露义务的公司、企业中的主管人员和其他直接责任人员。单位一般包括上市公司、公司债券上市交易的公司、股票在国务院批准的其他全国性证券交易场所交易的公司,上述公司均依法负有信息披露义务。②

(三) 违反刑事合规的主观表现

违规披露、不披露重要信息罪在主观上需具备故意的主观状态,即行为人明知该行为违法,却执意不披露信息或虚假披露信息。行为人实施本罪的动机各异,一般出于虚增公司业绩、吸引风投等目的而实施本罪。所以企业管理人员要加强公司内部监管,定期对财务报告、增值税专用发票等进行查看、监督。

(四) 违规行为表现及合规行为要求

违规披露、不披露重要信息罪是提供虚假的或者隐瞒重要事实的财务会计报告,或者对依法应当披露的其他重要信息不按照规定披露,严重损害股东或者其他人利益,或者有

---

① 数据来源于威科先行法律信息库网站,访问日期:2021 年 5 月 19 日。
② 高卫萍.违规披露、不披露重要信息罪的追责范围[J].人民司法,2020(26).

其他严重情节的行为。

司法实践中本罪主要表现为两种行为方式：第一，提供虚假或隐瞒重要事实的财务会计报告，是指财务会计报告中含有虚假公司资产总额、资产投入以及夸大的营利、隐瞒的负债与经营亏损等内容，而故意将其提供给股东或向社会公众公开，导致股东、债权人以及投资者基于错误判断而作出投资决策。第二，对依法应当披露的其他重要信息不按照规定披露的行为。其中，"依法应当披露的其他重要信息"，是指除财务会计报告以外的招股说明书等信息披露材料。

为此，披露信息的行为合规要求：

第一，发行人及法律、行政法规和国务院证券监督管理机构规定的其他信息披露义务人，应当及时依法履行信息披露义务。

第二，信息披露义务人披露的信息，应当真实、准确、完整，简明清晰，通俗易懂，不得有虚假记载、误导性陈述或者重大遗漏。

第三，证券同时在境内境外公开发行、交易的，其信息披露义务人在境外披露的信息，应当在境内同时披露。

第四，董事、监事和高级管理人员无法保证证券发行文件和定期报告内容的真实性、准确性、完整性或者有异议的，应当在书面确认意见中发表意见并陈述理由，发行人应当披露。发行人不予披露的，董事、监事和高级管理人员可以直接申请披露。

第五，除依法需要披露的信息之外，信息披露义务人可以自愿披露与投资者作出价值判断和投资决策有关的信息，但不得与依法披露的信息相冲突，不得误导投资者。

（五）刑事风险预警

具有下列情形之一的，被认定为违规披露、不披露重要信息，达到了定罪处罚的客观要求：

（1）造成股东、债权人或者其他人直接经济损失数额累计在50万元以上的；

（2）虚增或者虚减资产达到当期披露的资产总额30%以上的；

（3）虚增或者虚减利润达到当期披露的利润总额30%以上的；

（4）未按照规定披露的重大诉讼、仲裁、担保、关联交易或者其他重大事项所涉及的数额或者连续12个月的累计数额占净资产50%以上的；

（5）致使公司发行的股票、公司债券或者国务院依法认定的其他证券被终止上市交易或者多次被暂停上市交易的；

（6）致使不符合发行条件的公司、企业骗取发行核准并且上市交易的；

（7）在公司财务会计报告中将亏损披露为盈利，或者将盈利披露为亏损的；

（8）多次提供虚假的或者隐瞒重要事实的财务会计报告，或者多次对依法应当披露的其他重要信息不按照规定披露的。

三、对商业信誉、商品声誉管理的刑事合规

（一）刑事合规制度的指向

损害商业信誉、商品声誉罪犯罪的发案数量常年维持在低水平，全国范围内每年通常

只有 1~2 起。从案件的管辖级别来看,基本全部由基层人民法院管辖,涉案标的有限。近 10 年来,案件总数为 22 件,其中有一半案件涉及共同犯罪,也有近 1/4 的案件涉及从轻处罚或免予刑事处罚。目前,损害商业信誉、商品声誉罪犯罪造成的危害整体来看是有限的,无论是从数量上还是从案件自身的体量上来说,其导致的社会危害近些年来处于一个可控的状态。但是,这并不意味着可以放松对于这一类犯罪的防范,本罪的犯罪行为往往和市场竞争中的宣传和营销手段相互联系,准确了解相关犯罪风险,有利于更好地适应市场竞争,保护企业家利益,保障企业经营安全。

《刑法》第二百二十一条【损害商业信誉、商品声誉罪】规定

捏造并散布虚伪事实,损害他人的商业信誉、商品声誉,给他人造成重大损失或者有其他严重情节的,处二年以下有期徒刑或者拘役,并处或者单处罚金。

据上,损害商业信誉、商品声誉罪,是指捏造并散布虚伪事实,损害他人的商业信誉、商品声誉,给他人造成重大损失或者有其他严重情节的行为。

(二)刑事合规的主体对象

从犯罪主体来看,损害商业信誉、商品声誉罪的犯罪主体为一般主体,自然人和单位均可以构成本罪。在实践中,该罪常见于两类主体:一类是经营生产性企业,另一类则多见于媒体行业从业者。从商业关系来看,犯罪行为人往往与受害人存在市场竞争关系,即在相关市场内与受害人提供类似产品或服务。

对于"他人"的认定,有些侵权和犯罪行为并没有指名道姓地提出,在表面上似乎具有不特定性。司法实践中,对于那些并未明确指名而实施的侵害行为,应当根据社会一般公众的普遍认识标准来判断侵害对象的特定性。相关生产经营者和消费者从其捏造并散布的事实的内容上完全能够推测出是指向某一个或数个生产者、经营者的,也应认定为损害了"特定的他人"的商业信誉和商品声誉。

在本罪的现有案例中,有一半的案件涉及共同犯罪,一般包括以下两种情形:一是由行为人本人对事实进行捏造,而后以唆使或者收买他人的方式进行传播,这一类情形中,后者往往以媒体从业者或者宣传营销机构居多;二是直接唆使和收买他人从事本罪行为,诋毁和损害他人商业信誉、商业声誉。这两种情形,一般均会构成共同犯罪。

(三)违反刑事合规的主观表现

从犯罪的主观方面来看,损害商业信誉、商品声誉罪要求行为人在主观上表现为故意,即行为人对于自己行为会对他人的商业信誉、商品声誉造成损害这一后果持有一种明知且希望的心态。

这一主观特征包含两个方面:第一是明知的态度,即行为人对于自己行为的社会危害后果是能够预料到的,对于自己的捏造行为所虚构的虚伪事实是有清楚认知的,对于这种虚伪事实有损他人商业信誉、商品声誉的特性能够理解。第二就是希望和放任的心态,即行为人对于捏造事实、散布虚假信息可能会侵害他人商誉的这种危害后果持一种希望发生的心态,属于直接故意。间接故意和过失,不会构成本罪。

正如上文所提到的,本罪的行为人与受害人之间,一般存在相关市场内的竞争关系,本罪常见的行为人动机主要是一定程度上削弱或排除他人在市场中的竞争能力。诋毁和损害他人的商业信誉、商品声誉往往并不是行为人的最终目的。当然,主观动机是否把诋毁和损害他人的商业信誉、商品声誉作为最终目的并不直接影响本罪定罪与否,行为人出于报复或其他心理做出侵害行为,并不会影响本罪的定罪。

(四)违规行为表现

本罪的重要行为特征体现为捏造并散布虚伪事实。"捏造"行为是指凭空制造根本不存在的信息,或者通过过度夸大等方式制造可以引人误解的信息。而"散布"行为一般是指在社会范围内通过语言、文字等方式对相关信息进行传播扩散的行为。散布行为既可以是公开的,也可以是私密的,包括口头方式、文字方式以及以互联网为载体的其他手段。而本罪所指的"虚伪事实"一般是指用以贬低或者诋毁他人商业信誉、商品声誉的虚假信息。这种信息既有可能是完全不真实的虚假信息,也可以是通过夸大真实情况进行部分虚构的事实。另外,除了捏造行为本身外,散布行为也是本罪行为的重要特征,即通过语言、文字或者网络手段等将上述的针对竞争对手的虚假信息进行传播的行为。这种传播既可以是面向社会公众的传播,也可以是在特定范围内比如客户群体或者消费者群体内的传播,在手段上并不要求一定是公开的,通过私密手段达到传播效果的行为仍然属于本罪评价的范围。

本罪的客观方法在实践中一般表现为以下几种情形。

一种是利用公开手段,例如发布对比性广告、公开信,召开产品发布会、新闻发布会等形式,对捏造的虚伪事实进行散布。对比性广告一般是指将一个产品与其同类产品进行对比,从而凸显自身优势。此类广告宣传,可能通过虚假宣传对竞争者的产品和服务进行贬低和诋毁。上述的手段,主要体现为针对社会公众进行的公开宣传手段,对于商誉的影响和损害范围通常而言更广。

另一种是通过虚假投诉或者恶意诉讼的方式,对竞争者进行商品声誉或商业信誉的损害。虚假投诉比较常见的形式如直接向消费者协会、市场监督管理部门或者新闻媒体等进行投诉或举报,从而达到诋毁或者损害他人商业信誉、商品声誉的目的。而恶意诉讼则是基于虚构的虚假事实通过诉讼手段诋毁和损害他人商业信誉、商品声誉。因为诉讼程序体现了国家司法机关的公信力,因此有关事实一旦涉诉,公众就可能引起误解,将当事人虚构的事实当作是真实的情况。恶意诉讼这种方式,往往会构成更大的社会危害性,因此国家对于滥用诉讼程序进行虚假诉讼和恶意诉讼的行为往往有更严厉的惩处手段。

最后就是在特定范围、特定人群中进行散布,这一类型更加常见于针对特定产品的消费者或者特定企业的客户群体,无论是通过招商会、发布会等形式公开诋毁,还是以较为私密的手段如商业洽谈、私人会晤等方式,都属于本罪行为的范畴。

(五)刑事风险预警

在结果特征上,本罪要求"给他人造成重大损失"。在理论上对于损失的范围存在争论,但在实践中一般认为此处的损失具体指犯罪行为所造成的实际损失,即行为对于客体的直接危害结果,但间接经济损失也是应当考虑的量刑情节。其中,造成直接经济损失的情形包括商品严重滞销、产品被大量退回、合同被停止履行、企业商誉显著降低、驰名产品声誉受到严重侵损、销售额和利润严重减少、应得收入大量减少、上市公司股票价格大幅度下跌、商誉以及其他无形资产的价值显著降低等。但对于被害人为了恢复受到损害的商业信誉和商品声誉所投入的资金(如广告费用等)或者为制止不法侵害事件而增加的开支(如诉讼费用)等间接经济损失,不应认定为损害商业信誉、商品声誉行为所造成的损失,其一般只在量刑或者附带民事诉讼赔偿时酌情加以考虑。犯罪行为所造成的损失一般而言,要求能够被衡量和评估,对于可能造成的商业上的潜在风险或是经营活动中的间接损失,一般认为不属于本罪的直接损失范畴。具体而言,被害人因为行为人的损害商业信誉、商品声誉的行为损失的货物、退换货以及解约的损失、商品滞销、为了消除影响而投入的成本等,均属于损失范围。另外,如果行为人是通过向行政机关虚假投诉或者向法院发起恶意诉讼,被害人所承担的处罚结果或者不利判决中的损失也属于本罪描述的损失。

对于无形损失,在实践中根据具体情况也会得到保护。如有案例中行为人通过虚构散布某酒吧存在色情表演服务的事实诋毁他人商誉。法院认为,虽然公诉机关向法庭提交的现有证据不能直接证明该酒吧是否因本案而遭受直接经济损失,但是经营主体的商业信誉及品牌价值等无形资产也同样具有价值而应受法律保护。被告人毛某通过网络发布该酒吧从事色情表演的虚假内容,必然使经营主体的商业信誉遭受损害并影响其品牌,该酒吧因本案而遭受的直接经济损失较小,但本案的虚假信息必然使其无形资产遭受损失,故应当认定被告人的犯罪行为已造成该酒吧的重大损失。

"其他严重情节"也被列为本罪的定罪要素之一,它与上述造成重大损失构成选择性要件,只要构成其一便可构成本罪。"其他严重情节",一般包括以下情形:致使他人的生产经营活动严重受阻或者无法展开;致使他人企业经营状况面临破产危险或者受到了行政处罚停业整顿;多次进行本罪规定的犯罪行为,损害他人商业信誉、商品声誉;造成恶劣影响的其他情形。

在最高院的指导案例《刑事审判参考》第85号案例中,对于其他严重情节,法院指出:至于"其他严重情节",一般是指行为人在捏造并散布虚假事实、损害他人的商业信誉和商品声誉的过程中的除"重大损失"以外的严重情节,例如,多次损害他人商业信誉和商品声誉;因损害他人商业信誉和商品声誉被有关主管部门处罚后又损害他人商业信誉和商品声誉;虚构并散布的虚伪事实传播面较广、在消费者中产生严重的不良影响;使用恶劣的手段、捏造恶毒事实;等等。这些具体列举的情形,有助于帮助企业家更好地把握理解本罪对于情节的有关尺度。

本罪的刑罚幅度为处2年以下有期徒刑或者拘役,并处或者单处罚金。从刑罚的严厉程度来看,并不属于严重的犯罪,但是本罪的行为可能会与其他罪名构成竞合,因此可能存在以更重的罪名加以评价的可能。另外,本罪行为可能同时受到《中华人民共和国反不正当竞争法》等其他法律法规的处罚,或者因此面临民事诉讼,因此,应当引起企业家的足够重视。

在犯罪风险防控方面,对于生产经营企业而言,要做到采取正当的市场竞争手段进行市场活动以从根本上减少刑事风险,在采取广告等营销宣传手段时,要关注内容的合规性,避免对于他人商誉的侵犯。在存在可能的侵权风险时,要尽早采取措施消除影响,以免造成重大损失和严重后果。对于宣传企业和媒体行业而言,要严格遵守行业规范和广告宣传方面的法律法规,做好内容合规工作,避免对于本罪行为提供帮助,以免构成共同犯罪,承担刑事责任。

四、广告发布、经营的刑事合规

(一)刑事合规制度的指向

广告作为一种重要的宣传营销手段,是市场经济发展的产物,是商品经济发展的重要工具,具有传播信息、引导消费行为、促进产品销售的作用。随着信息技术的发展,广告的内容和形式同样也取得了长足发展,体现了更多变化,对监管提出了更高要求,也给虚假广告的生存留下了越来越大的空间。虚假广告的存在,给国家在市场经济条件下正常的广告管理秩序带来了挑战,虚假广告同样给商品的生产者和消费者的利益带来了巨大损害。

《刑法》第二百二十二条【虚假广告罪】规定

广告主、广告经营者、广告发布者违反国家规定,利用广告对商品或者服务作虚假宣传,情节严重的,处二年以下有期徒刑或者拘役,并处或者单处罚金。

据上,虚假广告罪,是指广告主、广告经营者、广告发布者违反国家规定,利用广告对商品或者服务作虚假宣传,情节严重的行为。

(二)刑事合规的主体对象

虚假广告罪的主体为特殊主体,具体表现为广告主、广告经营者以及广告发布者。广告主,一般是指为了推销特定商品或者特定服务,对广告进行自主设计、制作、发布,或者委托他人对广告进行设计、制作、发布的组织或者个人。而广告经营者,一般是指专门从事广告服务的组织或个人,通过接受他人委托向委托人提供广告的设计、制作或代理服务。广告发布者,一般是指广告主或者广告经营者发布其广告的组织或者法人。

本罪的主体既可以是自然人,也可以是单位。对于单位犯罪的情形,刑法对单位处以罚金,对单位的直接责任人追究刑事责任。

由于广告的设计、制作到最终发行是一个复杂流程,通常涉及多个主体,因此在实践中,涉及共同犯罪的案件占有很高比例。值得注意的是,间接故意同样可以构成本罪,因此在广告环节中,如果行为人明知相关行为涉及虚假广告,仍然放任该行为发生,提供帮助,仍会构成本罪的共同犯罪。因此,广告经营者和发行者,在进行相关业务时,要履行好必要的核查程序,做好合规工作,严格遵守法律法规的规定。

(三)违反刑事合规的主观表现

本罪在主观方面的要件只能是故意,过失犯罪不能构成本罪。对于广告主而言,在明知自己的行为违反了广告管理法规规定的广告内容的真实性要求,属于虚假广告的行为的情况下,仍然积极地实施该行为,进而通过这种手段进行引人误解的虚假宣传,欺骗用户和消费者,达到了谋取巨额非法利益的目的,则构成本罪。

对于广告经营者,无论是直接故意,还是间接故意,都可以构成虚假广告罪。比如《中华人民共和国反不正当竞争法》中规定的在明知或应当知道的情况下,仍然代理、涉及、制作或发布企业的虚假广告,这种行为构成直接的故意。而另一种情形则是应当知道的情形,也就是行为人通过自己已知的信息能够推断出该广告为虚假广告,但是对于该行为仍然呈现出一种主观上放任其发生的态度,则会构成间接故意的犯罪。

对于广告发布者同样存在直接故意和间接故意皆可构成犯罪的情形,《中华人民共和国广告法》(以下简称《广告法》)特别规定了广告发布者在发布广告时对于相关证明文件的审查义务,广告发布者对相关广告的有关文件审查未尽义务,导致虚假广告得以发行,仍然会构成间接故意的犯罪。

(四)违规行为表现及合规行为要求

本罪的现实行为特征主要表现为违反国家规定,利用广告对商品或者服务做虚假宣传,情节严重的行为。这里所指的国家规定,一般即指上文所提到的国家关于广告管理秩序的法律法规,主要有《广告法》《中华人民共和国反不正当竞争法》以及《广告管理条例》。当然,对于广告管理问题,各个地方也有根据地方具体问题所制定的地方性法规,在此不再列举,但是在具体的案件中,仍不应忽视地方法规对某些具体问题的特殊规定,结合地方法规切实做好合规工作以避免有关的法律风险。

对于虚假广告的定义,《广告法》给出了明确解释:广告以虚假或者引人误解的内容欺骗、误导消费者的,构成虚假广告。其具体表现为:商品或者服务不存在的;商品的性能、功能、产地、用途、质量、规格、成分、价格、生产者、有效期限、销售状况、曾获荣誉等信息,或者服务的内容、提供者、形式、质量、价格、销售状况、曾获荣誉等信息,以及与商品或者服务有关的允诺等信息与实际情况不符,对购买行为有实质性影响的;使用虚构、伪造或者无法验证的科研成果、统计资料、调查结果、文摘、引用语等信息作证明材料的;虚构使用商品或者接受服务的效果的;以虚假或者引人误解的内容欺骗、误导消费者的其他情形。

除了虚假广告的内容方面之外,一些不符合法律规范的行为方式也会构成本罪的行为。比如:广告主伪造有关文件;广告经营者明知他人要求制作虚假广告而仍然接受委托制作虚假广告,不履行相关的核验手续,不核查有关文件等。对于宣传的手段,并不拘泥于特定形式,无论是通过信息手段抑或通过广告标牌等传统方式,只要能够实现广告对于不特定多数人的传播这一效果,都属于本罪的传播方式。

(五)刑事风险预警

本罪的构成要件中同时包含了"情节严重"的条件,属于情节犯,即要求犯罪行为的情节达到了严重的程度。通常而言,本罪的情节严重包括:多次实施虚假广告行为的;为多人实施虚假广告行为的;虚假广告,违法所得数额较大的;致使多人受骗上当的;造成恶劣影响的；相信广告宣传的内容而接受所宣传的商品、服务，致使生产、经营、生活等造成严重损失或受阻的；导致人身伤亡的严重后果的；等等。

从立案标准来看，相关法律规定提供了一定量化标准，以供参考。最高人民检察院、公安部印发的《最高人民检察院、公安部关于公安机关管辖的刑事案件立案追诉标准的规定(二)》第75条规定，广告主、广告经营者、广告发布者违反国家规定，利用广告对商品或者服务作虚假宣传，涉嫌下列情形之一的，应予立案追诉：

(1) 违法所得数额在10万元以上的；

(2) 给单个消费者造成直接经济损失数额在5万元以上的，或者给多个消费者造成直接经济损失数额累计在20万元以上的；

(3) 假借预防、控制突发事件的名义，利用广告作虚假宣传，致使多人上当受骗，违法所得数额在3万元以上的；

(4) 虽未达到上述数额标准，但2年内因利用广告作虚假宣传，受过行政处罚2次以上，又利用广告作虚假宣传的；

(5) 造成人身伤残的；

(6) 其他情节严重的情形。

此处列举的相关量化标准应当引起注意，达到上述标准，则满足了公安机关刑事立案的条件，会极大引起刑事责任风险。

对于虚假广告罪的风险防控，企业应当有针对性地建立广告合规制度，对于广告内容、广告设计制作和发行的相关流程，严格按照法律法规规定的具体要求进行筛查和审核，确保广告用语的准确性和真实性，保证广告审核流程的合规性，这是防范此类犯罪风险的源头之举。另外，也要加强对于相关业务部门和人员的法律培训。在广告领域的从业人员，尤其是设计制作人员，应当加强法律培训，在法律允许的框架内对广告进行合理创意，培养诚信意识，对于产品和业务的描述要以真实为本，确保艺术夸张不脱离现实的真实性。

五、合同管理中的刑事合规(一)

(一) 刑事合规制度的指向

合同诈骗罪是我国发案数量较高的犯罪类型，平均每年有数千起合同诈骗刑事案件，近10年来案件数量整体呈现上升趋势，自2018年以来有下降趋势。10年来，我国合同诈骗案件总量达到35 000起左右，其中超过一半案件判处了有期徒刑。从地域来看，经济发达省份和人口密集地区案件数量较多。

从上述数据可以看出，合同诈骗犯罪在我国呈现出数量多、范围广的特点。随着我国社会主义市场经济的快速发展，合同成为以契约为基础的市场经济活动的重要载体。而越来越频发、手段越来越多样的合同诈骗行为，给我国的市场管理秩序带来了极大的挑战，对于公私财产权利的侵害也越发严重，具有突出的社会危害性。

《刑法》第二百二十四条【合同诈骗罪】规定

有下列情形之一，以非法占有为目的，在签订、履行合同过程中，骗取对方当事人财物,数额较大的,处三年以下有期徒刑或者拘役,并处或者单处罚金;数额巨大或者有其他严重情节的,处三年以上十年以下有期徒刑,并处罚金;数额特别巨大或者有其他特别严重情节的,处十年以上有期徒刑或者无期徒刑,并处罚金或者没收财产:

(一)以虚构的单位或者冒用他人名义签订合同的;

(二)以伪造、变造、作废的票据或者其他虚假的产权证明作担保的;

(三)没有实际履行能力,以先履行小额合同或者部分履行合同的方法,诱骗对方当事人继续签订和履行合同的;

(四)收受对方当事人给付的货物、货款、预付款或者担保财产后逃匿的;

(五)以其他方法骗取对方当事人财物的。

据上,合同诈骗罪,是指以非法占有为目的,在签订、履行合同过程中,通过法定的方式,骗取对方当事人财物,数额较大、数额巨大、数额特别巨大或者有其他严重或特别严重情节的行为。

(二)刑事合规的主体对象

从犯罪主体来看,本罪主体为一般主体,自然人和单位都能成为本罪主体。在很多合同诈骗案件中,行为人是以单位的名义进行合同诈骗的,此时区分个人犯罪与单位犯罪就具有了一定难度。在明知是合同诈骗的情形下,仍然为他人的诈骗行为提供帮助的,构成合同诈骗的共犯。在不知情的情况下,或是过失情形下,不会构成共同犯罪。

(三)违反刑事合规的主观表现

本罪的主观方面要求故意,并具有非法占有的目的,这也是区分合同诈骗罪与一般经济合同纠纷的重要判断标准。在合同诈骗犯罪中,行为人与他人签订合同,并不是为了履行合同,而是通过虚构事实或者隐瞒真相的方式欺骗他人签订合同、交付财物,从而占有财物。而一般的合同纠纷,在合同签订时,双方具有履行合同的基本能力,无论是因为出于过失产生的重大误解,还是因为客观情况变化给合同履行带来的其他障碍,行为人在主观上均不存在非法占有他人财物的心理状态。

因此在现实的考察中,行为人在缔约时是否具有履行能力,在合同期间是否采取了履行行为,行为人是否具有恶意占有或转移对方当事人的财物的行为,是否将合同履行中的资金用于合同规定的用途,以及当合同发生履行困难的客观情形时是否积极作为以最大限度促成合同实现,是否采取补救措施等,都是反映行为人主观要素的重要参考。

合同诈骗罪构成犯罪的关键在于主观上非法占有他人财产的故意,而至于犯罪的动机,现实中是多样的,并不会对罪与非罪构成影响。从动机心理上来看,因为合同自身具有一定的可信程度,合同诈骗相比起一般诈骗得逞的概率往往要更高,这也是一部分行为人在选择诈骗手段时的考虑因素。另外,合同诈骗与一般的经济纠纷也有众多的相似,行为人也往往怀有一种可以借助合同的合法外衣以经济纠纷的方式逃避刑法制裁的侥幸心理。这些心理都有可能成为行为人选择合同诈骗作为诈骗手段的重要影响因素。

(四) 违规行为表现

违规行为表现及合规行为要求从犯罪的客观方面来看,主要表现为行为人运用虚构事实或者隐瞒真相的方法,在合同签订或者履行过程中骗取他人财物,并且数额较大的行为。其在实践中具体表现为:①以虚构的单位或者冒用他人名义签订合同的;②以伪造、变造、作废的票据或者其他虚假的产权证明作担保的;③没有实际履行能力,以先履行小额合同或者部分履行合同的方法,诱骗对方当事人继续签订和履行合同的;④收受对方当事人给付的货物、货款、预付款或者担保财产后逃匿的;⑤以其他方法骗取对方当事人财物的。

(五) 刑事风险预警

合同诈骗罪属于结果犯,行为造成的危害结果即骗取他人财物的数额要达到数额较大标准才会构成本罪。合同诈骗罪与一般诈骗罪存在不同,在合同诈骗罪中,总是少不了借助合同这一形式来掩盖行为人的非法目的,且合同往往具有更高的欺骗性,因为另一方多为善意履行合同的相对人,因此合同诈骗得逞的概率也往往更高。最高检和公安部也为合同诈骗的立案标准做了专门的规定,高于一般诈骗的立案标准。从数额认定来看,实践中一般以被害人的直接实际损失或是以行为人实际控制的财产数额为认定标准,并不是以合同金额为标准进行认定。

对于合同诈骗刑事风险的防控,第一,是要在合同的缔结和签署阶段,保证合同及相关文件的真实性,不隐瞒和虚构对合同履行有重大影响的关键信息,对于自己尚无履行能力的交易合同要持有审慎态度。第二,对于交易往来产生的相关财产比如定金、抵押物等要合理按约处置,不擅自转移和处分。第三,对于合同履行中产生的引起履行困难的客观情况,要积极与合同相对方保持沟通,积极履行通知义务,对于产生的履行风险和损失积极采取补救措施等。第四,要完善单位和企业内部的合同管理体系,对于印章等重要财产和文件有严格管理制度,加强相关业务人员的法律培训,这对于防范合同诈骗风险均具有重要意义。

六、合同管理中的刑事合规(二)

(一) 刑事合规制度的指向

国有公司、企业、事业单位管理人员因对工作严重不负责任,合同管理不当,造成企业损失的行为后果严重,它还危及国家经济利益,会使国有资产遭受重大损失。因此案件一旦发生,往往涉及和影响的利益较为广泛,对于商业和国家管理制度所依赖的信用体系具有较强的破坏作用,因此仍然具有很大的社会危害性,应当引起重视。在犯罪态势上,从2001年到2016年间,签订、履行合同失职被骗案件数仅有45起,而近5年案件数则达到126起,犯罪量明显增加。

《刑法》第一百六十七条【签订、履行合同失职被骗罪】规定

国有公司、企业、事业单位直接负责的主管人员,在签订、履行合同过程中,因严重不

负责任被诈骗,致使国家利益遭受重大损失的,处三年以下有期徒刑或者拘役;致使国家利益遭受特别重大损失的,处三年以上七年以下有期徒刑。

据上,签订、履行合同失职被骗罪,是指国有公司、企业、事业单位直接负责的主管人员,在签订、履行合同过程中,因严重不负责任被诈骗,致使国家利益遭受重大损失的行为。

(二)刑事合规的主体对象

本罪的犯罪主体为特殊主体,即只有国有公司、企业、事业单位直接负责的主管人员才能构成本罪。所谓直接负责的主管人员,是指对签订、履行合同起领导、决策、指挥作用的单位负责人。

(三)违反刑事合规的主观表现

本罪的犯罪主观要素为过失,故意不构成本罪。

(四)违规行为表现

签订、履行合同失职被骗罪的行为表现在,行为人在签订、履行合同过程中因为严重不负责任被诈骗。这里的"诈骗",是指对方当事人的行为已经涉嫌诈骗犯罪,不以对方当事人已经被人民法院判决构成诈骗犯罪作为立案追诉的前提。所谓"严重不负责任被诈骗",是指行为人不履行或者不正确履行自己主管、分管合同签订、履行合同的义务,致使他人利用合同形式骗取国有公司、企业、事业单位的财物的情形。

根据《全国人民代表大会常务委员会关于惩治骗购外汇、逃汇和非法买卖外汇犯罪的决定》(1998年12月29日第九届全国人民代表大会常务委员会第六次会议通过),金融机构、从事对外贸易经营活动的公司、企业的工作人员严重不负责任,造成大量外汇被骗购或者逃汇,致使国家利益遭受重大损失的,依照《刑法》第167条的规定,以签订、履行合同失职被骗罪定罪处罚。

该罪违反了《公司法》《企业国有资产法》以及《事业单位国有资产管理暂行办法》等法律与行政法规。

(五)刑事风险预警

国有公司、企业、事业单位直接负责的主管人员,在签订、履行合同过程中,因严重不负责任被诈骗,涉嫌下列情形之一的,应予立案追诉:①造成国家直接经济损失数额在50万元以上的;②造成有关单位破产、停业、停产6个月以上,或者被吊销许可证和营业执照、责令关闭、撤销、解散的;③其他致使国家利益遭受重大损失的情形。

金融机构、从事对外贸易经营活动的公司、企业的工作人员严重不负责任,造成100万美元以上外汇被骗购或者逃汇1 000万美元以上的,应予立案追诉。

本罪的防控,在于相关组织和人员,应当时刻忠实勤勉履行职责,主要有两个方面:第一是对于表面事实不轻信,要基于深入的调查审查;第二是业务标准要严格,严格遵守操作规范和行业准则。此外,相关组织应当建立较为完善的业务审查流程,对于最终出具的文件内容做到层层把关和风险控制,以免造成严重后果,引发刑事风险。

七、防止非法经营的刑事合规

(一)刑事合规制度的指向

从犯罪态势来看,非法经营罪仍然属于多发案件,近10年间,全国累计判决非法经营刑事案件超过4万起。从案件类型来看,涉及多个市场领域,其中经营烟草专卖品、买卖外汇、药品经营、经营资金支付结算业务以及屠宰等业务属于案件数量比例较高的行业部门。从发案趋势来看,近10年来整体呈现上升趋势,年均案件数量整体增加。从地域来看,各个地区均有发生,经济发达和人口稠密地区发案率相对较高但差距并不明显。非法经营罪,由早期的投机倒把罪转变而来,一直以来甚至对其存废都颇有争议。从国家市场管理角度而言,对于特定市场的准入和监督是国家的重要职能,维护市场的稳定秩序对于稳定国民经济具有重要意义。故意违反国家法律和行政法规规定,从事非法经营、扰乱市场秩序的行为,给整个市场经济的平稳运行带来危害。从案件趋势可以看出,在一些重要的关乎国计民生的领域里,案件数量仍然呈现多发态势,且案件分布的范围之广,均体现了非法经营罪存在的必要性。

《刑法》第二百二十五条【非法经营罪】规定

违反国家规定,有下列非法经营行为之一,扰乱市场秩序,情节严重的,处五年以下有期徒刑或者拘役,并处或者单处违法所得一倍以上五倍以下罚金;情节特别严重的,处五年以上有期徒刑,并处违法所得一倍以上五倍以下罚金或者没收财产:

(一)未经许可经营法律、行政法规规定的专营、专卖物品或者其他限制买卖的物品的;

(二)买卖进出口许可证、进出口原产地证明以及其他法律、行政法规规定的经营许可证或者批准文件的;

(三)未经国家有关主管部门批准非法经营证券、期货、保险业务的,或者非法从事资金支付结算业务的;

(四)其他严重扰乱市场秩序的非法经营行为。

据上,非法经营罪,是指实施法定非法经营行为之一,扰乱市场秩序,情节严重的行为。

(二)刑事合规的主体对象

非法经营罪的主体为一般主体,单位和自然人均可以构成本罪主体。关于共犯问题,对于主犯或者从犯的地位认定一般基于行为人在非法经营活动中所扮演的角色地位。因此,对于身份的具体认定,在实践中具有具体性。

(三)违反刑事合规的主观表现

非法经营罪在主观要件上要求是故意,同时要求行为人抱有营利的主观目的。同时,非法经营罪还是法定犯,因此,在行为人的主观认识中还应当包含对于其违法性的认识。以本罪的第一款规定情形为例,行为人必须能够认识到其所经营的物品,属于法律法规所规定的专卖物品或限制物品。如果行为人对于其所经营的物品缺乏违法性的认识,也不会构成非法经营罪。从主观恶性上来说,非法经营罪作为法定犯,其行为不具备天然的人性恶,很大程度上是受到特定时期内法律法规政策的影响和制约的,因此行为人的主观认识上应当包括对于其违法性的认识。

非法经营罪行为主体的动机往往并不是破坏市场秩序,常见的一般动机仍然是通过非法经营牟取巨额利益。因为非法经营罪是法定犯,法律规范设置的许可和准入门槛天然地具有排除一定竞争的特点,而非法经营者在明知的情况下进行经营活动,一方面减少了自己进入市场的相关成本,另一方面在特许经营领域又能够获取较高的利润,利益的驱使往往成为行为人的重要动机。同时,法律的实施需要监管机构的作为,这使得更多的非法经营者实际上抱有极大的侥幸心理,铤而走险,从而面临着刑事风险。

(四) 违规行为表现

违规行为客观方面表现为未经许可经营专营、专卖物品或者其他限制买卖的物品,买卖进出口许可证、进出口原产地证明以及其他法律、行政法规规定的经营许可证或者批准文件,以及从事其他非法经营活动,扰乱市场秩序,情节严重的行为。

从具体的情形来看,其分为以下几种。

第一,未经许可经营法律、行政法规规定的专营、专卖物品或者其他限制买卖的物品。为了确保市场的正常秩序,对于一些特殊行业,国家实行许可证制度,未经批准获得许可证,不能进行有关领域的经营行为,否则就会构成非法经营罪。

第二,买卖进出口许可证、进出口原产地证明以及其他法律、法规规定的经营许可证或者批准证件。进出口许可证,由国务院对外经济贸易管理部门及其授权机构签发,不仅是对外贸易经营者合法进行对外贸易活动的证明,也是国家对进出口货物、技术进行管理的一种重要凭证,海关对进出口货物、技术查验放行时必须以此为依据。进出口原产地证明,是指用来证明进出口货物、技术原产地属于某国或某地区的有效凭证。其为进口国和地区视原产地不同征收差别关税和实施其他进口区别待遇的一种证明。与第一种情况的未经许可而经营专门物品的行为不同,这种情况主要针对特定许可证的买卖活动。

第三,未经国家有关主管部门批准非法经营证券、期货、保险业务的,或者非法从事资金支付结算业务的。正如上文列举,这种情形主要针对专门领域里的经营行为本身,这些领域属于金融类关键领域,属于国民经济中尤其关键的领域,我国在这些领域均有专门的单行立法、行政法规或部门规章,对于市场的准入经营有着专门且特殊的规定。

第四,其他严重扰乱市场秩序的非法经营行为。其也是本罪的"兜底条款",时常被批评为口袋罪而受到争议。第4项的争议之一在于用以认定这种情形下的非法经营行为的依据具有不确定性,从司法实践来看,援引第4项进行判决的案件其认定依据涵盖了有关的司法解释、部门规章甚至地方性的法律法规。此外对于行为类型的判断,也往往有着和其他刑法罪名的关系难以厘清的问题,出现同样的行为类型可能以不同的罪名论处的情形。

（五）刑事风险预警

本罪属于情节犯,具有非法经营行为,构成情节严重的情形,就具有刑事风险。对于情节数额的认定,往往因为经营领域的不同,适用的法律依据和标准也不同。比如在非法出版物案件中,《最高人民法院关于审理非法出版物刑事案件具体应用法律若干问题的解释》第 12 条规定,个人经营数额在 5 万元至 10 万元以上的;违法所得数额在 2 万元至 3 万元以上的;经营报纸 5 000 份或者期刊 5 000 本或者图书 2 000 册或者音像制品、电子出版物 500 张(盒)以上的,属于非法经营行为"情节严重"。经营数额在 15 万元至 30 万元以上的;违法所得数额在 5 万元至 10 万元以上的;经营报纸 15 000 份或者期刊 15 000 本或者图书 5 000 册或者音像制品、电子出版物 1 500 张(盒)以上的,属于非法经营行为"情节特别严重"。第 13 条规定:单位经营数额在 15 万元至 30 万元以上的;违法所得数额在 5 万元至 10 万元以上的;经营报纸 15 000 份或者期刊 1 500 本或者图书 5 000 册或者音像制品、电子出版物 1 500 张(盒)以上的,属于"情节严重"。经营数额在 50 万元至 100 元以上的;违法所得数额在 15 万元至 30 万元以上的;经营报纸 5 万份或者期刊 5 万本或者图书 1 500 册或者音像制品、电子出版物 5 000 张(盒)以上的。属于非法经营行为"情节特别严重"。

企业家防范非法经营风险,首先,在进入新的市场领域的时候,对于行业产业政策与法规应当进行全面了解,对于市场准入的资质要求以及相关行政许可手续有充分了解,这离不开事先对于相关领域的法律调查。其次,要注重企业内部的合规体系建设,对于企业经营业务相关的法律政策进行全流程跟进,为企业运营保驾护航。最后,对于交易相对方和交易关联企业要进行尽职调查,全面了解相关方在相关领域的交易资质和背景,做好外部合规工作。

八、防止强迫交易的刑事合规

（一）刑事合规制度的指向

从犯罪态势来看,近 10 年来强迫交易罪的案件数量呈现出持续上升的状态,从 2010 年的 74 起,上升到 2020 年的 1 100 多起,整体来看,上升的趋势明显,且上升速度较快。从案件内容来看,大部分案件的案件标的都不是十分巨大,在程序使用上,有超过了 1/5 的案件适用了简易程序,绝大部分的案件集中在基层法院。从地域上来看,经济发达地区和人口大省的发案比例相较于其他地区较高。

本罪的案件发生率呈现逐年上升的趋势,社会危害性也相对呈现出增加的特点。而从绝对角度来看,由于强迫交易罪相关案件的案件标的和影响范围都十分有限,且本罪所针对处罚的行为一般是情节较为严重的行为,所以犯罪所造成的危害整体上仍然可控。但是由于和一般的交易行为密切联系,所以仍然值得企业家引起重视,避免在相关交易行为中触发刑事风险。

《刑法》第 226 条【强迫交易罪】规定

以暴力、威胁手段,实施下列行为之一,情节严重的,处三年以下有期徒刑或者拘役,并处或者单处罚金；情节特别严重的，处三年以上七年以下有期徒刑，并处罚金：

（一）强买强卖商品的；
（二）强迫他人提供或者接受服务的；
（三）强迫他人参与或者退出投标、拍卖的；
（四）强迫他人转让或者收购公司、企业的股份、债券或者其他资产的；
（五）强迫他人参与或者退出特定的经营活动的。

据上，强迫交易罪，是指以暴力、威胁手段要求他人交易，要求他人进行商品买卖、提供或接受服务、参与或者退出拍卖、转让或者收购公司股份或者债券以及经营中情节严重的行为。

（二）刑事合规的主体对象

强迫交易罪的犯罪主体为一般主体，自然人需要满足刑事责任年龄、具备刑事责任能力。同时，根据《刑法》第231条的规定，单位也可以构成本罪的主体，同时实行双罚制，即在单位犯罪的情形下，对单位处以罚金，对于单位的直接负责人员按照本罪进行处罚，承担刑事责任。

在身份的认定上，对于行为人强迫交易行为提供帮助、创造条件的人，可能构成强迫交易罪的共犯，从而承担刑事责任。

（三）违反刑事合规的主观表现

本罪的主观方面要求行为人在主观上出于故意的态度，过失行为不能构成本罪。本罪要求的故意一般是直接故意，即行为人主观上希望通过施加暴力和威胁的方式实现交易。

（四）违规行为表现及合规行为要求

从客观方面来看，强迫交易罪表现为以暴力、威胁手段强买强卖商品、强迫他人提供服务或者强迫他人接受服务且情节严重的行为。暴力一般是指通过强制力对他人的身体或者财产进行打击和限制，比如殴打或者利用强制手段限制，或者毁坏他人财物等方式。而威胁则是利用他人的恐惧实施的一种精神强制，让他人陷入一种不敢做某种行为或者不得不做某种行为的恐惧。本罪所规制的行为，既可以是通过言语进行的，也可以是通过动作或者其他方式来实现。这种行为的目的都在于最终通过该行为让交易相对人违背其真实意愿进行交易。如果行为人不是通过暴力或者威胁手段进行的，比如是通过诈骗方式实现交易的，则不属于本罪的范畴，不能构成本罪。

而违背他人意志，则是强迫行为的最突出特征，也就是他人不愿购买而不得不购买，或者他人不愿出卖而不得不出卖。本罪所适用的领域，不仅仅在于商品交易领域，也包括服务贸易领域。同时需要注意的是，有关的交易必须是合法的经营交易，否则不属于本罪的讨论范畴，比如强迫他人和自己进行毒品交易，或者强迫他人进行色情卖淫服务等就不属于本罪的范畴。

(五) 刑事风险预警

本罪属于情节犯,只有达到情节严重的程度,才构成本罪。但目前尚未有专门的司法解释对于情节严重的情形作出具体的规定,从立案标准来看,《最高人民检察院、公安部关于公安机关管辖的刑事案件立案追诉标准的规定(一)》:以暴力、威胁手段强买强卖商品、强迫他人提供服务或者强迫他人接受服务,涉嫌下列情形之一的,应予立案追诉:

(1) 造成被害人轻微伤或者其他严重后果的;
(2) 造成直接经济损失2 000元以上的;
(3) 强迫交易3次以上或者强迫3人以上交易的;
(4) 强迫交易数额1万元以上,或者违法所得数额2 000元以上的;
(5) 强迫他人购买伪劣商品数额5 000元以上,或者违法所得数额1 000元以上的;
(6) 其他情节严重的情形。

因此,情节的认定一般从伤害后果、经济损失、交易次数、违法所得等方面来综合认定,特别值得注意的是本罪的立案标准情节对于金额的规定标准较低,因此需要特别防范。

强迫交易罪防范的重点,主要在于客观方面的手段上,除了一般人们理解的直接的强迫威胁手段,那些制造特定环境让交易相对人不得不同意交易的"隐蔽方法",也可以构成强迫交易罪。比如有案例中,一些民营医院通过广告方式吸引患者上门后,通过明确分工,体系性地进行医疗欺诈,没病说有病,小病说大病,借此威胁恐吓患者接受高价医疗服务,最终被认定为强迫交易罪。

因此,一方面,企业家应当在交易模式上进行风险防范,做好合规工作。另一方面,也要注重价格制定的合理性,避免在交易中借助交易的优势地位进行不合理价格交易从而牟取暴利,以免陷入强迫交易罪的刑事风险。

九、防止非法转让、倒卖土地使用权的刑事合规

(一) 刑事合规制度的指向

非法转让、倒卖土地使用权社会危害较大,因为它直接危害了国家土地管理制度这一重要的基础性制度。土地制度作为社会主义制度中的一项重要制度,其所有权属性以及流转程序在宪法中有直接规定,同时国家有较为完善的土地管理的法律法规体系。从这一角度来看,非法转让、倒卖土地使用权的行为严重危害了国家和社会的重要制度,具有较高的社会危害性。从犯罪态势上来看,非法转让、倒卖土地使用权罪的发案数量持续上升,从2010年的每年30起左右的水平,上升至2014年后的每年300起左右,近5年来维持了这一水平,趋于平稳。从地域来看,广东省和河南省近10年的案件数量显著高于其他地区,均超过了400起,合计超过了过去10年全国案件总和的1/3。

《刑法》第二百二十八条【非法转让、倒卖土地使用权罪】规定

以牟利为目的,违反土地管理法规,非法转让、倒卖土地使用权,情节严重的,处三年

以下有期徒刑或者拘役,并处或者单处非法转让、倒卖土地使用权价额百分之五以上百分之二十以下罚金;情节特别严重的,处三年以上七年以下有期徒刑,并处非法转让、倒卖土地使用权价额百分之五以上百分之二十以下罚金。

据上,非法转让、倒卖土地使用权罪,是指以牟利为目的,违反土地管理法规,非法转让、倒卖土地使用权,情节严重的行为。

(二) 刑事合规的主体对象

本罪的主体为一般主体,自然人需要达到刑事责任年龄,同时具备刑事责任能力。关于本罪的单位犯罪,适用《刑法》第 231 条关于单位犯罪的有关规定,在处罚上实行双罚制,即对单位判处罚金,对于直接负责的主管人员和其他直接责任人按照本罪的规定追究刑事责任。

(三) 违反刑事合规的主观表现

本罪在主观方面要求存在故意,行为人必须满足以牟利为目的,否则无法构成本罪。对于以牟利为目的的判断,属于主观的超过要素,不要求行为人在客观上已经实现了牟利,而是一种对于行为人主观状态的综合判断,哪怕行为人在最终结果上并未获得收益,甚至遭受了财产损失,但是如果在整个行为过程中行为人主观上抱有通过非法转让和倒卖的方式谋得利益的主观状态,就满足本罪的入罪条件。

(四) 违规行为表现

非法转让、倒卖土地使用权罪的行为违反了土地管理法规的规定,如上文所列举的法律、行政法规和部门规章等。我们国家的土地性质由宪法规定,土地管理法也规定,我国的土地所有制为社会主义公有制,土地归国家或者集体所有。因此,任何单位和个人不得侵占、买卖或者以其他形式非法转让土地,而对于国有土地或者集体土地的转让活动必须符合法律法规的规定,严格依法办事。

从具体的手段上,一般包括合法取得后进行倒卖、擅自改变土地用途后出售、以合法形式掩盖非法目的进行转让或倒卖等。比如有案例中行为人以土地使用权出资入股,再以股权转让的形式实现土地使用权转让的事实。该案二审法院认为,行为人构成以牟利为目的,违反土地管理法规,以股权转让形式掩盖非法转让土地使用权的目的,非法转让、倒卖土地使用权,情节特别严重,其行为已构成非法转让、倒卖土地使用权罪;上诉人系原审被告单位公司直接负责的主管人员,其行为亦已构成非法转让、倒卖土地使用权罪。

(五) 刑事风险预警

(1) 本罪属于情节犯,情节具有一定程度的严重性就具有刑事风险。对于本罪的情节,《最高人民法院关于审理破坏土地资源刑事案件具体应用法律若干问题的解释》规定非法转让、倒卖土地使用权"情节严重"包括:

① 非法转让、倒卖基本农田 5 亩以上的;
② 非法转让、倒卖基本农田以外的耕地 10 亩以上的;

③ 非法转让、倒卖其他土地 20 亩以上的；

④ 非法获利 50 万元以上的；

⑤ 非法转让、倒卖土地接近上述数量标准并具有其他恶劣情节的，如曾因非法转让、倒卖土地使用权受过行政处罚或者造成严重后果等。

（2）如果任由刑事风险扩大，可能加重刑罚处罚。所以还应当防止"情节特别严重"的情况出现，这些情况包括：

① 非法转让、倒卖基本农田 10 亩以上的；

② 非法转让、倒卖基本农田以外的耕地 20 亩以上的；

③ 非法转让、倒卖其他土地 40 亩以上的；

④ 非法获利 100 万元以上的；

⑤ 非法转让、倒卖土地接近上述数量标准并具有其他恶劣情节，如造成严重后果等。

十、防止提供虚假证明文件的刑事合规

（一）刑事合规制度的指向

在资产评估、验资、验证、会计、审计、法律服务、保荐、安全评价、环境影响评价、环境监测等流程中，相关的证明文件具有重要作用，是程序公平公正进行的重要一环，其信用是商业交易和国家管理得以正常运行的重要前提，提供虚假证明文件会受到刑法规制。从犯罪整体态势来看，2010—2020 年的 11 年间，全国提供虚假证明文件罪的案件总量仅有不足 200 起，近 5 年来案件数量维持在 30 起左右，整体上看，案件发生数量维持在较低水平。但是从另一方面来看，本罪行为多涉及重要的商业交易领域，如公司、证券、投资并购等领域。因此案件一旦发生，往往涉及和影响的利益较为广泛，对于商业和国家管理制度所依赖的信用体系具有较强的破坏作用，故本罪仍然具有很大的社会危害性，应当引起重视。

《刑法》第二百二十九条第一款【提供虚假证明文件罪】规定

承担资产评估、验资、验证、会计、审计、法律服务、保荐、安全评价、环境影响评价、环境监测等职责的中介组织的人员故意提供虚假证明文件，情节严重的，处五年以下有期徒刑或者拘役，并处罚金；有下列情形之一的，处五年以上十年以下有期徒刑，并处罚金：

（一）提供与证券发行相关的虚假的资产评估、会计、审计、法律服务、保荐等证明文件，情节特别严重的；

（二）提供与重大资产交易相关的虚假的资产评估、会计、审计等证明文件，情节特别严重的；

（三）在涉及公共安全的重大工程、项目中提供虚假的安全评价、环境影响评价等证明文件，致使公共财产、国家和人民利益遭受特别重大损失的。

据上，提供虚假证明文件罪，是指承担资产评估、验资、验证、会计、审计、法律服务、保荐、安全评价、环境影响评价、环境监测等职责的中介组织的人员故意提供虚假证明文件，情节严重的行为。

（二）刑事合规的主体对象

一般而言，本罪主体范围与提供虚假证明文件罪的主体范围是一致的。

（三）违反刑事合规的主观表现

本罪在主观方面要求行为人应当具备故意的罪过。行为人应当对于自己所提供的证明文件含有虚假内容是明知的，并且在明知的前提下仍然提供。过失行为不能构成本罪。对于动机而言，通常是多样的，但是对于本罪而言，动机并不会影响本罪的成立。

（四）违规行为表现及合规行为要求

本罪的客观方面主要表现的特征为提供虚假证明文件且情节严重的行为。本罪中所指的证明文件，是指在资产评估、验资、验证、会计、审计、法律服务、保荐、安全评价、环境影响评价、环境监测等过程中提供的资产评估报告、验资证明、验证证明、审计报告等证明文件。而虚假，则是指其文件内容与事实不相符合，在一个证明文件中，部分的虚假和全部的虚假都属于此处所说的虚假文件。

（五）刑事风险预警

本罪行为达到情节严重的程度，就具有刑事风险。根据《最高人民检察院、公安部关于公安机关管辖的刑事案件立案追诉标准的规定（二）》，达到以下情节可以满足公安机关的刑事立案标准：

（1）给国家、公众或者其他投资者造成直接经济损失数额在50万元以上的。

（2）违法所得数额在10万元以上的。

（3）虚假证明文件虚构数额在100万元且占实际数额30%以上的。

（4）虽未达到上述数额标准，但具有下列情形之一的：第一，在提供虚假证明文件过程中索取或者非法接受他人财物的；第二，2年内因提供虚假证明文件，受过行政处罚2次以上，又提供虚假证明文件的。

（5）其他情节严重的情形。

对于提供虚假证明文件罪的风险防控，相关企业和人员应当秉持诚实信用原则，认真对待法律赋予的权利，忠实履行法律要求的义务，坚守职业道德与操守，不怀有侥幸心理，确保文件真实性。

十一、防止出具不真实证明文件的刑事合规

（一）刑事合规制度的指向

在资产评估、验资、验证、会计、审计、法律服务、保荐、安全评价、环境影响评价、环境监测等流程中，相关的证明文件具有重要作用，因此出具证明文件的行为受到刑法规制。从犯罪趋势来看，出具证明文件重大失实罪整体案件数量维持在较低水平，近10年案件总量不足百起，年发案数常年维持在个位数。从案件审级来看，几乎全部集中在基层法院，

二审案件数量占1/7,适用简易程序和速裁程序的案件约有1/10。

《刑法》第二百二十九条第三款【出具证明文件重大失实罪】规定

第一款规定的人员,严重不负责任,出具的证明文件有重大失实,造成严重后果的,处三年以下有期徒刑或者拘役,并处或者单处罚金。

据上,出具证明文件重大失实罪,是指承担资产评估、验资、验证、会计、审计、法律服务、保荐、安全评价、环境影响评价、环境监测等职责的中介组织的人员,严重不负责任,出具的证明文件有重大失实,造成严重后果的行为。

(二) 刑事合规的主体对象

本罪的主体为特殊主体,自然人和单位均可以构成本罪主体。一般而言,本罪主体主要包括以下类型人员,如资产评估师、会计师、审计师、律师等。本罪主体主要针对的是在相关程序中承担出具证明文件职责的中介人员,因为他们往往以第三方的中立角色承担着法律规定的特定职责,而一般主体在交易或其他活动中所做的虚假陈述等,不能构成本罪。

本罪主体中的其他人员是指除了资产评估师、会计师、审计师、律师之外,其他行使有关职权的人,这些人即使不具有评估师、注册会计师及审计师、律师的职称,但如果受委托从事了评估师、注册会计师或审计师、法律服务的工作,所出具的证明文件,同样具备法律效力,那么这些人亦可能构成本罪的主体。

(三) 违反刑事合规的主观表现

本罪的主观方面,要求行为人是出于过失心态,即对于损害后果能够预见,并且能够避免,而由于疏忽没有预见,或者因为过于自信而没有避免。对于过于自信的情形,行为人应当对于这种自信存在现实基础,比如对于公司业绩的自信或出于公司过往商誉的信心等,如果一个公司从一般的认知水平去判断都可能存在问题,比如极差的经营状况和财产状况或濒临破产等,而行为人在明知的情况下仍然不作为,则属于故意。从动机角度而言,本罪的动机,并不会影响本罪的定罪,相关主体应当抛弃侥幸心理,忠实勤勉履行职责。

(四) 违规行为表现

本罪的客观方面,主要表现为提供的证明文件具有重大的失实情况,并且造成了严重后果。本罪的行为特征是有重大过失,即在工作过程中存在严重不负责任,如果在工作中尽了勤勉义务,认真忠实履行职责,仍然无法避免严重后果,那么这种情形就不属于本罪的评价范畴。比如在实践中,审计人员对于应当审计的项目不审计,对于应当调查事实不调查,则属于不作为的过失;如果相关人员对于应当履行的职责履行了,但是却没有符合一般的要求和标准,应付了事,也属于本罪所规制的行为。而在客观上的直接表现,就是文件所记载的内容与事实有重大不符,存在重大虚假内容,一般的瑕疵如果不构成重大失实的程度,仍然不属于本罪范畴。

(五) 刑事风险预警

本罪对于结果有着特殊要求,只要行为造成了严重后果,就具有了刑事风险。这一后果一般是指实际发生的后果,比如给国家、公司或投资者等造成重大经济损失、造成市场严重动荡等。如果行为发生,证明文件因为过失存在重大失实的情况,但是没有造成严重后果的,不属于本罪评价的范围。

本罪的防控,在于相关组织和人员,应当时刻忠实勤勉地履行职责,主要有两个方面:第一是对于表面事实不轻信,要进行深入的调查审查;第二是业务标准要严格,严格遵守操作规范和行业准则。此外,相关组织应当建立较为完善的业务审查流程,对于最终出具的文件内容做到层层把关和风险控制,以免造成严重后果,引发刑事风险。

十二、接受商品检验的刑事合规

(一)刑事合规制度的指向

逃避商检罪从犯罪态势来看,属于极少适用的罪名之一。2010年至2020年的11年间,全国总共仅有6起已判决的逃避商检罪的刑事案件。其中适用简易程序的案件就有2起,占到了1/3。因此,无论是从案件总量上,还是从案件影响上,本罪的犯罪态势始终维持在较低水平。从犯罪态势的分析可以看出,逃避商检罪的发案频率可以说是非常低,从总体而言,其对于社会的危害性十分有限,相比起走私等在海关和进出口管理领域的犯罪而言,其影响显得微不足道。从个案特征来看,本罪的案件影响力也十分有限,加上本罪的犯罪行为需要达到一定的严重程度才构成犯罪,因此本罪在现实中给企业家带来的刑事风险相对有限。

《刑法》第二百三十条【逃避商检罪】规定

违反进出口商品检验法的规定,逃避商品检验,将必须经商检机构检验的进口商品未报经检验而擅自销售、使用,或者将必须经商检机构检验的出口商品未报经检验合格而擅自出口,情节严重的,处三年以下有期徒刑或者拘役,并处或者单处罚金。

据上,逃避商检罪,是指违反进出口商品检验法的规定,逃避商品检验,将必须经商检机构检验的进口商品未报经检验而擅自销售、使用,或者将必须经商检机构检验的出口商品未报经检验合格而擅自出口,情节严重的行为。

(二)刑事合规的主体对象

本罪的犯罪主体为特殊主体,自然人和单位均可以构成犯罪。而在现实中的具体体现,主要是涉及进出口贸易的相关组织和个人,以及提供进出口清关检验等服务的组织和个人,常见的具体包括发货人、收货人、承运人等,以及代理报检企业和其他有关的代理机构。由于国际贸易中往往涉及较多交易方和代理商,如果明知他人违反有关进出口商品检验法律的规定以逃避检验,仍然对其提供帮助的,则会构成本罪的共犯。

(三)违反刑事合规的主观表现

本罪的主观方面,要求行为人对于逃避商检的行为存在故意,即行为人对于逃避商品检验的行为在主观上是明知的。在实践中,由于一般行为人在商品检验过程中主要承担的只是报检的义务,具体的商品检验工作由国家相关部门负责完成,因此构成过失的可能性很低。如果明知需要报检而不报,则会构成本罪。

(四)违规行为表现及合规行为要求

本罪行为表现为行为人的犯罪行为违反了国家关于进出口商品检验有关法律的规定。如果没有违反进出口商品检验相关法律法规的规定,则该行为不会构成犯罪。另外,需要检验的商品,一般为法律法规要求的在进出口过程中需要检验的商品品类,这种特定品类的商品需要以国家检验合格作为进出口贸易的前提。商品检验的主要目的除了对于商品的基本性质如质量、规格和数量等进行检验外,更重要的在于对于环境保护、卫生防疫和国家安全等方面的检验。本罪所针对的主要行为,就是为了实现进出口特定商品的目的,故意逃避上述法律规范所规定的法定检验流程的行为。

(五)刑事风险预警

本罪属于情节犯,需要达到情节严重的程度,有关行为才有可能构成犯罪。根据有关立案标准,达到以下情节就会构成公安机关的刑事立案标准:①给国家、单位或者个人造成直接经济损失数额在50万元以上的;②逃避商检的进出口货物货值金额在300万元以上的;③导致病疫流行、灾害事故的;④多次逃避商检的;⑤引起国际经济贸易纠纷,严重影响国家对外贸易关系,或者严重损害国家声誉的;⑥其他情节严重的情形。

本罪从整体的案件态势来看,处于发案水平极低的罪名,从处罚角度来看,也不属于刑罚严厉的罪名,案件所侵害的利益及影响往往也较为有限,因此从客观上来讲,本罪给企业家带来的刑事风险较为有限,也因此较为容易防范。其主要有以下几点:第一,作为进出口商应当熟悉了解相关商品品类以及相关的检验政策和其他政策法规,要尽早了解自身义务,忠实履行法律法规规定的义务。第二,作为代理商应当忠实勤勉,严守底线,不对违法逃避检验的相关单位和个人提供便利和帮助,而作为委托人,应当对代理商进行积极督促和监督,保证其履行报检义务。第三,对于发现已存在的伪报检行为,应当及时尽早进行补救,积极履行报检义务,全力消除相关行为已经或可能造成的损失和后果,避免危害结果扩大,最终引起刑事风险。

第三节 采购营销管理刑事合规

一、招投标中的刑事合规

(一)刑事合规制度的指向

招标和投标行为是市场交易中常见的一种竞争性市场行为,其充分利用了市场的竞争性,通过公平竞争、优胜劣汰的方式优化资源配置。招投标市场以公开、公平、公正为基本原则,串通投标罪的串通投标的方式利用非法不正当手段阻碍了招投标市场的正常秩序,排除了有效竞争,对于招投标项目和相关当事人的合法权利造成损害,并对国家利益以及社会公众利益造成损害。从犯罪态势来看,串通投标罪发案趋势整体上呈现逐步上升的趋势,2010年全国串通投标罪的判例仅为3起,到2019年已经达到了454起,在2010年至2020年11年间,全国串通投标罪的总案件数量达到了1600起左右,无论从趋势上看还是从体量上看,都呈现出案件多发的特点。从管辖级别上来看,绝大多数案件由基层法院管辖,而在地域上,湖北和浙江地区案件数量相比于其他地区更多。从具体的案件内容来看,有超过一半的案件涉及共同犯罪。从串通投标罪的犯罪态势也可以看出,本罪在近几年来呈现多发频发态势。同时,招投标活动作为市场经济中重要的市场竞争行为,串通投标对于国家重大项目建设的公平性和安全性的损害,以及对于市场秩序的破坏和其他招标人以及市场主体的利益侵害是巨大的,极大地损害了社会主义市场经济竞争中的公平和诚信原则,具有较大的社会危害性。

《刑法》第二百二十三条【串通投标罪】规定

投标人相互串通投标报价,损害招标人或者其他投标人利益,情节严重的,处三年以下有期徒刑或者拘役,并处或者单处罚金。

投标人与招标人串通投标,损害国家、集体、公民的合法利益的,依照前款的规定处罚。

据上,串通投标罪,是指投标人相互串通投标报价,损害招标人或者其他投标人利益,或者投标人与招标人串通投标,损害国家、集体、公民的合法利益,情节严重的行为。

(二) 刑事合规的主体对象

在《中华人民共和国招投标法》(以下简称《招投标法》)中,招标人是指提出招标项目、进行招标的法人或其他组织,而投标人是响应招标、参加投标竞争的法人和其他组织。很显然,在《招投标法》的语境下,招投标人似乎只能是单位,即法人或者其他组织。所以应当引起注意的是,不应当完全以《招投标法》的规定来解释《刑法》的规定。从《刑法》条文文义来看,《刑法》规定首先针对的便是自然人主体,对于单位犯罪的处罚则通过《刑法》第231条加以规定,所以本罪的主体既包含了自然人,也包括单位。

其次值得注意的是,在司法实践中,串通投标的行为并不会仅仅由《招投标法》下的投标人和招标人进行,也可能涉及主管、负责和参与招投标的主体,如果把后者排除在外,那么就无法实现本罪保护市场正常招投标秩序的目的。因此,本罪的主体不仅包括《招投标法》意义上的招标人和投标人,也包括主管、负责以及参与招投标活动的其他自然人和单位。

在实践中,几乎一半比例的案件涉及共同犯罪。对于看似不是招投标活动中直接参与者的一些自然人和单位,比如中介公司或者代理机构,如果对于串通投标行为提供了帮助的,仍然会构成本罪的共同犯罪。因此,对于本罪的主体范围,在实践中应当适当做宽泛理解,以便更好地防范刑事风险。

(三) 违反刑事合规的主观表现

本罪的主观方面要求故意,也就是在明知自己的行为是串通投标且会损害招标人或者其他投标人利益的情况下,仍然进行该行为,并且对于损害的后果持有希望或者是放任的态度。过失行为不会构成本罪。

本罪中,犯罪主体的动机并不会影响本罪的定罪。在实践中,行为人的心理动机常见的还是为了在招投标活动中能够排除竞争从而获得优势地位,最终牟取利益。另外,行为人时常认为通过隐秘手段进行的暗地串通难以被发现或取证,从而存在侥幸心理。

(四)违规行为表现

本罪客观方面的核心在于串通投标行为。一般而言,串通投标是指在招标投标的过程中,行为人通过不正当方式违反规定程序以实现排除或者限制竞争进而牟取利益的手段。其一般分为两种大的情形,一种是投标人之间的串通行为,另一种是投标人与招标人之间的串通行为。

投标人之间的串通投标行为一般有以下情形:投标人之间协商投标报价等投标文件的实质性内容;投标人之间约定中标人;投标人之间约定部分投标人放弃投标或者中标;属于同一集团、协会、商会等组织成员的投标人按照该组织要求协同投标;投标人之间为谋取中标或者排斥特定投标人而采取的其他联合行动。上述的情形直接体现了投标人在实质上通过协议或其他方式破坏招投标公平性、排除竞争的行为特征。除此之外,在形式上,有些情形仍然会被视为串通行为,比如不同投标人的投标文件由同一单位或者个人编制;不同投标人委托同一单位或者个人办理投标事宜;不同投标人的投标文件载明的项目管理成员为同一人;不同投标人的投标文件异常一致或者投标报价呈规律性差异;不同投标人的投标文件相互混装;不同投标人的投标保证金从同一单位或者个人的账户转出。由于招投标是一个程序十分严格的市场竞争过程,在关键程序和关键形式上展现出来的关联性或者违反程序规定的行为,也具有极大的透露招投标关键信息、形成串通的可能性,因此被推定地视为属于串通投标的行为。

投标人与招标人之间的串通行为,一般体现为招标人在开标前开启投标文件并将有关信息泄露给其他投标人;招标人直接或者间接向投标人泄露标底、评标委员会成员等信息;招标人明示或者暗示投标人压低或者抬高投标报价;招标人授意投标人撤换、修改投标文件;招标人明示或者暗示投标人为特定投标人中标提供方便;招标人与投标人为谋求特定投标人中标而采取的其他串通行为。这类行为主要体现了招标人利用自己在招标投标活动中的优势地位,将特定的信息透露给招标人,从而实现意思的串通,极大地损害国家利益和其他投标人的利益。

当然,上述的情形是实践中较为常见的情形,也大多是法律中的注意性规定,但并不意味着是对串通投标行为的穷尽式列举。其他通过意思的串通,排除竞争,破坏公平,损害国家和他人利益的行为,也会被认定为本罪中的串通投标行为。

(五)刑事风险预警

本罪同样属于情节犯,要求行为达到情节严重的程度,才具有刑事风险。否则即使实施了串通投标的行为,并造成了一定的损害后果,也不会构成本罪。在公安机关的立案标准中,一般达到以下条件即构成刑事立案标准:损害招标人、投标人或者国家、集体、公民的合法利益,造成直接经济损失数额在 50 万元以上的;违法所得数额在 10 万元以上的;中标项目金额在 200 万元以上的;采取威胁、欺骗或者贿赂等非法手段的;虽未达到上述数额标准,但 2 年内因串通投标受过行政处罚 2 次以上,又串通投标的;其他情节严重的情形。相关的量化标准,应当引起重视,以免因为构成严重情节而面临刑事风险。

除上述提及的情形外,实践案例中还存在一些情形需要行为人加以防范:其一,招标人为投标人提供帮助串通投标。招标人为特定投标人提供便利,量身定制投标人资格条件,以明显不合理的要求排除其他潜在投标人,向特定投标人透露招标底价以帮助投标人串通投标。其二,招标人未招标先开工,事后补办招标程序,也有可能涉嫌串通投标。在事后补办的过程中,为了确保承包商中标,招标人往往要求承包商寻找陪标单位进行陪标,甚至招标人为直接承包商安排陪标单位。其三,也是更为常见的即投标人通过挂靠方式串通投标。投标人为提供中标率,通过挂靠两家或两家以上有资质的企业进行投标,甚至通过挂靠方式进行围标(所有投标人均为其挂靠单位)。其四,参与陪标的情形。实践中,部分企业或个人刑事法律风险防范意识不强,往往出于人情或其他利益的驱使,接受他人的邀请,参与陪标。在陪标过程中,陪标人往往不实际参与投标活动,投标文件全部由实际投标人编制,陪标人的投标目的并非中标,而是为实际投标人串通投标提供帮助,陪标人的此种行为不仅仅是严重的违法行为,还可能构成串通投标罪,承担刑事法律责任。

二、防止企业受贿的刑事合规

(一)刑事合规制度的指向

犯单位受贿罪,有损国有单位公务活动的廉洁性。根据我们在威科先行法律信息库对单位受贿罪的检索,2001—2016 年,全国各级法院仅仅审理有关单位受贿罪的案件 1 260 起,平均每年审理约 79 起。2017—2020 年,全国各级法院在 4 年间共审理 1 428 起有关单位受贿罪的案件,平均每年审理 357 起。其中,2017 年 520 起,2018 年 424 起,2019 年 304 起,2020 年 180 起。虽然近年来审理单位受贿罪案件的数量逐年递减,但是相较于 2001—2016 年,审理单位受贿罪案件的数量仍然呈现出明显增长的态势。

《刑法》第三百八十七条【单位受贿罪】规定

国家机关、国有公司、企业、事业单位、人民团体,索取、非法收受他人财物,为他人谋取利益,情节严重的,对单位判处罚金,并对其直接负责的主管人员和其他直接责任人员,处五年以下有期徒刑或者拘役。

前款所列单位,在经济往来中,在账外暗中收受各种名义的回扣、手续费的,以受贿论,依照前款的规定处罚。

据上,单位受贿罪,是指国家机关、国有公司、企业、事业单位、人民团体,索取、非法收受他人财物,为他人谋取利益,情节严重的行为。

(二) 刑事合规的主体对象

单位受贿罪的主体是特殊主体,是国家机关、国有公司、企业、事业单位、人民团体。只有满足以下两个条件才属于单位受贿罪的适格主体:其一,以单位名义接受贿赂或者索取贿赂。单位的受贿行为,必须是单位本身的行为。因此,要构成单位受贿罪,就必须以单位名义接受或者索取贿赂。如果单位工作人员不是以单位名义受贿,而是以个人名义受贿,则单位与行贿人之间缺乏就受贿达成的某种利益交换,不能认定为单位受贿罪。其二,受贿得到的财物或者其他财产性利益归单位所有,这也就是通常说的"为单位谋取非法利益"。[①] 值得注意的是,单位主管人员和其他直接责任人员假借单位名义索取、非法收受他人财物后私分、中饱私囊的,不构成本罪,而构成受贿罪。

(三) 违反刑事合规的主观表现

单位受贿罪的主观方面为故意,且通常是直接故意。在单位受贿罪中,对其罪过可以分为单位的罪过和行为人的罪过两部分。单位的罪过,指单位对支配行为人的受贿行为持希望态度,因此是一种直接的故意。行为人的罪过,指单位直接负责的主管人员和其他直接责任人员的个人意志,这些行为人对其受贿行为的性质是明知的,并且采取不法手段去追求单位的利益,这就决定了他们的个人意志与单位意志的一致性。尽管他们在单位受贿罪中由于地位的不同所起的作用不同,有的是主管人员,他们起组织、指挥作用;有的是一般工作人员或受委托人员,他们直接实施受贿活动,但在罪过方面二者是相同的,即对单位受贿持希望态度,因此也是直接故意。可见在单位受贿罪中行为人的罪过形式与单位的罪过形式是一致的。

实施本罪的动机通常是通过使单位获得非法利益从而间接地让自己获得相关利益,即获得提成与绩效等利益。为此,企业家应当努力做到如下几点以避免构成单位受贿罪:第一,建立健全公司管理体制,培养良好的企业文化,设立专门机构以监督公司及其相关个人有没有受贿的行为。第二,不在经济往来中收受各种回扣、手续费,意志坚定,抵制行贿者金钱上的诱惑。

(四) 违规行为表现

单位受贿罪的成立要求行为人必须利用职务上的便利实施,受贿的行为方式有索取和收受两种。索取是单位以明示、暗示的要挟方法主动向其他单位或个人索取财物;收受是指单位违反法律规定对他人交付的财物被动地予以接受。与受贿罪不同,本罪对索取贿赂也要求为他人谋取利益,即无论是索取财物还是非法收受财物,都必须以为他人谋取利益为要件。

(五) 刑事风险预警

具有下列情形之一的,被认定为"为他人谋取利益,情节严重",达到了定罪处罚的客

---

① 杨书翔. 论单位受贿罪的认定及相关问题[J]. 西南科技大学学报(哲学社会科学版),2009(4):9.

观要求:《最高人民检察院关于人民检察院直接受理立案侦查案件立案标准的规定(试行)》中规定,涉嫌下列情形之一的,应予立案:(1)单位受贿数额在 10 万元以上的。(2)单位受贿数额不满 10 万元,但具有下列情形之一的:①故意刁难、要挟有关单位、个人,造成恶劣影响的;②强行索取财物的;③致使国家或者社会利益遭受重大损失的。

三、防止对单位行贿的刑事合规

(一)刑事合规制度的指向

对单位行贿罪侵犯的犯罪客体是国家机关、国有公司、企业、事业单位、人民团体的不可收买性。根据我们在威科先行法律信息库对单位行贿罪的检索结果,2001—2016 年,全国各级法院审理有关对单位行贿罪的案件仅 470 起,平均每年审理约 29 起。2017—2020 年,全国各级法院在 4 年间共审理 603 起有关对单位行贿罪的案件,平均每年审理约 151 起。其中,2017 年 253 起,2018 年 203 起,2019 年 94 起,2020 年 53 起。本罪虽然近 4 年呈现出逐年下降的趋势,但是相较于前些年,近 4 年平均每年审理对单位行贿罪案件的数量仍然大幅度增加。

《刑法》第三百九十一条【对单位行贿罪】规定

为谋取不正当利益,给予国家机关、国有公司、企业、事业单位、人民团体以财物的,或者在经济往来中,违反国家规定,给予各种名义的回扣、手续费的,处三年以下有期徒刑或者拘役,并处罚金。

单位犯前款罪的,对单位判处罚金,并对其直接负责的主管人员和其他直接责任人员,依照前款的规定处罚。

对单位行贿罪,是指个人或者单位为谋取不正当利益,给予国家机关、国有公司、企业、事业单位、人民团体以财物,或者在经济往来中,违反国家规定,给予各种名义的回扣、手续费的行为。

(二)刑事合规的主体对象

对单位行贿罪的主体是一般主体,既可以是自然人主体,也可以是单位主体,单位的所有性质对本罪的主体没有影响。在司法实践中,行为人可能是所在公司的法定代表人。如在某有限公司、常某某对单位行贿罪案中,被告人常某某在 2005 年左右成立某公司,2015 年左右将某公司股权整体转让给某医药股份有限公司,后来某医药股份有限公司没有实际经营就把某公司注销了;其在 2012 年 5 月成立科创公司,担任法人代表。[①] 行为人也可能不是该公司名义上的法人代表,而是实际控制人。在泰州市某医疗器械有限公司、泰州市某医疗器械有限公司、江苏某医疗器械有限公司等对单位行贿罪案中便是如此。[①]

---

① 安徽省亳州市蒙城县人民法院刑事判决书:(2019)皖 1622 刑初 204 号。

(三)违反刑事合规的主观表现

对单位行贿罪在主观上表现为故意,且须具有为单位谋取不正当利益的目的。如果是为了个人利益而以单位名义行贿,或者因行贿取得的利益归个人所有,则应认定为自然人犯罪。

行为人实施本罪的动机多种多样,比如有的是为了提升其代理产品的销量,有的是为了让受贿单位购买自己单位的产品,还有行为人则是为了能拿到相关项目。对单位行贿罪的自我防控对策,可以参考对行贿罪的防控对策。

(四)违规行为表现

对单位行贿罪在客观上有两种具体表现形式:一是给予国家机关、国有公司、企业、事业单位、人民团体以财物。二是在经济往来中,违反国家规定,给予国家机关、国有公司、企业、事业单位、人民团体各种名义的回扣、手续费。以无锡华卫医药有限公司、崔炜忠对单位行贿罪一案为例,被告单位无锡华卫医药有限公司为谋取不正当利益,给予医院中的相关科室以回扣,其行为已构成对单位行贿罪,应对其判处罚金;被告人崔炜忠作为直接负责的主管人员,其行为亦构成对单位行贿罪,应处3年以下有期徒刑或者拘役,并处罚金。[①]

(五)刑事风险预警

具有下列情形之一的,被认定为达到了对单位行贿罪定罪处罚的客观要求:根据《最高人民检察院关于人民检察院直接受理立案侦查案件立案标准的规定(试行)》的规定,涉嫌下列情形之一的,应予立案:第一,个人行贿数额在10万元以上、单位行贿数额在20万元以上的。第二,个人行贿数额不满10万元、单位行贿数额在10万元以上不满20万元,但具有下列情形之一的:①为谋取非法利益而行贿的;②向3个以上单位行贿的;③向党政机关、司法机关、行政执法机关行贿的;④致使国家或者社会利益遭受重大损失的。

四、防止对企业行贿的刑事合规

(一)刑事合规制度的指向

单位行贿罪侵犯的犯罪客体是国家工作人员的职务廉洁性。根据我们在威科先行法律信息库对单位行贿罪的检索结果,2001—2016年,全国各级法院审理有关单位行贿罪的案件仅3 833起,平均每年审理约240起。2017—2020年,全国各级法院在4年间共审理5 526起有关单位行贿罪的案件,平均每年审理约1 382起。其中,2017年1 916起,2018年1 678起,2019年1 188起,2020年744起。本罪虽然近4年发案数呈现出逐年下降的趋势,但是相较于前些年,近4年平均每年审理单位行贿罪的数量仍然大幅度增加。

---

① 江苏省徐州市丰县人民法院刑事判决书:(2018)苏0321刑初20号。

《刑法》第三百九十三条【单位行贿罪】规定

单位为谋取不正当利益而行贿，或者违反国家规定，给予国家工作人员以回扣、手续费，情节严重的，对单位判处罚金，并对其直接负责的主管人员和其他直接责任人员，处五年以下有期徒刑或者拘役，并处罚金。因行贿取得的违法所得归个人所有的，依照本法第三百八十九条、第三百九十条的规定定罪处罚。

据此，单位行贿罪，是指单位为谋取不正当利益而给予国家工作人员以财物，或者违反国家规定，给予国家工作人员以回扣、手续费，情节严重的行为。

（二）刑事合规的主体对象

单位行贿罪的主体是机关、团体、公司、企业或者事业单位。至于单位是国有、集体还是中外合资、中外合作、外商独资以及私营企业，都在所不问。一人公司也能成为本罪的主体。此外，涉嫌犯罪的单位被撤销、注销、吊销营业执照或者宣告破产的，应当根据刑法关于单位犯罪的相关规定，对实施犯罪行为的该单位直接负责的主管人员和其他直接责任人员追究刑事责任，对该单位不再追诉。

（三）违反刑事合规的主观表现

单位行贿罪在主观上表现为故意，即行为人明知给予国家工作人员财物的行为会损害其职务行为的公正性，而故意给予其财物，或者故意违反国家规定给予其以回扣、手续费。而且，成立本罪要求有为本单位谋取不正当利益的目的，至于目的是否实现，对成立犯罪没有影响。构成本罪要求实施行贿行为的意志归属于单位自身。如果是经由单位决策程序形成，则属于单位意志，否则为自然人意志。单位意志必须形成于实施单位行贿行为之前或之时，事后单位的追认不能成为单位行为，进而构成单位犯罪。[①]

行为人实施本罪的主要动机是通过行贿为单位谋取不正当利益，从而能够获得晋升、涨工资等好处。

（四）违规行为表现

成立本罪主要有两种行为方式：其一，单位为谋取不正当利益而行贿；其二，单位违反国家规定，给予国家工作人员以回扣、手续费。以上海某投资管理有限公司、李某单位行贿罪案为例，上海某投资管理有限公司、李某单位行贿罪被告人李某在实际控制上海某投资管理有限公司期间，于2012年与时任长春某集团有限公司分管融资业务的副总经理孙某，商谈上海某投资管理有限公司为长春某融资一事。双方约定由孙某对上海博上在融资方面提供帮助，上海博上给孙某融资服务费的30%作为好处费。在此约定条件下，2013—2015年，被告人李某实际控制的上海某投资管理有限公司、北京某投资管理中心两公司在孙某的帮助下与长春某集团有限公司做了3笔融资业务。据统计，上海某集团

[①] 曾粤兴，孙本雄. 刑法中的单位行贿罪研究[J]. 昆明理工大学学报（社会科学版），2014(2).

有限公司、北京某投资管理中心及实际控制人李某向孙某行贿人民币共计4 293万元。①

（五）刑事风险预警

具有下列情形之一的,被认定为达到了单位行贿罪处罚的客观要求：根据《最高人民检察院关于人民检察院直接受理立案侦查案件立案标准的规定(试行)》,涉嫌下列情形之一的,应予立案：第一,单位行贿数额在20万元以上的。第二,单位为谋取不正当利益而行贿,数额在10万元以上不满20万元,但具有下列情形之一的：①为谋取非法利益而行贿的；②向3人以上行贿的；③向党政领导、司法工作人员、行政执法人员行贿的；④致使国家或者社会利益遭受重大损失的。因行贿取得的违法所得归个人所有的,依照本规定关于个人行贿的规定立案,追究其刑事责任。

五、防止员工受贿的刑事合规

（一）刑事合规制度的指向

受贿罪侵犯的犯罪客体为国家工作人员职务行为的廉洁性。根据我们在威科先行法律信息库对受贿罪的检索,2001—2016年,全国各级法院在16年间共审理有关受贿罪的案件67 015起,平均每年约4 188起。2017—2020年,全国各级法院在4年间共审理75 673起有关受贿罪的案件,平均每年审理约18 918起。其中,2017年26 770起,2018年18 741起,2019年17 122起,2020年13 040起。由此可见,相较于前些年,近几年我国司法机关平均每年审理受贿罪的案件数量呈现出急剧增长的趋势。

同时,非国家工作人员受贿罪侵犯的客体是公司、企业或者其他单位的正常管理制度。根据我们在威科先行法律信息库对非国家工作人员受贿罪的检索,2001—2016年,全国各级法院在16年间共审理有关非国家工作人员受贿罪的案件9 208起,平均每年审理约576起。2017—2020年,全国各级法院在4年间共审理8 858起有关非国家工作人员受贿罪的案件,平均每年审理约2 215起。其中,2017年2319起,2018年2096起,2019年2 300起,2020年2 143起。说明与受贿罪相同,近4年平均每年对非国家工作人员受贿罪的审理数量同样呈现出大幅度上涨的趋势。

《刑法》第三百八十五条【受贿罪】规定

国家工作人员利用职务上的便利,索取他人财物的,或者非法收受他人财物,为他人谋取利益的,是受贿罪。

国家工作人员在经济往来中,违反国家规定,收受各种名义的回扣、手续费,归个人所有的,以受贿论处。

《刑法》第三百八十六条【受贿罪的处罚】规定

对犯受贿罪的,根据受贿所得数额及情节,依照本法第三百八十三条的规定处罚。索贿的从重处罚。

---

① 吉林省吉林市丰满区人民法院刑事判决：(2020)吉0211刑初151号。

《刑法》第一百六十三条【非国家工作人员受贿罪】规定

公司、企业或者其他单位的工作人员,利用职务上的便利,索取他人财物或者非法收受他人财物,为他人谋取利益,数额较大的,处三年以下有期徒刑或者拘役,并处罚金;数额巨大或者有其他严重情节的,处三年以上十年以下有期徒刑,并处罚金;数额特别巨大或者有其他特别严重情节的,处十年以上有期徒刑或者无期徒刑,并处罚金。

公司、企业或者其他单位的工作人员在经济往来中,利用职务上的便利,违反国家规定,收受各种名义的回扣、手续费,归个人所有的,依照前款的规定处罚。

国有公司、企业或者其他国有单位中从事公务的人员和国有公司、企业或者其他国有单位委派到非国有公司、企业以及其他单位从事公务的人员有前两款行为的,依照本法第三百八十五条、第三百八十六条的规定定罪处罚。

据此,受贿罪,是指国家工作人员,利用职务上的便利,索取他人财物的,或者非法收受他人财物为他人谋取利益的行为。非国家工作人员受贿罪,是指公司、企业或者其他单位的工作人员利用职务上的便利,索取他人财物或者非法收受他人财物,为他人谋取利益,数额较大的行为。

(二)刑事合规的主体对象

受贿罪与非国家工作人员受贿罪的犯罪主体都是特殊主体。其中,受贿罪的犯罪主体只能由国家工作人员构成。根据《刑法》第93条的规定,国有公司、企业中从事公务的人员,以及国有公司、企业委派到非国有公司、企业从事公务的人员均属于国家工作人员。

非国家工作人员受贿罪的犯罪主体则只能由公司、企业或者其他单位的工作人员构成。

(三)违反刑事合规的主观表现

受贿罪的主观方面是故意。就受贿罪而言,在收受型受贿中,受贿故意中应当既包括收受他人财物的故意,也包括为他人谋取利益的意思;在索贿型受贿中,行为人只要具有收受他人财物的故意即可成立受贿罪。非国家工作人员受贿罪的主观方面也是故意,即明知利用职务上的便利为他人谋取利益而索取或收受贿赂的行为是损害其职务行为的不可收买性的行为,而仍然希望这种结果发生。就非国家工作人员受贿罪而言,不论是收受型受贿还是索取型受贿,都要求受贿故意中应当既包括收受他人财物的故意,也包括为他人谋取利益的意思。

实施受贿罪与非国家工作人员受贿罪的主要动机是通过索取、收受贿赂,中饱私囊,供自己享乐使用。虽然行为人也可能是为了治病或者帮助他人而实施犯罪行为,但是不论基于何种动机,只要利用职务上的便利索取、收受贿赂,即可成立犯罪。

因此,为了避免触犯受贿罪与非国家工作人员受贿罪,企业家应当做好如下几点:第一,正确审视人类合理的财富占有欲,通过教育活动,建立正确的财富观,纠正不良的官场文化和贪图享受的腐朽思想。对财富的占有欲在不良文化和腐朽思想的影响下超过一定限度,超越了人类公认的伦理道德和法律的时候,它就有可能转化为犯罪欲。因此我们需要通过进行教育活动,建立正确的财富观,反对贪图享乐的腐朽思想,抵制不良文化的侵袭。第二,改革和完善权力监督制约机制,让行为人难以索贿、收受贿赂。进一步加快行政体制改革,转变政府职能,毫不犹豫地取消那些不必要的管理权、审批权、分配权,尽量减少管理环节和层次,消除和控制可以产生贪污受贿犯罪心理的情境和条件,把权钱交易的机会压缩到最低限度,全面缩小权力寻租的机会与空间。第三,加强社会监督,提高权力的"透明度"。将权力置于阳光之下是最好的防腐方法。权力是公共的,应该是公开透明的,除了法定的权力监督机关之外,要加强社会监督尤其是新闻网络媒体的监督力量,让民众监督的目光盯住每一个可能发生贪污与权钱交易的黑暗角落,让公职人员手中的权力在透明的社会环境中运行,使得各类贪污的"硕鼠"无藏身之地,揭开各种通过收受贿赂以实现"权钱交易"的遮盖布。在这种透明度很高的社会环境中,公职人员必然不敢越雷池一步。

(四)违规行为表现

受贿罪的客观方面包括两种基本的行为方式:第一,索贿型受贿,即利用职务上的便利,索取他人财物。"利用职务上的便利"包括三种情况:其一,利用本人职务上主管、负责、承办某项公共事务的职权;其二,利用职务上有隶属、制约关系的其他国家工作人员的职权;其三,担任单位领导职务的国家工作人员通过不属自己主管的下级部门的国家工作人员的职务为他人谋取利益。"索取他人财物",是指主动向他人索要、勒索并收受财物,体现索贿人的主动性和交付财物者的被动性。索取他人财物的,不论是否"为他人谋取利益",均可构成受贿罪。第二,收受型受贿,即利用职务上的便利,非法收受他人财物,为他人谋取利益。"非法收受他人财物",是指对他人给付的财物予以接受,体现给付财物的主动性和收受财物的被动性。受贿罪的本质是权钱交易,只要在给予财物和收受财物过程中双方存在权钱交易的关系即可,所以在判断是否具备"为他人谋取利益"的要件时,不受利益是否正当、是否实现等因素的影响。"为他人谋取利益"包括承诺、实施和实现三个阶段的行为。只要具有其中一个阶段的行为,如国家工作人员收受他人财物时,根据他人提出的具体请托事项,承诺为他人谋取利益的,就具备了为他人谋取利益的要件。明知他人有具体请托事项而收受其财物的,视为承诺为他人谋取利益。除上述两种基本受贿类型外,我国刑法还规定了在经济往来中受贿和斡旋受贿两种特殊类型的受贿。在经济往来中受贿,是指国家工作人员在经济往来中,违反国家规定,收受各种名义的回扣、手续费,归个人所有的行为。斡旋受贿,是指国家工作人员利用本人职权或者地位形成的便利条件,通过其他国家工作人员职务上的行为,为请托人谋取不正当利益,索取请托人财物或者收受请托人财物的行为。

虽然非国家工作人员受贿罪与受贿罪在客观方面较为相似,但是也存在着些许差异。两个犯罪都要求行为人利用职务上的便利,索取或者非法收受他人财物。区别在于,对于索贿型贿赂犯罪而言,受贿罪的成立不要求行为人必须为他人谋取利益,而非国家工作人员受贿罪的成立要求行为人必须实施为他人谋取利益的行为。

(五)刑事风险预警

具有下列情形之一的,被认定为属于受贿罪中的"数额较大",达到了处罚的客观要求:

根据《最高人民法院、最高人民检察院关于办理贪污贿赂刑事案件适用法律若干问题的解释》第1条规定,贪污或者受贿数额在3万元以上不满20万元的,应当认定为《刑法》第383条第1款规定的"数额较大",依法判处3年以下有期徒刑或者拘役,并处罚金。贪污数额在1万元以上不满3万元,具有下列情形之一的,应当认定为《刑法》第383条第1款规定的"其他较重情节",依法判处3年以下有期徒刑或者拘役,并处罚金:

(1)贪污救灾、抢险、防汛、优抚、扶贫、移民、救济、防疫、社会捐助等特定款物的;
(2)曾因贪污、受贿、挪用公款受过党纪、行政处分的;
(3)曾因故意犯罪受过刑事追究的;
(4)赃款赃物用于非法活动的;
(5)拒不交代赃款赃物去向或者拒不配合追缴工作,致使无法追缴的;
(6)造成恶劣影响或者其他严重后果的。

受贿数额在1万元以上不满3万元,具有前款第(2)项至第(6)项规定的情形之一,或者具有下列情形之一的,应当认定为《刑法》第383条第1款规定的"其他较重情节",依法判处3年以下有期徒刑或者拘役,并处罚金:

(1)多次索贿的;
(2)为他人谋取不正当利益,致使公共财产、国家和人民利益遭受损失的;
(3)为他人谋取职务提拔、调整的。

具有下列情形之一的,被认定为属于非国家工作人员受贿罪中的"数额较大",达到了处罚的客观要求:根据《最高人民法院、最高人民检察院关于办理贪污贿赂刑事案件适用法律若干问题的解释》第11条规定,《刑法》第163条规定的非国家工作人员受贿罪中的"数额较大"的数额起点,按照本解释关于受贿罪相对应的数额标准规定的2倍执行。因此,非国家工作人员受贿罪数额较大的标准应是6万元以上。

六、防止行贿的刑事合规

(一)刑事合规制度的指向

行贿罪侵害的是国家工作人员的职务廉洁性,从而降低国家机关的威信力,产生严重的危害后果。根据我们在威科先行法律信息库对行贿罪的检索结果,2001—2016年,全国各级法院审理有关行贿罪的案件共计17 500起,平均每年审理约1 094起。2017—2020年,全国各级法院在4年间共审理23 287起有关行贿罪的案件,平均每年审理约5 822起。其中,2017年7 842起,2018年6 282起,2019年5 355起,2020年3 808起。由此可见,行贿罪案件数近4年呈现出逐年下降的趋势,但是相较于前些年,平均每年审理的案件数量仍然是极为迅速地增长。

对非国家工作人员行贿罪侵犯的犯罪客体是公司、企业或者其他单位的正常管理制度,不利于公司、企业等单位的良好有序运行。根据我们在威科先行法律信息库对非国家工作人员行贿罪的检索,2001—2016 年,全国各级法院审理有关对非国家工作人员行贿罪的案件共计 1 607 起,平均每年审理约 100 起。2017—2020 年,全国各级法院在 4 年间共审理 2 137 起有关对非国家工作人员行贿罪的案件,平均每年约审理 534 起。其中,2017 年 509 起,2018 年 522 起,2019 年 565 起,2020 年 541 起。

《刑法》第三百八十九条【行贿罪】规定

为谋取不正当利益,给予国家工作人员以财物的,是行贿罪。

在经济往来中,违反国家规定,给予国家工作人员以财物,数额较大的,或者违反国家规定,给予国家工作人员以各种名义的回扣、手续费的,以行贿论处。

因被勒索给予国家工作人员以财物,没有获得不正当利益的,不是行贿。

《刑法》第三百九十条【行贿罪的处罚】规定

对犯行贿罪的,处五年以下有期徒刑或者拘役,并处罚金;因行贿谋取不正当利益,情节严重的,或者使国家利益遭受重大损失的,处五年以上十年以下有期徒刑,并处罚金;情节特别严重的,或者使国家利益遭受特别重大损失的,处十年以上有期徒刑或者无期徒刑,并处罚金或者没收财产。

行贿人在被追诉前主动交代行贿行为的,可以从轻或者减轻处罚。其中,犯罪较轻的,对侦破重大案件起关键作用的,或者有重大立功表现的,可以减轻或者免除处罚。

《刑法》第一百六十四条【对非国家工作人员行贿罪、对外国公职人员、国际公共组织人员行贿罪】规定

为谋取不正当利益,给予公司、企业或者其他单位的工作人员以财物,数额较大的,处三年以下有期徒刑或者拘役,并处罚金;数额巨大的,处三年以上十年以下有期徒刑,并处罚金。

为谋取不正当商业利益,给予外国公职人员或者国际公共组织官员以财物的,依照前款的规定处罚。

单位犯前两款罪的,对单位判处罚金,并对其直接负责的主管人员和其他直接责任人员,依照第一款的规定处罚。

行贿人在被追诉前主动交代行贿行为的,可以减轻处罚或者免除处罚。

据此,行贿罪,是指为谋取不正当利益,给予国家工作人员以财物的行为。对非国家工作人员行贿罪,是指为谋取不正当利益,给予公司、企业或者其他单位工作人员财物,数额较大的行为。

(二) 刑事合规的主体对象

行贿罪的主体是一般主体,即年满 16 周岁并且具有刑事责任能力的自然人。而对非国家工作人员行贿罪的主体也是一般主体,但是不同于行贿罪,对非国家工作人员行贿罪的犯罪主体既可以是自然人,也可以是任何国有或非国有单位。经《刑法修正案(八)》修订后,《刑法》第 164 条第 1 款是对自然人作为本罪主体的规定,同条第 3 款是对单位作为本罪主体的规定。而在行贿罪中,自然人当然可以构成行贿罪的主体,只要是年满16周岁的具有刑事责任能力的自然人即可。由于有单位行贿罪的存在,行贿罪的适格主体不包括单位。[①] 值得注意的是,在形式上是单位行贿的情况下,如果因行贿取得的违法所得归个人所有的,应以行贿罪论处,而不应认定为单位行贿。这里的"归个人所有",是指归个别人、少数人所有,倘若归本单位全体个人所有的,仍应认定为单位行贿罪。

(三) 违反刑事合规的主观表现

行贿罪与对非国家工作人员行贿罪在主观方面都是故意,并且均具有谋取不正当利益的目的,即要求行为人对于其行为的性质、目的、结果均有明确的认识。

犯行贿罪和对非国家工作人员行贿罪的动机主要有以下几种类型:其一,通过行贿为自己谋取利益;其二,通过行贿让第三者获得利益;第三,为进一步实施其他违法犯罪行为而行贿。为此,为防止犯行贿罪与对非国家工作人员行贿罪,企业家应当注意如下几个方面:第一,提倡文化预防,加强道德约束。文化预防就是要将一切积极、正向的文化成果作为一种预防行贿犯罪的理念贯穿到每一个人的学习、工作和生活中。通过文化的力量,自我约束,自我反省,形成抵制行贿行为的内驱力,树立蔑视行贿行为的价值取向。第二,敬畏法律,遵守法律,对行贿人而言,应当彻底打消侥幸心理。通过自己的努力去创造财富,不靠不正当的手段获取资源。

(四) 违规行为表现

行贿罪在客观上表现为,给予国家工作人员财物,具体表现为两类行为:其一,给予国家工作人员财物,这是最一般的行贿形式。这种情形又分为两种情形,一种是主动给予国家工作人员财物,此时无论行为人是否谋取了不正当利益,也不论受贿人是否实际为行为人谋取了不正当利益,都可以构成本罪;另一种是因国家工作人员索要而被动给予财物,在这种场合,只有当行为人实际获取了不正当利益,才能构成行贿罪。其二,在经济往来中,违反国家规定,给予国家工作人员财物,数额较大的,或者违反国家规定,给予国家工作人员各种名义的回扣、手续费。

对非国家工作人员行贿罪与行贿罪在客观方面存在的差异主要体现在,在经济往来中,违反国家规定,给予国家工作人员以各种名义的回扣、手续费的,构成行贿罪,但给予公司、企业或者其他单位工作人员以各种名义的回扣、手续费的,刑法并未规定可以成立对非国家工作人员行贿罪。[②]

(五) 刑事风险预警

具有下列情形的,被认定为达到了行贿罪处罚的客观要求:根据《最高人民法院、最高人民检察院关于办理贪污贿赂刑事案件适用法律若干问题的解释》第1条的规定,为谋取不正当利益,向国家工作人员行贿,数额在1万元以上的,可能被追究刑事责任。

---

① 韩成军.对非国家工作人员行贿罪探析[J].学术界,2011(5).
② 周光权.刑法各论[M].3版.北京:中国人民大学出版社,2016:238.

具有下列情形的,被认定为"数额较大",达到了对非国家工作人员行贿罪处罚的客观要求:根据《最高人民法院、最高人民检察院关于办理贪污贿赂刑事案件适用法律若干问题的解释》中第11条第3款的规定,《刑法》第164条第1款规定的对非国家工作人员行贿罪中的"数额较大"的数额起点,按照本解释第7条关于行贿罪的数额标准规定的2倍执行,即对非国家工作人员行贿罪,数额较大的标准一般为6万元。

【案例思考】 葛兰素史克中国公司行贿案

【即测即练】

第七章

企业创新管理刑事合规制度

提示：企业要发展就必须不断创新。创新管理中的刑事合规制度包括：有效防控企业合法使用他人知识产权，并有效保护企业自身的知识产权，及时申请注册知识产权成果，规范实施许可和转让，加强对商业秘密和商标的保护，依法规范使用他人知识产权，防止知识产权侵权行为中的刑事风险。

第一节 使用他人知识产权的刑事合规

一、注册商标管理刑事合规

（一）刑事合规制度的指向

"作为生产者创立信誉和开拓市场的重要工具以及在现代商务经营活动中关系企业生存发展的重要手段，商标在整个经济社会活动中都发挥着重要作用"[1]。因此假冒他人注册商标的行为，不仅给企业造成巨大的损失，使其丧失潜在的市场优势，而且这种不正当竞争行为对市场经济秩序造成了极大的破坏，会严重影响我国实现社会主义市场经济和现代化建设的目标。[2] 据统计发现，2001—2016 年，16 年间全国共审理 8 710 起假冒注册商标罪的案件，而 2017 年审理案件 2 749 起，2019 年审理案件数就已上升到 3 531 起，近 4 年里总共审理案例 12 820 起，仅 4 年的案件量就远高于之前 16 年的案件量总和，该罪犯罪率呈逐年上升趋势。[3] 也由此可以看出国家整治知识产权犯罪的决心。从地域分布来看，假冒注册商标罪的案件主要集中在广东省、江苏省、福建省，且广东省案件数占比达到了 30.36%，比江苏省高约 21 个百分点。[3] 从涉案领域来看，早期该罪发生领域更多地集中在日常生活用品等一些价值较为低廉的小物件上，现在则扩大到了高档消费品、电子产品等多个领域。

《刑法》第二百一十三条【假冒注册商标罪】规定

未经注册商标所有人许可，在同一种商品、服务上使用与其注册商标相同的商标，情

---

[1] 赵秉志.侵犯知识产权犯罪研究[M].北京：中国方正出版社，1999：70.
[2] 徐世英.市场秩序规制与竞争法基本理论初探[J].上海社会科学院学术季刊，1999(4).
[3] 数据来源于威科先行法律信息库网站，访问日期：2021 年 4 月 4 日.

节严重的,处三年以下有期徒刑,并处或者单处罚金;情节特别严重的,处三年以上十年以下有期徒刑,并处罚金。

据上,假冒注册商标罪,是指未经注册商标所有人的许可,在同一种商品、服务上使用与其注册商标相同的商标,情节严重的行为。

(二)刑事合规的主体对象

假冒注册商标罪的主体既可以是自然人,也可以是单位。根据统计分析,本罪主体中自然人占比达到82.22%[①],所以该罪主体仍然以自然人为主。在自然人主体中,也呈现出多个特点。第一,犯本罪的企业家大部分集中在民营企业,该比例达到了97.83%,高于平均水平80%多;第二,在这些民营企业中,最容易犯该罪的企业的主营业务多为制造行业;第三,在企业家中,最容易犯该罪的人为董事长、经理等,占比达到了69.57%,高于平均水平50%多;第四,与其他企业家常犯罪名相比,该罪主体的受教育水平较低,其中占比最大的受教育水平为初中及以下学历,达到了83.33%。[②] 虽然实施该罪的主体多为企业内部管理人员,但并不是只有企业管理人员才能构成该罪。对于那些明知他人实施假冒注册商标罪,而为其提供贷款、资金、账号、发票、证明、许可证件,或者提供生产、经营场所或运输、储存、代理进出口等便利条件、帮助的,以假冒注册商标罪的共犯论处。

(三)违反刑事合规的主观表现

假冒注册商标罪在主观上需具备故意的主观状态,即行为人认识到自己使用的商标已经是他人合法注册过的商标,并在明知自己未取得授权不可使用该商标的情况下仍然实施该行为,属于一种直接故意的表现形式,且实践中多表现为行为人明知自己使用的商标是已经享有一定声誉的驰名商标,为了牟利而有意为之。

实施该罪的行为人的动机是多样的,如追求经济利益、推销滞销产品、损害注册商标所有人的信誉和利益等,但任何动机都不影响该罪的成立。[③] 根据相关裁判文书可以看出,绝大部分案件的行为人之所以假冒他人的商标,是因为想通过低廉的生产成本换取高额的利润,因而可以推断出行为人大都出于牟利的目的。所以企业应加强商标保护意识和防控意识,企业管理部门要充分重视商标工作,加强企业内部职工对于商标相关知识和法律的学习,把制定商标战略纳入企业的经营管理系统中。[④]

(四)违规行为表现及合规行为要求

假冒注册商标罪,是指未经注册商标所有人的许可,在同一种商品上使用与其注册商标相同的商标,情节严重的行为。在司法实践中,假冒注册商标的行为一般表现为"非法的复制粘贴"模式,即在未经授权的情况下,在自己的产品上贴上其他同类产品的商标标

---

① 数据来源于威科先行法律信息库网站,访问日期:2021年4月4日。
② 北京师范大学中国企业家犯罪预防中心课题组.2014中国企业家犯罪报告[J].河南警察学院学报,2015(1).
③ 赵秉志.侵犯知识产权犯罪研究[M].北京:中国方正出版社,1999:96.
④ 郑学仲.全程指引:民营企业家刑事风险防控[M].北京:法律出版社,2016:233.

识,企图借助驰名商标的名号蒙混过关,欺骗消费者。因而该罪的行为方式主要体现在非法加工环节。

为此,行为合规要求:

第一,法律、行政法规规定必须使用注册商标的商品,必须申请商标注册,未经核准注册的,不得在市场销售。

第二,申请注册和使用商标,应当遵循诚实信用原则。

第三,申请注册的商标,应当有显著特征,便于识别,并不得与他人在先取得的合法权利相冲突。

第四,以三维标志申请注册商标的,仅由商品自身的性质产生的形状、为获得技术效果而需有的商品形状或者使商品具有实质性价值的形状,不得注册。

第五,就不相同或者不相类似商品申请注册的商标是复制、模仿或者翻译他人已经在中国注册的驰名商标,误导公众,致使该驰名商标注册人的利益可能受到损害的,不予注册并禁止使用。

(五)刑事风险预警

具有下列情形之一的,被认定为假冒注册商标,达到了定罪处罚的客观要求:

(1) 非法经营数额在 5 万元以上或者违法所得数额在 3 万元以上的;

(2) 假冒 2 种以上注册商标,非法经营数额在 3 万元以上或者违法所得数额在 2 万元以上的;

(3) 非法经营数额在 25 万元以上或者违法所得数额在 15 万元以上的;

(4) 假冒 2 种以上注册商标,非法经营数额在 15 万元以上或者违法所得数额在 10 万元以上的。

二、注册商标商品营销管理刑事合规

(一)刑事合规制度的指向

我国坚持法治经济建设,致力于营造公平的营商环境,激发市场主体尤其是民营经济主体的活力。销售假冒注册商标的商品的行为是以不公平的手段参与到经济活动中去,破坏了经济社会赖以生存的诚信经营的原则和经济活动的互相信任,造成经济道德的堕落,[1]严重影响了社会主义市场经济秩序。除此以外,因为"商标的显著特征容易被消费者记住,所以具有了一定的市场竞争力,对满足广大消费者的各种需求和增加市场竞争主体的经济利益有着极其重要的意义,在现代市场经济活动中具有十分重要的地位与作用。"[2]如果商标权受到侵犯,公司的营业额就会大幅流失,这给企业造成的经济损失是巨大的。经过统计发现,2001—2016 年,16 年间共审理 8 763 起销售假冒注册商标的商品罪案件,而 2017 年审理案件 2 352 起,2018 年审理案件 2 696 起,2019 年审理案件 3 548 起,

---

[1] 李冰洋.商业犯罪论要——我国商业犯罪基本问题的犯罪学研究[D].长春:吉林大学,2006:65.

[2] 赵秉志,许成磊.侵犯注册商标权侵犯问题研究[J].法律科学,2002(3).

2020年审理案件3 710起,2021年仅4个月就已经审理案件225起。① 从总体上来看,该类犯罪案件数量呈逐年上升趋势。这表明,在知识经济时代,国家开始重视知识产权,并有针对性地加大对知识产权犯罪的打击力度,以遏制较高的犯罪率。从地域分布来看,该罪多发于经济发达地区。该罪的相关案例主要集中在广东省、上海市、江苏省,分别占比19.28%、12.98%、10.32%。其中广东省的案件最多,达到了4 087起。

《刑法》第二百一十四条【销售假冒注册商标的商品罪】规定

销售明知是假冒注册商标的商品,违法所得数额较大或者有其他严重情节的,处三年以下有期徒刑,并处或者单处罚金;违法所得数额巨大或者有其他特别严重情节的,处三年以上十年以下有期徒刑,并处罚金。

据上,销售假冒注册商标的商品罪,是指明知是假冒注册商标的商品,而予以销售,且销售金额较大的行为。

(二) 刑事合规的主体对象

销售假冒注册商标的商品罪的主体,既可以是自然人,也可以是单位。

销售假冒注册商标的商品罪的自然人主体通常有如下几种:①企业的总经理和其他管理人员等;②企业销售部门的工作人员;③与假冒注册商标的行为人勾结的经销商、中介人员等。但并不是只有以上人员才可构成该罪,若其他人为上述人员实施销售假冒注册商标的商品的行为提供便利,构成该罪的共犯。

销售假冒注册商标的商品罪的单位通常包括以下两种:①集体性质的单位如乡镇企业;②个别的国有单位等。

(三) 违反刑事合规的主观表现

销售假冒注册商标的商品罪在主观上需具备故意的主观状态,即明知是假冒注册商标的商品而予以销售。其具体包括以下几种形态:一是知道自己销售的商品上的注册商标被涂改、调换或者覆盖的;二是因销售假冒注册商标的商品受到过行政处罚或者承担过民事责任,又销售同一种假冒注册商标的商品的;三是伪造、涂改商标注册人授权文件或者知道该文件被伪造、涂改的。

行为人实施此类犯罪大多以谋取非法经济利益为目的,但不论是否具有这种目的均不影响本罪的成立。就经济社会而言,任何经营、销售的行为都带有盈利的目的。不管是合法的销售行为还是非法的销售假冒注册商标的商品的行为都属于销售领域的行为,且二者相比,非法销售假冒注册商标的商品的行为,其进货价格更为低廉,因而获利更多。在有关的裁判文书中并未提及行为人实施该罪的动机,但根据标的额以及社会生活的一般常理,可以推断出实施本罪的主体基本上是以谋取非法利益为目的。根据已有的裁判文书可以发现,目前该罪的犯罪主体大多是小作坊、小厂家或者小企业,因此商标所有人应当提高防范意识,加强对该部分主体的防范。

---

① 数据来源于威科先行法律信息库网站,访问日期:2021年4月8日。

(四) 违规行为表现及合规行为要求

销售假冒注册商标的商品罪,是指明知是假冒注册商标的商品,而予以销售,且销售金额较大的行为。在司法实践中,销售假冒注册商标的商品罪要求实施销售行为,但不意味着未实施销售行为就不构成该罪。本罪的行为人主体为了销售该类商品,在销售前必然有取得商品的行为。由于法律规定行为人假冒注册商标后又销售自己假冒注册商标的商品的,定假冒注册商标罪,因而自己假冒注册商标的行为并不是销售假冒注册商标的商品罪所要求的行为,所以本罪的行为包括从他人处取得商品后销售的行为以及从他人处取得商品但尚未销售的行为。关于"销售",从销售形式上来看,包括批发、零售、代售等形式。从流通环节来看,包括卖出产品和收回价值两个部分。

为此,行为合规要求:

第一,未经商标注册人许可,在同一种商品上使用与其注册商标相同的商标,构成犯罪的,除赔偿被侵权人的损失外,依法追究刑事责任。

伪造、擅自制造他人注册商标标识或者销售伪造、擅自制造的注册商标标识,构成犯罪的,除赔偿被侵权人的损失外,依法追究刑事责任。

销售明知是假冒注册商标的商品,构成犯罪的,除赔偿被侵权人的损失外,依法追究刑事责任。

第二,销售不知道是侵犯注册商标专用权的商品,能证明该商品是自己合法取得并说明提供者的,由市场监督管理部门责令停止销售,并将案件情况通报侵权商品提供者所在地市场监督管理部门。

(五) 刑事风险预警

具有下列情形之一的,被认定为销售假冒注册商标的商品,达到了定罪处罚的客观要求:

(1) 行为人销售假冒注册商标的商品,其销售金额达到5万元以上;

(2) 行为人已取得15万元以上货值的假冒注册商标的商品,但尚未销售;

(3) 行为人已经销售,其销售金额虽然不满5万元,但是已经销售的金额与尚未销售的货值金额合计达到15万元以上。

三、注册商标标识管理刑事合规

(一) 刑事合规制度的指向

由于市场是商标财产化的温床,只有在市场中才能将商标转化成具有巨大经济价值的财产。经过市场竞争的洗礼,商标能够给其所有人带来经济利益和社会利益。[1] 而非法制造或销售非法制造的注册商标标识的行为为接下来一系列侵犯商标犯罪提供了条件和便利,严重破坏了市场经济正常的经营模式,也破坏了社会诚信体系建设,对公平的市

---

[1] 吴汉东.知识产权法学[M].北京:北京大学出版社,2014:196.

场秩序造成了巨大的冲击,所以需要严厉打击源头性犯罪。经过统计发现,2001—2016年,16年间共审理1 567起非法制造、销售非法制造的注册商标标识罪案件,而2017年审理案件364起,2018年审理案件458起,2019年审理案件数为575起,2020年审理案件数为552起,4年里总共审理案例1 949起。就标的额来看,金额在50万元以上的达到了20%,其中50万~100万元的占比最大,达到了12.38%。[1] 标的额只是反映实施该罪的行为人制造或销售非法制造的注册商标标识的生产总额或者销售总额,而购买方在购买非法制造的注册商标标识后用于生产或二次销售等其他不法行为会给商标合法所有者带来更大的损失,足以见得非法制造或销售非法制造的注册商标标识行为的潜在危险较大,对于商标合法所有人的侵害也远不止该行为本身所造成的,而是处于持续的侵害过程中。

《刑法》第二百一十五条【非法制造、销售非法制造的注册商标标识罪】规定

伪造、擅自制造他人注册商标标识或者销售伪造、擅自制造的注册商标标识,情节严重的,处三年以下有期徒刑,并处或者单处罚金;情节特别严重的,处三年以上十年以下有期徒刑,并处罚金。

据上,非法制造、销售非法制造的注册商标标识罪,是指故意伪造、擅自制造他人注册商标标识,或者销售伪造、擅自制造的注册商标标识,情节严重的行为。

(二)刑事合规的主体对象

非法制造、销售非法制造的注册商标标识罪的主体,既包括个人,也包括单位。

其中,实施本罪的个人包括:①取得营业执照的个体工商户;②没有取得营业执照的个人。实施本罪的单位包括:①没有取得印刷资质的印刷厂;②已经取得印刷资质的印刷企业。[2] 但应注意,实施擅自制造他人商标标识行为的行为主体是取得了印刷资质、但尚未取得商标所有人同意的印刷企业,而实施伪造的单位主体是没有取得印刷资质的"黑厂"。

(三)违反刑事合规的主观表现

非法制造、销售非法制造的注册商标标识罪在主观上需具备故意的主观状态,即明知自己没有印刷资质或没有获得商标所有权人的许可,而仍然非法制造或销售他人的商标标识,属于一种直接故意的表现形式,且在司法实践中多表现为故意制造或销售驰名商标标识。

由于本罪是选择性罪名,既包括制造,也包括销售,因而实施犯罪的动机也不相同,但犯罪主体不论持何种动机都不影响本罪的认定。对于制造行为,犯罪主体可以是为了谋取非法利益,也可以是出于生产伪劣产品以败坏竞争对手声誉的不正当目的,而销售非法制造的注册商标标识的行为则大多是出于谋取非法经济利益的目的。所以,企业应针对生产、加工、销售等不同的环节建立不同的预防机制,建立企业刑事风险监督与排查机制,

---

[1] 数据来源于威科先行法律信息库网站,访问日期:2021年4月12日。
[2] 赵秉志.侵犯知识产权犯罪研究[M].北京:中国方正出版社,1999:114.

可以通过邀请专业的法律顾问或风控组织的专业人员对企业开展风险监督与评估工作,并对面临的风险进行评估分析。①

(四)违规行为表现及合规行为要求

非法制造、销售非法制造的注册商标标识罪是故意伪造、擅自制造他人注册商标标识,或者销售伪造、擅自制造的注册商标标识,情节严重的行为。由于该罪名是一个选择性罪名,所以该罪的行为方式可以表现为以下三种:第一种是故意伪造他人注册商标标识的行为,第二种是擅自制造他人注册商标标识的行为,第三种是销售伪造、擅自制造的注册商标标识的行为。② 不论是实施其中一个行为还是实行多个行为,都构成该罪。在第三种情形下,即在销售环节中,可以包括以下两种情形:第一种是合法的商标所有权人将自己的商标标识非法出售,第二种是不具有商标所有权的人非法出售商标标识。

为此,行为合规要求:

第一,商标印制单位违反规定的,由所在地市场监督管理部门责令其限期改正,并视其情节予以警告,处以非法所得额3倍以下的罚款,但最高不超过3万元,没有违法所得的,可以处以1万元以下的罚款。

第二,擅自设立商标印刷企业或者擅自从事商标印刷经营活动的,由所在地或者行为地市场监督管理部门依照《印刷业管理条例》的有关规定予以处理。

第三,商标印制单位违反规定承接印制业务,且印制的商标与他人注册商标相同或者近似的,属于《中华人民共和国商标法实施条例》第75条所述的商标侵权行为,由所在地或者行为地市场监督管理部门依《中华人民共和国商标法》的有关规定予以处理。

第四,商标印制单位的违法行为构成犯罪的,所在地或者行为地市场监督管理部门应及时将案件移送司法机关追究刑事责任。

(五)刑事风险预警

(1)具有下列情形之一的,被认定为非法制造、销售非法制造的注册商标标识,达到了定罪处罚的客观要求:

① 伪造、擅自制造或者销售伪造、擅自制造的注册商标标识数量在2万件以上,或者非法经营数额在5万元以上,或者违法所得数额在3万元以上的;

② 伪造、擅自制造或者销售伪造、擅自制造2种以上注册商标标识数量在1万件以上,或者非法经营数额在3万元以上,或者违法所得数额在2万元以上的;

(2)具有下列情形之一的,属于本罪规定的"情节特别严重"情形,将被加重处罚:

① 伪造、擅自制造或者销售伪造、擅自制造的注册商标标识数量在10万件以上,或者非法经营数额在25万元以上,或者违法所得数额在15万元以上的;

② 伪造、擅自制造或者销售伪造、擅自制造2种以上注册商标标识数量在5万件以上,或者非法经营数额在15万元以上,或者违法所得数额在10万元以上的。

---

① 张素敏.企业产权的刑法保护——以刑事法律风险为核心完善企业产权保护制度[J].全国流通经济,2017(29).
② 武化吉.论非法制造、销售非法制造的注册商标标识罪[J].河南师范大学学报,2007(6).

四、专利管理刑事合规

(一) 刑事合规制度的指向

专利是非常重要的知识产权成果,从研发到申请再到最终取得需要花费较长的时间,各企业间关于专利的竞争已经是国际科技竞争和经济竞争的一个制高点,拥有专利的数量和质量已经是衡量一个企业实力的重要指标。因而专利对于权利人的重要性不言而喻,对于推动社会经济和科技发展也具有十分重要的作用。一旦专利遭受侵犯,已经不仅仅是遭受经济损失的问题,最重要的是会使该企业在市场竞争中失去优势并进而影响到以后的长远发展。而且,如果专利被大量侵犯而不能予以有效保护,则会破坏专利制度,影响到整个行业的竞争和发展,甚至可能会影响到知识产权领域的创新与发展。经过统计发现,2001—2016 年,16 年间共审理 12 起假冒专利罪案件,2017 年审理案件 3 起,2018 年审理案件 6 起,2019 年审理案件数为 3 起,2020 年审理案件数为 4 起。从地域分布看,该罪多发生于中东部经济发达的地区。就该罪发生的地域排行来看,前 3 名分别是江苏省、山东省、湖南省,其中江苏省占比 25.81%,山东省与湖南省持平,均占比 16.13%。[①] 由此可以看出,在经济发达的地区,企业间竞争更为激烈,受害者对于知识产权的认识程度更高,维权意识也更强。

《刑法》第二百一十六条【假冒专利罪】规定

假冒他人专利,情节严重的,处三年以下有期徒刑或者拘役,并处或者单处罚金。

据上,假冒专利罪,是指违反专利管理法规,故意假冒他人专利,情节严重的行为。

(二) 刑事合规的主体对象

假冒专利罪的主体既可以是自然人,也可以是单位。司法实践中多表现为单位犯罪。根据统计发现,截止到 2021 年,假冒专利罪的当事人均为法人及其他组织,占比 100%。[①] 实施该罪的单位可以总结概括为工商企业和事业单位两种,具体包括国有企业、中外合作经营企业、私营企业等多种形式的企业。在自然人犯罪中,即便没有直接实施本罪行为,但是为实行者提供便利的,以从犯论。

(三) 违反刑事合规的主观表现

假冒专利罪在主观上需具备故意的主观状态,即行为人明知假冒专利的行为会造成的危害结果,却希望这一结果发生。应当说实施本罪持的是直接故意的心态,裁判文书中一般不会提及明知,大多数会以"未经许可"的表述代替。

对于行为人具体持何种目的则没有具体的要求。实际上,大多数犯罪人实施该行为时带有非法牟利的目的;除此之外,还可能会带有损坏对手声誉的不公平竞争目的。所以,企业管理人员要加强专利的产权意识和保护意识。自员工入职时起,开展入职培训和

---

① 数据来源于威科先行法律信息库网站,访问日期:2021 年 4 月 17 日。

职业教育等活动,尤其是对掌握专利技术的核心人员要加强培训,明确侵犯专利等知识产权的责任,力争从企业内部、从源头上杜绝该类犯罪。

(四)违规行为表现及合规行为要求

假冒专利罪,是指违反专利管理法规,故意假冒他人专利。在司法实践中,"假冒他人专利"一般表现为四种行为方式:第一种是未经许可,在其制造或者销售的产品、产品的包装上标注他人专利号;第二种是未经许可,在广告或者其他宣传材料中使用他人的专利号,使人将所涉及的技术误认为是他人专利技术;第三种是未经许可,在合同中使用他人的专利号,使人将合同涉及的技术误认为是他人专利技术;第四种是伪造或者变造他人的专利证书、专利文件或者专利申请文件。

为此,行为合规要求:

第一,任何单位或者个人有意愿实施开放许可的专利的,以书面方式通知专利权人,并依照公告的许可使用费支付方式、标准支付许可使用费后,即获得专利实施许可。开放许可实施期间,对专利权人缴纳专利年费相应给予减免。

第二,实行开放许可的专利权人可以与被许可人就许可使用费进行协商后给予普通许可,但不得就该专利给予独占或者排他许可。

第三,专利侵权纠纷涉及新产品制造方法的发明专利的,制造同样产品的单位或者个人应当提供其产品制造方法不同于专利方法的证明。

第四,专利侵权纠纷涉及实用新型专利或者外观设计专利的,人民法院或者管理专利工作的部门可以要求专利权人或者利害关系人出具由国务院专利行政部门对相关实用新型或者外观设计进行检索、分析和评价后作出的专利权评价报告,作为审理、处理专利侵权纠纷的证据;专利权人、利害关系人或者被控侵权人也可以主动出具专利权评价报告。

(五)刑事风险预警

具有下列情形之一的,被认定为假冒专利,达到了定罪处罚的客观要求:

(1)非法经营数额在20万元以上或者违法所得数额在10万元以上的;

(2)给专利权人造成直接经济损失50万元以上的;

(3)假冒2项以上他人专利,非法经营数额在10万元以上或者违法所得数额在5万元以上的。

五、著作权管理刑事合规

(一)刑事合规制度的指向

由于文艺创作的独创性和新颖性,知识成果本身具有较大的财产属性,能够为著作权人带来较大的经济收益。除此之外,知识成果的价值还表现为内容上的创造性以及文化产业的繁荣性,侵犯著作权的行为不加以制止的话,会严重败坏社会风气,破坏正常的创造秩序与创作氛围,不利于整个社会文化、科技、艺术的发展与繁荣。经过统计发现,

2001—2016年，16年间全国各级人民法院共审理3 184起侵犯著作权罪案件，而2017年审理案件284起，2018年审理案件273起，2019年审理案件数为314起，2020年审理案件数为404起，4年里总共审理案例1 275起。从总体上来看，该类犯罪案件数呈逐渐上升趋势。[①] 目前盗版产品层出不穷，侵犯著作权案件时有发生，即便加大打击力度，但由于生产较为隐蔽，受益者选择默认的态度，因而犯罪行为依然猖獗。就地域分布来看，该罪多发生在发达地区。前3名分别是浙江省、广东省、天津市，浙江省占比18.87%，广东省占比16.8%，天津市占比10.84%。[①] 由此也可以看出，经济发展水平较高的城市，拥有著作权的产品的体量较大，人们对于知识产权的认识程度更高，维权意识也更强。

《刑法》第二百一十七条【侵犯著作权罪】规定

以营利为目的，有下列侵犯著作权或者与著作权有关的权利的情形之一，违法所得数额较大或者有其他严重情节的，处三年以下有期徒刑，并处或者单处罚金；违法所得数额巨大或者有其他特别严重情节的，处三年以上十年以下有期徒刑，并处罚金：

（一）未经著作权人许可，复制发行、通过信息网络向公众传播其文字作品、音乐、美术、视听作品、计算机软件及法律、行政法规规定的其他作品的；

（二）出版他人享有专有出版权的图书的；

（三）未经录音录像制作者许可，复制发行、通过信息网络向公众传播其制作的录音录像的；

（四）未经表演者许可，复制发行录有其表演的录音录像制品，或者通过信息网络向公众传播其表演的；

（五）制作、出售假冒他人署名的美术作品的；

（六）未经著作权人或者与著作权有关的权利人许可，故意避开或者破坏权利人为其作品、录音录像制品等采取的保护著作权或者与著作权有关的权利的技术措施的。

据上，侵犯著作权罪，是指以营利为目的，侵犯他人著作权，违法所得数额较大或者有其他严重情节的行为。

（二）刑事合规的主体对象

侵犯著作权罪的主体既可以是单位也可以是自然人，且单位一般为与著作权使用过程有关联的商家，在网络环境中，该罪的主体大体可包括：①印刷商；②经销商；③服务器使用者；④数据、代码使用者等。

（三）违反刑事合规的主观表现

侵犯著作权罪在主观上需具备故意的主观状态，即行为人明知自己的行为侵害了他人的著作权而故意去实施犯罪行为，行为人主观上大多表现为直接故意，但也存在部分间接故意的情况。

---

① 数据来源于威科先行法律信息库网站，访问日期：2021年4月18日。

构成本罪要求行为人主观上必须以营利为目的,既可以出于为自己营利的目的,也可以出于为他人营利的目的,无论受益对象是谁,不影响本罪关于营利目的的要件成立。①在司法实践中,本罪一般表现为以下几种:第一种是以在他人作品中刊登收费广告、捆绑第三方作品等方式直接或者间接收取费用;第二种是通过信息网络传播他人作品,或者利用他人上传的侵权作品,在网站或者网页上提供刊登收费广告服务,直接或者间接收取费用;第三种是以会员制方式通过信息网络传播他人作品,收取会员注册费或者其他费用。著作权保护的客体较为多样,企业应具有区别意识,比如文字作品、美术建筑作品、摄影作品等实物作品,可以通过官媒或者运营号等多种途径宣传,并进而附带产权说明。尤其是文字作品和摄影作品,要定期浏览公众号、阅读类和摄影类 App、相关网站等平台,以免侵权行为肆意发生。

(四)违规行为表现及合规行为要求

侵犯著作权罪,是以营利为目的,侵犯他人著作权的行为,司法实践中一般表现为复制发行、出版、制作销售三种行为方式。实施了复制发行或出版的行为后又进行销售的,仍然以该罪论处。值得注意的是,通过信息网络向公众传播他人文字作品、音乐、电影、电视、录像作品、计算机软件及其他作品的行为,应当视为"复制发行"。由此可见不论是网络传播还是印刷发行都视为侵犯著作权的行为。

为此,行为合规要求:

第一,为保护著作权和与著作权有关的权利,权利人可以采取技术措施。未经权利人许可,任何组织或者个人不得故意避开或者破坏技术措施,不得以避开或者破坏技术措施为目的的制造、进口或者向公众提供有关装置或者部件,不得故意为他人避开或者破坏技术措施提供技术服务。但是,法律、行政法规规定可以避开的情形除外;

第二,未经权利人许可,不得故意删除或者改变作品、版式设计、表演、录音录像制品或者广播、电视上的权利管理信息,但由于技术上的原因无法避免的除外;

第三,知道或者应当知道作品、版式设计、表演、录音录像制品或者广播、电视上的权利管理信息未经许可被删除或者改变时,不得向公众提供。

(五)刑事风险预警

具有下列情形之一的,被认定为侵犯著作权,达到了定罪处罚的客观要求:

(1) 非法经营数额在 5 万元以上的;

(2) 未经著作权人许可,复制发行其文字作品、音乐、电影、电视、录像作品、计算机软件及其他作品,复制品数量合计在 1 000 张(份)以上的;

(3) 非法经营数额在 25 万元以上的;

(4) 未经著作权人许可,复制发行其文字作品、音乐、电影、电视、录像作品、计算机软件及其他作品,复制品数量合计在 5 000 张(份)以上的。

---

① 高铭暄,王俊平.侵犯著作权罪认定若干问题研究[J].中国刑事法杂志,2007(3).

六、复制品营销管理刑事合规

（一）刑事合规制度的指向

随着社会需求的增加，像音像制品、软件等产业的经济价值都在提升①，当前著作权产权带来的效益已经为企业一项十分重要的经济收入，虽然其价值与专利、商标等相比较小，但是对于企业的发展也至关重要。需要注意的是，销售侵权复制品罪只是侵犯著作权罪伴生性的犯罪，除了数据显示的销售所涉及的金额以外，被侵犯的著作权对于其所有者的经济价值远大于此，因此销售侵权复制品的行为一旦发生，给著作权企业造成的经济损失是巨大的。而且，市场经济其实是一种秩序经济，市场主体以谋取利益为目的的行为也必须在当前社会所认可的秩序之中进行。②而销售侵权复制品的行为属于以非法手段牟取经济利益的行为，这势必会破坏整个文化产业的公平竞争秩序，最为严重的可能会影响到文化以及艺术行业的创新与发展。经过统计发现，2001—2016年，16年间全国各级人民法院共审理186起销售侵权复制品罪案件，而2017年审理案件19起，2018年审理案件26起，2019年审理案件数为33起，2020年审理案件数为48起，总的来看，虽然与侵犯著作权罪相比，案件数量较少，但是该类犯罪率已经明显呈逐渐上升趋势。③就该罪发生的地域排行来看，前3名分别是上海市、河南省、广东省，且上海市达到了25.86%，比河南省高出50%。③经过分析可以得出，上海作为经济中心之一，其开放的环境不仅诞生了大量作品，也激发了人们的产权保护意识，因此其案件发生率位列第一。

《刑法》第二百一十八条【销售侵权复制品罪】规定

以营利为目的，销售明知是本法第二百一十七条规定的侵权复制品，违法所得数额巨大或者有其他严重情节的，处五年以下有期徒刑，并处或者单处罚金。

据上，销售侵权复制品罪，是指以营利为目的，销售明知是侵权复制品的物品，违法所得数额巨大的行为。

（二）刑事合规的主体对象

销售侵权复制品罪的主体既可以是自然人，也可以是单位，且单位犯罪比例较高。统计发现，该罪的犯罪主体中，自然人与单位均占比50%，而在著作权类犯罪中，单位侵犯著作权罪的比例仅为3.04%；在商业秘密类犯罪中，侵犯商业秘密罪中单位占比30.25%，假冒专利罪中单位占比为0，假冒注册商标罪中单位占比17.52%③，由此看出，与其他知识产权犯罪相比，销售侵权复制品罪的单位犯罪比例较高。

在司法实践中，本罪的主体不包括集生产、销售行为于一体的出版销售商，而只能是销售流通环节的经营者，大体上包括侵权复制品的零售商、侵权复制品的经销商、侵权复

---

① 邵小平.著作权刑事保护研究[D].上海：华东政法大学，2011：20.
② 齐晓伶.销售侵权复制品罪及其相关问题[J].兰州大学学报，2007(3).
③ 数据来源于威科先行法律信息库网站，访问日期：2021年4月24日。

制品的批发商等。出版商并不是完全不构成本罪,只是单独不构成本罪。如果出版单位与他人事前通谋,向其出售、出租或者以其他形式转让该出版单位的名称、书号、刊号、版号,他人实施销售侵权复制品的行为,构成犯罪的,对该出版单位应当以共犯论处。

(三) 违反刑事合规的主观表现

销售侵权复制品罪在主观上需具备故意的主观状态,明知销售的产品为侵犯著作权的复制品而仍然销售,是一种直接故意的表现形式。构成此罪,行为人主观上必须以营利为目的。

(四) 违规行为表现及合规行为要求

销售侵权复制品,是以营利为目的,销售明知是侵权复制品的物品。本罪是通过销售的方式进行的,司法实践中大多表现为将侵权复制品以批发或者零售的方式卖给消费者。

为此,行为合规要求:

第一,复制品的出版者、制作者不能证明其出版、制作有合法授权的,复制品的发行者或者视听作品、计算机软件、录音录像制品的复制品的出租者不能证明其发行、出租的复制品有合法来源的,应当承担法律责任。

第二,音像制品零售单位必须执证经营,取缔没有许可证的音像制品零售摊贩。经营者应从出版行政管理部门审定的发行单位进货并做好进货登记。对销售来源不明的侵权产品的单位或个人,要追究法律责任。

(五) 刑事风险预警

具有下列情形之一的,被认定为销售侵权复制品,达到了定罪处罚的客观要求:
(1) 违法所得数额达到 10 万元以上的;
(2) 违法所得数额虽未达到上述数额标准,但尚未销售的侵权复制品货值金额达到 30 万元以上的。

第二节 商业秘密的刑事合规

一、商业秘密安全管理刑事合规(一)

(一) 刑事合规制度的指向

"在今天,商业秘密的价值犹如工厂之于企业的价值一样。盗窃商业秘密所造成的损害甚至要比纵火者付之一炬的损害还要大。"[①] 由此可见,商业秘密的重要性不言而喻,侵犯商业秘密的行为会给多方带来不良影响。尤其是对于社会来说,任何领域都要求有秩

---

① 孔祥俊.商业秘密保护法原理[M].北京:中国法制出版社,1999:1.

序的存在,经济发展更要求一个公平的竞争环境。如果商业秘密被恣意侵犯而不予以有效保护,则会破坏整个行业的公平竞争秩序,最为严重的可能会影响到整个市场经济秩序以及国家未来的创新与发展。就目前情况而言,侵犯商业秘密罪发生的频率在加大,企业面临的不利因素在增加。在知识经济时代,商业秘密受损不仅只是影响权利人的部分实际收入,更重要的是会影响关系企业长远利益的无形资产,比如市场竞争力。经过统计发现,2001—2016年,16年间全国各级人民法院共审理352起侵犯商业秘密罪案件,而2017年审理案件66起,2018年审理案件98起,2019年审理案件数为85起,2020年审理案件数为101起,4年里总共审理案例350起。从总体上来看,该类犯罪数量呈逐渐上升趋势。① 在市场竞争更为激烈的时期,侵犯商业秘密的行为会一直处于上升的趋势,国家也在逐步加大对侵犯商业秘密行为的打击力度。

《刑法》第二百一十九条【侵犯商业秘密罪】规定

有下列侵犯商业秘密行为之一,情节严重的,处三年以下有期徒刑,并处或者单处罚金;情节特别严重的,处三年以上十年以下有期徒刑,并处罚金:

(一)以盗窃、贿赂、欺诈、胁迫、电子侵入或者其他不正当手段获取权利人的商业秘密的;

(二)披露、使用或者允许他人使用以前项手段获取的权利人的商业秘密的;

(三)违反保密义务或者违反权利人有关保守商业秘密的要求,披露、使用或者允许他人使用其所掌握的商业秘密的。

明知前款所列行为,获取、披露、使用或者允许他人使用该商业秘密的,以侵犯商业秘密论。

本条所称权利人,是指商业秘密的所有人和经商业秘密所有人许可的商业秘密使用人。

据上,侵犯商业秘密罪,是指违反国家有关商业秘密的保护法规,侵犯他人商业秘密,情节严重的行为。

(二)刑事合规的主体对象

侵犯商业秘密罪的犯罪主体既可以是自然人,也可以是单位。自然人既包括企业内部管理人员,也可能包含与企业无关的竞争人员,通过裁判文书网检索相关案件可以发现,触犯该罪名的人员大多为企业内部管理人员或是与企业生产、经营有关的技术人员,但大多表现为接触商业秘密的企业内部人员。

总结来看,侵犯商业秘密罪的主体要件通常有如下几种:①企业的厂长、经理和其他管理员、企业的职工等;②现已离退休或调离企业的人员;③受委托并因而知悉、掌握商业秘密的人,如律师、经济顾问等;④对企业有监督、检查、调查和管理权的人,比如主管行政人员、股东会或监事会工作人员等;⑤除以上四种人员外,其他任何人或单位都可实施间接侵权行为;⑥依据合同或者权利人有关保守商业秘密的要求,披露、使

---

① 数据来源于威科先行法律信息库网站,访问日期:2021年4月1日。

用或者允许他人使用其所掌握的商业秘密的有关单位及直接责任人员。[①] 根据我们于 2021 年 4 月 1 日在威科先行法律信息库对侵犯商业秘密罪的检索,在该类案件中,自然人犯罪占比 69.49%,法人及其他组织占比 30.51%。[②] 由此见得,实践中该罪犯罪主体仍然以商业秘密的接触人员为主。应当注意,并不是只有企业内部的涉密人员才可以构成该罪,只能说实施侵犯商业秘密罪的主体一般是与商业秘密有接触的人员,但通过前述人员之手获取并利用商业秘密的单位或普通个人也可以构成该罪的共犯。

(三)违反刑事合规的主观表现

侵犯商业秘密罪在主观上需具备故意的主观状态,法定的前三种行为属于直接侵犯行为,其主观上要求行为人明知道自己的侵害行为会对权利人造成严重的损害后果,并且希望或者放任这种结果发生。第四种行为属于间接侵犯,其所具有的主观方面为行为人明知道商业秘密是他人通过不正当手段获得的,仍获取、披露、使用或允许他人使用,并且希望或放任危害结果的发生。

实施侵犯商业秘密犯罪的动机有的是谋财盈利,也有的是出于打击报复,在司法实践中大多表现为谋取不正当利益,但实施本罪时无论出于什么动机都不影响该罪的成立。因此,企业管理人员应树立商业秘密的产权意识。在企业管理中,尤其要加强对企业内部一系列经营信息的保护,注重企业潜在的经济价值。对于承载商业秘密的载体要严格落实登记手续,并对涉及商业秘密的人员实行分级管理,将商业秘密的接触最小化。

(四)违规行为表现及合规行为要求

侵犯商业秘密罪,是违反国家有关商业秘密的保护法规,侵犯他人商业秘密。在司法实践中,该罪的行为方式较为多样,可以是直接侵犯,也可以是间接侵犯。其行为方式大致可以分为两种:一种是企业的技术人员跳槽后将所掌握的核心技术应用到新企业;另一种是企业的管理人员在跳槽后,利用之前的职务、地位所积累的人脉关系获取商业秘密,之后交由技术人员应用于新企业。

为此,行为合规要求:

第一,权利人(申请人)认为其商业秘密受到侵害,向市场监督管理机关申请查处侵权行为时,应当提供商业秘密及侵权行为存在的有关证据。被检查的单位和个人(被申请人)及利害关系人、证明人,应当如实向市场监督管理机关提供有关证据。权利人能证明被申请人所使用的信息与自己的商业秘密具有一致性或者相同性,同时能证明被申请人有获取其商业秘密的条件,而被申请人不能提供或者拒不提供其所使用的信息是合法获得或者使用的证据的,市场监督管理机关可以根据有关证据,认定被申请人有侵权行为。

[①] 李仪,苟正金.商业秘密保护法[M].北京:北京大学出版社,2017:211.
[②] 数据来源于威科先行法律信息库网站,访问日期:2021 年 4 月 1 日。

第二,中央企业与员工签订的劳动合同中应当含有保密条款。中央企业与涉密人员签订的保密协议中,应当明确保密内容和范围、双方的权利与义务、协议期限、违约责任。中央企业应当根据涉密程度等与核心涉密人员签订竞业限制协议,协议中应当包含经济补偿条款。

第三,加强中央企业重点工程、重要谈判、重大项目的商业秘密保护,建立保密工作先期进入机制,关系国家安全和利益的应当向国家有关部门报告。

第四,对涉密岗位较多、涉密等级较高的部门(部位)及区域,应当确定为商业秘密保护要害部门(部位)或者涉密区域,加强防范与管理。

第五,中央企业应当对商业秘密载体的制作、收发、传递、使用、保存、销毁等过程实施控制,确保秘密载体安全。

第六,中央企业应当加强涉及商业秘密的计算机信息系统、通信及办公自动化等信息设施、设备的保密管理,保障商业秘密信息安全。

(五) 刑事风险预警

具有下列情形之一的,被认定为侵犯商业秘密,达到了定罪处罚的客观要求:

(1) 给商业秘密权利人造成损失数额在 30 万元以上的;
(2) 因侵犯商业秘密违法所得数额在 30 万元以上的;
(3) 直接导致商业秘密的权利人因重大经营困难而破产、倒闭的;
(4) 其他给商业秘密权利人造成重大损失的情形。

二、商业秘密安全管理刑事合规(二)

(一) 刑事合规制度的指向

商业秘密是其所有人花费大量时间和金钱通过研究获得的劳动成果,是一家企业在经营过程中的"制胜法宝"。据调查,商业间谍行为使得美国企业经济损失 450 亿美元到 2 500 亿美元。在财富榜前 1 000 名的公司中,至少有 56% 的公司承认受到过商业间谍行为的危害,由此可见该行为对于企业的正常经营造成了十分严重的影响,经济损失惨重。[①] 对于国家来说,为境外获取商业秘密的行为严重影响到了国家的经济安全。犯罪主体一般是有预谋、有计划地接近国内相关企业的负责人,一般涉及的公司不止一家,且涉及的领域在国内经济领域占有一席之地,商业秘密一旦泄露,则牵一发而动全身,影响到整个国家的市场秩序,危害国家相关行业的长远发展。随着各国经济竞争的加剧,国外企业通过不正当手段获取我国国内企业商业秘密的行为愈加频繁,因此国家也在加大对该行为的打击力度。

《刑法》第二百一十九条之一【为境外窃取、刺探、收买、非法提供商业秘密罪】规定

为境外的机构、组织、人员窃取、刺探、收买、非法提供商业秘密的,处五年以下有期徒刑,并处或者单处罚金;情节严重的,处五年以上有期徒刑,并处罚金。

---

① 陈龙鑫.侵犯商业秘密犯罪现状与立法完善——以力拓案为切入点[J].犯罪研究,2009(5).

据上,为境外窃取、刺探、收买、非法提供商业秘密罪,是指违反国家有关商业秘密的保护法规,为境外的机构、组织或者个人窃取、刺探、收买、非法提供商业秘密的行为。

(二)刑事合规的主体对象

为境外窃取、刺探、收买、非法提供商业秘密罪的主体既可以是自然人,也可以是单位。行为人一般是与商业秘密权利人有合作关系的企业相关负责人。就当前司法实践来看,行为人大多为企业中的某地区销售经理或某代表处销售主管。

(三)违反刑事合规的主观表现

为境外窃取、刺探、收买、非法提供商业秘密罪在主观上需具备故意的主观状态,即明知是国内企业的商业秘密,而故意将其泄露给外国个人、企业或相关机构。

在实施该罪时,犯罪主体都具有通过非法的手段达到不正当竞争的目的。不正当竞争的目的大体包括以下两种:首先,大多数犯罪主体是想通过该途径掌握其他企业的商业秘密,并加以运用来牟取非法经济利益。其次,也有部分企业是出于知晓、了解其他企业的相关情况后在国际贸易谈判中为自己谋取优势地位的目的。所以,有关企业可以设置专门的风控部门,根据跨国贸易中容易出现问题的环节制定防控预案,"形成高效的国际知识产权风险预警和应急机制,建设知识产权涉外风险防控体系。"[①]

(四)违规行为表现及合规行为要求

为境外窃取、刺探、收买、非法提供商业秘密罪是指违反国家有关商业秘密的保护法规,为境外的机构、组织或者个人窃取、刺探、收买、非法提供商业秘密。由于该罪是选择性罪名,所以包括窃取、刺探、收买、提供四种行为方式,经过分析发现,在司法实践中表现较多的行为方式是刺探,即在和知晓商业秘密的人的接触中有意刺探、打听商业秘密。

为此,行为合规要求:

第一,中央企业涉及商业秘密的咨询、谈判、技术评审、成果鉴定、合作开发、技术转让、合资入股、外部审计、尽职调查、清产核资等活动,应当与相关方签订保密协议。

第二,中央企业在境内外发行证券、上市及上市公司信息披露过程中,要建立和完善商业秘密保密审查程序,规定相关部门、机构、人员的保密义务。

第三,中央企业应当加强涉及商业秘密的计算机信息系统、通信及办公自动化等信息设施、设备的保密管理,保障商业秘密信息安全。

(五)刑事风险预警

本罪是刑法新增罪名,考虑到本罪是为境外的机构、组织或者个人窃取、刺探、收买、非法提供商业秘密,而且商业秘密也可能被认定为国家秘密、情报,所以本罪的追诉标准

[①] 保护知识产权就是保护创新 习近平提出六方面要求[EB/OL].[2021-04-24]. http://news.youth.cn/sz/202012/t20201202_12602102.htm.

较低。只要行为人主观上有帮助境外的机构、组织或者个人的意愿,客观上实施了窃取、刺探、收买、非法提供商业秘密,无论其动机是什么,也无用其行为数量有多少、是否对受害公司造成了经济损失,都可能被追诉。

【案例思考】 澳大利亚力拓公司侵犯商业秘密案

【即测即练】

第八章

企业道德文化刑事合规制度

提示：企业不仅以营利为目的，还承担着很多社会责任，因此，企业必须建立健康的企业道德，营造积极向上的企业文化氛围。企业文化管理中刑事合规包括了对客户的诚实信用等内容。其目的是从主观层面有效防控企业管理中的刑事风险。

第一节 企业道德刑事合规

一、珍贵动物、珍贵动物制品保护管理刑事合规

（一）刑事合规制度的指向

随着社会的发展，不同国家、地区之间的交流越来越频繁，珍贵动物及珍贵动物制品走私犯罪行为也越来越多发。2017年12月21日上午，集中管辖北京市走私刑事案件的北京市第四中级人民法院（以下简称"北京四中院"）召开新闻发布会，发布了《走私刑事案件审判白皮书》，对该院2015年1月1日至2017年9月30日期间受理的走私案件进行了归纳总结：走私珍贵动物制品案件在北京走私刑事案件总数中占比最高，达到了1/3。据统计，2001—2016年，我国走私珍贵动物、珍贵动物制品案件年平均数量约为45起，2017—2020年的案件数分别为168起、158起、296起、213起。由此可见，近年来走私珍贵动物、珍贵动物制品罪案件的数量虽有波动，但整体上处于持续上升态势。

走私珍贵动物、珍贵动物制品罪的犯罪客体是复杂客体，包括国家野生动物资源管理制度和海关管理制度。其犯罪后果主要表现为破坏国家野生动物资源管理制度和国家海关管理制度。行为人实施走私珍贵动物、珍贵动物制品犯罪造成的危害在于，其行为不仅破坏野生动物资源，而且还危及公共卫生秩序、危害人类身体健康。

《刑法》第一百五十一条第二款【走私珍贵动物、珍贵动物制品罪】、第四款规定

走私国家禁止出口的文物、黄金、白银和其他贵重金属或者国家禁止进出口的珍贵动物及其制品的，处五年以上十年以下有期徒刑，并处罚金；情节特别严重的，处十年以上有期徒刑或者无期徒刑，并处没收财产；情节较轻的，处五年以下有期徒刑，并处罚金。

单位犯本条规定之罪的，对单位判处罚金，并对其直接负责的主管人员和其他直接责任人员，依照本条各款的规定处罚。

据上,走私珍贵动物、珍贵动物制品罪,是指行为人故意违反海关法律法规和国家野生动物及其制品管理规定,逃避海关监管,非法运输、携带、邮寄国家禁止进出口的走私珍贵动物或者珍贵动物制品进出国(边)境的行为。

(二)刑事合规的主体对象

走私珍贵动物、珍贵动物制品罪的主体是一般主体,包括自然人和单位,即凡已满16周岁具有刑事责任能力的人以及任何单位,都可以成为本罪的主体。单位中的普通工作人员也可成为本罪的行为主体。单位构成本罪的,单位直接负责的主管人员和其他责任人员,按照本罪进行定罪量刑。

(三)违反刑事合规的主观表现

走私珍贵动物、珍贵动物制品罪在主观方面是故意,过失不成立本罪,即行为人明知是国家保护的野生动物及其制品而违反海关管理法规擅自走私出入境。司法实践中,行为人实施本罪一般是出于牟利目的。对行为人主观目的,司法实践中一般是结合行为人的客观行为表现进行推定。

司法实践中,侥幸心理是很多行为人选择铤而走险实施本罪的动因之一。但是随着法治社会建设的逐步推进和侦破技术的进步,司法机关不仅对此类犯罪打击力度越来越大,而且法网也更为严密。在这种情况下,企业管理者更应当树立和强化法治观念,拒绝参与实施走私珍贵动物、珍贵动物制品犯罪行为。

(四)违规行为表现及合规行为要求

走私珍贵动物、珍贵动物制品罪客观方面表现为行为人违反海关法律法规和国家野生动物及其制品管理规定,逃避海关监管,走私珍贵动物或者珍贵动物制品的行为。同时,走私珍贵动物、珍贵动物制品罪是选择性罪名,行为人实施走私珍贵动物、珍贵动物制品行为之一的,造成一定后果均可成立本罪。

为此应加强企业管理,强化企业成员法治意识,做好企业刑事合规防控。企业运营离不开企业成员的积极参与,走私珍贵动物、珍贵动物制品罪的刑事风险防控措施的实施也是这样。企业管理者作为企业监督管理人员,对企业实施刑事风险防控负有直接责任。为此,企业管理者应加强企业管理,强化企业成员的法治意识,从源头防控此类犯罪发生。

(五)刑事风险预警

(1)具有下列情形之一的,便可以认定为达到走私珍贵动物、珍贵动物制品罪入罪标准:

① 走私国家一、二级保护动物达到《最高人民法院 最高人民检察院关于办理走私刑事案件适用法律若干问题的解释》附表中(一)规定的数量标准的;

② 走私珍贵动物制品数额在20万元以上不满100万元的;

③ 走私国家一、二级保护动物未达到《最高人民法院 最高人民检察院关于办理走私刑事案件适用法律若干问题的解释》附表中(一)规定的数量标准,但具有造成该珍贵动物

死亡或者无法追回等情节的。

（2）具有下列情形之一的，便可以认定为走私珍贵动物、珍贵动物制品罪情节较轻情形：

① 走私国家一、二级保护动物未达到《最高人民法院 最高人民检察院关于办理走私刑事案件适用法律若干问题的解释》附表中（一）规定的数量标准；

② 走私珍贵动物制品数额不满 20 万元的。

（3）具有下列情形之一的，便可以认定为走私珍贵动物、珍贵动物制品罪情节特别严重：

① 走私国家一、二级保护动物达到《最高人民法院 最高人民检察院关于办理走私刑事案件适用法律若干问题的解释》附表中（二）规定的数量标准的；

② 走私珍贵动物制品数额在 100 万元以上的；

③ 走私国家一、二级保护动物达到《最高人民法院 最高人民检察院关于办理走私刑事案件适用法律若干问题的解释》附表中（一）规定的数量标准，且属于犯罪集团的首要分子，使用特种车辆从事走私活动，或者造成该珍贵动物死亡、无法追回等情形的。

二、普通货物、物品进出口管理刑事合规

（一）刑事合规制度的指向

走私普通货物、物品罪作为一种严重经济犯罪，一直以来都是我国司法机关严厉打击的重点对象之一。在《刑法修正案（八）》出台后，司法实践中常见的走私普通货物、物品的行为都被纳入刑法的规制范围之内。这样的话，在客观上使本罪的法网进一步严密。

走私普通货物、物品罪的犯罪后果主要表现为对正常海关货物、物品进出口秩序的破坏。对企业及其管理人员而言，实施本罪可能带来的法律后果主要在于实施本行为将面临刑事犯罪风险。特别是对企业管理者而言，触犯本罪除了罚金刑之外，还将可能承担拘役、有期徒刑直至无期徒刑等自由刑的处罚。本罪造成的危害主要有三点：其一，破坏国家进出口货物、物品监管管理秩序。其二，减少关税收入，破坏关税征收管理制度。其三，破坏正常的社会经济秩序。

据统计，2001—2017 年，我国走私普通货物、物品案件平均数量 300 多起，2018—2021 年的案件数量分别为 1361 起、1655 起、1691 起、828 起。近 4 年的案件总数超过了之前 17 年的案件总数。① 由此可见，走私普通货物、物品罪案件的数量整体上呈上升态势，而且案件数量的基数都十分庞大。可以说，走私普通货物、物品罪是企业生产经营管理中十分常见的罪名，而且这一趋势也会得到延续。

《刑法》第一百五十三条、第一百五十四条**【走私普通货物、物品罪】**规定

走私本法第一百五十一条、第一百五十二条、第三百四十七条规定以外的货物、物品的，根据情节轻重，分别依照下列规定处罚：

（一）走私货物、物品偷逃应缴税额较大或者一年内曾因走私被给予二次行政处罚后

---

① 数据来源于威科先行法律数据库，访问日期：2022 年 1 月 19 日。

又走私的,处三年以下有期徒刑或者拘役,并处偷逃应缴税额一倍以上五倍以下罚金。

(二)走私货物、物品偷逃应缴税额巨大或者有其他严重情节的,处三年以上十年以下有期徒刑,并处偷逃应缴税额一倍以上五倍以下罚金。

(三)走私货物、物品偷逃应缴税额特别巨大或者有其他特别严重情节的,处十年以上有期徒刑或者无期徒刑,并处偷逃应缴税额一倍以上五倍以下罚金或者没收财产。

单位犯前款罪的,对单位判处罚金,并对其直接负责的主管人员和其他直接责任人员,处三年以下有期徒刑或者拘役;情节严重的,处三年以上十年以下有期徒刑;情节特别严重的,处十年以上有期徒刑。

对多次走私未经处理的,按照累计走私货物、物品的偷逃应缴税额处罚。

下列走私行为,根据本节规定构成犯罪的,依照本法第一百五十三条的规定定罪处罚:

(一)未经海关许可并且未补缴应缴税额,擅自将批准进口的来料加工、来件装配、补偿贸易的原材料、零件、制成品、设备等保税货物,在境内销售牟利的;

(二)未经海关许可并且未补缴应缴税额,擅自将特定减税、免税进口的货物、物品,在境内销售牟利的。

据上,走私普通货物、物品罪,是指走私《刑法》第151条、第152条、第347条规定以外的普通货物,偷逃应缴税额较大或者有其他应罚情节的行为。

(二)刑事合规的主体对象

走私普通货物、物品罪的主体是一般主体,包括自然人和单位,即凡已满16周岁具有刑事责任能力的人以及任何单位,都可以成为本罪的主体。单位中的普通工作人员也可成为本罪的行为主体。当企业实施本罪成立单位犯罪时,根据《刑法》第153条第2款规定,对于企业直接负责的主管人员和其他责任人员也要依照本罪进行处罚。

司法实践中,所谓的企业主管人员和其他责任人员主要指的是公司经理、股东、法定代表人等管理人员。如在吕某某、某公司走私普通货物、物品案中,吕某某与赵某某经商议后注册成立某公司,吕某某任公司法人代表,赵某某为公司股东,并取得了跨境电商平台和跨境电商企业资质。后法院查明,某公司无视国家法律,为谋取非法利益,逃避海关监管,将个人快件、行邮物品伪报为跨境直购,以一般贸易货物伪报为跨境电商网购保税进口及低报价格等方式走私进口商品,偷逃税款人民币15 551 855.52元,情节特别严重。而被告人吕某某、赵某某是单位犯罪中直接负责的主管人员、直接责任人,也被认定为构成走私普通货物、物品罪。[①]

(三)违反刑事合规的主观表现

走私普通货物、物品罪主观方面为故意,既包括直接故意也包括间接故意,过失不成立本罪,即行为人明知是需要报关的普通货物、物品,仍逃避海关监管走私进出境。而如果行为人没有走私的故意,只是由于不懂海关管理规定或者因过失该报未报或瞒报、错报

---

① 参见广东省高级人民法院刑事裁定书:(2020)粤刑终1016号。

进出境货物、物品的,不成立本罪。行为人实施本罪一般是出于牟利动机。对行为人主观故意的认定则可通过行为人的行为推算得知,行为人通过逃避海关监管而走私入境的话,则一般可认定其具有犯罪故意。

司法实践中走私成品油,构成犯罪的,依照《刑法》第153条的规定,以走私普通货物罪定罪处罚。行为人没有合法证明,逃避监管,在非设关地运输、贩卖、收购、接卸成品油,有下列情形之一的,综合其他在案证据,可以认定具有走私犯罪故意,但有证据证明确属被蒙骗或者有其他相反证据的除外:

(1) 使用"三无"船舶、虚假船名船舶、非法改装的船舶,或者使用虚假号牌车辆、非法改装、伪装的车辆的;

(2) 虚假记录船舶航海日志、轮机日志,进出港未申报或者进行虚假申报的;

(3) 故意关闭或者删除船载AIS(船舶自动识别系统)、GPS(全球定位系统)及其他导航系统存储数据,销毁手机存储数据,或者销毁成品油交易、运输单证的;

(4) 在明显不合理的隐蔽时间、偏僻地点过驳成品油的;

(5) 使用无实名登记或者无法定位的手机卡、卫星电话卡等通信工具的;

(6) 使用暗号、信物进行联络、接头的;

(7) 交易价格明显低于同类商品国内合规市场同期价格水平且无法作出合理解释的;

(8) 使用控制的他人名下银行账户收付成品油交易款项的;

(9) 逃避、抗拒执法机关检查,或者事前制定逃避执法机关检查预案的;

(10) 其他可以认定具有走私犯罪故意情形的。

随着经济全球化的发展和社会主义市场经济的向前推进,不同国家、地区间跨境贸易越来越频繁。这在客观上催生了进出口贸易的繁荣发展,也引导更多的企业和企业管理者加入其中。越是这样,进出口贸易企业及其管理者更应当严格遵守海关法、进出口货物、物品关税管理条例等法律法规中有关进出口贸易的规定,依法依规开展进出口货物商贸活动。只有这样才能保证企业的长远发展,有利于实现赚取财富的梦想。

(四) 违规行为表现及合规行为要求

走私普通货物、物品罪客观方面表现为行为人违反海关法规,逃避海关监管,走私一般货物、物品的行为。本罪的行为方式是行为人违反法律法规擅自走私普通货物、物品进出境,进而妨害进出口货物、物品管理制度,并破坏国家关税征收制度。其中走私是指运输、携带、邮寄货物、物品非法进出境的行为,从司法实践来看,多数采取的运输、携带、邮寄的方式进出关口和边境。实践中走私的方式十分多样,根据海关法和刑法的规定,理论上一般将走私行为分为通关走私、绕关走私、后续走私和间接走私四种。

对此,企业管理者在企业生产经营管理中要严格管理。在企业生产经营活动中,企业管理者负有直接责任,这也是为什么在追究被告单位刑事责任的同时,往往将企业主管人员作为同案被告的原因所在。因而企业管理者应当在企业日常经营活动中进行严格管理,避免因管理过失而触犯本罪。

（五）刑事风险预警

（1）具有下列情形之一的，便可以认定为达到走私普通货物、物品罪入罪标准：

① 行为人走私货物、物品偷逃应缴税额较大；

② 行为人1年内曾因走私被给予2次行政处罚后又走私的。

其中走私普通货物、物品，偷逃应缴税额在10万元以上不满50万元的，应当认定为《刑法》第153条第1款规定的"偷逃应缴税额较大"。而1年内曾因走私被给予2次行政处罚后又走私中的"1年内"，以因走私第一次受到行政处罚的生效之日与"又走私"行为实施之日的时间间隔计算确定；被给予2次行政处罚的走私行为，包括走私普通货物、物品以及其他货物、物品；"又走私"行为仅指走私普通货物、物品。另外，"多次走私未经处理"，包括未经行政处理和刑事处理。

（2）除了基本刑外，本罪还规定有两档加重处罚情形。

第一，走私普通货物、物品，偷逃应缴税额在50万元以上不满250万元的，应当认定为"偷逃应缴税额巨大"；偷逃应缴税额在250万元以上的，应当认定为"偷逃应缴税额特别巨大"。

第二，走私普通货物、物品，具有下列情形之一，偷逃应缴税额在30万元以上不满50万元的，应当认定为《刑法》第153条第1款规定的"其他严重情节"；偷逃应缴税额在150万元以上不满250万元的，应当认定为"其他特别严重情节"：

① 犯罪集团的首要分子；

② 使用特种车辆从事走私活动的；

③ 为实施走私犯罪，向国家机关工作人员行贿的；

④ 教唆、利用未成年人、孕妇等特殊人群走私的；

⑤ 聚众阻挠缉私的。

三、特殊物品进出口管理刑事合规

（一）刑事合规制度的指向

随着经济全球化的持续深入推进，不同国家和地区之间的经济贸易交流越来越频繁，低关税甚至零关税已经成为国际贸易新发展趋势。基于这一社会背景，对于不涉及或者不主要涉及逃避关税的新型走私犯罪，各国也纷纷将其纳入犯罪圈进行规制。走私国家禁止进出口的货物、物品罪便是适例。走私国家禁止进出口的货物、物品罪的犯罪后果主要表现为破坏国家禁止进出口货物、物品管理制度和国家海关管理制度，一方面，破坏海关对禁止进出口货物、物品监督管理秩序；另一方面，破坏出入境贸易管理秩序，影响公共安全。

据统计，2001—2016年，我国走私国家禁止进出口货物、物品案件年平均数量约为23起，2017—2020年的案件数分别为189起、315起、657起、983起。① 由此可见，近年来走私国家禁止进出口货物、物品罪案件的数量处于持续上升态势，且增长率在个别年度甚

---

① 数据来源于威科先行法律数据库，访问日期：2021年5月19日。

至超过100%,本罪是当前司法实践中高发罪名。

《刑法》第一百五十一条第三款【走私国家禁止进出口的货物、物品罪】、第四款规定

走私珍稀植物及其制品等国家禁止进出口的其他货物、物品的,处五年以下有期徒刑或者拘役,并处或者单处罚金;情节严重的,处五年以上有期徒刑,并处罚金。

单位犯本条规定之罪的,对单位判处罚金,并对其直接负责的主管人员和其他直接责任人员,依照本条各款的规定处罚。

据上,走私国家禁止进出口的货物、物品罪,是指行为人故意违反海关法律法规,逃避海关监管,非法运输、携带、邮寄珍稀植物及其制品等国家禁止进出口的其他货物、物品进出国(边)境的行为。

(二) 刑事合规的主体对象

走私国家禁止进出口的货物、物品罪的主体是一般主体,包括自然人和单位,即凡已满16周岁具有刑事责任能力的人以及任何单位,都可以成为本罪的主体。单位中的普通工作人员也可成为本罪的行为主体。当企业实施本罪成立单位犯罪时,根据《刑法》第151条第2款规定,对于企业直接负责的主管人员和其他责任人员也要依照本罪进行处罚。

司法实践中,所谓的企业主管人员和其他责任人员主要指的是公司经理、股东、法定代表人等管理人员。如在某物流有限公司、刘某某走私国家禁止进出口的货物、物品一案中,被告人刘某某便是某物流有限公司股东、执行董事。[①] 法院在判处某物流有限公司犯走私国家禁止进出口货物罪,判处其罚金人民币50万元的同时,也以本罪判处被告人刘某某有期徒刑7年,并处罚金人民币20万元。

(三) 违反刑事合规的主观表现

走私国家禁止进出口的货物、物品罪主观方面为故意,且为直接故意。对行为人而言,其明知是国家禁止进出口的货物、物品,仍然违反海关管理法规擅自走私出入境。本罪的成立并不要求行为人对行为对象有明确的认识,只要行为人认识到其所走私的是国家禁止进出口的货物、物品即可,至于具体是哪一种货物、物品,虽没有明确认识也不影响本罪成立。

司法实践中,行为人实施本罪一般是出于牟利目的。谋取非法利益是行为人实施走私国家禁止进出口的货物、物品犯罪的重要经济动因。对行为人主观目的的认定,司法实践中一般是结合行为人的客观行为表现进行推定。如果行为人采取各种行为逃避海关监管的话,那么就说明其认识到其所走私的货物、物品属于国家禁止进出口的货物、物品。

为此,行为人和单位都应当树立和强化法治观念,拒绝实施走私国家禁止进出口的货物、物品行为。市场经济同时也是法治经济,市场经济的运行和向前发展离不开法治保障。而企业和企业管理者作为市场经济的直接参与者,不仅是市场经济法治化的受益者,更是法治市场经济的参与者和建设者。所以树立和强化法治观念,拒绝实施走私国家禁

---

① 参见天津市高级人民法院刑事裁定书:(2018)津刑终73号。

止进出口的货物、物品,是企业管理者进行自我防控的首要措施。

(四)违规行为表现及合规行为要求

走私国家禁止进出口的货物、物品罪是行为犯,行为人违反国家有关规定、逃避海关监管实施走私国家禁止进出口的货物、物品行为的,造成一定后果均可成立本罪。其客观方面表现为行为人违反海关法律法规和国家禁止进出口、货物、物品管理规定,逃避海关监管,走私珍稀植物及其制品等国家禁止进出口的其他货物、物品进出国(边)境。

走私国家禁止进出口的货物、物品罪的实施,以行为人违反国家规定为前提。其中所谓违反国家有关规定,是指违反国家有关货物、物品进出境管理法规和海关法规。而所谓逃避海关监管,是指违反海关法关于海关监督和管理的制度。逃避海关监管具体包括以下几种情形:第一,通关走私,即采用藏匿、隐瞒、伪装等欺骗手段进行非法运输、携带、逃避检查、蒙混过关,这是一种采取合法形式通过海关的非法行为;第二,绕关走私,是指未经国家有关主管部门批准,不经过设关的海关或边卡检查站,非法运输、携带而绕道出关;第三,直接向走私国家禁止进出口的其他货物、物品的人非法收购这些货物、物品的行为;第四,在内海、领海运输、收购、贩卖国家禁止进出口的其他货物、物品的行为。后两种情形是通常所称的间接走私在本罪中的体现。

走私国家禁止进出口的货物、物品罪的行为方式包括运输、携带与邮寄三种。所谓运输,是指利用汽车、火车、飞机、船只等工具,将国家禁止进出口的其他货物、物品从境外运入境内或由境内运往境外。所谓携带,是指行为人将国家禁止进出口的货物、物品随身携带或夹藏在行李或交通工具中,或者谎称其他货物、物品交托他人携带或隐藏在他人行李或交通工具中带出境外或带入境内,而使国家禁止进出口的其他货物、物品的进出境得以完成的行为。所谓邮寄,是指采用欺骗、瞒报等方式非法利用邮递系统,将国家禁止进出口的其他货物、物品从境外运入境内或由境内运往境外。

徒法不足以自行。仅有法治观念而不在企业具体生产经营活动中外化于行,无法从源头防控此类犯罪发生。为此,企业管理者应在日常经营管理活动中,加强企业管理,严格依法经营,做好自我防控。

(五)刑事风险预警

(1)具有下列情形之一的,便可以认定为达到走私国家禁止进出口的货物、物品罪入罪标准:

① 走私国家一级保护野生植物 5 株以上不满 25 株,国家二级保护野生植物 10 株以上不满 50 株,或者珍稀植物、珍稀植物制品数额在 20 万元以上不满 100 万元的;

② 走私重点保护古生物化石或者未命名的古生物化石不满 10 件,或者一般保护古生物化石 10 件以上不满 50 件的;

③ 走私禁止进出口的有毒物质 1 吨以上不满 5 吨,或者数额在 2 万元以上不满 10 万元的;

④ 走私来自境外疫区的动植物及其产品五吨以上不满 25 吨,或者数额在 5 万元以上不满 25 万元的;

⑤ 走私木炭、硅砂等妨害环境、资源保护的货物、物品 10 吨以上不满 50 吨,或者数额在 10 万元以上不满 50 万元的;

⑥ 走私旧机动车、切割车、旧机电产品或者其他禁止进出口的货物、物品 20 吨以上不满 100 吨,或者数额在 20 万元以上不满 100 万元的;

⑦ 数量或者数额未达到本款第①项至第⑥项规定的标准,但属于犯罪集团的首要分子,使用特种车辆从事走私活动,造成环境严重污染,或者引起甲类传染病传播、重大动植物疫情等情形的。

(2) 具有下列情形之一的,便可以达到走私国家禁止进出口的货物、物品罪加重处罚标准:

① 走私数量或者数额超过前款①~⑥规定的标准的;

② 达到前款①~⑥规定的标准,且属于犯罪集团的首要分子,使用特种车辆从事走私活动,造成环境严重污染,或者引起甲类传染病传播、重大动植物疫情等情形的。

四、废物进口管理刑事合规

(一) 刑事合规制度的指向

走私废物罪侵犯的是复杂客体,包括国家禁止进出境货物、物品管理制度和生态环境法益。由犯罪客体可知,本罪的犯罪后果主要表现为破坏国家正常的生态环境管理制度和国家海关管理制度。

(1) 破坏生态环境。本罪的行为对象为境外废物。擅自走私境外废物入境将会带来严重的环境污染问题,具体包括固体废物、液态废物、气态废物带来的环境污染问题。如大量涌入的"洋垃圾"对我国环境、公私财产以及人们的生命健康造成了重大威胁。[①]

(2) 破坏进出口货物监督管理秩序。走私废物罪作为走私犯罪的一种,其行为除了导致环境污染的危害后果之外,还会在客观上破坏进出口货物监督管理秩序,影响正常的海关工作秩序。

据统计,2001—2016 年,我国走私废物罪案件年平均数量约为 24 起,2017—2020 年的案件数分别为 108 起、192 起、281 起、348 起。[②] 由此可见,近年来走私废物罪案件的数量处于持续上升态势。

《刑法》第一百五十二条第二款【走私废物罪】、第三款规定

逃避海关监管将境外固体废物、液态废物和气态废物运输进境,情节严重的,处五年以下有期徒刑,并处或者单处罚金;情节特别严重的,处五年以上有期徒刑,并处罚金。

单位犯前两款罪的,对单位判处罚金,并对其直接负责的主管人员和其他直接责任人员,依照前两款的规定处罚。

据上,走私废物罪,是指单位或自然人违反海关法规和环境保护法规,逃避海关监管,

---

① 章楚加,仲新建.关于走私废物罪罚金刑数额裁量之思考[N].人民法院报,2014-08-06(6).
② 数据来源于"威科先行·法律数据库",访问日期,2021 年 5 月 22 日。

将境外固体废物、液态废物和气态废物运输进境,情节严重的行为,或以原料利用为名,进口不能用作原料的固体废物、液态废物、气态废物的行为。

(二)刑事合规的主体对象

本罪主体是一般主体,包括自然人和单位。即凡已满16周岁具有刑事责任能力的人以及任何单位,都可以成为本罪的主体。单位中的普通工作人员也可成为本罪的行为主体。这里的单位主要是指具备一定条件的废物进口单位和废物利用单位。《废物进口环境保护管理暂行规定》虽然废止,但其中一些规定仍然有指导意义,根据该规定第9条、第10条的规定,申请进口废物做原料利用的单位必须是依法成立的企业法人,并具有利用进口废物的能力和相应的污染防治设备,而且应该经过国家有关主管机关如国家环境保护局或国家工商行政部门的批准、登记。当然也不排除其他没有废物进口、利用资格的单位采取伪造、冒用等违规手段骗取有关证书、批文将境外废物蒙混入关或从未设立海关的地点将境外废物运输入境而构成本罪的情形。

司法实践中,单位犯罪中企业的主管人员和其他责任人员主要指的是公司经理、股东、法定代表人等管理人员。当企业实施本罪成立单位犯罪时,根据《刑法》第152条第2款规定,对于企业直接负责的主管人员和其他责任人员也要依照本罪进行处罚。

(三)违反刑事合规的主观表现

本罪在主观方面是故意,过失不成立本罪,即行为人明知是国家禁止进口的废物,仍逃避海关监管走私入境。司法实践中行为人实施本罪也都出于牟利动机。从行为人的角度来看,其是为了追求本单位或个人利益而积极追求或放纵走私境外废物入境导致严重污染国内生态环境结果的发生。也即是说,逐利性动机占领了高地。因而,强化绿色发展观念是企业及其管理者做好自我防控的首要步骤。

对此,单位和行为人要树立绿色发展观念,强化环保观念,在自己日常经营活动中具体践行绿水青山就是金山银山的绿色发展理念。

(四)违规行为表现及合规行为要求

走私废物罪是行为犯,行为人违反国家有关规定、逃避海关监管实施走私国家禁止进口的废物行为的,造成一定后果均可成立本罪。走私废物罪的行为方式是行为人违反法律法规擅自将境外废物走私入境,具体表现为行为人违反海关法规和环境保护法规,逃避海关监管,将境外固体废物、液态废物和气态废物运输进境,或以原料利用为名,进口不能用作原料的固体废物、液态废物、气态废物。

对此,单位和行为人均应加强企业管理。企业管理者具体参与到企业生产经营管理之中,其对于企业的生产经营活动负有直接责任。为了在具体生产经营活动中防控此类案件的发生,企业管理者还需要加强企业日常管理,严格依法经营。

(五)刑事风险预警

(1)具有下列情形之一的,便可以认定为达到走私废物罪入罪标准:
① 走私国家禁止进口的危险性固体废物、液态废物分别或者合计达到1吨以上不满

5 吨的；

② 走私国家禁止进口的非危险性固体废物、液态废物分别或者合计达到 5 吨以上不满 25 吨的；

③ 走私国家限制进口的可用作原料的固体废物、液态废物分别或者合计达到 20 吨以上不满 100 吨的；

④ 未达到上述数量标准，但属于犯罪集团的首要分子，使用特种车辆从事走私活动，或者造成环境严重污染等情形的。

（2）具有下列情形之一的，便可以达到走私废物罪加重处罚标准：

① 走私数量超过前款规定的标准的；

② 达到前款规定的标准，且属于犯罪集团的首要分子，使用特种车辆从事走私活动，或者造成环境严重污染等情形的；

③ 未达到前款规定的标准，但造成环境严重污染且后果特别严重的。

五、文物保护管理刑事合规（一）

（一）刑事合规制度的指向

从犯罪客体来看，故意损毁文物罪所侵犯的客体为国家的文物管理秩序。本罪所指的文物，是指由国家保护的珍贵文物或者被确定为全国重点文物保护单位、省级文物保护单位的文物。从犯罪的主观方面来看，本罪要求行为人在主观上必须出于故意，过失行为不构成本罪。

本罪为举动犯，只要实施了故意损毁文物的行为即构成犯罪。本罪的犯罪处罚包括自由刑和财产刑，情节严重的最高刑为 10 年以下有期徒刑。

从犯罪态势来看，本罪的整体案件态势处于较低水平，近 10 年每年的故意损毁文物罪的刑事判决处于个位数的水平，10 年案件总数 60 余起，其中有超过 1/3 的案件适用了简易程序，全部案件均由基层法院一审管辖。整体来看，本罪的犯罪态势处于较低且较为稳定的水平。通过对犯罪态势的分析可以看出，故意损毁文物罪的案件无论从案件审级还是从程序适用上，都反映出案件自身复杂性有限、涉及的犯罪后果也不是特别严重的特点。但是由于本罪所侵害的客体对象为国家保护的文物，此类犯罪行为往往会对文物自身造成难以挽回的损害，因此仍然具有一定的社会危害性。

《刑法》第三百二十四条第一款【故意损毁文物罪】规定

故意损毁国家保护的珍贵文物或者被确定为全国重点文物保护单位、省级文物保护单位的文物的，处三年以下有期徒刑或者拘役，并处或者单处罚金；情节严重的，处三年以上十年以下有期徒刑，并处罚金。

据上，故意损毁文物罪，是指故意损毁国家保护的珍贵文物或者被确定为全国重点文物保护单位、省级文物保护单位的文物的行为。

（二）刑事合规的主体对象

本罪的主体为一般主体，满足刑事责任年龄、具有刑事责任能力的自然人均可构成本罪主体。

(三) 违反刑事合规的主观表现

本罪要求行为人在主观上具有故意,也就是明知损毁的对象是文物,但仍然对其进行损毁。行为人出于何种动机损毁文物,并不影响本罪的构成。主观上对于文物不具有认识能力,或者出于过失行为造成文物损毁的,都不属于本罪的范围。

(四) 违规行为表现

从犯罪的客观方面来看,本罪主要表现为实施故意损毁行为。损毁的一般效果是使文物部分损坏或者全部损毁灭失,使其历史文化价值、经济价值、教育纪念价值等减少或丧失。对于受保护的文物,行为人只要实施了故意损毁的行为,就会构成犯罪。具体的行为体现为诸如污损、捣毁、拆除、焚毁等。

根据《中华人民共和国文物保护法》,在中华人民共和国境内,下列文物受国家保护:①具有历史、艺术、科学价值的古文化遗址、古墓葬、古建筑、石窟寺和石刻、壁画;②与重大历史事件、革命运动或者著名人物有关的以及具有重要纪念意义、教育意义或者史料价值的近代现代重要史迹、实物、代表性建筑;③历史上各时代珍贵的艺术品、工艺美术品;④历史上各时代重要的文献资料以及具有历史、艺术、科学价值的手稿和图书资料等;⑤反映历史上各时代、各民族社会制度、社会生产、社会生活的代表性实物。文物认定的标准和办法由国务院文物行政部门制定,并报国务院批准。具有科学价值的古脊椎动物化石和古人类化石同文物一样受国家保护。

对于其他级别的文物,如古文化遗址、古墓葬、古建筑、石窟寺、石刻、壁画、近代现代重要史迹和代表性建筑等不可移动文物,根据它们的历史、艺术、科学价值,可以分别确定为全国重点文物保护单位,省级文物保护单位,市、县级文物保护单位。历史上各时代重要实物、艺术品、文献、手稿、图书资料、代表性实物等可移动文物,分为珍贵文物和一般文物;珍贵文物分为一级文物、二级文物、三级文物。

(五) 刑事风险预警

根据《最高人民法院、最高人民检察院关于办理妨害文物管理等刑事案件适用法律若干问题的解释》,本罪的情节严重包括以下几种情形:①造成3件以上三级文物损毁的;②造成二级以上文物损毁的;③致使全国重点文物保护单位、省级文物保护单位的本体严重损毁或者灭失的;④多次损毁或者损毁多处全国重点文物保护单位、省级文物保护单位的本体的;⑤其他情节严重的情形。同时,实施前款规定的行为,拒不执行国家行政主管部门作出的停止侵害文物的行政决定或者命令的,酌情从重处罚。

由于本罪是故意犯罪,行为人对于损毁的文物性质是明知的,因此,此类犯罪风险的防范主要在于严格遵守文物管理的制度规定。比如在一些建设施工领域,一旦在施工过程中发现文物,应当立刻停止作业,并报有关文物管理部门,以免因为继续擅自施工造成文物损毁。

六、文物保护管理刑事合规(二)

(一)刑事合规制度的指向

从犯罪客体来看,过失损毁文物罪所侵犯的客体为国家的文物管理秩序。本罪所指的文物,是指由国家保护的珍贵文物或者被确定为全国重点文物保护单位、省级文物保护单位的文物。从犯罪的客观方面来看,本罪主要的行为特征是损毁。损毁的一般效果是使文物部分损坏或者全部损毁灭失,使其文物价值遭受减损或者灭失。从主观方面来看,本罪的主观方面为过失,也就是应当预见而未能预见,或本能避免而因过分自信而未能避免。本罪的刑法后果只包括了自由刑,造成严重后果的,处3年以下有期徒刑或者拘役。近10年间,本罪的已判决案件总数仅为13起,全部集中在基层法院。从判决结果来看,判决结果大多为缓刑或者定罪免罚。作为过失犯罪,在刑罚程度上相对较轻,本罪所带来的刑事风险也相对有限。

从犯罪态势来看,本罪的案件发生率较低,近10年来,基本保持着全国每年仅1起案件左右的频率,且全部集中由基层人民法院管辖。从案件数量案发趋势来看,整体犯罪态势维持在较低水平。

过失损毁文物罪属于过失犯罪,从主观恶性而言相对于故意犯罪较小。从危害结果来看,其危害结果与故意损毁文物罪其实相差无几,都会对文物造成毁坏或者灭失,严重损害文物的价值,也侵害着国家对于文物的管理制度。因此从客观方面来看,本罪行为仍然具有相当的社会危害性,值得预防和防范。

《刑法》第三百二十四条第三款【过失损毁文物罪】规定

过失损毁国家保护的珍贵文物或者被确定为全国重点文物保护单位、省级文物保护单位的文物,造成严重后果的,处三年以下有期徒刑或者拘役。

据上,过失损毁文物罪,是指过失损毁国家保护的珍贵文物或者被确定为全国重点文物保护单位、省级文物保护单位的文物,造成严重后果的行为。

(二)刑事合规的主体对象

本罪的主体为一般主体,满足刑事责任年龄、具有刑事责任能力的自然人均可构成本罪主体。

(三)违反刑事合规的主观表现

本罪在主观方面要求过失,故意行为不能构成本罪,而会构成故意损毁文物罪。此处所指的过失,包括行为人应当预见到自己的行为可能损毁文物而没有预见,最终造成文物损毁的情形,比如在文物附近进行可能影响文物的工程施工计划而未采取预防措施,最终造成文物损毁;也包括行为人对于可能造成文物损毁的行为出于过度自信认为能够避免,而最终未能避免从而造成文物损毁的情形,比如驾驶汽车在文物附近行驶因为对操作技术过度自信而撞毁文物等。

(四)违规行为表现

本罪的客观行为体现为对于国家保护的珍贵文物或者被确定为全国重点文物保护单位、省级文物保护单位的文物造成损毁。在我国,一般对于可移动文物进行分等级管理,而对于不可移动文物通过确定文物保护单位进行管理。从实践情况来看,对于不可移动文物出于过失造成损毁的情况占据了已有案件的绝大部分,常见的原因主要有建设工程施工以及交通驾驶等。

(五)刑事风险预警

本罪属于情节犯,过失行为必须要造成严重后果才会构成犯罪。根据司法解释的相关规定,下列情形一般属于造成严重后果:①造成5件以上三级文物损毁的;②造成二级以上文物损毁的;③致使全国重点文物保护单位、省级文物保护单位的本体严重损毁或者灭失的;

对于本罪的防范,主要分为两个方面:第一,要求对于文物保护的合理预见,比如在进行工程施工前,对于周边文物状况和保护措施要求做到详细了解,并采取合理的应对措施;第二,要对可能造成文物损毁的行为高度谨慎,进行合理评估,避免因为轻信能够避免而最终造成不可挽回的损失。

七、名胜古迹安全保护刑事合规

(一)刑事合规制度的指向

从客体来看,故意损毁名胜古迹罪所侵害的客体是单一客体,主要是国家对于名胜古迹的管理秩序。名胜古迹,即风景名胜和文物古迹。从客观方面来看,本罪一般指故意损毁国家保护的风景名胜或文物古迹且情节严重的行为。本罪为情节犯,行为只有达到严重的情节,才具有刑事风险,否则只能够构成行政或民事责任。本罪行为只有构成情节严重才会构成犯罪,从处罚上,既有可能单处罚金,也可能财产刑与自由刑一同适用。

本罪近4年来,才开始有相关案例判决,且只有7起案件,其中2起适用了简易程序。整体来看,本罪处于案件低发态势。虽然本罪案件发生数量较低,但是由于本罪的相关行为往往给名胜古迹造成不可逆转的破坏,尤其如一些自然名胜,破坏活动发生后往往难以人为修复,自然恢复时间也相当漫长,其真正的影响一般难以仅仅通过刑事处罚便消除。

《刑法》第三百二十四条第二款【故意损毁名胜古迹罪】规定

故意损毁国家保护的名胜古迹,情节严重的,处五年以下有期徒刑或者拘役,并处或者单处罚金。

据上,故意损毁名胜古迹罪,是指故意损毁国家保护的名胜古迹,情节严重的行为。

(二)刑事合规的主体对象

本罪的主体为一般主体,满足刑事责任年龄、具有刑事责任能力的自然人均可构成本罪主体。在现实中常见于旅游观光者以及景区开发者等。

(三) 违反刑事合规的主观表现

本罪要求行为人在主观上具有故意,也就是明知损毁的对象是名胜古迹,仍然对其进行损毁。行为人出于何种动机损毁文物,并不影响本罪的构成。本罪并不要求行为人对于名胜古迹的价值有具体的认识。

(四) 违规行为表现

本罪的客观行为特征表现为对于风景名胜或者文物古迹的故意损毁,而且构成情节严重,具体表现为诸如刻画、污损、捣毁、焚烧等行为,这些行为对于名胜古迹的价值造成减损或者灭失。

对于名胜古迹的具体范围,司法解释作出了如下界定:风景名胜区的核心景区以及未被确定为全国重点文物保护单位、省级文物保护单位的古文化遗址、古墓葬、古建筑、石窟寺、石刻、壁画、近代现代重要史迹和代表性建筑等不可移动文物的本体,应当认定为"国家保护的名胜古迹"。

(五) 刑事风险预警

本罪属于情节犯,需要达到情节严重的程度才会构成犯罪。构成情节严重的包括以下几种情况:①致使名胜古迹严重损毁或者灭失的;②多次损毁或者损毁多处名胜古迹的;③其他情节严重的情形。实施前款规定的行为,拒不执行国家行政主管部门作出的停止侵害文物的行政决定或者命令的,酌情从重处罚。

本罪作为一种故意犯罪,表明通常情况下行为人对于名胜古迹的性质在主观上是明知的,所以此类刑事风险防范的关键还是在于要在游览或开发名胜古迹的过程中,严格遵守有关风景名胜区和文物古迹保护的管理规定,避免因为违反相关规定的行为构成情节严重,进而承担刑事责任。

第二节 企业文化建设刑事合规

一、尊重女性的刑事合规

(一) 刑事合规制度的指向

近年来,社会整体对于女性权利的保护更加重视,对于女性的性权利认识更加充分,因此强奸行为给女性和社会带来的危害往往更加引起人民群众的关注。在强奸罪中的情节严重的行为,比如轮奸、强奸幼女等行为,往往也深刻地挑战着社会道德伦理观念,更加引起社会的愤慨。但是无论如何,最为重要的是,强奸行为对于受害女性的伤害是十分严重的,除了身体本身的伤害之外,更加严重的还有对于受害人精神和心理的伤害。可以看出,全社会对于强奸行为的评价是严厉的,法律对于强奸罪的评价也是严格的,强奸罪也是保留了死刑的罪名之一。

从本罪的客体来看,一般而言,本罪的客体为女性的性不可侵犯权利。

强奸罪作为一种重要的刑法罪名,在实践中也呈现出多发的态势。近10年来,关于强奸罪的案件判决已经超过了3万起。从案件数量的趋势来看,也呈现出逐年递增的态势,近2年来每年强奸罪判决的案件数量在6 000~7 000起。由此可见,强奸罪作为刑法的重要罪名,无论是客观的发生率还是国家对于此类犯罪的打击力度,都是较高较强的。

《刑法》第二百三十六条【强奸罪】规定

以暴力、胁迫或者其他手段强奸妇女的,处三年以上十年以下有期徒刑。

奸淫不满十四周岁的幼女的,以强奸论,从重处罚。

强奸妇女、奸淫幼女,有下列情形之一的,处十年以上有期徒刑、无期徒刑或者死刑:

(一)强奸妇女、奸淫幼女情节恶劣的;

(二)强奸妇女、奸淫幼女多人的;

(三)在公共场所当众强奸妇女、奸淫幼女的;

(四)二人以上轮奸的;

(五)奸淫不满十周岁的幼女或者造成幼女伤害的;

(六)致使被害人重伤、死亡或者造成其他严重后果的。

据上,强奸罪,是指以暴力、胁迫或者其他手段,违背妇女意志,强行与妇女性交,或者故意与不满14周岁的幼女发生性关系的行为。

(二)刑事合规的主体对象

本罪的主体为一般主体,现实中多表现为具有刑事责任能力且满足刑事责任年龄的男性。至于现实中存在的女性强制与男性发生关系的情形,或者同性之间强制发生性行为的情况,不在本罪的评价范围内。但是女性可以构成强奸罪的共犯以及间接正犯,如果女性为强奸行为提供了帮助或者教唆他人进行强奸行为等则能够构成强奸罪的共犯,利用他人实施强奸行为则能够构成间接正犯,比如指使利用智障人士对其他妇女进行强奸。

(三)违反刑事合规的主观表现

本罪属于故意犯罪,即行为人在主观上要以强奸为目的,与被害人强行发生性关系。对于强奸幼女的情形,如果行为人明知对方是不满14周岁的幼女,无论对方是否愿意,与之发生性关系则构成强奸罪。如果行为人确实不知对方是不满14周岁的幼女,且双方发生性关系是基于自愿,同时没有造成严重后果,情节显著轻微的,则不认为是犯罪。

(四)违规行为表现

本罪客观方面主要行为特征体现为使用暴力、胁迫或者其他手段,即通过上述手段,使得受害人妇女对于强奸行为不能反抗或者不敢反抗,而运用其他手段使得被害人对于侵犯行为处于不知状态的,比如迷奸等行为,也属于此处所讨论的行为。

具体而言,暴力手段通常表现为对被害妇女使用强力,致使其无法反抗,比如进行殴打、捆绑、扑倒压制等,这类行为往往对受害人的人身安全或自由也同时造成了威胁。

胁迫手段,通常没有直接向受害人施加有形强制力,而是对受害人进行威胁恐吓等,在精神上实现控制或者强制力,使受害人产生恐惧,使得受害人因为恐惧而不敢进行反抗的行为。胁迫行为的形式可以是多样的,以施加暴力作为威胁,或者以揭露隐私作为威胁,甚至利用特定关系中的控制地位进行威胁等,都属于胁迫手段。

其他手段,一般是指除了暴力和胁迫以外,使受害人妇女处于不敢、不能或不知反抗状态的其他手段。在现实中,常见的此类手段有通过药品或酒精使女性昏迷进行强奸,在女性沉睡过程中或者乘人之危进行强奸等。在司法实践中,也出现过以为女性治病或者进行思想控制等对女性进行强奸的案例,这类行为都属于强奸行为。

此外,强奸罪的一个重要特征就是性行为违背了妇女的真实意愿。对于这一点的判断,具有条件性,需要具体问题具体分析。妇女是否进行了反抗,不是判断是否违背其真实意愿的唯一标准,比如在胁迫手段下,妇女可能因为恐惧而不敢进行反抗,这种情况下,即使妇女没有做出反抗行为,但仍然违背了妇女的真实意愿,同样构成强奸。另外,对于没有认识能力和行为能力的受害人,比如精神病患者,这类受害人无法正常地将自己的真实意愿表示出来,因此,对于这类受害人,无论其是否作出了同意的意思表示,都可能构成强奸罪。

(五)刑事风险预警

强奸行为造成严重后果的,将适用加重刑,严重后果包括:造成幼女伤害的;以及致使被害人重伤、死亡或者造成其他严重后果的。这里的"致使被害人重伤、死亡",一般是指行为人因为强奸,导致被害妇女或者幼女性器官严重损伤,或者因为强奸行为造成被害人身体严重伤害,比如因为施加暴力等造成被害人受重伤以及因为强奸行为导致被害人死亡的,还包括被害人自杀的情况。

犯强奸罪情节严重的,处10年以上有期徒刑、无期徒刑或者死刑。此类情节包括:强奸妇女、奸淫幼女情节恶劣的;强奸妇女、奸淫幼女多人的;在公共场所当众强奸妇女、奸淫幼女的;2人以上轮奸的(即两个以上的男子在同一犯罪活动中,以暴力、胁迫或者其他手段对同一妇女或幼女进行强奸或者奸淫的行为);奸淫不满10周岁的幼女或者造成幼女伤害的;致使被害人重伤、死亡或者造成其他严重后果的。

强奸罪的防范难点在于犯罪手段在现实中的表现往往五花八门,很多案例中,行为人认为自己只要在形式上获得了被害人的"同意"就不会构成犯罪,很显然,这需要我们对于"违背妇女真实意愿"这一特征有更准确的认识。在有的案例中,行为人通过信贷方式向女大学生放贷,而后女大学生无力偿还债务,行为人通过给被害人拍摄裸照以及多次要求被害人与其发生性关系进行"肉偿"等,最终被法院认定为强奸罪。

在实践中,还有一些类型较为难以认定,即女性受害人表现出"半推半就"的情形。这一类案件往往需要结合具体案情进行认定,比如对双方的男女关系类型、案件发生的时间地点和具体环境、事前事后双方的态度、造成的结果等综合考虑,以查明双方的性行为是否是通过暴力、胁迫或其他手段违背妇女真实意愿的行为。

总而言之,一方面,强奸罪的认定在主客观上均具有复杂性;另一方面,对于企业家群体而言,本罪属于具有极大负面社会影响的犯罪,不仅仅会给企业家自身带来刑事风险,更有可能给企业的声誉和发展带来负面影响。因此,企业家应当正确处理好男女关系,尊重妇女的性权利,尊重妇女的真实意愿,防范刑事风险。

二、尊重社会性风尚的刑事合规

(一)刑事合规制度的指向

从犯罪的客体来看,强制猥亵、侮辱罪侵犯的是公民的性自由权利,包括人基于性的自尊感、羞耻感等。从犯罪的客观方面来看,本罪的客观方面表现为以暴力、胁迫或者其他方法强制猥亵他人或者侮辱妇女,同时聚众或者在公共场合进行上述行为,情节恶劣的,为本罪的加重情节。从犯罪的主观方面来看,本罪为故意犯罪,要求行为人在主观上具有猥亵或侮辱他人的故意。

本罪案件发生数量呈现出逐年递增的特征,由2015年全年41起强制猥亵、侮辱罪案件,逐年递增至2020年的全年1 200余起案件。案件数量的增加趋势与国家和社会对于猥亵行为的打击力度不断增强有关,近年来,多地公安系统对于地铁"咸猪手"等行为进行了更加严厉的打击,各地对于有关行为涉及的治安案件也加大了查处力度。因此,无论是从案件发生趋势还是从案件总数而言,都呈现出了不断增长、增多的趋势。

强制猥亵、侮辱行为对于受害人的性羞耻心和性自由权利进行了侵害,从一般程度来看,这类行为虽然对于受害人的人身健康的影响相对其他的严重暴力犯罪较小,但是对于受害人的精神伤害往往更加巨大。另外,此类犯罪行为严重挑战了传统社会道德和现代社会公德,挑战了社会伦理底线,社会对于此类行为的容忍度较低,因此对于此类行为的社会曝光力度也往往更高。

《刑法》第二百三十七条第一、二款【强制猥亵、侮辱罪】规定:

以暴力、胁迫或者其他方法强制猥亵他人或者侮辱妇女的,处五年以下有期徒刑或者拘役。

聚众或者在公共场所当众犯前款罪的,或者有其他恶劣情节的,处五年以上有期徒刑。

据上,强制猥亵、侮辱罪,是指以暴力、胁迫或者其他手段,违背妇女意志,强制猥亵他人或者侮辱妇女的行为。

(二)刑事合规的主体对象

本罪的犯罪主体为一般主体,凡是达到刑事责任年龄、具备刑事责任能力的自然人均可构成本罪。行为人不仅对异性实施猥亵行为会构成本罪,对同性实施猥亵行为也会构成本罪。

（三）违反刑事合规的主观表现

本罪的主观方面要求行为人具有故意的心理，即行为人对于自己的猥亵、侮辱行为可能会对他人的性自由权利带来的侵害后果是明知的，且对于这种后果的发生持有一种希望或者放任的心理态度。

从动机来看，行为人犯本罪的动机大多和追求性刺激有关，也存在出于感情宣泄或者心理问题等，但是本罪的犯罪动机并不会影响本罪的成立。

（四）违规行为表现

本罪的客观方面主要体现为行为人以暴力、胁迫或者其他方法对他人实施了强制猥亵或者侮辱的行为。暴力一般指对于被害人的人身施加强制力，如殴打、捆绑、按倒等行为；胁迫则是更多地体现为一种精神控制，即一种精神强制，通过威胁恐吓等方式，让被害人因恐惧而不敢反抗，其中利用特殊关系比如收养关系、上下级关系等关系中的优势地位进行胁迫也属于此类行为；其他方法一般指能够使被害人对于侵害行为处于一种不知反抗或者无法反抗状态的其他手段，比如利用迷幻药物或者熟睡之时进行猥亵、侮辱行为等。

本罪行为背后的目的在于猥亵被害人，即行为人为了寻求刺激或者满足性欲，使用性交以外的方法，对被害人实施的淫秽行为。值得注意的是，最新的刑法规定将猥亵的对象从原来的"妇女"，进一步扩大到了"他人"，因此本罪也进一步保护了男性的性自由权利。现实中常见的猥亵行为包括对被害人的亲吻、搂抱、手淫等行为。

而本罪的侮辱行为，一般是指通过下流动作或者淫秽语言调戏他人的行为。一般而言，对于情节显著轻微，没有造成严重后果的，不能认为是犯罪。

《中华人民共和国治安管理处罚法》第44条也规定：猥亵他人的，或者在公共场所故意裸露身体，情节恶劣的，处5日以上10日以下拘留；猥亵智力残疾人、精神病人、不满14周岁的人或者有其他严重情节的，处10日以上15日以下拘留。

（五）刑事风险预警

本罪存在加重情节，即聚众或者在公共场所当众实施猥亵、侮辱行为的，或者有其他严重情节的，将适用加重刑，即5年以上有期徒刑。此处所指的其他严重情节，包括犯罪行为对被害人造成了严重后果，例如被害人因为猥亵行为导致精神失常或者严重抑郁，进而自杀等。而聚众或者在公众场合当众实施猥亵行为属于加重情节，是因为在这样的场合对于被害人的性自由权利的侵犯是更为严重的，造成了更加严重的性羞耻感，对被害人伤害更大；另外，聚众和当众实施猥亵行为往往会造成更为严重的社会影响。

近年来出现了多起较为典型的强制猥亵、侮辱罪案例，以下通过案例加以说明。2019年7月1日18时23分，王某某在上海市轨道交通8号线列车车厢内，紧贴坐在一名女性未成年人左侧，左手搭在自己右臂并持续触摸该女子胸部等部位。其间，该女子通过挪动座位、身体前倾后仰的方式予以躲避，王某某仍然继续紧贴并实施触摸行为。18时31分许,王某某以同样方法触摸另一名女子的胸部,被该女子当场察觉并质问,王某某在逃跑途中被扭送至公安机关。本案是上海市首例因公共交通性骚扰而受到刑事处罚的案件,引发社会广泛关注,改变了"咸猪手"行为最多依据治安管理处罚法予以行政拘留、得不到刑罚惩处的公众印象,展示了国家司法机关严厉打击公共交通工具内侵害妇女权益违法犯罪行为的鲜明态度和坚定立场,起到了应有的震慑作用,提升了群众的安全感,受到社会各界充分肯定和广泛赞誉。法院认为,王某某利用地铁车厢拥挤、违法行为不易察觉的客观条件,以及被害女性当众羞于反抗的心理,先后对两名女性强行实施猥亵行为,且其中一名受害人为未成年人,其行为已达到刑法规定的强制猥亵程度,具有较大的社会危害性。

除了在现实中实施本罪行为之外,应当意识到,互联网也不是法外之地。2017年5月,杨某华与黎某飞(微信名系"冰儿")在一款名为"完美世界"的网络游戏中"相识"并"结婚"。其间,杨某华多次单独向黎某飞索要裸照并如愿。同年10月,黎某飞对杨某华不满,遂将其微信拉黑,杨某华反复纠缠、屡屡遭拒。11月10日,杨某华为了羞辱、报复黎某飞,在一个47人(含杨某华、黎某飞)的微信群中两次发送黎某飞多张裸照并配有"看看这就是冰儿"等羞辱性的文字说明侮辱黎某飞。广东省深圳市宝安区人民法院一审认定杨某华构成强制侮辱罪,判处有期徒刑1年。宣判后,杨某华不服,提出上诉。广东省深圳市中级人民法院二审裁定驳回上诉,维持原判。本案系利用微信群等网络平台羞辱他人的典型案例。随着互联网的发展,微信等网络空间已成为人们日常生活中不可缺少的交流平台。由于网络扩散性强、影响力大,因此利用网络实施犯罪具有更强的社会危害性。行为人利用微信群散布裸照故意羞辱被害妇女,严重侵害了其隐私权及性的羞耻心。

因此,无论是在现实中还是在网络空间,都应当规范自己的行为和语言,尊重和保护他人的性自由和性隐私,不要为了寻求刺激而进行猥亵和侮辱他人的行为,避免带来刑事风险。

三、保护儿童的刑事合规

(一)刑事合规制度的指向

儿童是祖国的花朵,是民族未来的希望,保护儿童权利,呵护儿童健康成长,对于一个社会的健康发展具有极其重要的意义。猥亵儿童行为,不仅对儿童的人身健康造成了直接伤害,更重要的是,对儿童的心理和精神健康会造成严重损害,这样的伤害,往往会给儿童未来人生的发展留下持久的阴影。因此,猥亵儿童行为具有极大的社会危害性,其危害后果难以根除,且影响持续久远,也深刻挑战了社会的基本道德伦理观念,具有较高的危害性。

从犯罪的客体来看,猥亵儿童罪主要侵犯的是儿童的身心健康和人格尊严。儿童在刑法意义上一般指不满14周岁的未成年人,这一群体身心健康较为脆弱,更易受到侵犯,需要特别保护。从犯罪的客观方面来看,本罪在客观方面主要体现为使用性交以外的方法,对儿童实施淫秽猥亵的行为。与强制猥亵罪相比,对于儿童的侵犯不要求必须使用强制手段。从主观方面来看,本罪属于故意犯罪,即行为人对于自己的猥亵行为可能侵犯到儿童身心健康和人格尊严的后果是明知的,并且希望或者放任这种结果发生。

犯本罪,处以5年以下有期徒刑,情节严重的,比如：猥亵儿童多人或者多次的；聚众猥亵儿童的,或者在公共场所当众猥亵儿童,情节恶劣的；造成儿童伤害或者其他严重后果的；猥亵手段恶劣或者有其他恶劣情节的,处以5年以上有期徒刑。

本罪的案件发生态势呈现逐年递增的趋势,从2010年的全年22起增长至2020年的全年1400起。从案件总数来看,10年案件总量超过了5000起。无论是从案件增长趋势还是从案件总量来看,都体现出本罪案件多发的特征。一方面,体现了我国对于猥亵儿童行为的打击力度不断增强,但从另一方面来看,多发的案件数量体现出我国对于儿童性权利的保护仍然任重道远。

《刑法》第二百三十七条第三款【猥亵儿童罪】规定

猥亵儿童的,处五年以下有期徒刑；有下列情形之一的,处五年以上有期徒刑：
(一)猥亵儿童多人或者多次的；
(二)聚众猥亵儿童的,或者在公共场所当众猥亵儿童,情节恶劣的；
(三)造成儿童伤害或者其他严重后果的；
(四)猥亵手段恶劣或者有其他恶劣情节的。

据上,猥亵儿童罪,是指猥亵不满14周岁的儿童的行为。

(二) 刑事合规的主体对象

本罪的犯罪主体为一般主体。达到刑事责任年龄同时具备刑事责任能力的自然人均可以成为本罪主体。其中有些主体实施本罪行为可能会面临从重处罚,包括：对未成年人负有特殊职责的人员、与未成年人有共同家庭生活关系的人员、国家工作人员或者冒充国家工作人员,实施强奸、猥亵犯罪的；有强奸、猥亵犯罪前科劣迹的。

对于共犯身份,有关司法解释指出,介绍、帮助他人奸淫幼女、猥亵儿童的,以强奸罪、猥亵儿童罪的共犯论处。因此,对于明知他人实施奸淫、猥亵儿童行为的,仍然为其介绍或提供帮助,将会构成本罪共犯。

(三) 违反刑事合规的主观表现

从主观方面来看,本罪属于故意犯罪,即行为人对于自己的猥亵行为可能侵犯到儿童身心健康和人格尊严的后果是明知的,并且希望或者放任这种结果发生。从动机来看,行为人犯本罪的动机大多和追求性刺激有关,也存在出于感情宣泄或者心理问题等,但是本罪的犯罪动机并不会影响本罪的成立。

(四) 违规行为表现

猥亵儿童罪在客观方面的现实表现主要体现为行为人为了满足自己的性刺激或者性欲,使用性交以外的方法,对儿童实施淫秽行为。常见的行为诸如抠摸、舌舔、吸吮、亲吻、搂抱、手淫、鸡奸等行为手段。另外根据最高检公布的指导案例,通过网络通信工具,实施非直接身体接触的猥亵行为与实际接触儿童身体的猥亵行为具有相同的社会危害性,可认定构成猥亵儿童罪(既遂)。这意味着,构成猥亵儿童罪并不必然意味着需要存在现实上的物理接触,在网络空间同样可以成立本罪。本案的具体案情为:2017年1月,被告人骆某使用化名,通过QQ软件将13岁女童某某加为好友。聊天中得知某某系初二学生后,骆某仍通过言语恐吓,向其索要裸照。在被害人拒绝并在QQ好友中将其删除后,骆某又通过某某的校友周某对其施加压力,再次将某某加为好友。同时骆某还虚构"李某"的身份,注册另一QQ号并添加某某为好友。之后,骆某利用"李某"的身份在QQ聊天中对某某进行威胁恐吓,同时利用周某继续施压。某某被迫按照要求自拍裸照10张,通过QQ软件传送给骆某观看。后骆某又以在网络上公布某某裸照相威胁,要求与其见面并在宾馆开房,企图实施猥亵行为。因某某向公安机关报案,骆某在依约前往宾馆途中被抓获。行为人以满足性刺激为目的,以诱骗、强迫或者其他方法要求儿童拍摄裸体、敏感部位照片、视频等供其观看,严重侵害儿童人格尊严和心理健康的,构成猥亵儿童罪。

(五)刑事风险预警

本罪具有加重情节,构成猥亵儿童多人或者多次的;聚众猥亵儿童的,或者在公共场所当众猥亵儿童,情节恶劣的;造成儿童伤害或者其他严重后果的;猥亵手段恶劣或者有其他恶劣情节的,将处以5年以上有期徒刑。对于公共场所当众实施猥亵行为的具体判定,最高检的指导案例指出,即使在场人员未实际看到,也应当认定犯罪行为是在"公共场所当众"实施。2011年夏天至2012年10月,被告人齐某在担任班主任期间,利用午休、晚自习及宿舍查寝等机会,在学校办公室、教室、洗澡堂、男生宿舍等处多次对被害女童A(10岁)、B(10岁)实施奸淫、猥亵,并以带A女童外出看病为由,将其带回家中强奸。齐某还在女生集体宿舍等地多次猥亵被害女童C(11岁)、D(11岁)、E(10岁),猥亵被害女童F(11岁)、G(11岁)各一次。在本案中,行为人在教室、集体宿舍等场所实施猥亵行为,只要当时有多人在场,即使在场人员未实际看到,也应当认定犯罪行为是在"公共场所当众"实施。

还有一些情节在案件审判中会从重从严判罚,包括:进入未成年人住所、学生集体宿舍实施强奸、猥亵犯罪的;采取暴力、胁迫、麻醉等强制手段实施奸淫幼女、猥亵儿童犯罪的;对不满12周岁的儿童、农村留守儿童、严重残疾或者精神智力发育迟滞的未成年人,实施强奸、猥亵犯罪的;猥亵多名未成年人,或者多次实施强奸、猥亵犯罪的;造成未成年被害人轻伤、怀孕、感染性病等后果的。

本罪的处罚力度与强制猥亵、侮辱罪基本相同,但是从构成要件来看,成立本罪并不需要行为人实施强制手段,诸如暴力、胁迫等,因此本罪对于行为人行为的规范要求更加严格,这也对我们防控相关风险、规范自身行为提出了严格要求。我们应当严格要求自身,加强思想道德素质的提升,避免做出损害儿童身心健康和人格尊严的侵害行为,要共同致力于打造更加有利于儿童成长和发展的安全、健康的生长环境。

【案例思考】 韩国"三星太子"案

【即测即练】

参 考 文 献

[1] 马克昌.百罪通论:上卷[M].北京:北京大学出版社,2014.
[2] 苏惠渔.刑法学[M].北京:中国政法大学出版社,1994.
[3] 吴汉东.知识产权法学[M].北京:北京大学出版社,2014.
[4] 齐文远.刑法学[M].北京:北京大学出版社,2016.
[5] 张明楷.刑法学(下)[M].北京:中国法律出版社,2016.
[6] 刘明祥.财产罪专论[M].北京:中国人民大学出版社,2019.
[7] 孙国祥.贪污贿赂犯罪研究[M].北京:中国人民大学出版社,2018.
[8] 黎宏.刑法学各论[M].北京:法律出版社,2016.
[9] 赵秉志.侵犯知识产权犯罪研究[M].北京:中国方正出版社,1999.
[10] 孔祥俊.商业秘密保护法原理[M].北京:中国法制出版社,1999.
[11] 王安异.非法经营罪适用问题研究[M].北京:中国法制出版社,2017.
[12] 许永安.中华人民共和国刑法修正案(十一)解读[M].北京:中国法制出版社,2021.
[13] 欧阳涛.中华人民共和国新刑法注释与适用[M].北京:人民法院出版社,1997.
[14] 单飞跃.经济法学[M].长沙:中南工业大学出版社,1999.
[15] 胡国辉.企业合规概论[M].北京:电子工业出版社,2018.
[16] 娄秋琴.公司企业管理人员刑事法律风险与防范[M].北京:法律出版社,2008.
[17] 李彬,曾静音.企业法律风险防控之高管刑事防范[M].北京:法律出版社,2015.
[18] 唐青林,赵启峰.企业家刑事法律风险防范[M].北京:中国法制出版社,2017.
[19] 申文青.现代企业管理[M].重庆:重庆大学出版社,2010.
[20] 高飞.现代企业管理学[M].北京:中国社会出版社,2010.
[21] 傅贵.安全管理学·事故预防的行为控制方法[M].北京:科学出版社,2013.
[22] 温德成.质量管理学[M].北京:机械工业出版社,2014.
[23] 刘谷金,符安平.财务管理[M].北京:北京邮电大学出版社,2020.
[24] 李社环.新编企业风险管理[M].上海:同济大学出版社,2006.
[25] 杜杰.风险管理智慧·企业风险管理实务[M].北京:机械工业出版社,2008.
[26] 白文华.企业风险管理制度建设[M].上海:上海交通大学出版社,2014.
[27] 金锡万.企业风险控制[M].大连:东北财经大学出版社,2001.
[28] 包庆华.企业生产管理法律风险与防范策略[M].北京:法律出版社,2009.
[29] 陈晓峰,陈明昊.企业合同管理法律风险管理与防范策略[M].北京:法律出版社,2009.
[30] 汪红.企业投融资风险及规避策略[M].北京:中国经济出版社,2005.
[31] 吴家曦.中小企业创业经营法律风险与防范策略[M].北京:法律出版社,2008.
[32] 高立法,虞旭清.企业全面风险管理实务[M].北京:经济管理出版社,2009.
[33] 李小海.企业法律风险控制[M].北京:法律出版社,2009.
[34] 李仪,荀正金.商业秘密保护法[M].北京:北京大学出版社,2017.
[35] 罗什.合规与刑法:问题、内涵与展望——对所谓的"刑事合规"理论的介绍[J].李本灿,译.刑法论丛,2016,4.
[36] 韦勒.有效的合规计划与企业刑事诉讼[J].万方,译.财经法学,2018(3).
[37] 李本灿.法治化营商环境建设的合规机制——以刑事合规为中心[J].法学研究,2021(1).
[38] 欧阳本祺,史雯.互联网金融企业刑事合规制度的建立[J].人民检察,2019(21).
[39] 陈瑞华.论企业合规的中国化问题[J].法律科学,2020(3).
[40] 李本灿.刑事合规理念的国内法表达——以"中兴通讯事件"为切入点[J].法律科学,2018(6).

[41] 孙国祥.刑事合规的理念、机能和中国的构建[J].中国刑事法杂志,2019(2).
[42] 李本灿.刑事合规的制度史考察:以美国法为切入点[J].上海政法学院学报,2021,36(6).
[43] 邓峰.公司合规的源流及中国的制度局限[J].比较法研究,2020(1).
[44] 万方.合规刑事化的发展及启示[J].中国刑事法杂志,2019(2).
[45] 陈卫东.从实体到程序:刑事合规与企业"非罪化"治理[J].中国刑事法杂志,2021(2).
[46] 卢勤忠.民营企业的刑事合规及刑事法风险防范探析[J].法学论坛,2020(4).
[47] 时延安,孟珊.规制、合规与刑事制裁——以食品安全为论域[J].山东社会科学,2020(5).
[48] 陈冉.企业公害犯罪治理的刑事合规引入[J].法学杂志,2019(11).
[49] 李玉华.我国企业合规的刑事诉讼激励[J].比较法研究,2020(1).
[50] 马明亮.作为犯罪治理方式的企业合规[J].政法论坛,2020(3).
[51] 童德华,贺晓红.美国《泛海外腐败法》执法对中国治理海外商业贿赂的借鉴[J].学习与实践,2014(4).
[52] 黎宏.合规计划与企业刑事责任[J].法学杂志,2019(9).
[53] 黄锡生.虚报注册资本骗取公司登记罪与虚假出资、抽逃出资罪的异同[J].重庆大学学报(社会科学版),2001(4).
[54] 孙力.虚假出资、抽逃出资罪研究[J].法学家,2000(5).
[55] 李军.认缴制下对"资本三罪"的修订或重新解读——"废用论"外的另一条可行径[J].政治与法律,2015(9).
[56] 韩轶.刑事合规视阈下的企业腐败犯罪风险防控[J].江西社会科学,2019(5).
[57] 李本灿.刑事合规制度的法理根基[J].东方法学,2020(5).
[58] 刘艳红,许强.论《刑法修正案(五)》对信用卡犯罪的立法完善[J].法学评论,2006(1).
[59] 张明楷.论信用卡诈骗罪中的持卡人[J].政治与法律,2018(1).
[60] 刘宪权.伪造、变造金融票证罪疑难问题刑法分析[J].法学,2008(2).
[61] 曾月英.伪造、变造金融票证罪刍议[J].中国刑事法杂志,1999(2).
[62] "涉众型经济犯罪问题研究"课题组.非法吸收公众存款罪构成要件的解释与认定[J].政治与法律,2012(11).
[63] 胡启忠.民间高利贷入罪的合理性论辩[J].西南民族大学学报(人文社会科学版),2014(3).
[64] 刘艳红.洗钱罪删除"明知"要件后的理解与适用[J].当代法学,2021(4).
[65] 章楚加,仲新建.关于走私废物罪罚金刑数额裁量之思考[N].人民法院报,2014-08-06(6).
[66] 陈龙鑫.侵犯商业秘密犯罪现状与立法完善——以力拓案为切入点[J].犯罪研究,2009(5).
[67] 齐晓伶.销售侵权复制品罪及其相关问题[J].兰州大学学报,2007(3).
[68] 高铭暄,王俊平.侵犯著作权罪认定若干问题研究[J].中国刑事法杂志,2007(3).
[69] 刘艳红.洗钱罪删除"明知"要件后的理解与适用[J].当代法学,2021(4).
[70] 武化吉.论非法制造、销售非法制造的注册商标标识罪[J].河南师范大学学报,2007(6).
[71] 张素敏.企业产权的刑法保护——以刑事法律风险为核心完善企业产权保护制度[J].全国流通经济,2017(29).
[72] 黎宏.重大责任事故罪相关问题探析[J].北方法学,2008(5).
[73] 孙杨俊.从安然公司破产案看注册会计师法律责任及其完善[J].当代法学,2003(1).
[74] 徐竹芃.试论骗取贷款、票据承兑、金融票证罪[J].法律适用,2008(1).
[75] 胡启忠.民间高利贷入罪的合理性论辩[J].西南民族大学学报(人文社会科学版),2014(3).
[76] 刘宪权.金融犯罪最新刑事立法评论[J].法学,2021(1).
[77] 田宏杰.行刑共治下的违规披露、不披露重要信息罪:立法变迁与司法适用[J].中国刑事法杂志,2021(2).
[78] 蒋熙辉.论公司犯罪的刑事责任构造[J].中国法学,2005(2).

[79] 曲新久.从"身份"到"行为"工程重大安全事故罪的一个解释问题[J].人民检察,2011(17).
[80] 曾粤兴,孙本雄.刑法中的单位行贿罪研究[J].昆明理工大学学报(社会科学版),2014(2).
[81] 杨书翔.论单位受贿罪的认定及相关问题[J].西南科技大学学报(哲学社会科学版),2009(4).
[82] 高卫萍.违规披露、不披露重要信息罪的追责范围[J].人民司法,2020(26).
[83] 陈国庆.《关于办理危害食品安全刑事案件适用法律若干问题的解释》理解与适用[J].人民检察,2013(13).
[84] 袁彬.密织药品安全保护的刑事法网[N].检察日报,2021-01-06(3).
[85] 陈瑞华.法国《萨宾第二法案》与刑事合规问题[J].中国律师,2019(5).
[86] 刘茂华.消防责任事故罪主观方面分析[J].武警学院学报,2016(7).
[87] 刘龙海.矿难:由乱到治的法律进路[J].中国检察官,2010(7).
[88] 黄琬婷.企业财务风险控制研究[J].会计之友,2013(23).
[89] 刘涛.完善刑法规定,斩断利益诱因——重大安全生产事故的刑法对策[J].中国检察官,2010(7).
[90] 陈瑞华.英国《反贿赂法》与刑事合规问题[J].中国律师,2019(3).
[91] 张亚平.为亲友非法牟利罪适用中的争议问题[J].河南警察学院学报,2018(2).
[92] 林锋,邵惠.妨害清算罪的立法反思与完善——以我国现行公司、企业清算制度为背景[J].福建警察学院学报,2013(4).
[93] 李赪.强令违章冒险作业罪若干问题研究[J].天中学刊,2009(4).
[94] 郭玲玲,霍钦宏.贪污受贿犯罪动机的心理探析[J].中共四川省委省级机关党校学报,2002(3).
[95] 宫路.徇私舞弊低价折股、出售国有资产罪主体特征研究[J].江苏警官学院学报,2005(2).
[96] 葛家澍,黄世忠.安然事件的反思——对安然公司会计审计问题的剖析[J].会计研究,2002(2).
[97] 郑联盛.中国互联网金融:模式、影响、本质与风险[J].国际经济评论,2014(5).
[98] 李莉.论企业内部控制的风险管理机制[J].企业经济,2012(3).
[99] 王稳,王东.企业风险管理理论的演进与展望[J].审计研究,2010(4).

教师服务

感谢您选用清华大学出版社的教材！为了更好地服务教学，我们为授课教师提供本书的教学辅助资源，以及本学科重点教材信息。请您扫码获取。

❯❯ 教辅获取

本书教辅资源（课件、大纲），授课教师扫码获取

❯❯ 样书赠送

企业管理类重点教材，教师扫码获取样书

 清华大学出版社

E-mail: tupfuwu@163.com
电话：010-83470332 / 83470142
地址：北京市海淀区双清路学研大厦 B 座 509

网址：http://www.tup.com.cn/
传真：8610-83470107
邮编：100084